精品课程立体化教材系列

法 学 概 论

第二版

夏锦文　主编

科学出版社

北京

内 容 简 介

本书系统介绍了法学的一般原理，包括我国宪法、行政法、刑法、民法、婚姻家庭法、经济法、刑事诉讼法、民事诉讼法、行政诉讼法的基本知识和主要法律理论，以及国际公法、国际私法和 WTO 法律制度的主要内容。本书力求全面、准确地阐述法律的基本概念和理论，注意吸收最新的立法资料和法学研究的最新成果，信息量大、内容丰富。每章除正文外增加了"教学要求、案例分析、热点问题、重要概念"等内容，教材的体例安排令人耳目一新，具有"引读"作用。每章都有相关热点问题的介绍以及理论界对这些热点问题的不同看法，引发学生关注学术前沿和部门法律的发展方向，进行研究性学习。同时，书中侧重介绍具有实用价值的法律知识和原理，并选用典型精练、画龙点睛之案例分析穿插其中，以体现法律的实践性、应用性和可操作性特点。

本书是 21 世纪高等院校本科教材、精品课程立体化教材系列之一。它既是高等院校政治类、财经类、管理类、社会类、教育类等本科专业的一门专业基础课教材，也可以作为非法律各专业的公共基础课教材，还适合成人高校相关专业学生，各级党校行政学院、各类培训班学员，以及对法学有兴趣的广大读者使用。

图书在版编目 (CIP) 数据

法学概论/夏锦文主编.—2 版.—北京:科学出版社,2013.3
精品课程立体化教材系列

ISBN 978-7-03-037076-1

Ⅰ.①法⋯ Ⅱ.①夏⋯ Ⅲ.①法学-高等学校-教材 Ⅳ.①D90

中国版本图书馆 CIP 数据核字(2013)第 048157 号

责任编辑:徐 蕊 王京苏/责任校对:刘小梅
责任印制:徐晓晨 / 封面设计:蓝正设计

科 学 出 版 社出版
北京东黄城根北街 16 号
邮政编码:100717
http://www.sciencep.com

新科印刷有限公司 印刷
科学出版社发行 各地新华书店经销
*

2006 年 1 月第 一 版 开本:787×1092 1/16
2013 年 3 月第 二 版 印张:19 1/4
2020 年 12 月第二十一次印刷 字数:430 000

定价:58.00 元
(如有印装质量问题,我社负责调换)

编写人员名单

主　编　夏锦文

副主编　刘　俊　刘永鑫

撰稿人（以撰写章节先后为序）

　　　　夏锦文　刘　俊　刘永鑫

　　　　张丽燕　田玉敏　高新华

　　　　张　镭

第二版修订说明

《法学概论》自 2007 年 1 月出版以来，受到了国内外众多高校和师生的厚爱以及广大读者的欢迎，已连续 11 次印刷。2009 年本书被评为"江苏省普通高校精品教材"，本书主编夏锦文教授 2008 年 9 月荣获全国普通高校"国家级教学名师"奖。

随着我国社会主义法治国家建设进程的不断推进，立法和法学理论的日臻完善，法学教育教学实践的深入发展，法学教材作为一定时期法学教学和科研成果的集中反映，隔几年修订一次、与时俱进、不断充实和完善已是势所必然；也是国际上许多经典教材五版、十版、二十版乃至更多版次地流转的一种教材编撰方式和教材出版规律。

本次再版修订，是在夏锦文教授主编的《法学概论》原版教材基础上进行的。修订时仍然秉承原版教材编写的基本原则，即："采经典之通说，述普遍之法理"，系统准确地阐述法学的基本原理和法律的基本制度，做到知识性、理论性、科学性和系统性的统一，从而保持了法学理论发展的连续性和传承性，以及法学教材体系的稳定性。我们力求体现以下特点。

其一，内容上的丰富性。本教材共分 13 章，系统介绍了法学的一般原理，我国重要部门法律的基本理论，以及国际公法、国际私法和 WTO 法律制度的主要内容。力求全面、准确地阐述有关的法律基本概念和理论，注意吸收最新的立法资料和法学研究的最新成果，教材信息量大，内容丰富。任课教师可以根据教学实际有选择地进行讲授和发挥，学生有一本书在手就能较为系统地了解我国法律和国际法的主要内容。同时，为了大力推进研究性教学，每章内容中也介绍一些热点问题以及理论界对这些热点问题的不同看法，引发学生关注学术前沿和部门法律的发展方向，进行研究性学习。

其二，体例上的创新性。与以往教材相比，本教材在每章内容中增加了"教学要求、案例分析、热点问题、重要概念"等内容，而且在教材体例安排上令人耳目一新。教材体例的这种创新，不仅使得教材更具有重点明确、层次分明、条理清楚、结构完整、形式多样的特点，而且使得教材具有了"引读"的作用，使得枯燥的法律知识内容在学生眼里变得生动有用，增加了教材的知识性、理论性和研究性。例如，我们根据长期从事法学概论教学的心得，在每一章开头明确了本章的教学重点和要求，这不仅有利于教师在教学中有重点地讲授，也有利于学生在学习中明确本章内容学习的目的、把握所学内容的重点。

其三，教学上的实用性。本教材从我国社会主义法治国家建设的目标要求和高等学校政治类、财经类、管理类、社会类、教育类等本科专业学生学习法律理论知识的实际需要出发，注重体现法律的实践性、应用性和可操作性。在教材编写中，我们力求在兼顾每章内容的完整性的同时，侧重介绍了每章具有实用价值的法律知识和原理，并用案例分析穿插其中。

其四，文字上的简洁性。本教材言简意赅、深入浅出，文字表述规范，语言精炼流畅，通俗易懂。所选案例典型简洁，画龙点睛。全书具有较强的可读性，也适合成人高校学生以及对法学有兴趣的广大读者使用。

在修订过程中，我们保持原版教材的编写体例不变，着重在教材实体内容上进行全面修订。本次修订的重点主要在两个方面。

一是系统修订了全部教材内容。根据本教材出版以来我国法学理论和立法司法实践的新进展，我们系统地修订了全部教材内容。在此基础上，我们又全面重写了第五章民法第四节"物权"，第八章刑事诉讼法，第九章民事诉讼法；增写了第四章第五节中的"单位犯罪"；重点改写了第三章中的"行政复议"，第四章第六节"刑罚及其适用"，第六章第二节"结婚"、第三节"离婚"和第四节"家庭关系"，第十章第二节中的"行政诉讼管辖"，从而使本教材不断追踪法学理论发展、紧贴现实社会法律生活，体现出法学理论的前沿性和教学内容的现实性。

二是全面充实了最新法律法规和司法解释。本次修订将 2006 年 11 月以来全国人大及其常委会和国务院颁行的主要法律法规、最高人民法院和最高人民检察院的司法解释全面充实到新版教材中，从而体现本教材运用法律的及时性和新颖性。这些法律法规和司法解释主要有：

（1）《最高人民法院关于审理不正当竞争民事案件应用法律若干问题的解释》，2006 年 12 月 30 日最高人民法院审判委员会第 1412 次会议通过，自 2007 年 2 月 1 日起施行；

（2）《最高人民法院关于复核死刑案件若干问题的规定》，2007 年 1 月 22 日最高人民法院审判委员会第 1414 次会议通过，自 2007 年 2 月 28 日起施行；

（3）《中华人民共和国物权法》，2007 年 3 月 16 日第十届全国人民代表大会第五次会议通过，自 2007 年 10 月 1 日起施行；

（4）《中华人民共和国行政复议法实施条例》，2007 年 5 月 23 日国务院第 177 次常务会议通过，自 2007 年 8 月 1 日起施行；

（5）《中华人民共和国民事诉讼法》，2007 年 10 月 28 日第十届全国人民代表大会常务委员会第三十次会议修改通过，自 2008 年 4 月 1 日起施行。

（6）《最高人民法院关于行政案件管辖若干问题规定》，2007 年 12 月 17 日最高人民法院审判委员会第 1441 次会议通过，自 2008 年 2 月 1 日起施行；

（7）《最高人民法院关于适用〈中华人民共和国合同法〉若干问题的解释（二）》，2009 年 2 月 9 日由最高人民法院审判委员会第 1462 次会议通过，自 2009 年 5 月 13 日起施行；

（8）《中华人民共和国刑法修正案（七）》，2009 年 2 月 28 日第十一届全国人民代表

目　录

大会常务委员会第七次会议通过，自 2009 年 2 月 28 日起施行；

（9）《中华人民共和国刑法修正案（八）》，2011 年 2 月 25 日第十一届全国人民代表大会常务委员会第十九次会议通过，自 2011 年 5 月 1 日起施行；

（10）《最高人民法院关于审判人员在诉讼活动中执行回避制度若干问题的规定》已于 2011 年 4 月 11 日由最高人民法院审判委员会第 1517 次会议通过，自 2011 年 6 月 13 日起施行；

（11）《最高人民法院、最高人民检察院关于执行〈中华人民共和国刑法〉确定罪名的补充规定（五）》，2011 年 4 月 21 日由最高人民法院审判委员会第 1520 次会议、2011 年 4 月 13 日由最高人民检察院第十一届检察委员会第 60 次会议通过，自 2011 年 5 月 1 日起施行；

（12）《最高人民法院关于适用〈中华人民共和国婚姻法〉若干问题的解释（三）》，2011 年 7 月 4 日最高人民法院审判委员会第 1525 次会议通过，自 2011 年 8 月 13 日起施行；

（13）《最高人民法院关于适用〈中华人民共和国企业破产法〉若干问题的规定（一）》，2011 年 8 月 29 日最高人民法院审判委员会第 1527 次会议通过，自 2011 年 9 月 26 日起施行；

（14）《中华人民共和国刑事诉讼法》，2012 年 3 月 14 日第十一届全国人民代表大会第五次会议通过第二次修订，自 2013 年 1 月 1 日起施行；

（15）《中华人民共和国民事诉讼法》，2012 年 8 月 31 日第十一届全国人民代表大会常务委员会第 28 次会议修改通过，自 2013 年 1 月 1 日起施行。

本书由国家级教学名师、博士生导师夏锦文教授任主编，法学博士、南京师范大学法学院硕士生导师刘俊教授和中国环保管理干部学院法律系刘永鑫教授任副主编。初稿撰写人及其分工如下（以撰写章节先后为序）：夏锦文（第一章、第四章、第八章、第十三章），刘俊（第二章、第三章、第十章），刘永鑫（第五章），浙江工商大学法学院张丽燕教授（第六章），天津农学院人文社科系田玉敏教授（第七章），常熟理工学院政法系高新华教授（第八章、第九章），南京师范大学法学院张镭副教授（第十一章、第十二章）。本书第二版的修订工作，由夏锦文教授和刘俊教授合作完成，最后由夏锦文教授修改定稿。限于时间和水平，书中不妥之处在所难免，敬请法学界同仁和广大读者批评指正。

编　者

2013 年 3 月

第四章

刑 法 ··· **66**

第九章

民事诉讼法 **200**

第十三章

第一章 法律的一般理论

教学要求

通过本章学习，你应该能够理解法律的本质和特征；了解法律规范的结构、种类和形式；了解法律关系的要素及其产生、变更和消灭；掌握社会主义法制的基本要求及其与社会主义民主的关系；掌握"依法治国，建设社会主义法治国家"的内涵、目标和关键；具备运用法律的一般理论分析社会现象的基本能力。

第一节 法律的产生、本质和作用

一、法律的产生

法律的产生即法律的起源。从古至今，许多法学家、思想家就法律的起源问题提出了各种学说，如神创说、暴力说、契约说、发展说、合理管理说等。马克思主义认为，法律和国家一样，并不是从来就有的，也不是永恒存在的，而是阶级社会所特有的现象。

在原始社会，由于社会生产力水平非常低下，人们只有联合起来，依靠集体的力量，共同努力，共同劳动，才能在与自然界的斗争中得以生存，这就产生了原始公有制，即生产资料和劳动果实共同所有，并实行平均分配。正因为没有生产资料私有制和剥削，也就没有阶级和阶级压迫，从而就不需要作为阶级统治工具的国家和法律。但是，在原始社会中存在着与当时的经济基础相适应的社会组织即氏族，以及人们行为所必须遵守的共同规则即习惯。

氏族是原始社会中建立在血缘关系基础之上的基本社会组织单位，它既是人们的生产组织，又是人们的生活组织。氏族成员之间是平等互助的关系，对氏族内部的一切重大事情享有同等的发言权。氏族首领由选举产生，没有任何特权，并且可以随时撤换。

原始习惯是氏族成员在长期的共同生产和生活中自发形成的、具有普通约束力的一种共同行为准则。这种习惯主要是代表整个氏族的共同意志和利益，并由氏族成员共同遵守。原始习惯主要包括：调整氏族血缘关系方面的习惯；调整生产、分配方面的习惯；等等。正是这些原始习惯，调整着氏族成员之间的关系，维持着氏族的社会秩序。

原始社会的氏族组织和社会规范习惯是以当时极其低下的生产力水平为前提的。随着生产力的发展和生产关系的变化，氏族组织逐渐解体而被新的社会组织（国家）所代替，原始社会的社会规范也必然为另一种社会规范（法律）所取代。原始社会末期，以金属工具的采用为标志，生产力得到极大的发展，劳动产品出现了剩余，这使得占有他人的劳动成为可能，从而引发了人类发展历史上具有决定意义的社会大分工的出现，导致社会结构和经济结构发生重大变动，原始公有制瓦解，私有制产生。这样，社会上开始出现了两大对立的阶级——奴隶主和奴隶。奴隶社会的诞生宣告了原始社会的解体，同时意味着原始习惯再也无法满足调整社会成员之间关系和维持社会秩序的需要。

在奴隶社会里，奴隶主对奴隶的残酷剥削和奴役，激起了奴隶的强烈反抗。为了镇压奴隶的反抗斗争，奴隶主建立了一系列的暴力机构来代替氏族组织，国家应运而生；与此同时，奴隶主迫切需要代表本阶级利益和意志的行为规则来维持对其有利的社会秩序，法律由此而生。可见，法律同国家一样，是社会生产力发展到一定阶段的必然结果，它是随着私有制、阶级、国家的产生而产生的，是阶级矛盾不可调和的产物。

总之，法律是随着生产力的发展、社会经济的发展、私有制和阶级的产生、国家的出现而产生的，经历了一个长期演进的过程。

二、法律的本质

从哲学意义上讲，本质是事物内在的规定性。在揭示法律的本质时，既要从阶级根源上进行探讨，又要从社会根源和经济根源上予以研究，以对法律的本质有一个科学的认识。马克思、恩格斯在《共产党宣言》中谈到资本主义法律时指出："你们的观念本身是资产阶级的生产关系和所有制关系的产物，正像你们的法不过是被奉为法律的你们这个阶级的意志一样，而这种意志的内容是由你们这个阶级的物质生活条件来决定的。"马克思、恩格斯的这一论述，科学地提示了法律的本质特征，对于我们探讨和研究法律的本质有着普遍的指导意义。

1. 法律是统治阶级意志的体现

在阶级社会中，在一定的经济关系和政治关系中处于不同地位的社会各阶级，都有着维护自己阶级共同利益的愿望和要求，即都有着自己的阶级意志，但并不是每个阶级的意志都能表现为法律。法律只能是取得胜利，掌握国家政权的阶级的意志的表现。

应当指出，法所反映的统治阶级意志，不是统治阶级的所有意志，通常只有与统治阶级根本利益一致的意志，才需要上升为国家意志并通过法的形式表现出来。此外，法所反映的统治阶级意志，是统治阶级的共同意志，不是阶级内部某个人的意志或意志的简单相加。这种根本意志、共同意志是阶级作为一个整体在政治、经济上的根本利益的反映。即便拥有极大权力的统治者，也不能脱离本阶级的共同意志而一意孤行。法律集中反映了统治阶级的根本的、共同的、整体的愿望和利益要求。正因如此，我们常常会看到这样一种现象，即当统治阶级的某个成员违反了法律的规定时，总会受到代表本阶级整体意志的法律的制裁。这种制裁，正是为了保障统治阶级意志的统一性，维护统治阶级的整体利益。

2. 法律是表现为国家意志的统治阶级意志的体现

体现统治阶级意志的不仅仅是法律，政治、哲学、道德、文化、教育等等，都可以反映统治阶级的意志，并为统治阶级的政治、经济服务，但它们都不具有法律的性质。"被奉为法律"意味着统治阶级通过国家专门机关依照一定的程序，把自己的意志上升为国家的意志。"国家意志"，就是掌握国家政权的那个阶级的意志在法律上的表现。所以，法律是以国家意志表现出来的统治阶级的意志。如马克思、恩格斯所指出的，统治阶级为了维护统治地位，除了必须以国家的形式组织自己的力量外，他们还必须给予他们自己的由这些特定关系所决定的意志以国家意志即法律的一般表现形式。

3. 法律所体现的统治阶级意志的内容是由统治阶级的特定物质生活条件所决定的

物质生活条件是指与人类生存有关的物质资料的生产方式、地理环境、人口等因素，其中，物质资料的生产方式是决定因素。统治阶级的物质生活条件，主要指的是生产关系。一定社会占统治地位的生产关系，特别是所有制关系，决定着该社会统治阶级的根本利益和意志。任何一个统治阶级都不能离开其物质生活条件而随心所欲地制定法律，否则，即使制定出了法律，也必然由于违背了客观经济条件而在实际生活中无法实施。

统治阶级所处时代的物质生活条件决定着法律所体现的统治阶级意志的内容，但这种"体现"不是自发产生的，而是统治阶级根据自己的意志制定的。同时，物质生活条件的变化，也必然引起统治阶级意志的内容发生变化，因而法律也要随之发生变化。此外，物质生活条件不是决定法律内容的唯一因素，法律还要受到其他社会现象的影响。统治阶级的政治、哲学、宗教、伦理等观点，以及政治制度、阶级斗争状况、文化传统等等，都对法律的形成和发展产生不同程度的影响。

综上所述，法律是统治阶级整体意志的体现，是被奉为国家意志的统治阶级意志，这一意志的内容是由统治阶级的物质生活条件决定的。

三、法律的基本特征

任何事物的特征都是在与其他事物的比较中表现出来的。与道德、宗教、政策等其他社会现象相比，法律的特征可以概括为以下四个方面：

1. 法律是调整人们行为和社会关系的规范，具有规范性

法律首先是一种规范。所谓规范，是指人们行为的标准或规则。一般而言，规范可分为两类：一类是技术规范，它调整人与自然的关系，是规定人们如何使用自然界的力量、生产工具或劳动对象的行为规则；另一类是社会规范，它是调整人们在社会生活中相互关系的行为规则，如道德、宗教、政策、社会习惯、法律等。法律是一种特殊的社会规范。它在形式上具有规范性、一般性或概括性的特征。这些特征表明，对有权制定法律规范的国家机关所发布的文件，要区分是规范性法律文件还是非规范性法律文件。规范性法律文件属于法的范围，它适用的对象不是特定的人，而是一般的人，它不是一次适用，而是在其生效期间内反复适用。非规范性法律文件不属于法律的范围，而是适用一定法律规范的产物，如逮捕证、判决书等，它们对特定人适用，且仅适用一次。

2. 法律是由国家制定或认可的社会规范，具有国家意志性

法律是一种特殊的社会规范，这种规范只有经过国家的制定或认可，才有可能成为法律。制定法律或认可法律是国家创制法律的两种方式。所谓制定法律，是指有权制定法律的国家机关依照法定程序制定具有不同效力的法律文件。国家制定的法律是具有一定的文字表现形式的，即成文法。所谓认可法律，是指统治阶级根据需要，对社会上早已存在的符合本阶级根本利益的风俗习惯、社会道德、宗教伦理等行为规则，由国家机关加以确认，赋予它们以一定的法律效力。国家认可的法律通常称为习惯法。

3. 法律是以权利义务为内容的社会规范

法律的要素以法律规范为主，而法律规范中的行为模式是以授权、禁止和命令的形式规定了权利和义务；法律规范中的法律后果则是对权利义务的再分配。法律对人们行为的

调整主要是通过权利义务的设定和运行来实现的,因而法律的内容主要表现为权利和义务。权利义务是主体法律地位的体现,因而总是被立法者所充分重视,也受社会各成员的关注。法律上的权利和义务规定具有确定性和可预测性的特点,它明确地告诉人们应该怎样行为,不应该怎样行为以及必须怎样行为。人们根据法律来预先估计自己与他人之间的关系,并预见到行为的后果以及法律的态度。法律正是以权利和义务为机制,调整着人们的行为和社会关系。法律这种调整机制使它区别于道德等其他社会规范。道德是以人对人的义务来调整社会关系的;有的社会规范,如党章、工会章程等,虽然也规定其成员的某些权利和义务,但在内容、范围和保证实施方式等方面,与法律上的权利和义务是有很大区别的。

4. 法律是以国家强制力量作为最后保证手段的社会规范,具有国家强制性

法律的实施必须由国家强制力保证,如果没有国家强制力作后盾,法律将变得毫无意义,违反法律的行为得不到惩罚,法律所体现的意志也就得不到贯彻和保障。虽然凡是社会规范,均有一定程度的强制性。然而,不同的社会规范的强制性在性质、范围、程度和方式等方面不尽相同。其中法律的强制性表现为通过国家机关的法律适用活动,对违法行为予以制裁或强制人们履行法定义务。

必须指出,法律依靠国家强制力保证实施,是从终极意义上考察的,但这并不意味着法律的每个实施过程、每个法律规范的实施,都要依靠国家系统化的暴力,也不等于国家强制力是保证法律实施的唯一力量。在法律实施的过程中,国家暴力常常是备而不用的。

通过对法律的本质和特征的分析,我们可以看出:法律是由国家制定或认可的,体现统治阶级意志的,以规定人们权利和义务为调整机制,并由国家强制力保证实施的社会规范的总称。

四、法律的作用

法律的作用是指法律对人们的行为和社会生活的影响和功能,有时也表述为法律的功能、职能或任务。法律的作用在不同的社会、时代,其作用的目的、范围、方式各不相同。人们对法律的作用进行了多种角度的分类,其中规范作用和社会作用的分类方法对法律理论和法律实践具有较普通的指导意义。

(一) 法律的规范作用

法律的规范作用是指法自身表现出来的、对人们的行为或社会关系的可能影响,即法律作为一种行为规范,明确告诉人们行为的模式与标准,对人们的行为起指引、评价、教育、预测和强制的作用。具体地说,所谓指引作用,是指法律具有指引人们如何行为的功能;评价作用是指法律作为一种社会规范,具有判断、衡量他人行为是否合法的功能;教育作用是指通过法律的实施对人们今后的行为具有影响的功能;预测作用是指法律有为人们提供可以预先估计到将如何行为的功能;强制作用是指法律对违法行为实施纠正、制裁、惩罚的功能。法律的这些作用并不是单独地存在,而是综合地表现出来。

　　案例1—1　2001年南京市政府在召开世界华商大会之前，各种宣传材料的汉语部分准备使用繁体字，相关部门得知后，指出根据《中华人民共和国国家通用语言文字法》，政府主办的活动只能使用简化字。最终南京华商大会一切材料、会标都使用了规范简化字。南京市还组织了以"迎华商大会，净化古城市容"为主题的"啄木鸟行动"，对社会用语用字进行了有效整治。2000年10月31日第九届全国人大常委会第十八次会议通过了《国家通用语言文字法》，从2001年1月1日起施行，这是我国历史上第一部关于语言文字的法律，标志着我国通用语言文字的使用从此走上法制轨道。在该案中，法律的规范作用得到充分的表现。

（二）法律的社会作用

　　法律的社会作用是法律为实现一定的社会目的而发挥的作用，这是和法律的本质与目的相联系的。法律的社会作用主要表现在以下两个方面：

　　（1）法律的阶级统治职能，即法律具有维护统治阶级所需要的政治经济秩序的功能。就政治领域而言，任何法律所确立和维护的社会政治秩序都是对该社会的各种权利的分配、享有、运用方式的固定化。法律所关注的政治秩序，既要考虑协调统治阶级内部对权利要求的矛盾与冲突，还要考虑统治阶级与同盟阶级的分权关系，更要考虑有效地防止统治阶级对现有秩序的破坏和反抗。就经济领域而言，法律为自己赖以生存的经济基础服务是其不可或缺的功能，但在通常情况下，法律不直接关注生产力的发展，只要生产力的发展对统治阶级有利。也就是说，维护政治秩序、经济秩序是法律的社会作用中的主导部分。

　　（2）法律的社会公共职能，即法律具有执行各种社会公共事务的功能。统治阶级必须运用法律手段对全社会的公共事务进行管理，从而保证社会生产与生活在其统治下正常而有序地进行。恩格斯指出，政治统治到处都是以执行某种社会职能为基础，而且政治统治只有在它执行了它的这种社会职能时才能持续下去。因而，我们认为，在以维护阶级统治职能为基础和方向时，执行公共职能势必成为法律在此目标之下的主要内容。我们所见到的法律规范中，大部分表现出这方面的内容。如有关惩罚普通犯罪（相对于政治犯罪而言），调整民事、商事关系，保护自然资源与环境以及对经济乃至政治、军事的管理等等。随着社会主义的发展，政权问题的解决，阶级斗争的弱化，同时社会生活日益复杂化，法律的社会公共职能将日益扩大。当然，社会公共职能又常与阶级统治职能相联系，无法把它们截然分开。

第二节　法　律　关　系

一、法律关系的概念和特征

　　法律关系是法律在调整人们行为过程中所形成的以权利与义务为内容的社会关系。它是人们在相互之间结成的诸社会关系中的一种特殊的社会关系。与其他社会关系相比，法律关系具有如下特征：

　　首先，由于法律关系是基于国家法律调整社会关系时所形成的，而每一法律关系的形成也总要通过它的参加者的意思表示，所以，法律关系是思想的社会关系。

其次，法律关系是根据法律规范建立并由国家强制力保障的社会关系。在法律规范中，关于一个人可以做什么，不得做什么和必须做什么的规定，是国家意志的体现，它体现了国家对各种行为的态度。一旦一种社会关系被纳入法律调整范围之内，就表明国家意志不会听任它被随意破坏，并且会利用国家强制力来加以保障。

再次，法律关系是主体间的法律上的权利义务关系。法律关系与不具有法律意义的社会关系的重要区别，就是在法律化的社会关系中，当事人之间按照法律规范而分别享有一定的权利或负有一定的义务，当事人双方或数方被一条法律上的纽带——权利和义务的纽带联系在一起。

二、法律关系的主体、内容和客体

法律关系是由法律关系的主体、客体、内容三个要素构成的。

(一) 法律关系的主体

法律关系主体，是指法律关系的参加者，即在法律关系中依法享有权利和承担义务的人和组织。其中，享有权利的一方称为权利人，承担义务的一方成为义务人。在我国，法律关系的主体主要有以下几类：

（1）自然人。凡具有中华人民共和国国籍的人都是我国公民，我国公民是法律关系的主体。居住在我国的外国人和无国籍人，也可以成为我国某些法律关系的主体，他们能够参与哪些法律关系以及权利能力范围的大小，由我国有关法律及我国同其他国家签订的国际条约或国际法公认准则加以规定。

（2）法人。以是否以盈利为目的为标准，法人可分为企业法人和非企业法人。其中非企业法人又包括机关法人、事业单位法人和社会团体法人等。

（3）其他组织。其他组织是指不具有法人资格的社会组织，如个体工商户、个人合伙组织等。

（4）国家。中华人民共和国作为一个主权国家，对内是许多法律关系的主体，对外是一系列国际法律关系的主体。

(二) 法律关系的内容

法律关系的内容就是法律关系主体之间的法律权利和法律义务。

法律权利是法律所允许的权利人为了满足自己的利益而采取的、由其他人的法律义务所保证的法律手段。它具有三方面的含义：①享有权利的人有权作出一定的行为；②享有权利的人有权要求他人作出或不作出一定的行为；③当权利被侵害或与他人发生争议，享有权利的人有权要求国家出面干涉，通过国家强制力帮助他来实现其权利。

法律义务是法律规定的义务人应当按照权利人的要求从事一定行为或不行为，以满足权利人的利益的法律手段。义务是指法律所规定的法律关系主体所承担的某种必须履行的责任。它具有两个特征：①义务人必须按照权利人的要求作出一定行为；②义务人必须按照权利人的要求，抑制某种行为。

权利和义务是统一的、不可分割的有机整体。任何权利的实现都是以相应义务的履行为前提，而义务的履行往往以实现相应的权利为条件。没有无权利的义务，也没有无义务的权利。

（三）法律关系的客体

法律关系的客体是指法律关系主体的权利和义务所指向的对象。一般来说，它包括物、行为、智力成果和人身利益。法律上所说的物包括一切可以成为财产权利对象的自然之物和人造之物；行为是指具有法律意义的人的活动，是权利主体的权利和义务主体的义务所共同指向的作为或不作为有法律意义的人的活动；智力成果是指人们在智力活动中所创造的精神财富，它是知识产权所指向的对象；人身利益包括人格利益和身份利益，是人格权和身份权的客体。

三、法律关系的形成、变更和消灭

（一）法律关系形成、变更和消灭的条件

法律关系是法律对社会关系加以确认和保障的结果，因此，它具有相对稳定性。但由于社会生活本身是不断变化的，法律关系也就具有一定的流动性，从而表现为一个形成、变更与消灭的过程。法律关系的形成是指在主体之间产生了权利、义务关系，变更是指法律关系的主体、客体或权利和义务发生了变化；消灭指的是主体间权利、义务关系完全终止。法律关系是根据法律规范在主体之间形成的权利与义务关系。但是，只有法律规范和权利主体还不足以产生法律关系，法律关系的形成、变更和消灭还必须有法律规范所规定的某种法律事实的出现。因此，法律关系形成、变更和消灭的条件包括：①法律规范，即法律关系形成、变更和消灭的法律依据，是抽象的、一般的条件；②权利主体，即权利义务的承担者，是法律关系形成、变更和消灭的主体条件；③法律事实，即出现法律规范所假定出现的那种情况。在这三个条件中，法律事实起着连结法律规范和权利主体的作用，在法律关系的形成、变更和消灭中占有突出的地位。法律事实是法律规范所规定的，能够引起法律后果即法律关系产生、变更和消灭的现象。

（二）法律事实的种类

法律事实依据不同的标准，可以作出不同的分类。主要的分类是根据法律事实是否以当事人的意志为转移，分为事件和行为两类。

（1）事件。事件是法律规范规定的、不以当事人的意志为转移而引起法律关系形成、变更或消灭的客观事实。事件又分为社会事件和自然事件两种，前者如社会革命、战争等，后者如人的生老病死、自然灾害等。这两种事件对于特定的法律关系主体（当事人）而言，都是不可避免，不可抗拒的，也不是以其意志为转移的。但由于这些事件的出现，法律关系主体之间的权利与义务关系就可能形成，也有可能发生变更，甚至完全归于消灭。例如，由于人的出生便产生了父母与子女间的抚养关系和监护关系；而人的死亡却又导致抚养关系、夫妻关系或赡养关系的消灭和继承关系的形成，等等。

（2）行为。行为是指与当事人意志有关的，能够引起法律关系形成、变更或消灭的作为和不作为。行为一旦作出，也是一种事实，它与事件的不同之处在于当事人的主观因素成为引发此种事件的原因。对于行为，可按是否合法而进一步划分为合法行为与非法行为。合法行为能引起肯定性法律后果，非法行为能引起否定性法律后果。

第三节　社会主义法制及其运行

一、社会主义法制的概念和基本要求

法制一词，古今中外用法不一。近代意义上的法制，是资产阶级劳动保险的产物，17、18 世纪资产阶级革命时期，资产阶级在反对封建专制主义的斗争中，在高举民主大旗的同时，提出了资产阶级的法制主张，并于 19 世纪后期开始逐渐在中国得以传播。建国以来，我国法学界对法制这一概念的解释也是见仁见智。一般说来，法制有广义和狭义两种解释。从广泛意义上来说，法制是统治阶级按照自己的意志，通过国家机关制定的法律制度以及由此建立起来的法律秩序。它包括三个组成部分：①法律，即国家立法机关制定的宪法、法律和法令，也包括其他国家机关根据宪法和法律制定的条例、章程、命令等；②制度，即根据宪法和法律建立起来的国家基本制度，如根据宪法制定的人民代表大会制度等；③法律秩序，即通过法律和制度建立起来的有利于统治阶级的社会关系和社会秩序，其中包括生产秩序、工作秩序、教学科研秩序等。因此，法制是法律、制度和法律秩序的有机结合。

从狭义上讲，法制是指有法律而被严格遵守，即依法办事。当然严格守法是以法律的制定和法律制度的存在为前提的，所以我国法学家一般认为"法制"是立法、执法、守法、法律监督等内容的有机统一，是依法办事的制度。从依法办事意义上来理解法制，法制主要有两层含义：首先，是指国家机关、公职人员处理与公民及其团体的关系，必须依法。也就是说，国家机关、公职人员不得滥用国家权力。其次，是指社会关系参加者的普遍守法原则，即一切国家机关、公职人员、公民、社会团体的活动，都必须合法。

社会主义法制是由社会主义国家机关创制的、体现工人阶级领导的全体人民意志的法律和制度以及一切国家机关、武装力量、各政党和各社会团体、各企事业组织和公民严格依照这种法律和制度进行活动的统一体。它是人类历史上最高类型的法制，对于实现人民民主，保障和促进社会主义物质文明、精神文明和政治文明建设具有重大意义。

社会主义法制的基本要求是"有法可依、有法必依、执法必严、违法必究"。

有法可依，就是要制定反映社会经济发展需要的、体现工人阶级为领导的广大人民共同意志和利益的、确认和保护有利于建立社会主义社会关系和社会秩序的宪法、法律、行政法规、条例、决议、命令和地方性法规等等。这是实行依法办事和健全法制的根本前提。

有法必依，是普遍守法的原则。它要求全国各族人民、一切国家机关和武装力量、各政党和各社会团体、各企事业组织，都必须严格遵守和执行社会主义法律。这是依法办事和健全法制的中心环节。

执法必严，是特指国家机关及其工作人员必须正确、合法、及时地适用法律，其作出的行为必须有法律上的根据，不得超出法律规定的范围。执法必严并不是一律从严，实行严刑峻法。执法必严，既要做到尊重客观事实，又要做到适用法律定性正确、量刑适当，还要做到有错必纠。这是依法办事和健全法制的重要条件。

违法必究，是指对一切违法犯罪行为人都必须无一例外地依法追究其法律责任。任何人，不管地位多高、功劳多大，都没有违法、犯罪却不受法律制裁的特权。对违法犯罪的有效追究，是依法办事和健全法制的有力保障。

有法可依、有法必依、执法必严、违法必究这四个方面是相互联系、相互制约、不可分割的统一体，是社会主义法制的基本要求。只有全面贯彻这些基本要求，才能建立社会主义法律秩序。社会主义法制建设的基本目标就是要实现法治，建设社会主义法治国家。为实现法治，当前应着力解决有法不依、执法不严等严重违背社会主义法制基本要求的突出问题。

二、社会主义民主与社会主义法制的辩证关系

民主一词具有广泛而复杂的含义，现实生活中，人们往往从不同的侧面来理解和使用民主一词。马克思主义经典作家运用历史唯物主义的基本原理，对民主曾作过科学的说明。马克思主义认为，从根本上讲，民主是一种国家制度。马克思和恩格斯早在《共产党宣言》中便把争得民主作为工人革命的根本任务之一，他们庄严宣告："工人革命的第一步就是使无产阶级上升为统治阶级，争得民主。"[①] 马克思指出，民主"是一切国家制度的实质"。[②] 可见，只有从国家制度上来理解民主，才能把握民主的真实意义和全部内涵。民主作为国家制度，它包括国体和政体两个方面。就国体而言，民主是指人民掌握国家的政治权力。社会主义民主是指工人阶级和广大人民掌握国家权力。就政体而言，民主是指国家的政治制度或一定的政治形式，即人民通过一定的政治形式行使民主权利，管理国家。社会主义民主是人民当家作主的国家制度，这是社会主义的内在要求和本质属性。社会主义民主就是在人民内部实行民主集中制，并以此来组成自己的国家政权机关。在我国，作为政体的民主，就是人民代表大会制。社会主义民主第一次把供少数剥削阶级享受的民主变成由广大人民享受的民主，它是真正的人民当家作主的国家制度，是一种新型的民主制度。

社会主义法制和社会主义民主是社会主义上层建筑中两个重要的组成部分，两者紧密相连、相辅相成。

（一）社会主义民主是社会主义法制的前提和基础

首先，社会主义民主是社会主义法制产生的依据。只有人民真正地成为国家的主人，才能把自己的意志上升为国家的意志，才能把自己的意志通过国家制定为法律并建立起符合自己意志的制度。如果人民没有在事实上成为国家的主人，那就不能制定并建立体现人民意志的法律和制度。所以说，社会主义法制是随着社会主义民主的产生而产生的。

---

① 《马克思恩格斯选集》第1卷，人民出版社1995年版，第272页。
② 《马克思恩格斯全集》第1卷，人民出版社1995年版，第281页。

其次，社会主义民主决定了社会主义法制的本质。只有充分发扬社会主义民主，才能制定出真正反映广大人民意志的社会主义法律。社会主义法律的本质决定了它必须由人民来制定。只有动员广大人民，集中群众的智慧，才能制定出真正体现人民意志的符合客观规律的法律。

再次，社会主义民主是社会主义法制的力量源泉。只有发扬社会主义民主，才能切实保证社会主义法制的实施。法律制定之后必须靠人民来执行和遵守。只有充分发扬民主，使广大人民更好地认识到法律所规定的权利和义务，增强法律意识，才能有效地维护法律的尊严和权威。

（二）社会主义法制是社会主义民主的体现和保障

首先，社会主义法制是社会主义民主在法律上的确认。社会主义法制是工人阶级领导的广大人民当家作主的国家制度的体现和保障。无产阶级和广大人民群众通过革命斗争夺取国家政权后，必须建立适合于政权本质的国家制度，才能体现和保障人民的民主。为此，就必须制定并坚决执行那些体现和保障人民真正掌握国家权力的法律规范。取得政权的工人阶级和广大人民还必须继续为扩大和发扬社会主义民主而斗争，还必须不断地为民主的制度化和法律化而斗争。

其次，社会主义法制是人民运用国家权力实现自己意志的体现和保障。人民的国家、人民的政权，不仅应按人民的意志组成，而且必须按人民的意志活动。制定社会主义法律并严格要求依法办事，就是要保证国家机关及其工作人员按人民的意志办事，这是社会主义民主的体现和保障。为了保证国家机关及其工作人员按人民的意志办事，不仅要运用法律规定和保障人民有选举、监督和罢免国家机关公职人员的权利，要在法律上严格划定他们的职权范围，而且还必须要求他们的公务活动都有法律上的根据。

再次，社会主义法制是公民权利和自由的体现和保障。社会主义民主的另一个重要表现，就是除少数被剥夺了政治权利的阶级敌人和犯罪分子外，广大公民都享有广泛的权利和自由。社会主义法制是公民广泛的权利和自由的体现和保障。要保障公民的权利和自由，就必须镇压敌人的破坏活动，惩办一切犯罪分子，制裁一切违法行为。只有这样，才能使每个公民的权利和自由得到切实的保障，才能使每个公民发挥出自己的聪明才智，以推动社会主义现代化建设，从而为公民的权利和自由的实现创造更多的机会，提供更充分的物质保障。

总之，社会主义民主的发展，必然要寻求使民主制度化、法律化的更好形式，必然要求社会主义法律制度的完善和社会主义法制的进一步加强。正确认识社会主义民主与社会主义法制的关系，对于发扬社会主义民主，加强社会主义法制，使人民群众学会运用法律武器，正确有效地保障和行使自己的权利和自由，自觉地履行自己对社会的神圣职责，以保证和发展安定团结的政治局面、保障和促进国家现代化的实现，具有十分重要的意义。

三、社会主义法制的基本原则

社会主义法制的基本原则是四项基本原则在社会主义法制中的具体贯彻和体现。它包括以下内容。

1. 社会主义原则

社会主义原则，就是坚持社会主义道路的原则。它具有三方面含义，即：确认社会主义的政治制度和经济制度；维护社会主义生产关系；保障社会主义现代化建设。这一原则要求通过立法、执法、守法和法律监督等各个环节，建立、巩固和保护人民民主专政的国家制度。此外，社会主义法制还维持正常的社会秩序和社会关系，等等。

2. 民主原则

社会主义法制的民主原则，在我国就是人民民主原则。其含义是：对人民实行民主，对敌人实行专政。我国在消灭阶级压迫和阶级剥削的基础上，建立起了社会主义民主制度，这就为充分实现人民当家作主开辟了道路。党的十一届三中全会以来，我们把发展社会主义民主作为建设社会主义的伟大目标之一，强调民主要制度化、法律化，强调党必须在宪法和法律的范围内活动，切实推进党和国家政治生活的民主化，经济管理的民主化，整个社会生活的民主化。为了保障民主，在运用法律手段实现民主的同时，要求人们自觉地用社会主义法律和纪律约束自己，正确理解和对待民主与专政、民主与集中、自由与纪律的关系。

3. 平等原则

平等原则是指任何公民在法律面前是一律平等的。它的基本精神是：①任何公民都平等地享有宪法和法律规定的权利；②任何公民都必须平等地履行宪法和法律规定的义务；③任何公民都不允许有超越宪法和法律的特权；④任何公民的违法犯罪行为都必须平等地予以追究和制裁。社会主义法制的平等原则，要求公民的权利与义务具有一致性。不允许有只享受权利而不履行义务，或者只尽义务而不享受权利的情形，而要保持权利与义务的有机统一。

4. 统一原则

社会主义法制的统一原则，是指社会主义法律和法律制度由国家统一制定和在全国范围内统一实施，一切国家机关、社会组织、公职人员和全体公民必须一律遵守。这一原则表现在立法上，要求立法权由国家最高权力机关依照法定程序统一行使，或由它依法授权的有关国家机关依法定程序统一行使，不允许违背宪法和法律。在守法上，要求国家机关、一切社会组织和公民，都必须按照统一的法律进行活动。

四、社会主义法律的创制

（一）法律创制的概念

法律创制主要是指由特定主体依据一定职权和程序，运用一定技术，制定、认可和变动法律规范的专门性活动，简称为法律的立、改、废活动。法律创制在本质上是把自然性的社会关系上升为法律上的社会关系。由于这种创制是创制者有意识的社会行为，因而充分反映了创制者对社会关系的自觉调控及能动性。[①] 社会主义法律的创制，是社会主义国家机关根据工人阶级和广大人民的共同意志，按照一定的法律程序，制定、修改或废止法

---

① 公丕祥：《法理学》，复旦大学出版社，2002 年版，第 293 页。

律规范的活动。

法律的创制，就是把统治阶级的意志上升为法律的过程，这种过程是由在该社会中占统治地位的阶级通过国家机关来组织和实现的。在我国，全国人民代表大会是最高国家权力机关，它集中代表全国人民的意志和利益，行使国家的立法权。

（二）社会主义法律创制的基本原则

我国社会主义法律创制必须坚持以建设有中国特色社会主义理论为根本指针，以"一个中心，两个基本点"作为总的指导思想。它们在法律创制工作中的原则化表现为：

实事求是，从实际出发原则。这是辩证唯物主义的思想路线。它要求法律创制工作首先要从我国正处于社会主义初级阶段的基本国情出发，从生产力发展水平和生产关系的实际情况出发，从阶级和阶级斗争的客观需要出发，从人民群众的文化水平、道德水准以及民族传统、历史影响等基本点出发。

领导与群众相结合原则。这是群众路线和民主集中制原则在法律创制工作中的具体体现，指在法律创制中既要坚持群众路线，广泛征求群众意见和要求，实行高度的民主，又要充分发挥立法机关的职能，集中群众的正确意见和要求，实行高度的集中。社会主义法律是工人阶级领导的广大人民意志的体现，因此，社会主义法律的创制，必须坚持群众路线，实行从群众中来，到群众中去的原则，充分发扬社会主义民主。这就是说，在法律创制的过程中，要深入实际，调查研究，使群众分散的、不系统的意见，变为集中的系统的意见，提出初稿，形成草案，再到群众中广泛征求意见，然后再提交立法机关审议通过。

原则性与灵活性相结合原则。这是马克思主义的一条基本原则。法律创制首先必须坚持原则性，保护社会主义性质，维护人民的根本利益。同时为了实现原则性，又要有必要的灵活性，即在原则允许的限度内，对某些问题作出有一定弹性幅度的，或者是变通的规定。这是因为，在社会主义现代化建设时期，政治、经济、文化等客观情况会不断发生变化；我国幅员辽阔，民族众多，各地政治、经济、文化乃至自然条件都不平衡，因此，制定法律时就不能规定得过细、过死，更不能采取"一刀切"的办法，而应当在贯彻原则性的前提下，允许有一定范围的灵活性。只有这样，才能使原则性得到真正实现。原则性是法律创制的主导和前提，灵活性是实现原则性的措施和保障，两者是目的和手段的关系。

案例 1—2 1994 年北京市人大常委会制定了《征收城市容纳费条例》，规定对户口进京人员收取城市容纳费。由于在立法过程中听取各方意见不足，这部条例自出台之日起便遭到许多人批评、抵制。北京市政府只好按照该条例的授权规定采取"补救"措施，相继制定了两个减免规定，对绝大多数户口进京人员予以减免，这部草率出台的地方性法规最终名存实亡。北京市后来又拟定《关于禁止燃放烟花爆竹的规定》和《严格限制养犬规定》两部地方性法规，此次通过组织讨论、发放调查问卷、召开座谈会等形式，大规模地向市民征求意见，然后作出最终的立法抉择。这两件地方性法规的出台，赢得了本地民众的衷心拥护。北京市正反两方面的立法经验和教训说明法律创制应当体现人民的意志，发扬社会主义民主，保障人民通过多种途径参与立法活动。

（三）社会主义法律创制的程序

法律创制的程序，又称立法程序，是指有关国家机关制定、修改和废除法律和其他规范性法律文件的法定步骤和方式。我国法律的创制程序主要有以下四个步骤。

1. 法律议案的提出

提出法律议案（又称立法议案）是法律制定程序的开始。法律议案是指依法享有法律议案提案权的机关或个人向立法机关提出的关于制定、修改、废止某项法律的正式提案。法律议案一经提出并被列入议事日程，就进入正式审议和讨论阶段。

提出法律议案的关键是谁享有法律议案的提案权。在我国，根据宪法和法律的规定，下列个人或组织享有向最高国家权力机关提出法律议案的提案权：

（1）全国人大代表和全国人大常委会的组成人员。依照法律规定，全国人大代表30人以上或一个代表团可以提出法律议案。全国人大常委会委员10人以上可以向全国人大常委会提出法律议案。

（2）全国人大主席团、全国人大常委会可以向全国人大提出法律议案，全国人大各专门委员会可以向全国人大或全国人大常委会提出法律议案。

（3）国务院、最高人民法院、最高人民检察院可以向全国人大或全国人大常委会提出法律议案。

2. 法律草案的审议

法律草案的审议是指立法机关对已经列入议事日程的法律草案正式进行审查和讨论。审议法律草案是保证立法质量、体现立法民主的重要环节，它可以使法律更加完备和成熟。

我国全国人民代表大会对法律草案的审议，一般经过两个阶段：一是由全国人大有关专门委员会进行审议，其中包括对法律草案的修改、补充；二是立法机关全体会议的审议。法律草案审议的结果有以下几种：①提付表决；②修改后提付表决；③搁置；④否定。

3. 法律议案的表决和通过

法律议案的表决和通过是立法机关以法定多数对法律草案表决最终的赞同，从而使法律草案成为法律。这是法律制定程序中具有决定意义的一个步骤。

我国《宪法》第64条规定，宪法的修改，由全国人民代表大会常务委员会或1/5以上的全国人民代表大会代表提议，并由全国人民代表大会以全体代表的2/3以上的多数通过。法律和其他议案要由全国人民代表大会以全体代表的过半数通过。

4. 法律的公布

法律的公布是指立法机关或国家元首将已通过的法律以一定的形式予以公布，以便全社会遵守执行。法律的公布是法律制定程序中的最后一个步骤，它是法律生效的前提。法律通过后，凡是未经公布的，都不能发生法律效力，从而无法在社会生活中发挥作用。

我国《宪法》规定，中华人民共和国主席根据全国人民代表大会的决定和全国人民代表大会常务委员会的决定，公布法律。公布后的法律生效问题，依照法律规定。我国公布法律的公报是《全国人大常委会公报》和《国务院公报》。

（四）社会主义法律规范

1. 法律规范的概念与结构

规范一词含有约定俗成或明文规定的某种规格、标准、准则的意思，指人们在一定情况下应该遵守的各种规则。法律规范是国家制定或认可的并体现统治阶级意志，以国家强制力保证实施的行为规则。我国社会主义法律规范既具有一般法律规范的性质和特征，又有其独具的属性、特点和不同的目的。它是由社会主义国家制定或认可，具有普遍约束力的行为规则。它所规定的权利义务具有一致性、真实性、平等性和公正性。它由国家的强制力保证实施，但又是建立在广大人民自觉遵守的基础上的。其目的在于确认、保护和发展社会主义社会关系和社会秩序，保护人民的合法权益。

法律规范的结构是指法律规范由哪些部分组成的，构成法律规范的内部要素及其相互关系。一般地说，法律规范的内在逻辑结构由假定、处理、制裁三个部分构成。假定，就是规定适用该法律规范的条件和情况的部分。当所规定的条件和情况出现时，某一社会关系才适用该法律规范。处理，指行为规范本身的内容，规定着人们应当做什么，禁止做什么，可以做什么。这是法律规范的基本部分。制裁，指规定违反法律规定所招致的法律责任及法律后果。

一般来说，每一法律规范都具有上述三个组成部分。但是，并不是说每一个法律条文都自成一个法律规范。大多数法律条文并不完全包括这三个部分。由此可见，法律规范不等于法律条文。法律条文是法律规范的表现形式，法律规范是法律条文的内容。

2. 法律规范的种类

法律规范的种类就是依照一定的标准或从某一角度对法律规范进行的分类。在法理学中，法律规范分类的方法和标准很多，这里我们按法律规范自身的逻辑特点，从三个角度对法律规范进行分类：

按照法律规范的性质，可分为义务性规范、禁止性规范和授权性规范。义务性规范，即规定人们必须依法做出一定行为的法律规范；禁止性规范，即禁止人们做出某种行为或者必须抑制一定行为的法律规范；授权性规范，是授予人们做出某种行为的权利，这种行为他可以做，也可以不做。

按照法律规范的确定性程度，可分为确定性规范、准用性规范和委任性规范。确定性规范，即明确具体地规定人们行为方式的法律规范，其内容完全确定，不必援用其他法律规范来说明；准用性规范，即规定行为准则的某一部分须参照其他有关条文才能实施的法律规范，所参照的其他有关条文，必须是业已明文规定的现行法律规范；委任性规范，即没有明确规定行为规则的内容，而应由某一机关加以规定。

按照法律规范所表现的强制性程度，可以分为强制性规范和任意性规范。强制性规范所规定的权利和义务明确、具体，不允许人们以任何方式加以变更或违反，必须按照所要求的去做。任意性规范，则允许按照有关法律的规定，自行确定其权利、义务的内容，并承担相应的法律责任。

在上述法律规范的划分中，各种不同角度的分类之间，往往存在着交叉关系。就某一规范来说，它可能既是禁止性规范，又是确定性规范，也是强制性规范。

　　研究法律规范的结构及其分类，可以帮助我们从技术上改进和完善立法工作，也可以帮助我们准确理解法律条文的内容和精神实质，从而正确适用法律，还可以帮助人民群众掌握法律、遵守法律、维护法律。

　　3. 法律规范的形式

　　法律规范的形式也称法律渊源，是指体现统治阶级意志，表现法律规范的特殊形式，即各种规范性文件。由于制定规范文件的国家机关不同，法律名称、地位和效力也不同。我国社会主义法律规范的表现形式是：

　　（1）宪法。宪法是国家的根本大法，它规定国家的性质、各阶级在国家中的地位、国家制度的根本原则、公民的基本权利和义务、国家机构的组织和活动原则等根本性问题。它由全国人民代表大会制定和修改，是其他一切法律的立法依据，具有最高的法律效力。

　　（2）法律。它包括基本法律和其他法律。基本法律包括民法、刑法、诉讼法、国家权力机关组织法、国务院组织法、最高人民法院组织法、选举法、婚姻法、国籍法等，它由全国人民代表大会制定。其他法律，如环境保护法、商标法、文物保护法等，它由全国人大常委会制定。法律在法律规范体系中，其地位和效力仅次于宪法。

　　（3）行政法规。它是国务院根据宪法和法律而发布的决定、命令、条例、办法、规定、规则、施行细则等规范性文件的总称。国务院是我国最高权力机关的执行机关，所以，它所发布的决定和命令等规范性文件，对于全国范围内贯彻执行宪法和法律，完成国家的基本任务，起着很重要的作用。

　　此外，地方性法规、自治条例和单行条例、中央和地方行政规章、国际条约以及法律解释等，也是我国法律规范的表现形式。

（五）我国的法律体系和法律部门

　　法律体系是指由一个国家的现行法律规范所组成的有机统一整体。根据法律规范调整对象的性质以及调整的方法不同，法律规范可划分为若干个法律部门，这些法律部门互相配合和协调一致，从而形成一个有机统一的法律体系。我国社会主义法律体系主要由以下几个法律部门构成：

　　（1）宪法。它是规定我国各项基本制度、公民的基本权利和义务以及国家机构组织活动的基本原则等法律规范的总称。宪法是国家的根本大法，是我国社会主义法律体系的核心部门，居于各种法律之首，具有最高法律效力，是其他法律部门的立法基础和依据。

　　（2）行政法。它是调整国家行政管理活动的法律规范的总称。如规定行政机关的组织、职责权限、活动原则、管理制度和工作秩序等。

　　（3）经济法。它是调整国家宏观经济调控和管理关系的法律规范的总称。

　　（4）民法。它是调整平等主体的公民之间、法人之间、公民与法人之间的财产关系和人身关系的法律规范的总称。

　　（5）商法。它是调整平等主体之间的商事关系或商事行为的法律规范的总称，如票据法、期货交易法、海商法等。

　　（6）环境保护法。它是保护环境、防治污染和其他公害的法律规范的总称，是一个较新的法律部门。

（7）劳动法。它是调整劳动关系的法律规范的总称。

（8）刑法。它是关于犯罪和刑罚的法律规范的总称。

（9）诉讼法。它是关于诉讼制度和诉讼程序的法律规范的总称。我国诉讼法分为刑事诉讼法、民事诉讼法和行政诉讼法。

五、社会主义法律的实施

（一）法律的遵守

法律的遵守，简称为"守法"，是指各国家机关、社会组织和公民个人严格依照法律规定去从事各种事务和行为的活动。守法是社会主义法制的基本要求。从应然角度而言，任何一个国家和社会中的所有主体都应该成为守法的主体。但在我国现阶段，公民守法具有特殊意义。我国宪法和法律颁布施行后，除依靠国家机关和社会组织贯彻实施外，还必须依靠广大人民群众自觉遵守和贯彻。只有人人守法，才能充分发挥法律的作用。否则，法律就成为一纸空文。所以，守法是我国公民的一项基本义务。

公民守法，通常是指遵守国家的宪法、法律和其他法规。这首先是遵守国家的宪法和法律。宪法是国家的根本大法，是治国安邦的总章程，具有最高的法律效力。法律是根据宪法制定的，其效力仅次于宪法，是每个公民必须遵守的。其次，国家行政法规和地方性法规，都是根据宪法和法律制定的，也是公民必须遵守的。为了加强社会主义法制，每个公民必须履行法定义务，只有人人守法，才能做到有法必依，执法必严，违法必究，人民民主专政才有坚实的基础。

在我国，公民除自觉遵守法律外，还要自觉维护国家法律的尊严，同一切违法犯罪行为作斗争。为此，每个公民必须懂得什么是违法，什么是犯罪。

违法就是违反国家现行法律和其他法规的具有社会危害性的、应受惩罚的行为。根据违法的性质、情节及其对社会危害程度不同，一般有广义和狭义两种解释。广义的违法，包括犯罪和一般违法；狭义的违法，只是就一般的违法而言，不包括犯罪在内。

违法与犯罪是两个既有区别又有联系的不同概念。两者的共同之处在于：违法和犯罪都是具有社会危害性的行为；违法与犯罪都是违反了法律的行为。但是违法与犯罪又是有区别的：违法是情节轻微，对社会危害性不大、没有触犯刑律的行为，而犯罪是对社会危害性大、情节严重、触犯了刑律的行为；一般违法行为，只是采用批评教育或行政制裁的办法处理，而犯罪则是用刑罚手段来加以处罚的。

违法依其性质和危害程度的不同，一般可分为三种，即：刑事违法，指触犯刑事法规，依法受刑罚处罚的行为；民事违法，指违反民事法规，应受民事法规处罚的行为；行政违法，指违反行政法规，应受行政处罚的行为。

根据违法行为的性质、情节和后果，必须对违法行为追究法律责任和实施法律制裁。法律责任，是指具有违法行为的人所必须承担的具有强制性的某种法律上的责任。法律制裁，通常是指司法机关和行政机关根据法律规定，对违法者依其所应负的法律责任而采取的惩罚措施。可见，法律责任和法律制裁都是同违法行为联系在一起的，是基于违法行为而产生的。没有违法行为，也就不存在承担法律责任的问题，当然也不应有法律制裁。因此，承担法律责任和实施法律制裁必须以一定的违法行为的存在为前提。法律责任分为刑事责任、民事责任和行政责任。国家机关实施的法律制裁也相应地分为刑事制裁、民事制裁和行政制裁。

法律责任与法律制裁具有国家强制性。追究法律责任，实施法律制裁，均由国家专门机关或国家授权的机关执行，任何个人、团体和没有法定权限的国家机关都无权执行。

（二）法律的适用

法律适用，就是国家机关及其工作人员，依照法定的职权和程序，把法律运用于具体的案件，使法律在现实生活中得到实现的专门活动。法律适用与法律实施不同，前者是专指国家机关的执法活动，后者不仅指国家机关的执法活动，也包括国家机关、社会组织和公民的守法活动。也就是说，法律的实施包括法律的适用和法律的遵守两个部分。

1. 社会主义法律适用的原则

在我国，公安机关、检察机关和人民法院是主要的执法和司法机关，它们在法律适用的过程中，起着重要的作用。国家机关为了正确、合法、及时地适用法律，必须坚持如下原则。

以事实为根据、以法律为准绳原则。这是我国法律适用的最基本的原则。它是对我国司法工作多年来实践经验的总结。所谓以事实为根据，就是执法机关处理案件的根据是客观存在的事实，而不是主观臆断出来的。因此，司法人员必须深入调查，正确认定案件的性质，切忌先入为主，偏听偏信。所谓以法律为准绳，就是指在弄清案件事实的基础上，严格按照法律规定办事。罪与非罪、此罪与彼罪、轻罪与重罪的衡量标准，只能是法律。

公民在法律面前一律平等原则。这一原则有两层含义：一是我国全体公民都应平等地遵守我国的宪法和法律，不许任何人有超越宪法和法律的特权；二是对任何公民的违法、犯罪行为都毫无例外地平等地予以追究和制裁，任何人不论其功劳多大，职位多高，只要违法犯罪，都应受到法律的制裁。我国公民在法律面前一律平等，指的是为了实现统治阶级的意志，维护统治阶级的利益，在法律适用上所采取的原则。我国公民在法律面前一律平等所适用的法律，是社会主义的法律。而社会主义的法律是工人阶级和广大劳动人民意志的体现，是代表全体人民根本利益的。所以，它要求我国公民一律遵守，任何组织和个人都没有超越宪法和法律的特权。那种把法律的阶级性同在法律面前一律平等对立起来的观点，是完全错误的。

司法机关独立行使职权原则。这是指人民法院独立行使审判权和人民检察院独立行使检察权。司法机关独立行使职权，只服从法律，是我国司法机关适用法律的一项基本原则。当然，这决不意味着司法机关可以独断专行，不要党的领导，不受国家权力机关、上级司法机关的监督和领导。我国宪法规定：最高人民法院监督地方各级人民法院的审判工作。最高人民法院对全国人民代表大会和全国人民代表大会常务委员会负责。地方各级人民法院对产生它的国家权力机关负责。关于人民检察院的职权及其行使，也有类似的规定。可见，司法机关独立行使职权与坚持党的领导，接受国家权力机关的监督以及上级司法机关对下级司法机关的监督或领导是一致的。

☺ 热点问题 1—1

司法独立的具体内容包括哪些?

＊ 司法独立可以包括对当事人的独立、职能的独立、机构的独立、内部独立。①

＊＊ 司法独立作为一种制度包括实质独立、身份独立、集体独立和内部独立。②

＊＊＊ 司法独立仅指外部独立,而不包括内部独立。③

＊＊＊＊ 司法独立作为一项制度包括四个方面的独立,即司法权的独立、司法主体的独立、司法行为的独立和司法责任的独立。④

2. 社会主义法律的适用范围

法律的适用范围,即法律的效力范围,是指法律规范在什么时间、什么地点、对什么人发生作用的问题,也就是法律规范在时间上、空间上以及对人的效力问题。法律的效力范围,是由法律文件本身或按照特定的程序确定的。

法律在空间上的适用范围。这是指法律生效的地域。一个国家的法律在本国领域内实施,这是一个原则。我国作为一个主权国家,法律一经公布,就适用于我国的全部领域。所谓全部领域,包括我国主权范围的领陆、领水、领海和领空,还包括我国驻外使馆和我国航行或停泊在国境外的船舶或飞机等等。我国法律生效的空间范围,一般有三种:①全国的。由全国人大和全国人大常委会制定的法律,国务院的决定、命令,在全国范围内生效。②地方的。由地方权力机关和行政机关颁布的地方性法规,在其管辖的地区内生效。③特定范围的。有些由最高国家权力机关或最高国家行政机关颁布的在空间领域上具有特定性的法律或法规,其本身又决定了生效的范围。

法律在时间上的适用范围。它首先是关于法律何时开始生效、何时终止生效的问题。我国法律开始生效的时间,通常有两种情况:一种是自公布之日起生效,一种是单独规定生效日期。这些一般都在法律文件公布时,由该文件本身明文规定。我国法律终止生效的问题,一般有如下几种情况:①新宪法公布之后,凡与新宪法有抵触的法律、法令一律失去效力;②新的立法公布后,相应的旧法即失去效力;③有的法律由于立法的特殊条件消失,其效力也就自然消失;④国家颁布特别的决议、命令,宣布废除某项法律,该项法律就从宣布之日起终止生效。其次是关于法律的溯及力问题。所谓法律的溯及力,是指法律对它生效以前的事件、行为是否适用的问题。如果适用,就是具有溯及力,否则就没有溯及力。除特殊情况外,我国社会主义法律一般没有溯及力。

法律对人的适用范围。这是指法律对哪些人适用,对哪些人不适用的问题。由于法律调整的社会关系不同,法律对人的效力范围也有所不同,有的法律适用于全国的公民,有的只适用于部分公民,有的则适用于外国人,这些一般在法律中都有明确规定。

3. 法律解释

法律解释是指有关机关或个人对法律规范的内容、涵义、精神和技术要求等所作的说

① 蒋惠岭:《我国实现独立审判的条件和出路》,《人民司法》1998 年第 3 期。
② 陈瑞华:《刑事审判原理论》,北京大学出版社 1997 年版,第 165 页。
③ 《关于司法改革、司法公正及司法独立》,《法学前沿》第 3 辑,法律出版社 1999 年版,第 43 页。
④ 谢晖:《价值重建与规范选择》,山东人民出版社 1998 年版,第 490～492 页。

明。国家制定法律时应尽可能全面和明确，但法律作为一种普遍遵守的准则，总是概括的、定型的，它不可能对有关的一切事务规定得详尽无遗，同时，实施法律的各种具体条件，包括时间、空间、事件和情况等千差万别，社会生活在不断变化，加之人们对法律条文的理解往往是不同的，要把法律规范正确地适用到社会生活的各个方面，就必须有法律解释。

根据不同的标准，可以对法律解释作出不同的分类。主要的分类是根据法律解释的主体和效力不同，分为法定解释和学理解释两大类。①法定解释。又称正式解释、有权解释、官方解释、有效解释，是指有法律解释权的国家机关依照宪法和法律赋予的职权，对有关法律规范进行的解释。法定解释是由国家机关根据宪法和法律授权进行的，它同被解释的法律规范本身具有同样的法律效力。法定解释在法学上通常又分为立法解释、司法解释与行政解释三种。②学理解释。又称非正式解释、任意解释、无权解释，一般是指由法定国家机关以外的其他主体对法律规范所作出的学术性和常识性的解释。这种解释不具有法律约束力，通常不被作为执行法律的法定依据。虽然如此，非正式解释在法学研究、法学教育、法制宣传以及法律发展方面还是有着重要意义的。

法律解释的方法有多种。根据解释尺度的不同，法律解释方法可以分为字面解释、限制解释与扩充解释三种。①字面解释。是指严格按照法律条文的字面含义解释法律，既不缩小，也不扩大。②限制解释。是指在法律条文的字面含义显然比立法原意为广时，做出比字面含义为窄的解释。如《中华人民共和国婚姻法》第15条规定："父母对子女有抚养教育的义务。"这里的"父母"与"子女"都应作限制性解释，前者应限制在未成年或丧失劳动能力的子女的父母，后者应限制在未成年或丧失劳动能力的子女。③扩充解释。是指法律条文的字面含义显然比立法原意为窄时，做出比字面含义为广的解释。如《中华人民共和国宪法》第33条规定："中华人民共和国公民在法律面前一律平等"。这里的"法律"一词应作广义解释，不仅包括宪法和法律，还包括行政法规和地方性法规。

第四节　依法治国，建设社会主义法治国家

一、依法治国基本方略的提出及其内涵

建立社会主义法治国家是改革开放以来我国党和国家领导人关注的重要问题之一。早在20世纪80年代，邓小平在谈到民主法制问题时就曾说过："必须使民主制度化，使这种制度和法律不因领导人的改变而改变。不因领导人的看法和注意力的改变而改变"。邓小平同志这段话就是说的人治与法治的关系问题。法治是人治的对立面。法治崇尚法律至上，用法律治理国家；人治崇尚个人意志，国家的制度和法律不仅因领导人的改变而改变，而且因领导人的看法和注意力的改变而改变。1986年邓小平同志就曾指出："进行政治体制改革的目的，总的来讲是要消除官僚主义，发扬社会主义民主，调动人民和基层单位的积极性"，并强调："要通过改革，处理好法治与人治的关系"。1996年2月8日，在中共中央举办的"中央领导同志法制讲座"上，江泽民同志首次指出："要加强社会主义法制建设，依法治国。要使社会主义国家各项工作逐步走上法制化和规范化，要逐步实现社会主义民主的法制化、法律化。""加强社会主义法制建设，依法治国，是邓小平同志建设有中国特色社会主义理论的重要方针"。他强调"依法治国是社会进步、社会文明的一

个重要标志"，必须"实行和坚持依法治国"。而在同年 3 月召开的全国人大八届四次会议上，对建立社会主义法治国家这一问题提到了相当高的战略目标。1996 年 8 月 12 日，他在为《社会主义法制建设基本知识》一书所作的序言中，又指出："实行和坚持依法治国，就是在党的领导下努力实现国家各项工作法制化、规范化，保证人民群众依照法律规定，通过各种途径和形式，参与管理国家事务，管理经济和文化事业，管理社会事务，真正做到有法可依，有法必依，执法必严，违法必究，保证各项事业在社会主义法制的轨道上顺利发展"。1997 年 9 月，江泽民在党的十五大报告中提出："依法治国，就是广大人民群众在党的领导下，依照宪法和法律规定，通过各种途径和形式管理国家事务，管理经济文化事业，管理社会事务，保证国家各项工作都依法进行，逐步实现社会主义民主的制度化、法律化，使这种制度和法律不因领导人的改变而改变，不因领导人看法和注意力的改变而改变。依法治国，是党领导人民治理国家的基本方略，是发展社会主义市场经济的客观需要，是社会文明进步的重要标志，是国家长治久安的重要保障。党领导人民制定宪法和法律，并在宪法和法律范围内活动。依法治国把坚持党的领导、发扬人民民主和严格依法办事统一起来，从制度和法律上保证党的基本路线和基本方针的贯彻实施，保证党始终发挥总揽全局、协调各方的领导核心作用。"① 这一论述科学地揭示了社会主义法治国家的基本内涵和根本特征，高度概括了我们党治理国家的基本方略，深刻阐述了法律在国家政治、经济和社会生活中的地位和作用。在这里，依法治国至少包含以下三个内在规定性：

其一，依法治国的主体是党领导下的广大人民群众。当代中国的依法治国要求党领导下的广大人民群众依法管理国家及各项事业和事务，而具体行使有关职能的行政部门和公职人员，只是人民群众管理国家事务的执行者。如果把人民作为法治的客体或对象，就不可能有真正的社会主义法治。

其二，依法治国所依之"法"只能是体现人民意志的，把社会主义民主制度化、法律化的宪法和法律。宪法和法律在国家生活中必须具有至高无上的权威，任何组织和个人都不得凌驾于宪法和法律之上，要真正做到我国宪法第 5 条所规定的"一切国家机关和武装力量、各政党和各社会团体、各企业事业组织都必须遵守宪法和法律。一切违反宪法和法律的行为，必须予以追究"。

其三，依法治国之所"治"的具体内容是指国家事务、经济文化事业和社会事务，也就是国家的各项工作。国家的各项工作，都应当受到法律的规范和治理；国家的各项工作都应当纳入法治化的轨道。

应当指出，"依法治国，建设社会主义法治国家"是一个完整的命题，是"依法治国"理论的完整表述，"依法治国"与"建设社会主义法治国家"是不可偏废、不能分割的。依法治国的本质在于揭示了法律手段是治理国家的最基本、最重要的手段；建设社会主义法治国家则体现了反映广大人民意志的法律在国家政治、经济和社会生活中的至上权威，是依法治国要实现的目标。依法治国是党领导人民治理国家的基本方略，是执政党执政方式的重大发展；建设社会主义法治国家则是依法治国方略所要实现的宏伟目标。

---

① 江泽民：《高举邓小平理论伟大旗帜，把建设有中国特色社会主义事业全面推向二十一世纪》，人民出版社 1997 年版，第 34 页。

依法治国，建设社会主义法治国家，作为党领导人民治理国家的基本方略和民主法制建设的基本目标，有其重要意义：第一，这是发展社会主义市场经济的客观需要。社会主义市场经济建立和完善的过程，实质上也是市场经济法治化的过程。第二，这是建设社会主义民主政治、实现人民当家作主的根本保证，只有使民主制度化、法律化，才能保证人民依法享有广泛的权利和自由。第三，法治是社会文明进步的重要标志，是人类社会文明的重要内容，一个现代化的国家，必然是一个法治国家。第四，这是社会现代化进程中加强和改善党的领导的有效途径。第五，这也是国家长治久安的重要保障。

二、社会主义法治国家的基本标志

1. 具有完备的科学的法律体系

完备的社会主义法律体系首先是部门齐全，凡是社会生活中需要法律调整的社会关系均有相应的法律规范；其次，各法律部门之间以及各种规范性文件之间结构分明，配套衔接合理；再次，法律要能够反映社会发展规律，适应现实需要，具有较强的科学性。总之，社会主义法治国家，需要完备的法律体系，做到有法可依；并且这个法律体系必须完备、科学、严谨、协调，而不应彼此重复和相互矛盾；同时法律还应兼顾国家、集体与个人的利益，处理好权利与义务的关系。

2. 具有健全的民主制度和监督制度

高度的社会主义民主是社会主义法治国家的应有之义，没有健全的民主制度，就谈不上法治国家。社会主义法治国家要求公民的民主权利得到充分保障，国家权力的配置充分体现民主原则；人民应能通过法定的民主程序当家作主，进行重大决策，管理国家大事；司法与执法体制和程序的各个环节，也都要贯彻民主原则，保证人民群众的广泛参与。与民主制度相关联的是监督制度。我国当前应加强对国家权力的立法监督、行政监督、司法监督和人民群众的监督（包括舆论监督）。没有有效的监督机制，就难以保证国家机构及其工作人员完全按人民的意志和利益行事，也很难实现人民当家作主、参政议政的权利。

3. 具有独立、公正的司法制度及其运行机制

人民法院和人民检察院依法独立公正高效地行使宪法赋予的审判权和检察权，不受任何国家机关、社会团体和个人的干涉。国家从制度上保证上述机关的人、财、物不受任何地方势力和社会势力的影响。建立违宪审查制度，保证宪法的权威；建立冤案赔偿和错案追究制度，保证司法公正。实行司法改革，裁减冗员，使具有较广泛的知识面、经过严格的法律职业教育和法律职业训练、有一定实践经验的高素质公民担任法官和检察官。建构公正完善的民事诉讼、刑事诉讼、行政诉讼等司法程序。

4. 具有以依法办事为核心的全民法律意识

全体公民尤其是国家机关工作人员较强的法律意识，是法治国家的重要标志。没有较为普及的法律意识为基础，再健全的法律制度也必然是形同虚设。在法治国家，法律意识的核心就是坚持依法办事的信念，要通过法律的实施和法制教育，在全社会形成崇尚法律、自觉依法办事的社会风气。

三、社会主义法律与共产党政策的关系

依法治国，建设社会主义法治国家，把厉行法治与坚持党的领导有机结合起来了。因而，在当代中国依法治国的进程中，必须处理好社会主义法律与共产党的政策之间的相互关系。

从本质上说，社会主义法律与共产党的政策之间有着许多共同之处：①两者都是建立在社会主义公有制基础之上的上层建筑，并为自己的经济基础服务；②两者都具有鲜明的阶级性，即都是工人阶级和广大人民群众意志的体现；③两者有共同的指导思想，都是在马克思主义指导下，根据事物发展的客观规律和社会主义建设的实践经验制定的，因而都具有科学性；④两者有共同的历史使命，都是管理国家的方法和手段。

社会主义法律与共产党的政策是两种不同的社会规范，它们之间的主要不同点是：①两者制定的组织不同。法律是国家制定或认可的，具有国家意志的属性；而政策是由党组织制定的，不具有国家意志的属性。②两者实施的方法不同。社会主义法律具有普遍的约束力，人人必须遵守，并依靠国家强制力保证其实施，违法犯罪行为还须由国家机关依法制裁；而党的政策的规范效力一般只限于党组织和党员，对党外群众或组织，只能通过宣传教育和党员的模范带头作用，给人们以启发和引导。③两者的表现形式不同。法律是以条文形式公布实施的，并具有自己特定的表现形式，如宪法、法律、法规、规章等规范性文件；而政策的表现形式多种多样，如纲领、决议、指示、宣言、标语、口号等。④两者所调整的社会关系的范围不完全相同。一般地说，法律只调整那些有关国家和社会制度的以及其他重要的、基本的社会关系；而政策所调整的社会关系要比法律广泛得多。

社会主义法律与共产党的政策有着密切的关系。首先，党的路线、方针、政策是法律的灵魂，是制定法律的直接依据。这是由执政党的地位和政策的性质、特点决定的。其次，法律是贯彻政策的重要工具，因为法律能够把政策中需要用国家强制力保证实施的内容上升为国家意志，保证其获得普遍遵守的效力。我们要正确理解和处理好法律与政策之间的相互关系，既不能以党的政策代替、否定法律的特殊作用，也不能以法律否定党的政策，取消党的政策的指导作用。正确的做法是既依靠政策、又依靠法律，坚持法律与政策的具体的历史的统一。

☺ 热点问题 1—2

如何构建社会主义和谐社会？

＊ 构建社会主义和谐社会，一定程度上有待于甚至取决于在作为执政党的共产党的规划和指导下，重构符合时代要求和基本国情的主导价值观念。[1]

＊＊ 从法学的视角，必须把和谐社会的基本特质法治化，运用法律制度的手段构建和谐的社会。[2]

＊＊＊ 构建和谐社会，除了借助法律和制度规范，通过道德感化来治理国家的"以德治国"也是很有必要的。[3]

---

[1] 张华青：《政治文化的整合——中国社会主导价值观念的重构》，《探索与争鸣》2004 年第 12 期。
[2] 汪海霞：《构建和谐社会的法政治学视角分析》，《理论探讨》2005 年第 5 期。
[3] 谢太泂：《德法并治——构筑和谐社会》，《贵州民族学院学报》（哲学社会科学版）2005 年第 3 期。

四、依法行政和公正司法是建设社会主义法治国家的关键

政府依法行政是建设社会主义法治国家的重要基础，对于维护法律的权威和尊严意义重大。因此，在依法治国、建设社会主义法治国家进程中，必须始终抓住依法行政这个重点环节，加强和完善对行政权力的监督机制，严格执法。依法行政的基本要求是：第一，政府是负责法律具体执行的执法机关，其法定职责就是依照法律来管理国家行政事务；第二，政府行使的所有行政权力都必须有法律依据，法律没有明文规定的权力，政府不得行使；第三，法律没有规定或超出法律规定行使的行政权是非法的、无效的；第四，行政相对人对于政府机关非法行使的行政行为有权提请行政复议，或依法提起行政诉讼请求法院作出裁决；第五，对于滥用行政权造成的损害，应当依法获得救济，受害人有权请求行政赔偿。当前应强化行政机关工作人员依法行政的观念，加强立法机关和司法机关对行政活动的监督，建立和完善严格依法行政的各项工作规范和制度，坚决制止和查处滥用权力、违法行政、以权谋私、执法犯法等腐败现象。

公正司法是建设社会主义法治国家的关键。客观公正是对司法的本质要求，是司法的灵魂。司法的公正与否，是衡量一个国家民主、文明程度的重要标志。只有公正司法，才能维护法律的尊严，才能真正实现法律面前人人平等。当前，客观存在着权大于法，钱重于法，情重于法等司法不公的现象。因此，推进司法改革，既是建设社会主义法治国家的时代要求，也是现实司法状况的迫切呼唤。当代中国实现公正司法的重要任务是：第一，有领导、有步骤地加快司法改革的步伐，逐步形成有中国特色的公正、廉洁、高效的司法体制。对执法中存在的地方保护主义和部门保护主义，对一些领导干部以言代法、干预司法部门独立办案的行为，对一些司法人员执法犯法、贪赃枉法的活动，要依照党纪国法严肃查处。第二，建立健全公正司法的各项制度，促进严肃执法。要建立和完善办案责任制，实行冤案错案责任追究制，实行司法赔偿制，从根本上保证司法的严肃性和公正性。第三，加强对司法工作的监督。要进一步建立和完善监督机制，要把党内监督、权力机关的监督和人民群众的监督结合起来，发挥舆论监督的作用，形成合力，建立严密有序的监督体系，以防止司法权力的腐败，保障公正司法。

＊　　　　＊　　　　＊

📖 **重要概念**

法律　法律关系　法律规范　法律创制　法律适用　法治国家

思考题

1. 如何正确理解法律的本质？
2. 社会主义法制的基本要求是什么？试述社会主义民主与社会主义法制的相互关系。
3. 简述法律的适用范围？
4. 如何理解社会主义法律与共产党政策之间的相互关系？
5. 试述"依法治国，建设社会主义法治国家"的内涵、目标及其关键。

⚖ 案例分析

1. 某县丰山乡三里村一位村民徐某（女）2006 年与邻乡李某结婚，婚后女方户口迁至男方家。2010 年 7 月徐某与李某离婚，徐某携抱一岁的女儿回到娘家居住。嗣后男方村里把女方户口迁回娘家并收回其拥有的责任田。然而徐某回娘家半年后，发现娘家村委会也不给分地，原来 2006 年徐某嫁出时村里已经收回其土地，现在连徐某的孩子也没有土地。生活没有来源的徐某找村委会协商，村委会主任告知："土地承包责任制是以家庭为单位的，妇女结婚或离婚时不给土地，是按乡政府文件办事。"徐某多次找过乡政府领导以及县政府有关部门反映，但是问题始终没有得到解决。她通过自学有关法律条文后提出："我国宪法规定妇女在政治、经济、文化、社会和家庭各个方面享有与男子同等的权利，《婚姻法》、《继承法》和《妇女权益保护法》都强调了性别平等，为何她作为妇女不能单独分到土地？"乡政府领导却解释说："全国人大颁布过的'大法'对农村土地的分配与再分配没有详细的操作规定，乡政府在具体实施土地承包责任制过程中发布的红头文件就是'小法'，政府文件属于地方性法规，具有法律效力。"试问政府发布的文件是不是法？

2. 2009 年 4 月至 8 月，经营烟酒的李某从两个成年人张某、刘某处购进"红塔山"香烟 7 条，并付给对方人民币 380 元，在购买过程中，李某问过香烟来源，张某、刘某声明不是赃物。同年 9 月 25 日晚 10 时许，某区公安局干警吴某等驾驶摩托车到李某住处，未声明理由，即用摩托车将李某带到区公安局进行讯问，同时将李某的营业执照和烟类专卖许可证扣缴，一直未还。某区公安局干警吴某等人的行为是依法办事吗？

第二章 宪 法

💡 **教学要求**

通过本章的讲授和学习，你应该能够深刻认识到宪法作为国家根本大法的意义；理解并掌握我国的国家性质和政权组织形式；了解我国的国家结构形式及其特点；掌握我国宪法规定的公民的基本权利和义务；了解我国的国家机构组成及各国家机构的主要职权。

第一节 宪法概述

一、宪法的概念和特征

（一）宪法的概念

在古代，"宪法"、"宪令"、"宪章"等词语就已经在典章制度中存在，但其词义与近现代意义上的宪法有很大差异。如在我国的古籍《国语·晋语》中，"赏善罚奸，国之宪法"只是指的一般的法律、法度；在古罗马帝国时期，宪法就专门用来表示其皇帝所颁布的各种建制和诏令，如古罗马皇帝查士丁尼的《法学总论》一书的序言中所使用的"宪令"；还有像 1164 年英王亨利二世颁布的《克拉伦敦宪法》，该"宪法"只是确认教会、封建主、城市行会的特权以及他们和国王之间关系的法律。在近代，"宪法"一词译自英文的"Conatitution"，根据《布莱克法律词典》的定义，宪法是"整体权力来自被统治者的政府宪章"，是"民族或国家的基本组织法，用以确立其政府的特性与观念，对政府的内部运作规定其所必须服从的基本原则，组织政府并调节、分配及限制其不同部门的职能，并规定主权行使的范围与方式"。

但在我们看来，近现代意义上的宪法是各种政治力量对比关系的集中表现。列宁曾经指出："宪制的实质在于：国家的一切基本法律和关于选举代表机关的选举权以及代表机关的权限等等的法律，都体现了阶级斗争中各种力量的实际对比关系。"[1] 所以，宪法首先是在政治斗争中取得胜利的阶级——统治阶级的利益和意志的集中表现。各种政治力量的实际对比关系要在宪法中得到表现，必然在不同程度上影响着宪法的具体内容；各种政治力量实际对比关系的变化，必将引起宪法的变化。

宪法也是民主制度的法律化，即宪法是以法的形式把民主制度确立、巩固下来的根本性文件。这是因为：首先，宪法是资产阶级反对封建专制取得革命胜利后，并将资产阶级民主法律化的产物。其次，宪法是民主制度的载体和表现形式。无论是资本主义国家还是社会主义国家，要建立、发展其民主制度，都需要以一种强有力的形式来载明其民主的原

---

[1] 《列宁全集》第 17 卷，人民出版社 1988 年第 2 版，第 320 页。

则、措施和手段。宪法是目前世界上一切国家把民主制度载明和表现出来的最好的形式。最后，宪法也是保障和推动民主制度发展的最重要形式。在现代社会，依法治国是各国发展民主的主要途径，在民主制度发展和完善的过程中，宪法发挥着极为重要的作用。

综上所述，宪法是集中反映各种政治力量实际对比关系，将民主制度法律化的国家根本大法。

☺ 热点问题 2—1

学习宪法，首先要明确什么是宪法，关于宪法的定义，理论界有不同看法：

＊ 宪法是确立国家权力的实现形式，规范国家权力运行的根本法。①

＊＊ 宪法是一种以专门调整政府与公民关系的法律，它以规定政府的组织、结构、职权、行使职权的方式和公民的基本权利为主要内容，以规范和限制政府的权力和保障公民的基本权利为目的。②

＊＊＊ 宪法是规定国家根本制度和公民基本权利义务，集中体现掌握国家政权的阶级或集团的根本意志和利益的国家根本大法。③

（二）宪法的基本特征

宪法与刑法、民法、行政法、诉讼法等普通法律在本质上一样，都是掌握国家政权的统治阶级意志的表现，是由国家制定并由国家强制力保证实施的行为规则。但与普通法律相比较，宪法具有下列特征：

第一，宪法所规定的内容与普通法律不同。宪法是一个国家的总章程，规定了国家生活中最根本的问题，如国家的性质、国家的政治经济制度、国家机关的组织活动原则、公民的基本权利和义务等。它着重规定了国家权力的来源和权力的分工协调关系，因而被称为国家根本大法。而普通法律只规定国家和社会生活中某一方面或几方面的问题。

第二，宪法的法律效力与普通法律不同。宪法的法律效力高于一般的法律，具有最高的法律效力，是制定普通法律的依据，普通法律的内容必须符合宪法的规定，一切普通法律不得与宪法精神和宪法规范相违背，否则，就应予以废除或修改。

第三，宪法的制定和修改程序与普通法律不同。宪法的地位决定了它应比普通法律具有更强的稳定性，因而在制定和修改的程序上比普通法律更为严格，我国宪法规定，宪法的制定和修改由全国人民代表大会进行。宪法的修改，由全国人民代表大会常务委员会或五分之一以上的全国人民代表大会代表提议，并由全国人民代表大会的全体代表的三分之二以上的多数通过。而普通法律通常由一般的立法机关制定或修改，不仅提出的程序比较简单，而且只需立法机关的过半数代表通过即可。

由于宪法最集中地反映了掌握国家政权的统治阶级的意志，在国家生活中具有十分重要的意义，因而被毛泽东同志称为国家的"总章程"、"根本大法"。

二、宪法的产生和发展

宪法作为国家的根本大法，是近代资产阶级革命胜利的产物。资产阶级在反对封建专

---

① 馨元：《宪法概念的分析》，《现代法学》，2002 年第 2 期。
② 蔡定剑：《关于什么是宪法》，《中外法学》，2002 年第 1 期。
③ 李步云：《宪法比较研究》，法律出版社 1998 年版，第 23 页。

制的政治斗争中，提出了保障民权、限制王权、民主立宪的思想。最早的一批资产阶级宪法是17世纪的英国宪法和18世纪的美国、法国宪法。英国是资产阶级宪法的发源地，它在形式上是一种不成文宪法，由一系列宪法性文件、法院判例和宪法性惯例构成，其中最主要的有1679年的《人身保护法》、1689年的《权利法案》和1701年的《王位继承法》，英国宪法是资产阶级与封建贵族妥协的产物。世界上第一部成文宪法是美国宪法，这部宪法是美国独立战争胜利以后1787年制定，于1789年生效的，该法确立了三权分立的原则和资产阶级民主共和制。法国是欧洲大陆制定宪法最早的国家，法国宪法是法国大革命的产物，法国第一部宪法制定于1791年，该法以著名的《人权宣言》为序言。此后，世界上相继建立的资产阶级国家，大都仿效英、美、法的制宪经验，制定了自己的宪法。

社会主义宪法是无产阶级革命胜利的产物。1917年俄国十月革命推翻了沙皇和地主资产阶级的统治，建立了历史上第一个无产阶级专政的国家，1918年制定的《俄罗斯苏维埃联邦社会主义共和国宪法》，是人类历史上第一部社会主义类型的宪法。第二次世界大战结束后，欧亚的社会主义国家大都仿效前苏联1936年宪法，并结合本国的特点制定了自己的宪法。

我国宪法的产生与发展是同我国的宪政运动和人民革命斗争的历史分不开的。在我国近代以来的历史上，出现过三种不同性质的宪法或宪法性文件。第一种是从清朝末年到北洋军阀和国民党政府时期所制定的，如1908年清政府的《钦定宪法大纲》、1914年袁世凯的《中华民国约法》、1946年蒋介石政府的《中华民国宪法》，这类宪法玩弄骗局、欺骗人民、抵制革命，具有专制的性质，最后被迫破产。第二种是中国民族资产阶级所制定的资产阶级共和国宪法，1912年以孙中山先生为首的资产阶级革命派制定的《中华民国临时约法》是一部具有资产阶级革命性、民主性的宪法性文件。第三种是中国共产党领导人民制定的新民主主义和社会主义性质的宪法。1949年的《中国人民政治协商会议共同纲领》，在新中国建国初期起着临时宪法的作用。1954年，我国制定了第一部社会主义类型的宪法。此后又于1975年、1978年和1982年制定了三部宪法。

1982年宪法即现行宪法，它总结了我国三十多年来社会主义建设的经验，集中了全国人民的智慧，是一部适应新时期社会主义现代化建设需要的、具有中国特色的好宪法。随着我国改革开放和社会主义现代化建设事业的不断发展，1988年、1993年、1999年和2004年先后四次对现行宪法的部分内容进行了修改，形成了31条宪法修正案，对有中国特色的社会主义现代化事业发挥了重要的保障和推动作用。现行宪法具有以下特点：第一，确认了马克思列宁主义、毛泽东思想、邓小平理论和"三个代表"重要思想为宪法的总的指导思想；第二，明确规定了今后国家的根本任务是进行社会主义现代化建设；第三，规定了在建设物质文明的同时，努力建设社会主义的政治文明和精神文明；第四，强调发展社会主义民主和健全社会主义法制；第五，体现并强调了民族团结和国家统一的精神。

三、我国宪法的基本原则

宪法的基本原则是指人们在制定和实施宪法过程中必须遵循的基本准则，是贯穿于宪法的制定、修改和宪法实施全过程的基本精神。宪法基本原则是对一个国家的政治指导思想、社会经济条件和历史文化传统的集中反映。对世界各国宪法与宪政理论和实践的考察表明，宪法的基本原则主要有人民主权原则、保障人权原则、法治原则和权力制约原则，我国宪法也不例外。此外，我国宪法还体现了民主集中制原则。

（一）人民主权原则

主权是指国家的最高权力，人民主权是指国家中绝大多数人拥有国家的最高权力。法国近代启蒙思想家卢梭等人所倡导的人民主权学说，是资产阶级反对封建专制主义的锐利思想武器，是资产阶级民主思想的核心。因此，从1776年美国《独立宣言》宣布"政府的正当权力得自被统治者的同意"以来，无论是资本主义国家的宪法，还是社会主义国家的宪法，都无不确认了人民主权原则，并在宪法中明确加以规定。

我国《宪法》规定："中华人民共和国的一切权力属于人民。""人民依照法律规定，通过各种途径和形式，管理国家事务，管理经济和文化事业，管理社会事务。""一切权力属于人民"的原则是无产阶级在创建社会主义政权过程中，批判性地继承资产阶级民主思想的基础上，对人民主权原则的创造性运用和发展，"一切权力属于人民"的实质就是主权在民。

（二）基本人权保障原则

人权是指作为一个人所应该享有的权利，是一个人为满足其生存和发展需要而应当享有的权利。17、18世纪时，西方启蒙思想家最先提出了"天赋人权"学说，强调人人生而享有自由、平等、追求幸福和财产的权利。在"天赋人权"学说的指导下，新兴资产阶级开始进行了争取"人权"的斗争。在资产阶级革命过程中以及革命胜利后，人权口号逐渐被政治宣言和宪法确认为基本原则。

社会主义国家建立以后，同样也在宪法中确认了保障人权原则。社会主义国家的本质特征就是人民当家作主，人民在国家生活中处于主导的支配地位，公民的权利和自由则是人民当家作主的最直接的表现。这就内在地要求通过各种途径和形式，确保公民能够享受各种权利和自由。我国宪法不仅明确规定"国家尊重和保障人权"，而且专章规定了公民参与国家政治生活的权利和自由、公民的人身自由和信仰自由、公民社会经济文化方面的权利等等，从这个意义上说，我国的社会主义宪法就是公民权利的保障书。

（三）权力制约原则

权力制约原则，是指国家权力的各部分之间相互监督、彼此牵制，以保障公民权利的原则。因为"一切有权力的人都容易滥用权力，这是亘古不易的一条经验，……要防止滥用权力，就必须以权力制约权力"。① 既然宪法是民主制度法律化的基本形式，是民主制国家的根本法，那么它无疑应该将权力制约原则作为自己的基本原则。

在资本主义国家的宪法中，权力制约原则主要表现为分权原则，即把国家权力按权力的性质划分，分别交由不同的国家机关行使，这些国家机关在行使权力的过程中，保持着一种互相牵制和相互平衡的关系。在社会主义国家的宪法中，权力制约原则主要表现为监督原则。如我国《宪法》规定在人民与人大代表和国家机关及其工作人员的关系方面，规

① 孟德斯鸠著，张雁深译：《论法的精神》（上册），商务印书馆1961年版，第154页。

定人大代表都由民主选举产生，对人民负责，受人民监督；人民对国家机关和国家工作人员有提出批评和建议的权利，对其违法失职行为，有提出申诉、控告或者检举的权利。在不同国家机关之间的关系上，则规定"国家行政机关、审判机关、检察机关都由人民代表大会产生，对它负责，受它监督"，"人民法院、人民检察院和公安机关办理刑事案件，应当分工负责，互相配合，互相制约，以保证准确有效地执行法律"，等等。尽管如此，由于监督观念以及监督原则的法律化、制度化还有待加强，因此，在我国，权力制约原则的贯彻和实施任重而道远。

（四）法治原则

法治也称"法的统治"，是指统治阶级按照民主原则把国家事务法律化、制度化，并严格依法进行管理的一种治国理论、制度体系和运行状态。其核心是：依法治理国家，法律面前人人平等，不容许任何组织和个人享有法律之外的特权。因此，法治是相对于人治的一种国家统治方式。

我国《宪法》规定，宪法"是国家的根本法，具有最高的法律效力"，"全国各族人民、一切国家机关和武装力量、各政党和各社会团体、各企业事业组织，都必须以宪法为根本的活动准则"，"一切法律、行政法规和地方性法规都不得同宪法相抵触。"这些规定为我国坚持走依法治国的道路指明了方向。1999 年《宪法修正案》则进一步明确规定："中华人民共和国实行依法治国，建设社会主义法治国家。"这一治国方略的入宪，充分表明中国共产党和中国人民坚定不移地走依法治国的道路。因为依法治国作为治国之道，不仅是控权与保权的辩证统一，也是主权与人权的辩证统一，而且是坚持党的领导与依法办事的辩证统一。[①]

（五）民主集中制原则

我国《宪法》规定："中华人民共和国的国家机构实行民主集中制的原则。"民主集中制是民主和集中的辩证统一。发扬民主的过程是广大人民群众积极参与国家管理，实现一切权力属于人民的过程；实现集中的过程则是汇集多数意见，形成统一意志，保证广大人民群众利益实现的过程。

民主与集中都以遵守宪法和法律为前提。我国国家机构实行民主集中制原则主要体现在：各级国家权力机关的产生及其运作，形成了一个从民主到集中，由集中再回到民主的良性循环过程；在所有的国家机关中，国家权力机关处于核心地位；在中央和地方国家机关的关系方面，遵循下级服从上级，地方服从中央的原则，充分发挥中央和地方两方面的积极性。

四、宪法实施及其保障

宪法的实施是指宪法精神和宪法规范在国家和社会生活中的贯彻落实。宪法能否得到贯彻实施，关系到国家的政治安定和政权的稳固。宪法实施主要由两部分构成，一是宪法适用，即一定的国家机关对宪法在社会生活中的贯彻落实所进行的有目的的干预，这主要

---

① 李龙：《宪法基础理论》，武汉大学出版社 1999 年版，第 199~200 页。

是通过将宪法的精神和规范贯彻到具体的法律、法规和法律性文件中来实现的；二是宪法的遵守，即要求全国各族人民、一切国家机关和武装力量、各政党和各社会团体、各企业事业组织，都必须以宪法为根本的活动准则，自觉维护宪法尊严。

宪法实施没有保障，就会使宪法的精神和规范不能得到贯彻落实。我国 1982 年宪法在序言中明确指出，宪法是国家的根本法，"具有最高的法律效力"。这些规定确保了宪法的根本法的地位，使宪法实施有了可靠的保证。根据 1982 年宪法的规定，全国人民代表大会行使监督宪法实施的职权，全国人民代表大会常务委员会行使解释宪法、监督宪法实施的职权，同时，发挥中国共产党的领导监督作用和人民群众的监督作用，形成一个从上到下、从权力机关到行政机关的完整的监督体系，保证宪法的统一实施。

第二节　我国的国家制度

一、我国的国家性质

国家性质，即国体。在政治学上，国家性质是指国家的阶级本质，即社会各阶级在国家中的地位；宪法学上的国家性质一般是指国家的根本制度。我国《宪法》第 1 条规定："中华人民共和国是工人阶级领导的、以工农联盟为基础的人民民主专政的社会主义国家。""社会主义制度是中华人民共和国的根本制度。禁止任何组织或者个人破坏社会主义制度。"这就表明，我国的国家性质是社会主义国家，我国国家政权的政治属性和阶级本质是人民民主专政。

我国的人民民主专政实质上就是无产阶级专政，是对人民民主和对敌人专政的有机统一。只有在人民内部实行广泛的民主，才能充分调动广大人民建设有中国特色社会主义的积极性，也只有对敌人实行专政，才能切实保障人民的民主权利，保障人民当家作主的主人翁地位。

我国的人民民主专政是工人阶级领导的，这是由工人阶级的本质、特点及其肩负的历史使命决定的。工人阶级领导是通过自己的政党——中国共产党实现的。历史的实践表明，只有坚持中国共产党的领导，我国的人民民主专政才有领导核心，社会主义现代化建设事业才有胜利的保证。

工农联盟是我国人民民主政权的阶级基础。工人阶级要完成自己的历史使命，必须依靠广大的同盟军，特别是同农民阶级的联盟。我国《宪法》序言指出："社会主义建设事业必须依靠工人、农民和知识分子。"目前我国已进入一个新的历史时期，加强和巩固工农联盟对于巩固国家政权、实现社会主义现代化建设的宏伟目标有着更加重大的意义。

爱国统一战线是人民民主专政的重要特点。爱国统一战线是我国人民民主专政在工农联盟基础上所建立的更加广泛的阶级联盟，是由中国共产党领导的，有各民主党派和各人民团体参加的，包括全体社会主义劳动者，拥护社会主义的爱国者和拥护祖国统一的爱国者组成的，包括台湾同胞、港澳同胞和海外侨胞在内的最广泛的联盟。中国人民政治协商会议是爱国统一战线的组织。在现阶段，爱国统一战线在中国共产党的领导下，为社会主义现代化建设、为完成祖国统一大业和维护世界和平发挥着积极的作用。

二、我国的政体

政体，即国家的基本政治制度，也即国家政权的组织形式。它指的是掌握国家政权的阶级采取何种形式去组织反对敌人、保护自己的政权机关。政体由国体决定，并适应和服务于国体，对国体起保护和巩固的作用。

😊 热点问题 2—2

关于政体，学术界也有不同看法：

＊ 政体，也即国家政权的组织形式，这是我国理论界的一般看法。本书也采用这一观点。

＊＊ 政体与政权组织形式之间存在着密切的联系，但它们之间也存在着显著的区别，政体侧重于体制，政权组织形式着重于机关。体制粗略地说明国家权力的组织过程和基本形态，政权组织形式着重于说明国家权力的机关以及各机关之间的相互关系。[1]

我国《宪法》规定，中华人民共和国的一切权力属于人民。人民行使国家权力的机关是全国人民代表大会和地方各级人民代表大会。国家行政机关、审判机关和检察机关都由人民代表大会产生，对它负责，受它监督。这表明我国的政体是人民代表大会制度。

人民代表大会制度，就是以民主集中制为原则，由人民依法选举代表组成全国和地方的国家权力机关，即全国和地方各级人民代表大会，并以此为基础建立国家机关，行使人民当家作主权利的制度。它是我国人民在长期革命斗争中创建和发展起来的一种政权组织形式。它适合我国的国情，具有很大的优越性：首先，这种形式适合中国的国情，直接反映出我国的国家性质，具有广泛的代表性和民主性，便于人民参加国家管理，因而具有很强的生命力；其次，人民代表大会既是权力机关，又是工作机关，它便于集中统一行使国家权力，实行"议行合一"；第三，人民代表大会制度是产生和决定我国其他各项制度的基础，反映着我国政治生活的全貌，具有极大的权威性；第四，人民代表大会制度既能保证中央国家机关对全国的统一领导，又便于发挥地方的主动性和积极性，使我国的中央和地方联结成一个统一的、坚强的整体。

为了切实加强人民代表大会制度建设，保证人民代表大会及其常委会更好地体现人民意志、履行职责，树立和保障人民代表大会的权威，从我国现阶段的实际状况看，应当从以下方面完善人民代表大会制度。一方面，理顺各级人大及其常委会与其他机关组织的关系，保障人大及其常委会能切实地行使职权；另一方面，加强人民代表大会的组织机构建设和制度建设，促使人大及其常委会有效地行使职权。

三、我国的选举制度

选举制度是由法律规定的关于选举国家代表机关代表和国家工作人员的各项制度的总称。选举制度是衡量一个国家政治民主制度的重要标志。

---

[1] 何华辉：《比较宪法学》，武汉大学出版社 1988 年版，第 144 页；周叶中：《宪法》，高等教育出版社 2005 年第 2 版，第 221 页。

我国选举制度是人民代表大会制度的重要组成部分，体现着我国人民民主专政的国家性质，是人民群众参加国家管理，实现当家作主的重要制度。它遵循以下基本原则：

1. 选举权的普遍性原则

选举权包括选举权和被选举权。选举权的普遍性，是指享有选举权的人的广泛性。我国《宪法》第34条规定："中华人民共和国年满十八周岁的公民，不分民族、种族、性别、职业、家庭出身、宗教信仰、教育程度、财产状况、居住期限，都有选举权和被选举权；但是依照法律被剥夺政治权利的人除外。"

2. 选举权的平等性原则

选举权的平等性是指每个选民在选举时都有同等的投票权，每个选民在一次选举中只有一次投票权，任何人都不能享有特权。各级人民代表大会的名额和代表的产生，均以一定的人口比例作为基础，但同时又在城市和乡村之间、汉族和少数民族之间作了不同比例的规定。

3. 直接选举与间接选举并用的原则

直接选举是指人大代表和公务人员由选民直接投票产生。间接选举是指上一级人民代表大会代表由下一级人大选举产生。根据我国选举法的规定，县级及以下人大代表由直接选举产生，其他各级人大代表由间接选举产生。

4. 无记名投票原则

这一原则是指选举人在选举代表时不必公开署名的一种投票方法。它对于保证选民自由表达自己的意愿，选出自己所信赖的人担任代表，具有重要的意义。

5. 选民对代表行使监督权和罢免权原则

我国《选举法》规定，全国和地方各级人民代表大会代表受选民和原选举单位的监督；对于不称职的代表，选民或选举单位有权罢免。这一规定促使代表更加密切同人民群众的联系，发挥人民群众监督各级国家权力机关和行政机关的作用，进一步推动社会主义民主政治建设。

案例2—1　某地选举人民代表时，程某在三次讨论候选人提名过程中，对群众提出的候选人都没有表示反对，也没有提出新的候选人。在正式选举中，程某到会场对一些选民说："我们不选他们（指两个候选人），我要选就选我自己。"他先向两名没有带笔的选民索要选票。因为这些选民没有听到程某说："要选自己"的话，以为他为人代笔，便把选票交给他代写。就这样程某共收了33张选票，在未征求选举人同意的情况下，把两个候选人的名字上打了"×"，在另选人栏下填上自己的名字。经检查，这些选民都不同意选程某。由于他的破坏，两名候选人的选票都没有超过半数，造成选举无效的严重后果。

本案中的程某非法煽动选民不选候选人，以欺骗的手段索取了33张选票并擅自填写上自己的名字，造成选举无效，妨害了选民自由行使选举权和被选举权。因此，程某的行为违反了宪法和有关法律的规定，应依法对其进行制裁。

四、我国的国家结构形式

国家结构形式是指国家的整体同其各个组成部分之间、中央政权与地方政权之间的相互关系。现代世界各国的国家结构形式主要有单一制和联邦制两种。

单一制就是由若干个普通行政区域单位或自治单位、特别行政区等组成的单一主权的国家。在单一制国家里，全国只有一部宪法、一个统一行使立法权和决定国家重大问题的最高权力机关、一个中央政府；地方的权力由中央以宪法和法律加以规定，各行政单位和自治单位在中央政权的统一领导下实行管理活动；公民有统一的国籍；在对外关系上，单一制国家作为一个国际法的主体出现。

联邦制国家是由若干享有主权的成员国（如邦、州、共和国）联合组成的统一的联邦国家。在联邦制国家中，除设有联邦立法机关和联邦政府外，各组成单位还有自己的立法机关和中央政府；联邦有联邦宪法，各组成单位还有自己的宪法。各组成单位根据联邦宪法的规定行使各自的国家权力。

我国《宪法》明确规定，中华人民共和国是全国各族人民共同缔造的统一的多民族国家。各少数民族聚居的地方实行区域自治，设立自治机关，行使自治权。各民族自治地方都是中华人民共和国不可分离的部分。这就以根本法的形式确认了我国是统一的单一制国家。

在我国，民族区域自治是解决民族问题的基本政策。所谓民族区域自治，是指在统一的祖国大家庭中，在党和国家的统一领导下，以少数民族聚居区为基础，建立相应的民族自治区域，设立自治机关，行使自治权力，由少数民族自己管理自己的制度。民族区域自治的主要内容是：①各民族自治地方都是中华人民共和国不可分离的部分，民族自治地方的自治机关都是在中央统一领导下的一级地方国家机关，受上级国家机关的领导；②民族自治地方的自治机关是按照民主集中制原则建立的人民代表大会和人民政府；③各民族一律平等，保障各少数民族的合法权利和利益，维护和发展各民族的平等、团结、互助关系；④实现民族区域自治地方的民族化；⑤国家大力支持和帮助民族区域自治地方。实践证明，我国的民族区域自治制度具有巨大的优越性。

宪法还规定，国家在必要时设立特别行政区。特别行政区，是指在我国范围内，根据宪法和法律的规定设立的具有特殊的法律地位，实行特别的政治经济制度，享有高度自治权的我国的一级地方行政区域。特别行政区制度不同于经济特区，经济特区是为开展灵活多样的对外经济合作和技术交流，在经济上实行国家的特殊政策，在一般行政区内划出的特定区域。特别行政区是"一国两制"构想在宪法上的体现，是为完成祖国统一大业，坚持国家主权、领土完整的原则性和具体地解决港澳台问题的灵活性相结合的伟大实践，这一制度已经在中国香港、中国澳门特别行政区得到了成功的实现。

五、我国的经济制度

经济制度是指经济基础或经济结构，是人类社会在一定历史发展阶段上占统治地位的生产关系的总和。其中生产资料所有制是决定性的因素。我国1999年《宪法修正案》第14条规定："中华人民共和国的社会主义经济制度的基础是生产资料的社会主义公有制，即全民所有制和劳动群众集体所有制。""国家在社会主义初级阶段，坚持公有制为主体、多种所有制经济共同发展的基本经济制度"。这表明社会主义公有制是我国各种经济成分的主体，它决定了我国经济制度的社会主义性质。

全民所有制经济即国有经济，是生产资料归社会的全体人民所有，由代表全体人民的国家占有生产资料的一种所有制形式。它是我国国民经济的主导力量，是我国人民民主专政政权的物质基础，也是实现社会主义现代化的物质基础，国家保障国有经济的巩固和发展。劳动群众集体所有制经济，是由集体经济组织内的劳动者共同占有生产资料的一种公有制经济形式，是社会主义公有制经济的重要组成部分，我国《宪法》第12条规定，社会主义的公共财产神圣不可侵犯；国家保护社会主义的公共财产。禁止任何组织或者个人用任何手段侵占或者破坏国家的和集体的财产。

除两种社会主义公有制的经济形式之外，我国还存在着其他经济形式，如个体经济、私营经济、外商投资经济，这些经济成分是我国社会主义公有制经济的重要补充。在改革开放和现代化建设中，这些经济成分发挥着积极作用。国家保护这些经济成分的合法权益，并通过法律和行政手段管理、指导、帮助和监督这些经济组织的活动；国家重视保护公民个人的合法的私有财产，宪法第13条规定，公民的合法的私有财产不受侵犯。国家依照法律规定保护公民的私有财产所有权和继承权。国家为了公共利益的需要，可以依照法律规定对公民的私有财产实行征收或者征用并给予补偿。

社会主义公有制作为我国的经济基础，决定了我国现阶段实行按劳分配为主体的分配方式。1999年我国《宪法修正案》第14条规定："社会主义公有制消灭人剥削人的制度，实行各尽所能，按劳分配的原则。"国家在社会主义初级阶段，"坚持按劳分配为主体、多种分配方式并存的分配制度"。这种分配制度，是社会主义初级阶段的必然产物。坚持按劳分配为主体，体现社会公平；实行多种分配方式并存，鼓励一部分人先富裕起来，又能充分发挥和保护广大劳动者的积极性和创造性。

六、我国的精神文明建设

精神文明，是指人类在改造客观世界的同时，使主观世界和精神生活得以改造和发展。它表现为教育、科学文化知识的发达和人民的思想、政治和道德水平的提高。

以马克思主义为指导思想的社会主义精神文明，是我国社会主义制度的重要特征。根据《宪法》的规定，在我国社会主义初级阶段，社会主义精神文明建设的根本任务是：适应社会主义现代化建设的需要，培养有理想、有道德、有文化、有纪律的社会主义公民，提高整个中华民族的思想道德素质和科学文化素质。社会主义精神文明建设能够为我国现代化建设提供精神动力和智力支持，为物质文明的发展提供强有力的思想保证，是关系到社会主义兴衰成败的大事，因此，精神文明建设在国家生活中占有重要的战略地位。

社会主义精神文明建设分为教育科学文化建设和思想道德建设两个方面，两者相互促进、互相渗透。

教育科学文化建设是社会主义精神文明建设的基础工程，是提高整个中华民族思想道德素质和科学文化素质的根本途径。我国《宪法》就教育科学文化建设的内容做了如下规定：第一，发展社会主义教育事业，提高全国人民的科学文化水平。《宪法》规定，国家举办各种学校，普及初等义务教育，发展中等教育、职业教育和高等教育，并且发展学前教育。国家发展各种教育设施，扫除文盲，对工人、农民、国家工作人员和其他劳动者进行政治、文化、科学、技术、业务的教育，鼓励自学成才。国家鼓励集体经济组织、国家企业事业组织和其他社会力量依照法律规定举办各种教育事业。国家推广全国通用的普通话。等等。第二，发展科学事业。科学技术是第一生产力，科学技术现代化是四个现代化的关键。《宪法》第 20 条规定："国家发展自然科学和社会科学事业，普及科学和技术知识，奖励科学研究成果和技术发明创造。"第三，发展医疗卫生事业和体育事业。医疗卫生事业和体育事业的基本功能在于保护人民健康，增强人民体质。其发展水平的高低，也是衡量一个国家和民族是否兴旺发达的重要标志之一。我国《宪法》第 21 条规定："国家发展医疗卫生事业，发展现代医药和我国传统医药，鼓励和支持农村集体经济组织、国家企业事业组织和街道组织举办各种医疗卫生设施，开展群众性的卫生活动，保护人民健康。""国家发展体育事业，开展群众性的体育活动，增强人民体质。"第四，发展文学艺术和其他文化事业。在整个社会主义现代化建设事业中，各种文化事业的发展，对于丰富人民的精神生活，提高人民的文化素质和精神境界，培养新的道德风尚，促进社会风气的根本好转，都有着极其重要的作用。我国《宪法》第 22 条规定："国家发展为人民服务、为社会主义服务的文学艺术事业、新闻广播电视事业、出版发行事业、图书馆博物馆文化馆和其他文化事业，开展群众性的文化活动。""国家保护名胜古迹、珍贵文物和其他重要历史文化遗产。"

思想道德建设决定着精神文明的社会主义性质和方向，是社会主义精神文明建设的核心。宪法关于思想道德建设规定的内容是：普及理想教育，树立把我国建设成为富强、民主、文明的社会主义国家的信念；普及道德教育，培养爱祖国、爱人民、爱劳动、爱科学、爱社会主义的道德风尚；进行爱国主义、集体主义、国际主义、共产主义、辩证唯物主义和历史唯物主义的教育，提高全民思想政治觉悟；培育有理想、有道德、有文化、有纪律的社会主义事业的一代又一代接班人。思想道德建设是一项长期而艰巨的战略任务。

第三节 我国公民的基本权利和义务

一、公民基本权利和义务概述

公民，是指具有一国国籍的人。国籍是指一个人作为某一国家的公民（国民）的法定资格，是一个人不容剥夺的权利。各个国家一般依据所制定的国籍法确定自然人的国籍。

在各国的国籍法中，通常有两种取得国籍的方式：出生国籍和继有国籍。确认出生国籍的原则，各国也不一样，有血统主义原则、出生地主义原则以及两者相结合的原则。我国采用血统主义和出生地主义相结合的原则。确认继有国籍的取得也有两种方式，一种是申请而取得，另一种是因法定事实的出现而取得，如因婚姻、收养、领土转移等取得新国籍。对继有国籍，我国国籍法规定，外国人或无国籍人申请加入中国国籍，必须具备法定前提和条件，还要履行一定的手续。法定前提是指：申请人必须愿意遵守中国的宪法和法律，而且必须出于自愿；法定条件是指：申请人为中国公民的近亲属或者外国人、无国籍人定居中国的或者有其他正当理由的。

在我国，公民与人民的概念有一定的差别。公民是法律概念，不受政治因素和其他条件的限制；人民是政治概念，用以区分敌我，两者不可等同。

公民的权利，是指国家通过宪法和法律加以保障的，公民实现某种愿望或获得某种利益的可能性。公民的义务，是指宪法和法律规定的公民应当履行的某种责任。公民的权利和义务是多方面的，其范围和内容极其广泛，作为国家根本大法的宪法只能对公民权利和义务中最基本、最重要的部分作出原则规定。《宪法》中规定的公民权利和义务，即为公民的基本权利和基本义务。

二、我国公民的基本权利

公民的基本权利是指由宪法规定的，公民为实现自己必不可少的利益、主权或自由，从而为或不为某种行为的资格或可能性。当然，公民在行使基本权利和自由的时候，不得损害国家的、社会的、集体的利益和其他公民的合法的自由和权利。我国《宪法》在明确规定国家尊重和保障人权的基础上，具体规定了我国公民享有以下几类基本权利：

（一）平等权

我国《宪法》第 33 条规定："中华人民共和国公民在法律面前一律平等。"这是我国公民的一项基本权利，也是社会主义法制的一个基本原则。公民在法律面前一律平等，包含以下内容：第一，我国公民不分民族、种族、性别、职业、家庭出身、宗教信仰、教育程度、财产状况、居住期限都一律平等地享有宪法和法律规定的权利，也都必须平等地履行宪法和法律规定的义务；第二，公民的合法权益一律平等地受到法律保护，任何违法犯罪行为都要依法追究，行政机关和司法机关在适用法律上一律平等；第三，任何公民都没有超越宪法和法律的特权，在法律上一律平等。

（二）公民的政治权利和自由

公民的政治权利和自由，是指宪法和法律规定公民有权参与国家政治生活的民主权利，以及政治上享有表达个人见解和意愿的自由。在我国，公民的主体是人民，人民是国家的主人，只有人民才享有政治权利和自由，依法被剥夺政治权利的人不能享有政治权利和自由。公民的政治权利和自由包括：①选举权和被选举权。即公民依照法律规定，享有按自己的意愿选举他人为国家权力机关代表或政府领导人的权利，也享有被选举为国家权力机关代表或者政府领导人的权利；同时，根据法律规定，享有罢免不称职或者违法乱纪的代表和领导人的权利。②政治自由。我国《宪法》第 35 条规定，"中华人民共和国公民有言论、出版、集会、结社、游行、示威的自由。"这是公民表达意愿，参与社会活动和政治活动的一项经常性的政治权利，是社会主义民主的体现。

（三）批评权、建议权、申诉权、检举权和取得赔偿权

我国《宪法》第 41 条规定："中华人民共和国公民对于任何国家机关和国家工作人员，有提出批评和建议的权利；对于任何国家机关和国家工作人员的违法失职行为，有向有关国家机关提出申诉、控告或者检举的权利，但是不得捏造或者歪曲事实进行诬告陷害。""由于国家机关和国家工作人员侵犯公民权利而受到损失的人，有依照法律规定取得赔偿的权利。"这是宪法赋予公民对国家机关及其工作人员的一种监督权，是发展社会主义民主，健全社会主义法制，维护公民合法权利的重要保障措施。对于改进国家机关的工作作风，克服官僚主义，纠正不正之风，增强国家机关工作人员的依法治国观念，树立为

人民服务的思想有着重要意义。

（四）公民的宗教信仰自由

宗教信仰自由是指公民有信仰宗教或不信仰宗教的自由；有信仰这种宗教或那种宗教的自由；在同一宗教里面，有信仰这个教派或哪个教派的自由；有过去不信教而现在信教的自由，也有过去信教而现在不信教的自由。信仰宗教是公民个人的私事，国家不加干涉，正常的宗教活动受国家法律保护。但是，利用宗教信仰自由进行破坏社会秩序、损害公民身体健康、妨碍教育制度、受外国势力支配分裂祖国的宗教活动则受到禁止，构成犯罪的，依法追究刑事责任。

案例 2—2　汉族青年韩某与一回族青年马某相恋。不久两人到婚姻登记机关领取了结婚证。正当他们准备举行婚礼的时候，马某和马某的父兄向韩某提出一个要求，要韩某必须信仰伊斯兰教。韩某不答应，马某的弟弟就去纠集一些族内的人"好好教育"了一下韩某。本案马某及其父兄强迫韩某信仰伊斯兰教的做法是错误的，是违反宪法精神的。

（五）公民的人身自由

公民的人身自由是公民的最基本权利之一。我国宪法赋予公民的人身自由包括：人身自由不受侵犯，人格尊严不受侵犯，同人身自由相联系的住宅不受侵犯，通信自由和通信秘密受法律的保护。禁止非法拘禁和以其他方法非法剥夺或者限制公民的人身自由，禁止非法搜查公民的身体；禁止用任何方法对公民进行侮辱、诽谤和诬告陷害；对于非法侵入他人住宅、搜查他人住宅、非法侵犯公民的通信自由和通信秘密的，要追究法律责任。

（六）公民的社会经济权利

公民的社会经济权利是指公民在经济生活和物质利益方面所享有的权利，是公民实现其他权利的物质保证。我国公民享有以下经济权利：

（1）公民的劳动权利。我国《宪法》第 42 条规定："中华人民共和国公民有劳动的权利和义务。"这就表明，在我国，有劳动能力的公民有获得工作、劳动的权利以及按公民工作、劳动中付出的劳动的数量和质量取得报酬的权利；同时又表明，劳动已不单纯是一种劳动者谋生的手段，也是劳动者为国家和人民创造社会财富、作出贡献的具体表现。

（2）公民的合法财产所有权和私有财产的继承权。我国宪法第 13 条规定："国家保护公民的合法的收入、储蓄、房屋和其他合法财产的所有权。""国家依照法律规定保护公民的私有财产的继承权。"

（3）劳动者的休息权。我国《宪法》第 43 条规定："中华人民共和国劳动者有休息的权利。"休息权是劳动者为保护身体健康和提高劳动效率而休养生息的权利。国家宪法给予保障。

（4）退休人员的生活保障权。我国宪法规定，国家依照法律实行企业事业组织的职工和国家机关工作人员的退休制度。退休人员的生活受到国家和社会的保障。

（5）物质帮助权。公民享有获得物质帮助的权利，是指公民在特定的情况下，不能以自己的劳动获得物质生活资料，或者获得的劳动报酬不能完全满足自己的生活需要时，享有由国家和社会给予金钱或实物帮助的权利。这是公民有机会进一步发展的物质保障。

（七）文化教育权利

公民的文化教育权利，包括公民的受教育权和进行科学研究、文学艺术创作和其他文化活动的自由。我国《宪法》第 46 条规定："中华人民共和国公民有受教育的权利和义务。"第 47 条规定："中华人民共和国公民有进行科学研究、文学艺术创作和其他文化活动的自由。"一个国家的教育状况如何，不仅关系到公民个人的健康成长和自我的完善与发展，而且直接关系到国家的发展和民族的兴衰。因此，受教育不仅是公民的一项基本权利，也是公民的一项基本义务。公民进行科学研究、文学艺术创作和其他文化活动，不仅是公民在文化科学领域中的基本权利，也是社会主义精神文明建设的一项重要内容。

此外，宪法规定的我国公民的基本权利还包括：国家保护妇女的权利和利益；婚姻、家庭、母亲、儿童受国家的保护；国家保护华侨、归侨和侨眷的正当权益。

☺ 热点问题 2—3

2005 年 1 月，中国建设银行平顶山市分行的 55 周岁的某女士接到单位通知，让她办理退休手续。8 月，该女士因为不服单位让她退休的决定，提出劳动仲裁，要求与单位男职工一样享有 60 周岁退休的权利。在该女士提起仲裁后，10 月平顶山市劳动争议仲裁委员会下达了仲裁结果：因申诉人未提供支持其观点的有效证据和法律依据，故仲裁庭对申诉人的申诉请求不予支持。本案涉及宪法上公民的平等权和妇女权益保护问题。

＊ 根据我国宪法，女性在劳动中享有与男性平等的权利，包括平等的退休权和劳动权。要求女性提前退休，限制女性劳动权是对女职员的性别歧视，或者说是保护性歧视。

＊＊ 女性提早退休的相关政策是把妇女从长期的、繁重的劳动中解脱出来，是对女性的照顾和回报。不存在不平等对待，更不是歧视。[①]

三、公民的基本义务

公民的基本义务是社会和国家对公民最重要、最基本的要求。公民必须自觉以作为或不作为的方式履行宪法规定的基本义务，否则，不仅会受到舆论的谴责，严重的还会受到法律的制裁。根据宪法的规定，我国公民的基本义务有以下几方面：

1. 维护国家统一和各民族团结

国家的统一，全国各民族的团结是我国社会主义现代化建设事业取得胜利的基本保证，是中华民族各族人民的共同愿望。这就要求每个公民必须把维护祖国统一和各民族的团结作为自己的一项光荣职责，并坚决同破坏国家统一、民族团结和制造民族分裂的言行作斗争。

2. 遵守宪法和法律，保守国家秘密，爱护公共财产，遵守劳动纪律，遵守公共秩序，尊重社会公德

---

① http://www.xianzheng.com/xfal/details.asp? perID＝547&classID＝28&className＝第六辑：男女同龄退休案&typecat＝中国宪法案例。

宪法和法律是我国各族人民意志和利益的体现，是保护人民权利和利益，保护改革开放和社会主义现代化建设成果，制裁违法犯罪的工具。因此，公民严格遵守宪法和法律是自己应尽的责任。从保守国家秘密关系到国家政权的巩固和现代化建设事业的发展，每个公民都应认真遵守国家制定的国家安全法等一系列法律、法规，以维护祖国的安全、民族的尊严和人民的利益。爱护公共财产，就是公民必须爱惜和维护国家的和集体的财产，公民有责任同损害和浪费公共财产的行为作斗争。遵守劳动纪律，主要是严格遵守劳动秩序、劳动规则、工作制度和操作规程等。遵守公共秩序和尊重社会公德，是公民的法律义务，也是一种道德要求，是社会主义精神文明建设的重要内容。

3. 维护祖国的安全、荣誉和利益

我国《宪法》第54条规定："中华人民共和国公民有维护祖国的安全、荣誉和利益的义务，不得有危害祖国的安全、荣誉和利益的行为。"这一规定一方面要求公民承担维护祖国的安全、荣誉和利益的义务，另一方面又是对少数出卖国格、国家利益的可耻行为在宪法上的否定评价。

4. 保卫祖国、依法服兵役

保卫祖国，抵抗侵略是中华人民共和国每一个公民的神圣职责，依法服兵役和参加民兵组织是公民的光荣义务。中华人民共和国的每一个公民都应当自觉地履行这一义务，只有这样，才能加强国家武装力量的建设，增强国防力量，保卫国家的主权、领土完整和安全，保障我国的现代化建设事业顺利进行。

> 案例2—3 缪某，男，20岁，某县某乡村民。缪某为2006年冬季征兵的应征公民，在乡、村干部动员其报名应征时，态度不端正，不愿履行兵役义务。后经乡村干部耐心做工作后，勉强参加了应征体检，缪某身体合格，经乡、县政治审查，缪某也属合格。缪本应无条件服从征兵命令，参加解放军。但缪某无视征兵命令，于同年11月外出无踪影，逃避了征役。为此，县政府征兵办公室根据有关法规，于2007年2月25日作出"给予一次性罚款1500元"，"劳动部门两年内不予以开具招工证明，乡政府、村民委员会3年内不安排其进乡、村办企业工作"等四项处罚决定。缪某在法定期间，既不申请复议，又不向法院起诉，也不履行处罚决定。为此，征兵办公室依法向法院申请强制执行。本案缪某作为适龄青年，身体合格，政治审查也合格，但不顾有关组织多次做工作，逃避征役，是对宪法的破坏，是对公民应尽义务的践踏，必须受到严肃的处理。

5. 依法纳税

税收是国家资金的重要来源，是国家调控经济的重要手段。公民依法纳税是为了巩固社会主义的国家政权，支援国家的建设，使自己的物质文化生活水平不断得到改善和提高。

此外，《宪法》还规定了公民有劳动的义务和受教育的义务，夫妻双方有实行计划生育的义务，父母有抚养教育未成年子女的义务，成年子女有赡养扶助父母的义务。这些义务的自觉履行，有利于整个社会人民素质的提高以及优良传统的发扬光大，使我们的社会变得更加和谐而美好。

第四节 我国的国家机构

一、国家机构的概念与活动原则

国家机构是国家为实现其职能而建立起来的一整套国家机关的总称。国家机构体现统治阶级的意志，是统治阶级用以管理国家和社会、维护其政治统治和经济利益的强有力的工具。它的性质是由国家的阶级本质决定的。根据我国宪法的规定，我国国家机构主要由权力机关、国家主席、行政机关、中央军事委员会、审判机关和检察机关组成。这些国家机构的组织和活动除必须遵循宪法的基本原则外，还必须遵循以下原则：

1. 责任制原则

责任制原则是指国家机关及其工作人员行使职权、履行职责均应对其后果负责。责任制原则是我国国家机关活动的普遍原则。责任制具体分为两种形式，即集体负责制和个人负责制。实行集体负责制的国家机关有全国人民代表大会及其常务委员会、地方各级人民代表大会及其常务委员会、各级人民法院和各级人民检察院等。实行集体负责制并不是否定个人负责制，而是为了更好地发挥集体的智慧，以克服个人的主观性和片面性。个人负责制也就是首长负责制。在我国，除实行集体负责制的机关以外的其他国家机关都实行个人负责制。实行个人负责制主要是为了提高工作质量和效率，防止无人负责或推卸责任的现象发生。

2. 联系群众、为人民服务原则

密切联系群众、为人民服务原则是要求一切国家机关都必须本着为人民服务的宗旨，依靠人民的支持，密切联系人民、倾听人民的意见和建议，自觉接受人民的监督。我国的一切国家机关的存在目的就是为人民服务，要做好为人民服务的工作，要使得自己的各项工作都能得到人民的支持并获得人民满意的结果，就要求所有的国家机关必须走群众路线，只有深入群众、了解群众，充分听取群众意见、发挥群众的主人翁作用，充分保护他们的主动性和创造性，才能使得国家机关的各项工作符合广大人民群众的根本利益。

3. 精简和效率原则

我国《宪法》第 27 条规定："一切国家机关实行精简的原则，实行工作责任制，实行工作人员的培训和考核制度，不断提高工作质量和工作效率，反对官僚主义。"精简和效率原则要求一切国家机关的设立，都必须符合客观社会发展的需要，依法设立；国家机关的工作人员都属于设岗定员的符合岗位任职条件的人员。这样才能保证权责明确、政令畅通、高效运转。

二、我国的权力机关

我国的权力机关由中央权力机关和地方权力机关组成。中央权力机关就是全国人民代表大会，它行使国家的立法权和决定国家生活中的重大问题，在整个国家权力机构体系中居最高地位。全国人民代表大会由省、自治区、直辖市、特别行政区和军队选出的代表组成，各少数民族在全国人大中都应当有适当名额的代表。全国人大代表名额和代表产生办法由选举法规定，代表名额的分配是以一定的人口比例为基础，同时又适当照顾民族之间、城乡之间及某些地区人口比例的差别。全国人民代表大会任期，现行宪法规定为五年。全国人民代表大会常务委员会是全国人民代表大会的常设机关，它在全国人大闭会期间行使最高国家权力机关的职权，对全国人民代表大会负责并报告工作。全国人民代表大会代表是代表人民行使最高权力的使者，是最高国家权力机关的组成人员，他们应依法积极参政议政，向选举单位和人民负责，行使人民赋予的职权。

地方权力机关是指地方各级人民代表大会。根据宪法的规定，乡镇以上行政区域由本区域人民选举代表组成地方各级人民代表大会，它同全国人民代表大会一起构成我国国家权力机关系统。地方人大根据国家宪法和法律的规定行使权力，保证宪法、法律和行政法规在本行政区域得到遵守和执行，决定本行政区域的重大事项，监督本级人民政府工作。宪法规定，县级以上地方各级人民代表大会设立人大常委会作为常设机关，在地方人民代表大会闭会期间行使地方国家权力。

三、中华人民共和国主席

中华人民共和国主席是我国国家机构中的重要组成部分，国家主席和全国人大常委会相结合行使国家元首的职权，是国家对内对外的最高代表。

根据我国宪法的规定，国家主席、副主席由全国人大选举产生，每届任期与全国人大相同，连续任职不得超过两届。

中华人民共和国主席根据全国人民代表大会的决定和全国人民代表大会常务委员会的决定行使的职权有：公布法律，发布命令，宣布进入紧急状态、战争状态；任免国务院的组成人员和驻外全权代表；代表国家进行国事活动、接受外国使节，宣布批准或废除条约和重要协定；授予有功人员国家的勋章和荣誉称号。副主席协助主席工作，受主席委托，可以代行主席的部分职权。主席缺位的时候，由副主席继任。副主席缺位时由全国人大补选。

四、我国的行政机关

我国的行政机关包括中央行政机关和地方行政机关。

中央行政机关即国务院，它是我国的最高国家行政机关。国务院对全国人大或全国人大常委会负责并报告工作。国务院由总理、副总理、国务委员、各部部长、委员会主任、审计长、秘书长组成。国务院总理由全国人大根据国家主席的提名而决定，其他成员由全国人大或常委会根据国务院总理的提名而决定。国务院每届任期五年，总理、副总理、国务委员连续任职不超过两届。

国务院实行总理负责制。国务院主要行使行政法规的制定发布权，行政措施的决定权，提出议案权，对所属部、委和地方各级行政机关的领导和监督权，对国防、民政、文教、经济、对外事务的领导和管理权，对行政人员的任免、奖惩权，最高权力机构授予的其他职权。国务院各部、委实行部长、主任负责制，各部、委在国务院的统一领导下，根据法律和国务院的行政法规、决定、命令，主管一定范围的行政事务，在本部门的权限内，发布命令、指示和规章。

地方行政机关即地方各级人民政府，是地方各级人大的执行机关。根据宪法的规定，地方各级行政机关对本级人大及常委会负责并报告工作，同时对上一级行政机关负责并报告工作，接受国务院的统一领导。县级以上各级人民政府有权依法管理本行政区域内的各项行政事务，并可以设立审计机关，独立行使审计监督权。地方各级人民政府实行首长负责制。

五、我国的军事机关

中央军事委员会领导全国的武装力量。中央军事委员会由主席、副主席和委员组成。全国人大选举中央军委主席，并根据中央军委主席的提名，决定中央军委其他组成人员。中央军委每届任期五年，实行主席负责制，主席对全国人大及其常委会负责。中央军委主席有权对中央军委职权范围内的事务作最后决策。

六、人民法院和人民检察院

人民法院是依法独立行使审判权的机关。它通过对刑事、民事、经济和特定的行政案件的审判，解决社会冲突，维护社会秩序，维护社会主义民主与法制。人民法院组织系统为：最高人民法院、高级人民法院、中级人民法院、基层人民法院和专门人民法院（包括军事、铁路运输、海事、森林等法院）。最高人民法院是国家最高审判机关，监督地方各级人民法院和专门人民法院的工作，对全国人大及其常委会负责并报告工作。地方各级人民法院对产生它的地方国家权力机关负责并报告工作，接受上级人民法院的监督。

人民检察院是国家的法律监督机关，对国家机关及其工作人员和公民是否遵守宪法和法律独立行使检察权。人民检察院的组织系统为：最高人民检察院、高级人民检察院、中级人民检察院、基层人民检察院和专门人民检察院。最高人民检察院是国家最高检察机关，领导地方各级人民检察院和专门人民检察院的工作。上级人民检察院领导下级人民检察院的工作，各级人民检察院对同级人大及其常委会负责并报告工作，受其监督和指导。

七、民族自治地方的自治机关

民族自治地方的自治机关是指行使自治权的地方国家机关。宪法和民族区域自治法规定的民族自治地方自治机关是自治区、自治州、自治县所建立的人民代表大会和人民政府。它们是国家一级地方政权机关。各级民族自治地方的人民代表大会是各民族自治地方的国家权力机关，民族自治地方的国家行政机关、审判机关、检察机关都由本级人大产生，对它负责，受它监督。各级民族自治地方的人民政府是本级人大的执行机关，它必须执行本级国家权力机关制定的地方性法规、决议。自治地方人民政府对本级人大和上一级人民政府负责并报告工作，各级自治地方人民政府都是国务院统一领导下的国家行政机关，都服从国务院。

另外，根据宪法和民族区域自治法的规定，民族自治地方的自治机关仅指民族自治地方的国家权力机关和行政机关。自治地方的人民法院和人民检察院不属于自治机关，不享有自治权，而必须按照统一的国家法律来行使审判权和检察权。

＊　　　　＊　　　　＊

📖 重要概念

宪法　人民主权原则　权力制约原则　法治原则　民主集中制原则　国体　政体　国家结构形式

单一制 联邦制 公民的基本权利 公民的基本义务 公民的政治权利 国家机构 责任制原则

思考题

1. 为什么说宪法是国家的根本大法?
2. 什么是人民代表大会制度,它有哪些优越性?
3. 什么是国家结构形式? 我国宪法是如何规定中央和地方权力的划分及立法的权限?
4. 我国公民的基本权利和义务有哪些?
5. 国家机构的组织活动原则有哪些?

案例分析

1. 2010 年 12 月 23 日,原告蒋韬看到某市某媒体刊登的中国人民银行某市分行的招录公务员广告,其中规定招录对象条件之一为"男性身高 168 公分,女性身高 155 公分以上",而原告恰巧因为身高不符合该招聘单位的要求而丧失报名资格。原告认为,被告招考国家公务员这一具体行政行为违反了我国宪法第 33 条关于中华人民共和国公民在法律面前人人平等的规定,限制了他的报名资格,侵犯了其享有的依法担任国家机关公职的平等权和政治权利,应当承担相应的法律责任,于是其向某市某区人民法院提起行政诉讼。

根据本案,请讨论:①银行的行为是否侵犯了原告的平等权?②银行的行为是否侵犯了原告的政治权利?

2. 2009 年 3 月底四月初,B 市人大常委会、A 省人大常委会办公厅先后收到 B 市 C 镇人大代表的来信,反映该镇人代会在补选政府领导人时有违法问题。

B 市人大常委会代表工作委员会受市人大常委会的委托,会同市委组织部及时进行了调查。了解到:2009 年 2 月 C 镇一届人大四次会议上,确定补选 1 名镇长和 1 名副镇长。代表们对 2 名候选人进行酝酿时,对副镇长候选人表示出较大的异议。这次会议应到代表 78 名,实到 61 名,担任大会执行主席的该镇党委书记,担心副镇长候选人落选,即于当晚召开代表小组负责人会议。要求投票选举时,代表都要到会,并叫人连夜回去通知没有到会的代表,同时建议选举时搞委托投票。3 月 1 日到会代表仍只有 61 名,经统计,除 2 名代表口头委托外,其他都没有委托。在投票选举开始时,主持会议的大会执行主席向代表做了由于未到会的代表较多,要搞委托投票的极为简短的口头说明,接着他就指定 7 名代表替 9 名未到会的代表投票。这次会议应到代表 78 名,实到 61 名,发出 70 张,收回 70 张。计票结果,镇长候选人得 66 票,副镇长候选人得 43 票,大会执行主席即当宣布了镇长、副镇长当选。这次会议选举的程序和方式没有经过全体会议代表表决通过,更没有形成书面的选举办法。投票后,代表们尤其对执行主席指定人委托投票表示不满。

5 月 30 日 B 市人大常委会举行会议,听取了代表工作委员会的有关报告,委员们审议时认为:第一,地方组织法第 20 条规定,补选的程序和方式,由本级人民代表大会决定,C 镇补选镇长、副镇长,代表对选举办法进行表决通过,是极不严肃的;第二,人代会随意采用委托投票的办法,没有法律依据。对于人代会上能否搞委托投票的问题,地方组织法没有规定,选举法规定的委托投票,只适用于选民直接选举县乡人大代表,这是很明确的;第三,指定代表委托投票,违背了代表和选民的意愿,干扰了代表正确行使选举的权利,是严重的违法行为。据此,市人大常委作出决定:宣布 C 镇人大一届四次会议补选镇长、副镇长的选举无效。6 月 2 日经该镇人大五分之一代表的提议,临时召开了镇一届人大五次会议,对镇长、副镇长重新进行了补选。选举结果,原副镇长落选,新选出一名副镇长。至此,一件历时 3 个多月的选举违法事件得到纠正,维护了法律的尊严,深受人民群众的欢迎和拥护。

根据以上材料,请思考讨论:①中国选举制度的实际效力如何?②完善现行选举制度应作努力是什么?

第三章 行 政 法

💡 **教学要求**

通过本章的讲授和学习，你应该能够掌握行政与行政法律关系，了解国家行政主体与国家公务员的有关法律规定，掌握各种行政行为的概念和特点，了解行政法制监督的种类和方式。

第一节 行政法概述

一、行政与行政法

行政是指为实现国家的目的和任务，国家行政主体基于行政权对国家和社会事务进行决策、组织、管理和调控的活动。它具有三个显著的特点：第一，行政具有国家意志性和国家强制性，行政活动是行政主体为了实现国家对国家事务和社会公共事务的组织和管理需要而进行的国家意志活动，它的实施必然要以国家政权的强制力为后盾；第二，行政的主体是享有行政管理职权的行政主体，而不是公民个人或其他社会组织；第三，行政与国家的立法、司法活动不同，它是国家对公共事务的一项组织活动，是执行、指挥、组织和监督各种要素的统一体。

行政法是调整国家行政关系，配置并控制行政权，确认和保障公民合法权益的各种法律规范的总和。它是我国法律体系中一个重要的部门法。它具有以下主要特征：第一，从形式上看，行政法不同于宪法、刑法、民法，它没有统一完整的法典，它是由不同效力层次的法律规范组成的。行政法的这一特征是由社会公共事务的广泛性、复杂性、多变性和技术专业性所导致。第二，从内容上看，行政法的内容十分广泛且易于变动，它不仅包括传统的国防、外交、教育、公安、民政、财税等部门，而且还扩展到现代社会的社会福利、环境保护以及国民经济发展等新领域，并且其内容还会顺应客观形势的变化而变化。此外，行政法中实体规范和程序规范没有严格的界限。

行政法按其调整对象的不同，可以分为行政组织法、行政行为法和行政监督法三类：行政组织法主要规定行政权的设定、行政权的范围、行政组织的规模和结构、行政主体的设置及权限分配、行政主体的对外管理形式以及公务员制度等；行政行为法主要是调整国家行政主体和行政公务员在行政管理活动中具有法律后果行为的规范性文件，主要涉及行政行为的方式、行使各类行政行为的条件和程序等；行政监督法主要规定对行政权的监督及对违法行政行为后果的补救，具体包括国家权力机关的监督、行政自身的监督、群众监督和社会监督等有关的法律规定。

二、行政法的渊源

行政法的渊源，是指行政法律规范的表现形式。在我国，行政法律规范的表现形式主要包括以下几种。

1. 宪法

宪法是国家的根本大法，是包括行政法在内的各部门法的重要渊源。宪法中关于行政机关与其他国家机关的关系，关于行政机关的地位、职权和活动原则的规定，关于公民在行政关系中基本权利和义务的规定等，都是行政法律规范。宪法中的这些行政法律规范的效力高于其他一切行政法律规范。

2. 法律

法律是国家最高权力机关制定的规定性文件，包括全国人民代表大会制定的基本法律和全国人民代表大会常务委员会制定的一般法律。如《中华人民共和国国务院组织法》、《中华人民共和国行政处罚法》、《中华人民共和国教育法》、《行政许可法》、《专利法》等等。在这些法律中，某些法律可能在整体上具有行政法的性质；有的法律则仅有部分规范属于行政法规范，这些法律都是行政法的重要渊源，其规范效力低于宪法性规范，高于其他形式的行政法规范。

3. 行政法规和部门规章

国务院根据宪法和法律制定的行政法规、决定、命令；国务院各部、委根据法律和国务院的行政法规、决定、命令，在本部门的权限内，发布的命令、指示、规章等。部门规章的法律效力低于行政法规，目前，这种行政法规范的数量较多，调整的领域非常广泛，是我国重要的行政法渊源。

4. 地方性法规、规章和自治条例、单行条例

省、自治区、直辖市的人民代表大会及其常委会，在不同宪法、法律和行政法规相抵触的前提下所制定和颁布的地方性法规，省、自治区、直辖市以及省、自治区人民政府所在地的市和经国务院批准的较大的市的人民政府发布的行政规章，民族自治地方的自治机关制定的自治条例和单行条例，也是行政法的渊源。

5. 法律解释

法律解释在这里指有权机关就法律规范在具体适用过程中，为进一步明确界限或进一步补充，以及如何具体运用所作的解释，即有权解释，不包括学理解释等无权解释。根据全国人大常委会1981年通过的《关于加强法律解释工作的决议》，有权解释包括立法解释、司法解释、行政解释和地方解释。这些解释常常涉及与行政有关的法律规范适用问题，具有规范性，是行政法的补充渊源。

此外，我国参加和批准的一些国际条约以及国际社会中普遍适用的国际惯例中有关行政管理的规范也是我国行政法的特殊渊源。当然，对于国际条约中，凡是我国承认时予以保留的条款，都不能成为我国行政法规范的组成部分。

三、行政法律关系

行政法律关系是行政法在调整行政关系的过程中所形成的当事人之间的法律上的权利

和义务关系。行政法律关系和其他法律关系一样，也由主体、客体和内容三要素构成。其中，行政法律关系的主体是指行政法律关系中权利的享有者和义务的承担者，是行政法律关系当事人，具体为行政主体和行政相对方。行政主体享有并行使国家行政权力，在行政法律关系中，往往占有主导的地位；与行政主体相对的另一方当事人为行政相对方，主要是行政权力作用的对象，但有时行政相对方也是享有权利的一方，如行政监督法律关系。客体是行政法律关系当事人的权利义务所指向的对象。对象可以包括客观存在的物质财富、与人身相联系的非物质财富和行为。行政法律关系的内容指行政法律关系的主体所享有的权利和承担的义务。

> 案例 3—1　某市城管部门在整顿市容过程中，发现某饭店在门口摆设桌椅进行营业，随即告知饭店老板必须进行清理，否则将给予行政处罚，饭店当即进行了清理。在这个案例中，城管部门和饭店是行政法律关系的主体，城管部门享有的市容管理权和饭店有清理摆设在门口桌椅的义务构成了该行政法律关系的权利和义务，饭店清理桌椅的行为是该法律关系权利和义务的指向。

与其他的法律关系相比较，行政法律关系具有以下特征：

第一，行政法律关系双方当事人中必有一方是行政主体。这是因为，行政法律关系本是行政主体在实现行政职能时发生的一定社会关系的法律化，没有行政主体就不可能发生这类社会关系。

第二，行政法律关系当事人地位的不对等性。因为行政主体在行政法律关系中往往处于主导地位，其意志和行为（除行政合同外）具有单方面性。

第三，行政法律关系中的国家权力具有法定性和不可处分性。行政法律关系内容的法定性是指行政法律关系主体之间既不能相互约定权利和义务，也不能自由选择权利和义务，而必须依据法律规范取得权利并承担义务；而且，行政主体所行使的权力不可自主处分，因为这些权力都属于国家，是作为国家的主人——全体人民赋予的，它不同于个人的私权利，不能随意地处分，行政主体在应当运用时必须运用，在不应当运用时则不得运用，这是由行政主体掌握的权力性质所决定的。

第四，行政法律关系设定的灵活性和及时性。行政法律关系内容丰富，种类繁多，难以由统一的法典加以全面设定。同时，行政法所调整的行政关系由于行政事务的复杂多变且具有时空性，决定了行政法律关系设定的灵活性与及时性特征。

行政管理过程中存在着各种类型的行政法律关系，根据不同的标准，可以对行政法律关系进行不同的分类。

行政法律关系以其当事人的归类为标准，可以分为内部行政法律关系和外部行政法律关系。内部和外部行政法律关系是由不同的行政法规范所调整的。内部行政法律关系是行政法规范在调整上下级行政主体之间、行政主体内部组成机构之间、行政主体与其工作人员之间的行政关系。外部行政法律关系是行政法调整行政主体与公民、法人或其他组织的行政管理关系所形成。

行政法律关系按照其效用为标准，可以分为行政实体法律关系和行政程序法律关系。行政主体在作出行政行为时必须要符合实体上的要求和程序上的要求。实体上合法是行政行为内容上的合法，程序上的合法是行政行为形式上的合法，同时按实体上的要求和程序上的要求作出行政行为就形成实体上的法律关系和程序上的法律关系。行政相对方在行政程序法律关系中通常是权利主体，因为行政程序是对行政主体行政权力的约束，行政主体为义务主体；在实体法律关系中通常行政主体是权利主体，行政相对方是义务主体。

四、行政法的基本原则

行政法的基本原则，是指贯穿于行政法始终、指导行政法的制定和实施的基本准则。它是行政法内在精神和价值指向的集中体现，是行政法规范或规则存在的基础。这些基本原则主要有：

1. 保障公民权利与自由原则

保障公民权利与自由原则是指行政法规范及行政法律制度应以保障公民的基本权利和自由为出发点和归宿，确认并保证公民在行政法上的权益得以实现。

保障公民权利与自由原则是现代宪政精神在行政法中的具体体现，该原则强调保障公民的基本权利与自由是行政法的主导方面，有关对公民的权利和自由的限制性、制裁性规定只能是次要内容，禁止以行政权力随意侵害公民的合法权益。

2. 行政合法性原则

行政合法性原则是指行政权力的存在、行使必须依据法律、符合法律而不得与法律相抵触。它是法治原则对行政活动的具体要求。

行政合法性原则的主要内容有三个方面：一是政府守法，政府的行政管理活动，无论是在内容上或是程序上都必须遵守法律；二是越权无效，行政主体只能在法定权限范围内活动，法定权限以外的活动无效；三是行政活动必须保证公民在法律面前平等。

3. 行政廉洁原则

廉洁是现代社会对行政的要求，也是现代行政法应当始终坚持的基本原则之一。所谓行政廉洁是指国家行政主体及其公务人员在实施行政管理的过程中，应当廉洁自律，依法进行管理，不得谋取或接受法律规定之外的任何利益，以维护国家行政主体和公务人员的权威性和良好的社会形象。

4. 行政效益原则

行政效益原则是指行政法律制度要以较小的经济耗费获得最大的社会效果。

行政效益原则的内容主要包括：行政法律制度的建立、健全和完善都要符合效益的要求；国家行政主体在进行行政干预、配置社会资源的过程中，应当按照现代行政管理的要求、遵循可持续发展的规律，从保护最大多数人的利益同时不使少数人的利益受到损害的原则出发，努力减少行政成本，对资源进行最有效的配置，避免社会资源的浪费；国家行政权的行使和运作要严格按照法律规定的期限进行，不能推脱、拖拉，给国家和相对人造成不必要的人力和物力的浪费和损失，按期、高效地为人民服务。

☺ 热点问题 3—1

关于行政应急性原则是不是行政法的基本原则，学术界有不同看法：

　　* 行政应急性原则是或者应当成为行政法的基本原则。①
　　* * 行政应急性原则不是也不应当成为行政法的基本原则。②

第二节　行政主体和国家公务员

一、行政主体概述

　　行政主体是指依法拥有行政职权，能以自己的名义行使行政职权，并能独立地承担行政职权运行后果的法律责任的国家机关或社会组织。正确理解这一概念，必须从以下几个方面来把握：

　　第一，行政主体一定是一种国家机关或者社会组织。虽然国家机关或者社会组织并不都能成为行政主体，但行政主体只能由国家机关或者社会组织构成，只能从国家机关或者社会组织中产生；任何个人都不能成为行政主体。尽管具体的行政行为都是由个人实施的，但他们只能以国家机关或者社会组织的名义进行，而不能以个人的名义进行。

　　第二，行政主体是依法拥有国家行政职权的国家机关或社会组织。所谓依法拥有行政职权，是指作为行政主体的国家机关或者社会组织所拥有的行政职权，要么是由国家的宪法、法律直接设定的，要么是由有权的机关通过法定程序授予的。不拥有或不依法拥有行政职权的国家机关以及社会组织不能成为行政主体。

　　第三，行政主体是能够以自己的名义行使行政职权的国家机关或社会组织。尽管行政主体是依法拥有行政职权的国家机关或社会组织，但依法拥有行政职权的国家机关或社会组织却并不都能成为行政主体。只有那些能在法律规定的职权范围内依照自己的独立判断，以自己的名义作出行政行为的国家机关或社会组织才可能成为行政主体。能够以自己的名义行使行政职权，是判断国家机关或者社会组织能否成为行政主体的主要标准。

　　第四，行政主体是能独立地承担行政职权运行后果的法律责任的国家机关或社会组织。能否独立承担法律责任，也是判断国家机关或社会组织能否成为行政主体的关键性标准。通常情况下，拥有行政职权、能以自己的名义行使行政职权的国家机关或者社会组织，都能独立承担因行政职权的行使而产生的法律责任，因而是行政主体。但有时某一国家机关或者社会组织有权行使行政职权，实施行政管理活动，但并不承担行政职权运行后果的法律责任，这样的国家机关或者社会组织就不是行政主体。

　　在我国，根据《宪法》的规定，我国的行政主体主要是行政机关，即各级人民政府及其列入国务院编制序列的各部门；另外，行政机关以外的组织，经法律法规的明确授权

　　① 龚祥瑞：《行政法与行政诉讼法》，法律出版社 1989 年版，第 15～20 页，该书将我国行政法的基本原则总结为"行政合法性原则、行政公正性原则、行政合理性原则、行政应变性原则、行政负责原则"；又见莫于川：《公共危机管理的行政法治现实课题》，http://www.chinalawedu.com/web/xzflw/，该文认为应将行政应急性原则纳入我国行政法的基本原则体系，并在危机管理中贯彻运用；应松年、宋功德：《应对特发事件与依法行政》，《中国改革论坛》2003 年第 3 期，该文提出依法行政原则包括若干行政法原则，除了行政合法性原则、行政合理性原则、信赖保护原则之外，还有一项重要的专门用来针对特发紧急事件处理的行政法原则，这就是行政应急性原则。

　　② 江必新：《紧急状态与行政法治》，《法学研究》，2004 年第 2 期。该文对行政应急性原则作为行政法的基本原则是持否定态度的。又见赵颖：《对行政应急性原则研究的回顾与展望》，《行政法学研究》，2005 年第 4 期。该文认为行政应急性原则不应是我国行政法基本原则的内容，它是不必要的、多余的甚至是有害的。

后，能以自己的名义行使行政职权、独立承担责任的也是行政主体；行政机关或者社会组织的内设机构通常情况下不能成为行政主体；受委托的组织在行使被委托的行政职权时，也不能成为行政主体。

> 案例 3—2 某县公安局为了加强对所辖农村社会治安的管理，委托没有公安派出所的甲乡人民政府处理各种治安行政案件。因此，乡政府以自己的名义对参与赌博的王某作出了拘留 5 日、罚款 200 元的处理。本案中甲乡人民政府以自己的名义对王某作出行政处罚是错误的。因为，甲乡人民政府是受委托行使治安管理职权的组织，只能以委托机关公安局的名义行使行政职权，不能以自己的名义行使。

二、行政主体的行政职权和职责

（一）行政主体的行政职权

行政职权是国家行政权的转化形式，是行政主体实施国家行政管理活动的资格及其权能，是依法定位到具体行政主体的国家行政权。行政机关的行政职权是随着行政机关的成立而具有，随着行政机关的消灭而消灭，是本身固有的职权；法律、法规授权组织的行政职权是因法律、法规的授权而产生，因法律、法规的修改、废止或行政机关授权的收回而消灭，也可随着被授权组织的消灭而消灭。行政职权有以下几个方面的特征：

第一，行政职权具有国家强制性。行政职权是具体的行政权，属于国家权力的范畴。它体现着国家意志，是以国家机器为后盾的权力，具有国家强制性。一切公民、法人和其他组织都必须受其约束，不得抗拒或妨碍行政职权的运作，否则必将受到国家法律的制裁。不仅如此，公民、法人或者其他组织还依法负有协助行政主体依法实施行政职权的义务，拒绝履行或者妨碍他人履行法定义务的，同样也要受到国家法律的制裁。

第二，行政职权具有不可随意处分性。行政职权作为国家的行政权，体现着人民的共同意志。行政主体拥有并行使行政职权不仅要保护公民个人的合法权益，更要维护国家和社会的利益，尤其要维护社会的公共秩序。因此，作为人民意志执行者的行政主体所拥有和行使的行政职权，它既是一种权力，更是一种对人民的义务和职责，行政主体必须忠实地履行，不得随意处分行政职权，否则，就是渎职。

第三，行政职权具有单方性。行政职权作为国家行政事务的管理性权力，作为一种以维护国家和社会公共利益为己任的权力，必然要求行政主体在行使时，本着法律的目的要求行使，不必征得行政相对人的同意，更不能以行政相对人的意志为转移。当然，和谐的法治社会要求行政管理必须以人为本，在有些情况下，甚至要求管理过程及方式也要听取相对人的意见，这更多的是对行政主体管理过程和方式的要求，而且，即使在这样的情况下，行政主体的优势地位以及单方意志性还是十分明显的。

第四，行政职权的优益性。行政职权的优益性体现在行政主体在行使行政职权，实现对国家社会秩序的保障时，依法享有职务上的优先性和物质上的受益性。行政职权的优益性是通过与之相伴的行政优益权来体现的。行政优益权是指国家为了保障行政主体有效地行使行政职权而赋予行政主体许多职务上的优先条件，并同时享受国家所提供的各种物质条件以及在从事紧急公务时有获得社会协助的权利。

行政主体的行政职权按照其职权内容的不同，可以分为行政立法权、行政决策权、行政决定权、行政命令权、行政确认权、行政措施实施权、行政裁判权、行政制裁权、行政救济权，等等。其中：行政立法权是立法机关通过制定法律赋予行政主体依法具有制定和发布行政法规、行政规章的权力；行政决策权是行政主体享有的，对其所管辖领域和范围内的重大行政管理事项作出决策，从而指导具体行政权实施的权力；行政决定权是指通过赋予、限制或剥夺等方式处理行政相对人的具体权利和义务的职权；行政命令权是指行政主体在国家行政管理过程中，依法要求行政相对人作出一定行为或不作出一定行为的行政职权；行政确认权即对已经存在的行政法律关系依法予以确认的职权；行政措施实施权是指行政主体为了保证行政职权的有效行使依法享有的采取对人身或财产的约束措施的职权；行政裁判权是指行政主体调处、裁决行政纠纷和部分民事纠纷的职权；行政制裁权是行政主体依法对违法行为人进行处罚或处分的职权；行政救济权是行政主体依法变更、撤销违法或不当行政行为、对行政相对人或其他法律利害关系人的受损害的合法权益进行补救的权力。

（二）行政主体的行政职责

行政职责是国家行政主体在行使行政职权、实施国家行政管理的过程中依照法律规定所必须承担的义务。行政主体享有行政职权，同时必须承担相应的行政义务和责任，以实现设立行政权的目的。行政职权和行政职责是辩证统一的，密不可分。行政职责随着行政职权的产生而产生，随着行政职权的消灭而消灭。行政职责具有以下几方面特征：

第一，行政职责的不可推卸性。行政职责是行政主体在行使行政职权的过程中必须承担的义务。在现代民主法治国家，任何行政主体在享有行政职权的同时，也必须履行相应的行政职责，这是民主法治社会"权利和义务相一致"原则的要求。任何行政主体若不履行行政职责，就必然要承担相应的法律责任。

第二，行政职责的法定性和合理性。行政主体的行政职责是由法律加以规定的，行政主体必须按照法律规定的标准，在法定范围内履行职责。但是由于社会生活的复杂性，有时法律没有明确规定行政职责的履行标准，在这种情况下，行政主体才能按照社会公认的标准合理地履行行政职责。

行政主体的行政职责的内容非常丰富，概括地说行政主体的行政职责有：应当忠实地履行职权，不得无故失职的职责；必须严格遵守权限，不得擅自越权的职责；符合法定目的，不得滥用职权的职责；严格遵守程序，不得随意行政的职责。

三、国家行政机关

（一）国家行政机关的概念和种类

国家行政机关，是指按照宪法和有关组织法的规定而设立的、依法行使国家行政职权、对国家行政事务进行组织和管理的国家机关。国家行政机关是国家权力机关的执行机关，是行政法律关系的主体之一。

国家行政机关可以从多种角度进行分类，以达到认识不同种类行政机关的功能与法律地位的目的。我国行政机关的种类主要有：

（1）根据国家行政机关管理范围的不同，可分为中央行政机关和地方行政机关。中央行政机关的活动范围遍及于全国，所制定的法规和规章，发布的决定和命令，在全国范围内都有约束力，拥有对全国性事务的管理权。地方行政机关管辖的范围只限于一定的行政区域。

（2）根据国家行政机关职权性质不同，可分为一般权限的行政机关和专门权限的行政机关。在我国，中央人民政府和地方各级人民政府是一般权限的行政机关，中央人民政府的各部、委和地方各级人民政府的厅、局、处、科、室，属于专门权限的行政机关。

（3）根据国家行政机关的职能作用不同，可分为决策机关、执行机关、监察机关、咨询机关和辅助机关。决策机关如国务院，执行机关如教育部，监察机关如监察部，咨询机关如国务院政策研究室，辅助机关如国务院办公厅。

（二）国家行政机关的基本组织制度和活动原则

国家行政机关的基本组织制度主要有：

（1）中央行政机关和地方行政机关组织制度。中央行政机关即国务院，由各部委、各直属机构和办事机构组成；地方行政机关一般分为三级：省、自治区、直辖市的人民政府，县级人民政府，乡级人民政府。在某些地方，省级人民政府和县级人民政府之间还有一级人民政府，即自治州和省辖市人民政府。

（2）民族区域制度。自治区、自治州、自治县的人民政府是该自治地方的自治机关，行使自治权。

（3）行政首长负责制。国务院实行总理负责制，国务院各部委实行部长、主任负责制。地方各级人民政府实行省长、市长、县长、乡（镇）长负责制。

（4）行政机关和主要国家工作人员实行任期制。国务院每届任期同全国人民代表大会任期相同，每届五年，总理、副总理、国务委员连续任职不得超过两届。地方各级人民政府每届任期为五年。

我国行政机关的组织和活动原则有：

（1）民主集中制原则。这一原则体现在以下方面：各级国家行政机关都由人民代表大会产生并受其监督，在中央的领导下充分发挥地方的主动性、积极性，集体领导和个人负责相结合，少数服从多数，下级服从上级等。

（2）法制原则。这一原则的主要内容是：行政机关必须依法设置；行政行为必须依法进行；行政机关及其行为受法律监督。

（3）人民群众参与国家管理的原则。人民群众参加国家管理主要有以下两种方式：一是人民群众通过依法选举人民代表，直接进入国家行政机关，参与国家行政管理；二是通过提出建议和意见、批评监督、公开讨论等方式间接参加管理。

（4）民族平等原则。其主要内容有：保障少数民族合法权益，帮助少数民族地区发展经济文化和教育事业，在少数民族地区实行民族区域自治，保障民族自治权等。

（5）效益原则。这一原则要求行政机关设置要科学，人员配备要合理，行政工作要富有成效。

四、法律法规授权的组织

法律法规授权的组织是指依照法律法规的特别授权而取得行政主体资格，并能从事行政管理活动的非国家行政机关组织。在我国，法律法规授权组织是人民群众、社会组织参与行政管理的重要法律形式。

法律法规授权组织的法律地位为：法律法规授权组织不属于依组织法组成的行政机关，其本身的性质是非国家行政机关组织，只有在行使授权行政职权时，才成为行政主体，具有与行政机关基本相同的法律地位，可以在授权范围内发布行政命令、采取行政措施、实施行政行为、并承担相应的法律责任。

我国目前所拥有的法律法规授权组织主要有：

（1）行政机构。行政机构是行政机关的内部组成部分，不是独立的法人实体，不具有行政主体资格。但是，行政机构可以根据法律法规的特别授权而具有行政主体资格。我国现行的法律法规授权的具有行政主体资格的行政机构主要有两类：一是政府职能部门的内部机构；二是政府职能部门的派出机构。

（2）社会组织、人民团体。社会组织、人民团体虽然不是行政机关，不具有行政职能。但是，在我国往往通过法律法规的特别授权的形式赋予他们某些行政职权，从而使他们在行使行政职权时具有行政主体地位。

（3）行政性公司。在我国，由于精简行政机构，国家将一些部委改成了公司，同时也面临着被精简的部门的行政职能的落实问题，有的行政职能可以由其他的部委享有，但有些行政职能无法合并，这就需要这些转化过来的公司承担部分的行政职权。由于公司是民事主体，不具有行政权力，因此，通过授权，使这些公司在从事民事活动的同时，享有部分行政职能，成为行政主体。

（4）事业单位如学校、医院等是特殊的社会组织，不具有盈利性的目的，事业单位往往擅长某一方面，为了利用这一优势，行政机关和立法机关通过制定法律授予一些事业单位具有一定的行政职能。

☺ 热点问题 3—2

改革开放以来，我国各地出现了各种各样的开发区，如经济开发区、高新技术开发区。为了对开发区进行管理，成立了开发区管理委员会。关于开发区管理委员会的法律地位，各地做法也存在着不同①，学术界也有不同看法：

＊ 认为开发区属于法律、法规授权的组织。②

---

① 如《西安市开发区条例》规定："开发区管理委员会是西安市人民政府的派出机构，对开发区行使市级经济事务和部分社会事务的管理职权。"又如《宁波经济技术开发区条例》规定："宁波市人民政府在开发区设立宁波经济技术开发区管理委员会，代表宁波市人民政府在授权范围内对开发区实行统一领导和管理。"

② 郭会文：《国家级开发区管理机构的行政主体资格》，《法学》，2004 年第 11 期。

＊＊开发区是地方政府设立的派出机构。①

五、国家公务员

（一）国家公务员的概念

国家公务员，是指依法履行公职、纳入国家行政编制、由国家财政负担工资福利的工作人员。我国国家公务员的范围，不仅包括行政机关的公务员，还包括中国共产党机关、人大机关、政协机关、司法机关、民主党派机关、工会机关、共青团机关、妇联机关、科协机关等机关中依法履行公职的工作人员。根据《中华人民共和国公务员法》第11条的规定，公务员应当具备以下条件：具有中华人民共和国国籍；年满十八周岁；拥护中华人民共和国宪法；具有良好的品行；具有正常履行职责的身体条件；具有符合职位要求的文化程度和工作能力；法律规定的其他条件。国家对公务员的管理，坚持公开、平等、竞争、择优的原则，坚持监督约束与激励保障并重的原则；国家对公务员的任用，坚持任人唯贤、德才兼备的原则，注重工作实绩。

国家公务员可以按照职位和职务进行分类：

根据《中华人民共和国公务员法》14条的规定，公务员按照职位的性质区别划分为综合管理类、专业技术类和行政执法类三类公务员。此外，对于具有职位特殊性，需要单独管理的，国务院可以根据实际需要在条件成熟的时候建立新的职位类别。

国家公务员按照职务可以分为领导职务类和非领导职务类。领导职务层次分为：国家级正职、国家级副职、省部级正职、省部级副职、厅局级正职、厅局级副职、县处级正职、县处级副职、乡科级正职、乡科级副职。非领导职务层次在厅局级以下设置。公务员职务实行选任制和委任制。

（二）国家公务员的权利和义务

国家公务员享有下列权利：①获得履行职责应当具有的工作条件；②非因法定事由、非经法定程序，不被免职、降职、辞退或者处分；③获得工资报酬，享受福利、保险待遇；④参加培训；⑤对机关工作和领导人员提出批评和建议；⑥提出申诉和控告；⑦申请辞职；⑧法律规定的其他权利。

国家公务员应当履行下列义务：①模范遵守宪法和法律；②按照规定的权限和程序认真履行职责，努力提高工作效率；③全心全意为人民服务，接受人民监督；④维护国家的安全、荣誉和利益；⑤忠于职守，勤勉尽责，服从和执行上级依法作出的决定和命令；⑥保守国家秘密和工作秘密；⑦遵守纪律，恪守职业道德，模范遵守社会公德；⑧清正廉洁，公道正派；⑨法律规定的其他义务。

（三）国家公务员的录用和管理

录用是指中央及省级公务员主管部门通过组织公开考试、严格考察、平等竞争、择优录取的办法，录用担任主任科员以下及其他相当职务层次的非领导职务公务员的制度。录

---

① 袁明圣：《派出机构若干问题》，《行政法学研究》2001年第3期；周会得：《经济开发区管理机构是独立的行政主体》，《法学杂志》，1997年第6期。

用公务员，必须在规定的编制限额内，并有相应的职位空缺情形下进行。下列人员不得录用为公务员：①曾因犯罪受过刑事处罚的；②曾被开除公职的；③有法律规定不得录用为公务员的其他情形的。

对国家公务员管理主要是通过考核和奖惩制度来进行的。考核是国家按照管理权限，全面考核公务员的德、能、勤、绩、廉，重点考核工作实绩。定期考核的结果分为优秀、称职、基本称职和不称职四个等次。定期考核的结果作为调整公务员职务、级别、工资以及公务员奖励、培训、辞退的依据。对工作表现突出，有显著成绩和贡献，或者有其他突出事迹的公务员或者公务员集体，给予奖励。奖励坚持精神奖励与物质奖励相结合、以精神奖励为主的原则。奖励分为：嘉奖、记三等功、记二等功、记一等功、授予荣誉称号。对违反公务员纪律的公务员，可以给以警告、记过、记大过、降级、撤职、开除等处分。

第三节　行政行为

一、行政行为概述

(一) 行政行为的概念和构成要件

行政行为是行政法律行为的简称，是指行政主体依法行使行政职权进行行政管理，直接或间接产生行政法律效果的行为。行政行为有以下几个特征：第一，行政行为的主体必须是享有行政管理职权的行政主体；第二，行政行为是行使行政职权的行为，行政主体的民事行为不属于行政行为；第三，行政行为是具有法律意义和产生法律效果的行为；如果是不具有法律意义或不能产生法律效果的行为，则不能认为是行政行为。

行政行为的构成要件是指行政行为获得实质的效力所应具备的条件。包括行政行为的成立要件、合法要件及生效要件。

行政行为的成立，指行政行为的作出或形成。行政行为的成立应具有下列构成要件：第一，行政行为的主体必须是拥有行政权的行政主体；第二，行政主体在主观方面有进行行政管理的意图；第三，行政主体在客观上有行使行政职权或履行行政职责的行为；第四，行政主体实施的行为在客观方面直接或间接地导致了一定的法律后果的产生，即行政法律关系的产生、变更或消灭。

行政行为的合法要件是指行政行为合法所应具备的条件。一般情况下，合法的行政行为必须符合以下要求：第一，行政行为的主体是行政主体；第二，行政主体行使的职权合法，即行政主体在法定的权限范围内行使行政职权；第三，内容合法，行政行为的内容合法就是要求行政行为所涉及的权利义务符合法律、法规的规定，符合社会的公共利益；第四，作出行政行为的程序合法，也就是行政行为是按照法律、法规规定的步骤、程式、顺序和方式的要求作出的；第五，行政行为的形式合法，即行政行为是按照法律规定的形式作出的。

行政行为的生效要件，是指行政行为发生实际法律效力的条件。行政行为依法成立，并不当然对相对人产生实质的效力，不同行政行为的生效要件是不一样的。有的行政行为一经作出即时生效；有的行政行为要求特定的相对人受领后，才发生法律效力；有的行政行为通过一定的告知方式发生法律效力；还有的行政行为只有在所附的条件满足时，行政行为才开始生效。合法有效的行政行为具有确定力、拘束力和执行力。确定力是指合法的行政行为一旦作出，非依法定程序不得任意变更或撤销，具有不可争力；拘束力是指行政行为合法有效成立后，其内容对有关人员或组织所产生的法律上的约束效力；行政行为的执行力是行政主体有权采取一定的措施，保证行政行为实现的效力。

☺ 热点问题 3—3

行政行为一经作出，推定有效是行政法的一项重要原则，对此原则的理解，学术界有不同观点：

＊ 行政行为一经作出，既对任何人都具有被推定为合法、有效而予以尊重的法律效力，这是行政行为的公定力。[1]

＊＊ 行政行为一经作出，推定其为有效，但行为的合法性并没有解决，因此，推定有效属于程序性规则，因而这时的行政行为只有先定力。[2]

（二）行政行为的分类

根据不同的标准，可以对行政行为作如下分类：

（1）行政行为以其对象是否特定为标准，分为抽象行政行为和具体行政行为。前者是针对普遍的、不特定的对象而作出的可以反复适用的行政行为，如行政立法；后者是针对特定的人或特定的事而作出的行为，如行政许可。

（2）行政行为以其管理的是否为社会事务为标准，分为外部行政行为和内部行政行为。前者是指行政主体依管理范围对社会上的行政事务所实施的行政行为，后者是指行政主体对内部的行政事务管理所实施的行政行为。外部行政行为对社会上的公民、法人或其他组织产生法律效果，内部行政行为只对行政主体的内部机构和人员产生法律效果。

（3）行政行为以其受法律约束程度不同，可分为羁束的行为和自由裁量的行为。前者是指行为的范围、方式、手段等均由法律明确规定，行政主体必须严格依法执行的行为；后者是指法律对行为只规定了原则和幅度，行政主体可以斟酌、选择，将自己的意志参与其间的行为。

（4）行政行为以其是否需要具备法定形式，分为要式行为和非要式行为。前者是指必须具备特定形式才能产生法律效果的行政行为，如行政处罚需要行政处罚决定书这种形式；后者是指不要求有特定形式，只要表达了意思就能产生法律效果的行政行为。

（5）行政行为以其直接动因为标准，分为主动行为和应请求的行为。前者是指行政主体根据法律赋予的职权，不需公民、法人和其他组织请求而主动进行的行政行为，如公安机关维持社会治安的行为；后者是指行政主体应公民、法人或其他组织的申请而进行的行政行为，如颁发许可证的行为。

二、行政立法行为

（一）行政立法的概念

行政立法是指国家行政机关依照法律规定的权限和程序，制定和颁布具有法律效力的

---

[1]　叶必丰：《论行政行为的公定力》，《法学研究》，1997 年第 5 期。
[2]　毛玮：《论行政行为的先定力》，《行政法学研究》，2005 年第 3 期。

规范性文件的行为。与国家权力机关的立法活动相比较，他们之间的区别主要表现在：第一，立法的主体不同。权力机关立法的主体是人民代表大会及其常委会，行政立法的主体是宪法和法律规定的具有行政法规、规章制定权的行政机关。第二，立法的内容不同。权力机关立法的内容通常是有关国家政治、经济和社会生活中的基本制度和重大问题，而行政立法的内容一般是有关社会政治、经济和社会生活等管理事务中的具体问题。第三，立法的程序不同。权力机关的立法程序正规、严格，立法过程注重民主参与，而行政立法程序相对简便、灵活，注重提高效率。第四，立法的形式不同。国家权力机关立法主要以"法"的形式颁布，地方国家权力机关立法主要以"条例"的形式颁布，而行政立法通常以条例、规定、办法等形式颁布。第五，效力等级不同。权力机关所立之法的效力高于其执行机关制定的行政法规或规章。

（二）行政立法的程序

行政立法程序是指行政机关依照法律规定，对规范性文件进行制定、修改或废止的活动程序。根据我国现有的法律规定，我国的行政立法程序主要包括以下阶段：

（1）立项。立项是指各级人民政府的法制机构根据国民经济和社会发展计划的任务，编制有指导性的行政立法的五年计划和年度计划。

（2）起草。起草是指对列入立法工作计划的行政法规和规章所作的制定草案工作。一般由政府各主管部门承担或由各有关部门联合参加的起草小组承担。在起草过程中，要经历协商、咨询、论证、征求意见和修改等环节。

（3）审查、通过。审查是指将立法草案报政府法制机构，由该机构予以审查，写出审查报告，提出是否报政府有关会议讨论的建议。通过是指草案审查后，交由制定机关的正式会议讨论通过。行政法规草案由国务院常务会议或全体会议讨论通过。

（4）发布。发布是行政法规、规章生效的必要条件，发布是由行政首长签署发布令、通过政府公报或新闻媒介发表出来。

> 案例 3—3　某省会城市人民政府为了加强对该市营业性娱乐、休闲场所的管理，要求市公安局制定《××市营业性娱乐、休闲场所管理暂行办法》，后该《办法》经市政府办公会通过，以市公安局的名义向社会发布。该制定《办法》的行为不是行政立法行为，因为该市公安局虽然是应市政府的要求制定并发布该《办法》，但市公安局不具有行政立法的权限，而且该《办法》的出台也不符合行政立法的程序。

三、行政执法行为

（一）行政执法行为的概念和特点

行政执法行为是指行政主体依据行政法律规范对特定的对象单方面作出的并直接影响相对人权利和义务的具体行政行为。行政执法行为是行政主体各种执法措施的总称。行政执法行为具有以下特点：第一，行政执法行为属于具体的行政行为，只针对特定的人或特定的事发生法律效力；第二，行政执法行为属于单方面的行政行为，不需要征得相对人同意；第三，行政执法行为对相对人的权利义务具有直接影响并具有强制性。

（二）行政执法行为的表现形式

行政执法行为主要有以下几种表现形式：

（1）命令和批准。命令是行政主体依法使个人、组织为或不为一定行为的决定。命令常用于重大的带有强制性的行政处理决定，有时也用于任免、嘉奖和惩戒有关人员。批准是行政主体对个人、组织的申请予以同意的行政处理决定。批准是行政主体依申请的行政处理决定，必须以行政相对人的申请为前提。

（2）许可和免除。许可是行政主体依法对特定的行政相对人解除其权利限制的具体行政行为。在法治社会中，一般人要行使特定的权利必须符合一定的条件要求，这些条件即为行使权利的法律限制，许可则是在行政相对人符合法定条件要求后允许其行使特定的权利。免除是指在一般人依法负有作为义务的情况下，行政主体在特定条件下对特定人免除其作为义务的决定。

（3）赋予和剥夺。赋予是行政主体对特定的相对人依法设定法律上的能力或赋予一定的权利的行为。剥夺与赋予相反，行政主体对特定的行政相对人依法使之丧失法律上的能力或一定权利的决定。

（4）强制和处罚。强制是指对不履行法定义务的公民、法人或组织，行政主体采用法定强制手段，强迫其履行义务的行为。行政处罚则是由特定的国家行政机关依法对行政相对人违反行政管理秩序的行为所作出的一种行政制裁。

（三）行政执法程序

行政执法程序是指行政执法行为的方式、步骤所构成的行政执法行为的过程。它不同于立法程序和司法程序，具有以下特点：第一，行政执法程序具有多样性特点。在现代社会中，由于行政事务纷繁复杂，不同的行政执法行为必然会有不同的程序，为了行政管理的目的，不同的行政执法行为也要求不同的程序，因此，行政执法程序在客观上表现出多样性的特征。第二，行政执法程序具有统一性和分散性的特点。尽管行政执法行为多样，但不同的行为仍然具有共性，对于共性可以制定统一的程序法加以规定；但不同的行政执法行为又具有特殊性，要求有特定的程序，通常只能在单行的行政法文件中加以规定。这就形成了行政执法程序的统一性和多样性特征。

行政执法程序主要包括以下几个具体的程序制度：

（1）告知制度是指行政主体在作出行政行为时，将有关事项告诉相对人的制度。告知的内容主要有：告知相对人权利；告知相对人行政决定；告知其他事项，如告知申诉的机关。

（2）听证制度是指行政主体在作出影响相对人权利和义务的决定之前，应当听取相对人的陈述、申辩和质证，然后根据双方质证、核实的材料作出行政决定的一种制度。

（3）说明理由制度是指行政主体在作出影响相对人权利义务的决定时，要说明事实依据和法律依据的制度。

（4）回避制度是指行政主体在决定和处理其管辖范围内的各种事项时，与处理的事项有利害关系的行政公务员不得参与该事项处理的制度。实行回避制度有利于相对人对行政机关的信任，保障行政管理活动的顺利进行。

（5）职能分离制度是指为了加强对行政权力的制约，防止行政主体及其公务员以权谋私或滥用职权，而将行政主体的某些相互联系的职能加以分离，使之分别由不同的行政主体和公务员享有和行使的制度。

（6）情报公开制度是指行政主体应通过各种方式和途径让一般社会主体了解行政活动的情况和有关法律、法规、政策等规定的制度。情报公开是一般社会主体行使权利、履行义务的前提条件，也是相对人评判行政行为的条件，更是公民知政、参政的渠道。

（7）时效制度是指行政行为的全过程或其各个阶段受到法定时间限制的程序制度。在行政管理活动中，无论是行政主体作出行政行为，还是相对人的行为，都必须在法定时间内作出；否则，可能会产生无效的法律后果。

四、行政司法行为

（一）行政司法行为的概念

司法，通常是指国家司法机关根据法定职权和法定程序，具体应用法律处理案件的专门活动。由于这种活动是国家司法机关以国家的名义行使的司法权，与行政机关行使行政权的活动——"行政"相并列，故一般简称"司法"。在我国，随着行政法制建设的迅速发展，国家行政机关在管理和服务于社会的活动中，为适应现代社会纷纭复杂的情况对政府管控能力提出的要求，国家行政职能中出现了一种带有司法特征的行政职能，即国家行政机关根据法律的授权充当公断人，依照司法化的程序处理行政争议和民事纠纷的职能活动，这在现代行政法上称为"行政司法"。

因此，行政司法是指行政主体依法对行政争议和与行政管理密切相关的民事纠纷进行裁定和处理的活动。行政司法具有以下特点：第一，行政司法的主体是特定的行政主体，而不是司法机关；第二，行政司法的对象是一定范围的民事纠纷和行政争议；第三，行政司法是对行政管理中出现的争议按照司法化的程序进行裁决，具有司法性质。我国行政司法的主要表现形式为行政复议。

（二）行政复议

1. 行政复议的概念和特征

行政复议，是指行政管理相对人认为行政主体的具体行政管理行为侵犯其合法权益，依法向有权的行政复议机关提出复议申请，受理申请的复议机关依照法定程序，对引起争议的具体行政行为进行审查并作出裁决的活动。它具有以下主要特征：

（1）行政复议的申请人和被申请人必须是行政法律关系的主体。其中申请人在发生争议的行政法律关系中处于行政管理相对方地位；被申请人则是行政管理主体。

（2）行政复议机关必须是依法有权对具体行政管理行为进行审查并作出裁决的行政机关。根据我国行政复议法规定，行政复议机关原则上由作出具体行政行为的行政机关的上一级行政机关担任，包括上一级主管部门、本级人民政府。但是对省、自治区、直辖市人民政府以及国务院各部、委的具体行政行为不服申请的复议，仍由原部门充当复议机关。

（3）行政复议以行政相对人在法定期限内向复议机关提出申请为前提条件。行政复议是一种"依申请行为"，而不是"依职权行为"，只有行政相对人在法定期限内向复议机关提出申请，复议机关才能进行复议。

（4）行政复议以不调解为限制。行政复议被申请人作为行政主体是代表国家行使行政管理职权，它所享有的行政职权是法律赋予的，这就决定了行政主体无权处分国家所赋予的职权。因而也就决定了复议机关不存在用调解的方法处理行政复议案件的可能性。

2. 行政复议的受案范围

根据我国《行政复议法》规定，可以申请行政复议的具体行政行为主要有：

（1）对行政机关作出的警告、罚款、没收违法所得、没收非法财物、责令停产停业、暂扣或者吊销许可证、暂扣或者吊销执照、行政拘留等行政处罚决定不服的；

（2）对行政机关作出的限制人身自由或者查封、扣押、冻结财产等行政强制措施决定不服的；

（3）对行政机关作出的有关许可证、执照、资质证、资格证等证书变更、中止、撤销的决定不服的；

（4）对行政机关作出的关于确认土地、矿藏、水流、森林、山岭、草原、荒地、滩涂、海域等自然资源的所有权或者使用权的决定不服的；

（5）认为行政机关侵犯合法的经营自主权的；

（6）认为行政机关变更或者废止农业承包合同，侵犯其合法权益的；

（7）认为行政机关违法集资、征收财物、摊派费用或者违法要求履行其他义务的；

（8）认为符合法定条件，申请行政机关颁发许可证、执照、资质证、资格证等证书，或者申请行政机关审批、登记有关事项，行政机关没有依法办理的；

（9）申请行政机关履行保护人身权利、财产权利、受教育权利的法定职责，行政机关没有依法履行的；

（10）申请行政机关依法发放抚恤金、社会保险金或者最低生活保障费，行政机关没有依法发放的；

（11）认为行政机关的其他具体行政行为侵犯其合法权益的。

公民、法人或者其他组织认为行政机关的具体行政行为所依据的国务院部门的规定或者县级以上地方各级人民政府及其工作部门的规定或者乡、镇人民政府的规定不合法，在对具体行政行为申请行政复议时，可以一并向行政复议机关提出对该规定的审查申请。

但是，对于行政立法行为，行政主体内部行政行为以及行政主体关于民事纠纷的仲裁、调解或者处理不服的，不能申请行政复议。

3. 行政复议程序

根据《行政复议法》的规定，行政复议程序包括以下几个阶段：

（1）行政复议的申请及受理。行政复议的申请是指行政相对人认为行政主体的具体行政行为侵犯其合法权益，在法定期限内向复议机关提出请求复议的行为。复议机关在收到复议申请后，对复议申请分别不同情况作出以下处理：对于符合申请复议条件的，依法作出予以受理的处理；对于不符合申请复议条件的，依法作出不予受理的处理，并告知理由；对于复议申请书不符合法定要求的，依法发还申请人，限期按照需补正的事项和理由补正，无正当理由过期不补正的，视为未申请。如果复议申请人复议申请提出后，复议机关无正当理由拒绝受理复议申请或对复议申请不予答复，复议申请人可以向复议机关的上一级行政机关或法律、法规规定的行政机关、权力机关反映，上述机关应当责令其受理或答复。申请人对复议机关不予受理的裁决不服的，也可以依法向人民法院提起诉讼。

（2）行政复议案件的审理和决定。行政复议案件的审理是指复议机关对复议案件的事实是否清楚，适用法律是否明确，程序是否合法进行审查的过程。

行政复议决定是复议机关审理复议案件后，对有争议的具体行政行为作出的具有法律效力的处理结论。复议机关对复议案件经过审理，依法可以作出以下复议决定：具体行政行为是合法、适当的，则决定维持；具体行政行为合法、适当，但在法定程序上有不足的，决定被申请人补足程序上的不足之处；认为被申请人不履行法定职责的，责令其在一定期限内履行；认为具体行政行为违法或不当的，则决定撤销、变更、确认违法或重新作出具体行政行为。

行政复议决定应当在收到复议申请书之日起 60 日内作出，法律规定少于 60 日的，从其规定。

> 案例3—4　李某在某市百货大楼购物时，与大楼烟酒部服务员王某发生争吵，争吵中李某将王某头部打伤，并将烟酒柜台中五瓶茅台酒打坏。辖区公安分局接到报案后，将李某带回公安分局以违反治安管理对其当场处以 200 元的罚款，并强制责令李某赔偿百货大楼损失及王某医疗费共计人民币 2532 元。李某不服，向市公安局申请复议。市公安局复议认为，公安分局的行政处罚行为违反法定程序，因为根据《治安管理处罚法》和《行政处罚法》的规定，对个人处以 50 元以上罚款不能当场进行，市公安分局就民事赔偿数额作出强制行为超越法定权限。所以，本案中公安分局的行为是违法的。

第四节　行政法制监督

一、行政法制监督的概念和特征

行政法制监督，是指有监督权的主体对行政主体及其公务员的行政行为以及遵纪守法情况进行监督的活动和制度。它对于保证行政机关及其公务员依法行政、防止行政权的滥用和行政失职，反对官僚主义作风和腐败现象具有非常重要的意义。

行政法制监督具有以下特征：第一，监督主体的广泛性。监督主体包括国家权力机关、行政机关、司法机关、政党、社会团体和人民群众等。第二，监督内容的全面性。行政法制监督的内容包括对行政行为的合法性、合理性以及行政机关及其公务员遵纪守法、遵守职业道德等方面的监督。第三，监督结果的严肃性。行政法制监督是能产生法律效果的行为。

二、行政机关的内部监督

行政机关的内部监督，是指行政机关系统内部具有隶属关系的上下级及其所属的各个工作部门之间，对行政行为的实施所进行的监察和督促。它主要包括以下方式。

（一）层级监督

层级监督，也称一般监督，是指基于行政隶属关系，由上级行政机关对下级行政机关进行的检查和监督。政府内部的层级监督对行政机关及其公务员的行政管理活动往往产生直接的甚至重大的影响。层级监督主要包括以下具体的监督制度。

1. 报告工作制度

听取、审查本级政府工作部门和下级政府的执法情况报告，是政府内部监督的重要方式。报告工作是被监督对象依法向监督主体主动提供情况，接受监督主体的检查；监督主体也可以随时要求监督对象报告工作。

2. 执法检查制度

执法检查是指监督主体主动深入实际，了解被监督对象的执法情况并及时纠正违法不当情况的行政内部监督制度。这一制度仅限于对行政执法行为的监督。

3. 审查批准制度

审查批准，是指监督主体按照有关的法律规定对被监督对象的部分行政行为进行审核确认的活动。审查批准是一种事前监督，主要起到预防行政违法的作用。

4. 备案检查制度

备案检查主要适用于监督被监督对象的抽象行政行为，同时也包括一些具体行政行为。被监督对象根据要求在作出一定行政行为后，应将有关材料报上级主管机关备案，以供监督主体监督检查。

5. 考核奖惩制度

这是监督主体依法对行政执法人员的具体执法行为进行定期考核，并决定奖励和惩戒的制度。

此外，行政复议制度也是层级监督的一种重要制度。

（二）专门行政监督

专门行政监督是指专门行政监督机关实施的监督，包括行政监察和审计监督。

1. 行政监察

行政监察是指行政系统中设置的拥有监察职能的机关，对行政机关及其公务员的行政行为进行监察和惩戒的活动。监察机关通过行使检查、调查权和建议、处分权来对被监督对象的行政效能进行监察，对公务员的遵纪守法、职业道德和清正廉洁情况进行监督。

2. 审计监督

审计监督是指审计机关对行政机关的行政行为涉及财政财务收支情况进行审查核算的活动。通过审计，审计机关对被审计单位违反国家规定的财政、财务收支行为，有权依法作出处理。

三、对行政的外部监督

外部监督是指国家行政机关以外的各种监督主体对行政机关及其公务员实施的监督，主要有以下几种。

1. 权力机关的监督

权力机关的监督是根据宪法进行的全面的法律监督和工作监督。主要形式有：听取和审查政府工作报告，审查和批准国民经济和社会发展计划以及预算、决算报告，改变和撤销各级政府发布的违法和不适当的法规、规章、决定和命令，检查行政机关的工作，受理群众来信来访，组织特定问题的调查，等等。

2. 司法监督

司法监督是指国家检察机关和审判机关依法对行政的监督。人民检察院的监督主要有：法纪检察，侦查监督，监所、劳改监督和经济检察等四方面内容。人民法院通过审理行政案件来对行政机关进行监督。

3. 社会监督

社会监督是指公民、社会团体、企事业单位、新闻媒体等社会主体对行政机关及其公务员实施的监督。监督的方式主要有：批评、建议、控告、申诉、检举和揭发等。

4. 政党监督

政党监督是指中国共产党和各民主党派所实施的监督。中国共产党通过制定党的路线、方针、政策，并通过党的组织工作和纪律检查工作，监督行政机关和党员干部的工作；各民主党派和政协通过讨论政府工作报告，对行政工作进行视察，提出批评、建议等方式进行监督。

第五节 行政违法及行政法律责任

一、行政违法的概念及构成要件

行政违法是指行政法律关系主体违反行政法律、法规，侵害受法律保护的行政关系，对社会造成一定程度的危害但尚未构成犯罪的行为，包括行政主体的违法和行政相对方的违法。行政违法具有以下特征：第一，行政违法的主体是行政法律关系主体。第二，行政违法是违反行政法律规范，侵害法律保护的行政关系的行为。第三，行政违法是一种尚未构成犯罪的行为。第四，行政违法的法律后果是承担行政法上的法律责任。

行政违法的构成要件是指由行政法规定的、构成行政违法所必须具备的一切主客观条件的总和。一般认为，构成行政违法必须具备以下四个条件：第一，行政违法的主体必须是行政法律关系主体，包括行政主体和行政相对人两大类；第二，行政法律关系主体具有相关的法定义务；第三，行政法律关系主体具有不履行法定义务的行为；第四，行为人在主观上有过错，主观上的过错包括故意和过失。只要发生违法行为，不管是故意还是过失都视为主观有过错。

二、行政违法的分类

由于行政主体和行政相对人在行政法律关系中的地位不同，两者的违法形态差异较大，而且他们因违法行为所承担的法律责任也不同，为此，我们根据违法主体的不同，将行政违法分为行政主体的行政违法和行政相对人的行为违法。

（一）行政主体的行政违法

根据行政复议机关和人民法院对行政行为的审查标准，行政主体的行政违法主要有以下几种情形：

（1）行政失职。行政失职是指行政主体违反其所负有的法定行政作为义务的违法行为。行政主体没有依法履行法定义务，既包括完全没有履行法定义务，也包括虽然有履行行为，但该履行不符合法律、法规的规定。

（2）行政越权。行政越权是指行政主体在行政管理过程中超越了其法定的权限范围，行使了其他权力主体的法定职权的违法行为。

（3）行政滥用职权。行政滥用职权是指行政主体在自由裁量权范围内不正当行使行政权力而达到一定程度的违法行为。行政滥用职权主要表现为：行政主体在行使行政职权时，出于不正当的动机和目的行使职权；或者考虑了不相关的因素；或者违反了比例原则、平等对待原则，反复无常地行使职权；或者违反客观规律不合理地行使职权；等等。

（4）事实依据错误或者适用法律错误。事实依据错误是指行政主体据以作出行政行为的事实根据不存在，或者虽然有一定的事实依据，但事实依据不符合法律的要求和规定，从而不能做出一定的行政行为的违法行为。适用法律错误是指行政主体作出行政行为时，适用了不应当适用的法律、法规或者规章的行政违法行为。

（5）程序违法。程序违法是指行政主体违反了行政程序法律规范的行政违法行为。程序违法主要表现为：步骤违法、方式违法、顺序违法以及期限违法。

（二）行政相对人的行政违法

行政相对人行政违法的实质在于侵害行政管理秩序，因此，按照行政相对人侵害的客体可以将行政相对人的行政违法分为：侵害公安管理关系的行政违法，侵害民政管理关系的行政违法，侵害经济管理关系的行政违法，侵害财政金融管理关系的行政违法，侵害教育、卫生、文化、体育等行政管理关系的行政违法，等等。行政相对人行政违法的行为主要表现为：不履行行政法上的义务或不依法履行义务。

三、行政法律责任

（一）行政法律责任的概念和特征

行政法律责任是指行政法律关系主体由于违反行政法律规范或不履行行政法律义务而依法应承担的行政法律后果。行政法律责任的基本特征是：

（1）行政法律责任的主体是行政法律关系主体。既包括行政主体及其公务员，也包括作为行政相对人的公民、法人或者其他组织。

（2）行政法律责任是行政法律关系主体的行政违法或行政不当所引起的行政法律后果。行政违法和行政不当是行政法律责任得以形成的前提和根据。行政法律责任制度的直接目的便是纠正行政违法和行政不当，督促行政主体及其工作人员依法行政，促使行政相对人依法履行义务。

（3）有权追究行政法律责任的机关是国家权力机关和国家行政机关。国家权力机关有权追究行政机关的行政法律责任。追究法律责任的主要方式是依法撤销行政机关不适当的决定、命令、法规等。国家行政机关追究行政法律责任的情形主要有四种：①行政主体的上级主管机关通过监督和检查，以撤销、改变或责令行政主体撤销，改变一定的决定、命令等形式，追究该主体的行政责任；②行政复议机关接受复议申请，通过裁决行政争议的方式追究行政法律责任；③行政主体根据实施违法行政行为的工作人员的主观过错而追究其行政法律责任；④行政主体对不履行或不依法履行行政法律义务的行政相对人追究其行政法律责任。

（二）行政法律责任的承担方式

行政主体承担行政法律责任的方式主要有：接受通报批评；赔礼道歉，承认错误；恢复名誉，消除影响；返还权益，恢复原状；停止违法行政行为；撤销违法决定，撤销违法的抽象行政行为；履行职责，纠正行政不当，重新作出行政行为、行政赔偿等。

国家公务员承担行政法律责任的方式主要有：接受警告、记过、记大过、降级、降职、撤职、开除的行政处分；赔礼道歉、赔偿损失、行政追偿等。

行政相对人承担行政法律责任的主要方式有：承认错误，检讨；履行法定义务；恢复原状、返还原物；赔偿损失；行政处罚；等等。

> 案例3—5　宋某系某县公安局交警大队警员，某日在上路执勤检查时与货车司机张某发生口角，宋某于是便对张某拳脚相加，致使张某头破血流。事后公安局向张某作出了赔礼道歉，并赔偿了张某的损失，同时对宋某的行为加以严厉批评，并记过一次，而且决定在宋某的工资中扣除公安局赔付给张某的损失。本案中，宋某在值勤中将张某打伤是公务行为，公安机关向张某作出赔礼道歉、赔偿损失是作为行政主体应承担的行政法律责任，宋某承担的责任是公务员违法行政行为的行政法律责任。

*　　　*　　　*

📖 重要概念

行政法　行政法律关系　行政主体　国家行政机关　公务员　行政相对人　行政行为　行政执法行为　行政复议　行政法制监督　行政违法　行政责任

🔖 思考题

1. 我国行政法律规范的渊源有哪些？
2. 行政执法行为的概念和分类？
3. 国家公务员有哪些权利和义务？
4. 简述行政管理的法律监督。
5. 行政主体的行政违法主要表现为哪几种情形？

△▽△ 案例分析

1. 某医院在三个月内出现 8 例产妇实施剖腹产术后感染事件，该医院所在 B 市卫生局认为其原因系 A 厂生产的肠衣线所致，遂将手术所用肠衣线送交有关部门进行检验和鉴定。经鉴定，尚未得出 A 厂生产的肠衣线是致术后感染的直接原因，送检的肠衣线也未能被确认是 A 厂的产品。B 市卫生局依然坚持认为产妇术后感染的直接原因在于 A 厂的肠衣线。于是，向该市所有医疗单位发出第 28 号通知，"请各医疗单位暂停使用 A 厂生产的肠衣线。"该通知下发后，B 市各医疗单位立即全部停止履行与 A 厂已签定的销售合同，由此造成厂声誉扫地，产品滞销，工厂被迫停产的结果。

试析：①B 市卫生局第 28 号通知侵犯了 A 厂的何种权利？②请分析 B 市卫生局的行为在那些方面违法？③B 市卫生局对其违法行为应承担什么行政法律责任？

2. 周正军受某厂指派在本县范围内收购药材 2 万斤，厂方提供了介绍信、营业执照副本。周正军收购后未向税务机关纳税。县地方税务局知悉后即作出决定，周正军不服，认为自己是接受本厂的指派，与该厂是委托关系，其税款应当由厂方缴纳。县地税局不予调查，也拒不采纳周正军的意见，坚持要求周正军纳税。

试析：①如果周正军提起复议申请，应以何者为复议机关？②如果复议审查认定周正军与厂方关系为委托代理关系，对此复议机关应做如何处理？③如果县地税局在诉讼过程中收集充分证据证明周正军与厂方并不是委托代理关系而维持所作具体行政行为，这种做法有无法律依据？为什么？

第四章 刑 法

💡 **教学要求**

通过本章的学习，你应该能够理解刑法的基本原则精神；掌握刑法关于犯罪构成的基本理论；掌握刑罚的种类及其适用的有关规定；了解常见犯罪的有关刑法规定；具备区分罪与非罪的基本能力。

第一节 刑 法 概 述

一、刑法的概念及其法律特征

刑法，是指由国家立法机关依法定权限和程序制定的，规定犯罪、刑事责任和刑罚的法律规范的总称。刑法是国家法律体系中的一个重要组成部分，是国家的基本法律之一，其效力仅次于宪法。刑法具有强烈的阶级性，是统治阶级实现阶级专政的工具。我国刑法是掌握国家政权的工人阶级，为了维护国家和人民的利益，根据工人阶级和广大人民的意志，由立法机关颁布的，规定什么行为是犯罪以及如何惩罚犯罪的法律规范的总称。

刑法有广义和狭义之分。狭义的刑法仅指刑法典，即根据立法机关以统一的法典形式颁布的，全面系统地规定犯罪、刑事责任与刑罚的法律。我国 1979 年 7 月 1 日五届全国人大二次会议上通过的，1997 年 3 月 14 日八届全国人大五次会议修订的《中华人民共和国刑法》（后面简称《刑法》），是新中国的第一部刑法典。修订后的刑法于 1997 年 10 月 1 日起生效。广义的刑法指一切刑事法律规范的总和。它包括刑法典、专门惩治某种犯罪的单行刑事法律、刑事立法解释、刑事司法解释和存在于其他法律中的刑事法律规范。本章所述刑法，是从广义上理解的，但着重介绍刑法典的内容。

我国刑法与民法、行政法等其他部门法的阶级本质是相同的，但在法律属性方面有着重大的区别。首先，刑法调整的社会关系的范围非常广泛。刑法所保护的是所有受到犯罪侵害的社会关系，它涉及到社会生活的各个方面，既涉及经济基础，也涉及上层建筑。而民法、行政法等部门法所保护和调整的只能是某种特定的社会关系。比如，民法所调整的只能是一定范围内的财产关系和人身关系；经济法所调整的只能是一定的经济关系等。同时，所有这些部门法所保护和调整的社会关系，也都同时借助刑法的保护和调整。

其次，刑法用最为严厉的制裁方法——刑罚来调整社会关系。任何法律都具有强制性，任何侵犯法律所保护的社会关系的行为人，都必须承担相应的法律后果，受到国家强制力的干预。例如，违反民法的，要承担民事责任；违反治安管理处罚法的，要受到治安管理处罚等。但是，所有这些强制，都不及刑法对犯罪分子适用刑罚这种强制方法严厉。因为刑罚不仅可以剥夺犯罪分子的财产，限制或剥夺犯罪分子的人身自由，剥夺犯罪分子的政治权利，甚至可以剥夺犯罪分子的生命。像这样严厉的强制性．是任何其他法律所没有，也不可能有的。正因为刑法具有以上特征，所以刑法是否完善，或者刑法是否被正确适用，往往是衡量一个国家法制是否完备，或者法治情况如何的重要标志。

二、刑法的目的和任务

我国刑法的目的是惩罚犯罪与保护人民的统一。刑法正是通过对犯罪行为的惩罚，使人民的权利和利益不受侵害和威胁。

我国刑法的社会主义性质决定了我国刑法的任务。《中华人民共和国刑法》第 2 条明确规定："中华人民共和国刑法的任务，是用刑罚同一切犯罪行为作斗争，以保卫国家安全，保卫人民民主专政的政权和社会主义制度，保护国有财产和劳动群众集体所有的财产，保护公民私人所有的财产，保护公民的人身权利、民主权利和其他权利，维护社会秩序、经济秩序，保障社会主义建设事业的顺利进行。"根据本条规定，我国刑法的任务有以下四个方面：

第一，保卫国家安全、保卫人民民主专政的政权和社会主义制度。这是我国刑法的首要任务。为此，我国刑法的打击锋芒首先指向危害国家安全罪，把它列为刑法分则第一章，规定用严厉的刑罚手段予以镇压，这就为打击危害国家安全的行为，保卫人民民主专政的政权提供了有力的法律武器。

第二，保卫社会主义经济基础。建立社会主义市场经济不仅是我国改革开放的重要目标，也是我国政权赖以存在并不断巩固的经济基础。保护社会主义公共财产和公民私人所有财产不受侵犯，直接关系到社会主义市场经济的建立和现代化建设的进行。为此刑法专门设立了"破坏社会主义市场经济秩序罪"和"侵犯财产罪"两个专章。

第三，保护公民的人身权利、民主权利和其他权利。我国公民的人身权利、民主权利等是经过长期的革命斗争取得的。我国刑法规定了一系列保护公民人身权利、民主权利方面的条文，以体现我国刑法充分保护人民权利的功能。

第四，维护社会秩序和国防、行政秩序，以保障社会主义建设事业的顺利进行。运用刑罚武器同形形色色的犯罪作斗争，为四化建设提供一个秩序良好、安定团结的社会环境，保障社会主义建设事业的顺利进行，这是刑法的中心任务和神圣的职责。

三、刑法的基本原则

刑法基本原则，是指法律明文规定的、贯穿全部刑法规范，指导和制约刑事立法和刑事司法，集中体现刑事法制基本精神的准则。我国刑法的基本原则主要有以下三项：

（1）罪刑法定原则。我国《刑法》第 3 条规定，"法律明文规定为犯罪行为的，依照法律定罪处刑"。罪刑法定原则是社会主义法制原则在刑法中的具体贯彻，其基本含义是罪之法定和刑之法定，即什么行为是犯罪，有哪些犯罪，各种犯罪的构成要件是什么，有哪些刑种，各个刑种如何适用，以及各种犯罪的具体量刑制度如何等，均由刑法加以明确规定。对于刑法分则没有明文规定为犯罪行为的，不得定罪处刑。概括起来说，就是"法无明文规定不为罪，法无明文规定不处罚"。

（2）刑法面前人人平等原则。我国《刑法》第 4 条规定："对任何人犯罪，在适用法律上一律平等。不允许任何人有超越法律的特权。"它意味着对所有的人，不论其社会地位、民族、种族、性别、职业、宗教信仰、财产状况如何，在定罪量刑以及行刑的标准上都平等地依照刑法规定处理，不允许有任何歧视或者优惠。

（3）罪刑相适应原则。我国《刑法》第5条规定："刑罚的轻重，应当与犯罪分子所犯罪行和承担的刑事责任相适应。"这一原则包括以下两个内容：①刑罚的轻重应当与犯罪分子所犯罪行相适应。"犯罪分子所犯罪行"是指犯罪分子实施的触犯刑律的犯罪行为，刑罚的轻重"应当与犯罪分子所犯罪行相适应"，就是指应当与犯罪分子实施的犯罪过程事实的性质和社会危害性相适应。②刑罚轻重应当与犯罪分子承担的刑事责任相适应，也就是重罪重刑、轻罪轻刑、无罪不罚，罚当其罪，不能重罪轻刑，轻罪重刑。

四、刑法的适用范围

刑法的适用范围，亦称刑法的效力范围，是指一个国家的刑法在什么地方有效，对什么人有效，在什么时间有效的问题。我国《刑法》第6条至第12条是对效力范围的规定，它包括刑法的地域效力、刑法对人的效力和刑法的时间效力。

（一）我国刑法的地域效力

我国《刑法》第6条规定："凡在中华人民共和国领域内犯罪的，除法律有特别规定的以外，都适用本法。凡在中华人民共和国船舶或者航空器内犯罪的，也适用本法。犯罪的行为或者结果有一项发生在中华人民共和国领域内的，就认为是在中华人民共和国领域内犯罪。"所谓我国"领域"，即领土，它由领陆、领空、领水及其底土构成。同时，领陆还包括船舶和飞机。此外，根据《维也纳外交公约》关于使馆馆舍不受侵犯的规定，在我国驻外大使馆发生的犯罪也应适用我国刑法。犯罪行为或者结果有一项发生在我国领域内，就认为是在我国领域内犯罪。

"法律有特别规定的"情形，是指：第一，我国刑法第11条规定的"享有外交特权和豁免权的外国人的刑事责任，通过外交途径解决"。第二，我国刑法第90条规定的"民族自治地方不能全部适用本法规定的，可以由自治区或者省的人民代表大会根据当地民族的政治、经济、文化特点和本法规定的基本原则，制定变通或者补充的规定，报请全国人民代表大会常务委员会批准施行"。第三，我国刑法颁布后，国家立法机关制定的特别刑法与之有不同规定的，适用该特殊规定。第四，我国香港特别行政区和澳门特别行政区以及将来回归的台湾地区不适用刑法。

（二）我国刑法对人的效力

（1）我国刑法对我国公民的效力。我国公民在我国领域内犯罪，一律适用我国刑法。我国公民在我国领域外犯罪，可以区分为两种情况：①《刑法》第7条第1款规定："中华人民共和国公民在中华人民共和国领域外犯本法规定之罪的，适用本法，但是按本法规定的最高刑为3年以下有期徒刑的，可以不予追究。"②《刑法》第7条第2款规定："中华人民共和国国家工作人员和军人在中华人民共和国领域外犯本法规定之罪的，适用本法。"

（2）我国刑法对外国人的效力。外国人，是指具有外国国籍或者无国籍的人。我国刑法对外国人的效力可以分为两种情况：①根据《刑法》第6条和第11条的规定，外国人在我国领域内犯罪，适用我国刑法，但是享有外交特权和外交豁免权的外国人的刑事责任，通过外交途径解决。②外国人在我国领域外犯罪，我国刑法的效力又可分为以下两种情况：第一是《刑法》第 8 条规定，外国人在我国领域外实施针对我国国家或者公民的犯罪，而按照我国刑法规定的最高刑为 3 年以上有期徒刑的，可以适用本法。但是按照犯罪地的法律不受处罚的除外。如果所犯的罪按照我国刑法规定的最低刑不满 3 年有期徒刑，或者按照犯罪地的法律不受处罚的，则不适用我国刑法。第二是《刑法》第 9 条规定："对于中华人民共和国缔结或者参加的国际条约所规定的罪行，中华人民共和国在所承担条约义务的范围内行使刑事管辖权的，适用本法。"外国人在我国领域外实施我国缔结或参加的国际条约所规定的国际犯罪，我国在所承担条约义务的范围内，行使刑事管辖权。

　　案例 4—1　我国公民陈某、张某和韩国公民金某在 2009 年受雇于英国某轮船公司工作期间，当轮船停泊于菲律宾某港口后，三人在轮船上酗酒、打闹，因声音过大，受到同在该船打工的中国公民刘某的制止。陈某、张某和金某恼羞成怒，公然杀死了刘某，并抢劫了其他英国船员的钱财，然后逃逸。2 个月后，被菲律宾警方抓获。就本案而言，我国公民陈某、张某和韩国公民金某故意杀害我国公民刘某，符合我国《刑法》第 7 条第 1 款以及《刑法》第 8 条的规定，应适用我国刑法定故意杀人罪。我国公民陈某、张某犯抢劫罪也应适用我国刑法，但韩国公民金某犯抢劫罪不适用我国刑法。

（三）我国刑法的时间效力

刑法的时间效力，是指刑法的生效和失效的时间，以及对刑法生效前的行为有无溯及力。

1. 刑法的生效时间

刑法的生效时间通常有两种规定：①从刑法颁布之日起施行。这是外国过去刑事法规的一般做法。②刑法公布一段时间后生效。如我国刑法于 1979 年 7 月 1 日公布，1980 年 1 月 1 日起生效。

2. 刑法的失效时间

刑法是国家基本法，其失效必须由立法机关决定。通常也有两种做法：①由立法机关明确宣布废止。一般在颁布的新法中明确宣布。②自然失效。按新法优于旧法的原则，新法生效则旧法自然失效。如新修订的《刑法》于 1997 年 3 月 14 日通过，自 1997 年 10 月 1 日起生效，原刑法同日自然失效。

3. 刑法的溯及力

刑法的溯及力是指刑法对生效前发生的未经审判或者判决未确定的行为能否适用的问题。适用则刑法有溯及力，不能适用则刑法无溯及力。

关于刑法有无溯及力问题，各国刑事立法主要采用以下四种原则：①从旧原则，即按旧法处理，新法无溯及力；②从新原则，即按新法处理，新法有溯及力；③从新兼从轻原则，即新法原则上有溯及力，但旧法不认为犯罪或处刑轻时，依旧法；④从旧兼从轻原则，即新法原则上无溯及力，但新法不认为犯罪或处刑轻时，依新法处理。现代世界绝大多数国家采用第四种原则，我国刑法采用的也是从旧兼从轻的原则。

我国刑法第 12 条对溯及力问题做了明确规定，根据这条规定，对于 1949 年 10 月 1

日至 1997 年 10 月 1 日这段时间内发生的未经审判或者判决未确定的行为，按以下办法解决：第一，当时的法律不认为是犯罪的，不论刑法如何规定，均不认为是犯罪，即刑法没有溯及力。第二，当时的法律认为是犯罪，而现行刑法不认为是犯罪，只要该行为未经审判或判决未确定的，就不认为是犯罪，即现行刑法具有溯及力。第三，当时的法律和现行刑法都认为是犯罪，并且没有超过追诉时效的，按当时的法律追究刑事责任，现行刑法无溯及力。如果现行刑法处刑较当时法律轻的，应适用现行刑法，即现行刑法有溯及力。

第二节　犯　罪　总　论

一、犯罪的概念和基本特征

我国《刑法》第 13 条规定："一切危害国家主权、领土完整和安全，分裂国家、颠覆人民民主专政的政权和推翻社会主义制度，破坏社会秩序和经济秩序，侵犯国有财产或者劳动群众集体所有的财产，侵犯公民私人所有的财产，侵犯公民的人身权利、民主权利和其他权利，以及其他危害社会的行为，依照法律应当受刑罚处罚的，都是犯罪，但是情节显著轻微危害不大的，不认为是犯罪。"这一规定首先指出了犯罪的阶级本质，具有鲜明的阶级性，其次说明了犯罪的法律属性，犯罪触犯了刑法并应受刑罚处罚，再次揭示了犯罪的社会属性，犯罪具有相当严重的社会危害性。概括地讲，我国刑法中的犯罪，是指严重危害社会，触犯刑事法律并依法应当受到刑罚处罚的行为。这一定义从犯罪的阶级实质和法律属性统一的角度对犯罪现象做了完整的表述。具体而言，犯罪有以下三个基本特征：

第一，犯罪是危害社会的行为，具有相当严重的社会危害性。这是犯罪最基本、最本质的特征。"所谓社会危害性"，是指行为对刑法所保护的社会关系的损害的特性。没有社会危害性的行为，法律就不会将它规定为犯罪，也不会对它进行惩罚。即使某行为有社会危害性，如果其社会危害性没有达到相当严重的程度，法律也不必将它规定为犯罪并予以刑事处罚。

第二，犯罪是触犯刑法规定的行为，具有刑事违法性。任何不遵守法律的行为都是违法行为，因所违反法律的性质不同，违法行为有民事违法、经济违法、行政违法和刑事违法之分。其中只有刑事违法行为，即触犯刑法的行为，才是犯罪行为。没有违反法律、没有违反刑事法律的行为，不得认定为犯罪。社会危害性是刑事违法性的前提和基础，刑事违法性是社会危害性在刑法上的表现和认定犯罪的法律依据。犯罪的刑事违法性是罪刑法定原则的要求和具体体现。

第三，犯罪是应受刑罚处罚的行为，具有应受刑罚性。行为的社会危害性和刑事违法性是行为应受刑罚处罚的前提，应受刑罚性是犯罪的必然法律后果。具有社会危害性及刑事违法性的行为，如果没有达到刑法规定应受刑罚处罚的程度，也不能认为是犯罪。应受刑罚性是由犯罪的前两个基本特征派生出的第二性特征。社会危害性是应受刑罚性的物质基础，刑事违法性是应受刑罚性的法律依据。而应受刑罚性则是社会危害性及其程度的法律标志，也是刑事违法性的法律后果。

社会危害性、刑事违法性和应受刑罚性是犯罪的三个基本特征，三者紧密相连，不可分割。任何犯罪必然同时具备这三个基本特征，缺少其中任何一个特征，都不是犯罪。犯罪的三个基本特征，从总体上把犯罪与合法行为、犯罪与其他违法行为区分开来，是划分罪与非罪的基本标准。

犯罪概念及其基本特征对整个刑法理论具有指导性意义，是划分罪与非罪的总标准。然而，要判别一个行为具体构成何种犯罪，是此罪还是彼罪，则必须进一步研究犯罪构成理论。

二、犯罪构成及其要件

犯罪构成，是指刑法规定的认定某种行为构成犯罪所必须具备的客观和主观要件的总和。它包括犯罪客体、犯罪客观方面、犯罪主体和犯罪主观方面。要确定某一行为构成犯罪并追究其刑事责任，必须同时具备这四个方面的要件。如果缺少其中的任何一个方面的要件，都不能构成犯罪，进而也不能要求该行为人负刑事责任。

（一）犯罪客体

犯罪客体，是指我国刑法所保护的，为犯罪行为所侵害的社会主义社会关系。所谓社会关系，是指人们在生产和共同生活中形成的人与人之间的相互关系。如师徒关系、婚姻关系、财产所有权关系等等。社会关系具有广泛性和复杂性，并非所有的社会关系都是由刑法来调整的，刑法只调整其中的一部分社会关系。其余的社会关系由其他法律和道德规范来加以调整。需要说明的是，只有当刑法所保护的社会主义社会关系受到犯罪行为的侵害时，才能成为犯罪客体。否则，不能称之为犯罪客体。

犯罪客体与犯罪对象是两个不同的概念，不能混淆。犯罪对象是指犯罪行为侵害某种社会主义社会关系时直接遭受影响的人或物。例如某甲盗窃了某乙的彩电，则彩电是犯罪对象，而彩电所体现的所有权关系才是犯罪客体。作为犯罪对象的彩电并未受到损害，损害的则是彩电所有人的所有权，即犯罪的客体。值得注意的是，同一犯罪对象有时可以体现不同的犯罪客体。如甲乙两人分别盗窃国家仓库中存放的电线和正在用于通讯的电线，犯罪对象都是电线，但是侵犯的犯罪客体却不同，甲侵犯的是国家对财产的所有权，而乙侵犯的是通信的公共安全。可见，犯罪客体决定犯罪性质。

（二）犯罪客观方面

犯罪客观方面是指刑法所规定的危害社会的犯罪行为和犯罪结果，以及某些犯罪的时间、地点和方法等客观条件。

（1）犯罪行为。任何犯罪都必须是人的行为，没有行为，就不存在犯罪。犯罪行为是构成犯罪的核心。我国刑法不承认所谓的"思想犯罪"。因为仅仅有思想而没有行为，是不可能给社会造成任何危害结果的。犯罪行为的表现形式尽管多种多样，但其概括起来，不外乎两种基本形式：作为是指实施法律所禁止的积极行为，即动态行为，它是犯罪中最常见的一种形式；不作为是应当履行某种义务而不予履行的消极行为，即静态的行为。在刑法中，不作为构成犯罪必须以行为人负有特定义务为前提。这里所指的特定义务，是指根据特定的事实和条件而产生的法律上的义务，通常依据下列三方面来确定：一是法律直接规定的义务。如《刑法》第261条规定的遗弃罪。二是职务上或业务上的要求。如医务人员、消防队员不履行自己应尽的义务而造成重大事故所构成的犯罪。三是由行为人先前的行为所产生的义务。如果行为人能履行而没有履行自己行为所产生的义务，以致造成严重后果的，就要负犯罪的不作为的刑事责任。

（2）犯罪结果。犯罪结果是指犯罪行为给犯罪客体造成的实际损害。它有物质性的结果和非物质性的结果之分。物质性的结果，一般说是可以计量的，如盗窃财物、贪污公款都可以计算数额。非物质性的结果，往往是无形的、抽象的、不能计量的，如侵犯人身权利的侮辱罪、诽谤罪等等。在一般情况下，结果是否发生，是划分犯罪既遂和未遂的标准。但有些犯罪不要求必须具备犯罪的结果，只要实施了犯罪行为，即构成犯罪的既遂。例如，侮辱罪、诽谤罪等。因此，查明犯罪结果对于划清罪与非罪的界限，区分犯罪的既遂和未遂，以及正确定罪量刑具有重要的意义。

（3）犯罪行为与犯罪结果之间的因果关系。要确认行为人是否对其行为所产生的结果负刑事责任，就必须查明行为和结果之间是否具有因果关系。在以犯罪结果为犯罪客观方面要件的犯罪中，只有犯罪行为与犯罪结果之间有因果关系，才能认为犯罪的客观方面要件具备，因此，犯罪行为与犯罪结果之间的因果关系是行为人构成犯罪和承担刑事责任的客观基础。这里应强调指出，要确定行为人是否应承担刑事责任，还必须查明行为人在主观上有没有故意或过失，过失犯罪法律有明确规定的才负刑事责任。

犯罪的时间、地点、方法（工具）等，在绝大多数情况下，并不是构成犯罪的必备要件，只是在刑法有特别规定时，才成为某些犯罪构成的必要条件，如非法狩猎罪、非法捕捞水产品罪等。

（三）犯罪主体

犯罪主体是指达到一定年龄、具有刑事责任能力、实施犯罪行为的人。犯罪主体是构成犯罪的基本要件之一，没有犯罪主体，就不能构成犯罪。犯罪主体必须具备下列条件：

（1）犯罪主体必须是自然人或单位。我国刑法所规定的犯罪，绝大部分是以自然人为犯罪主体的。公司、企业、事业单位、机关、团体实施危害社会的行为，依法构成单位犯罪的，则上述单位成为犯罪主体。

（2）作为自然人的犯罪主体必须达到一定的年龄。这在刑法中称为刑事责任年龄。我国《刑法》对刑事责任年龄做了如下的规定：①不满14周岁的人，如有危害社会的行为，不作为犯罪追究刑事责任，刑法理论称为无刑事责任年龄；②已满14周岁不满16周岁的人，犯故意杀人、故意伤害致人重伤或者死亡、强奸、抢劫、贩卖毒品、放火、爆炸、投毒罪应负刑事责任，称为相对刑事责任年龄；③已满16周岁的人，对所有犯罪都应负刑事责任，刑法理论称为完全刑事责任年龄；④对已满14周岁不满18周岁的人犯罪，应当从轻或减轻处罚，刑法理论称为减轻刑事责任年龄。此外，法律规定，因不满16周岁不予刑事处罚的，责令他的家长或监护人加以管教；在必要的时候，也可以由政府收容教养。⑤已满75周岁的人故意犯罪的，可以从轻或者减轻处罚；过失犯罪的，应当从轻或者减轻处罚。

（3）犯罪主体必须是具有刑事责任能力的人。刑事责任能力是指犯罪主体具有辨别和控制自己行为的能力。所谓辨认和控制自己行为的能力，是指犯罪主体能够理解自己的行为和发生的后果，并有能力自觉地抑制自己行为的发生。一般情况下，人达到一定年龄后，就具备这种能力，但精神病患者由于病理原因丧失了这种能力。因此，我国《刑法》第18条规定，精神病人在不能辨认或不能控制自己行为的时候造成危害结果，经法定程序鉴定确认的，不负刑事责任。但间歇性的精神病人，在其精神正常的时候犯罪应当负刑事责任。

对于醉酒人犯罪，我国刑法规定应当负刑事责任。

又聋又哑的人或者盲人，虽然未完全丧失辨认和控制自己行为的能力，但由于生理上存在着一定的缺陷，辨认事物的能力受到一定限制。所以刑法规定，又聋又哑或者盲人犯罪，可以从轻、减轻或者免除处罚。

刑法理论上把具备上述三个条件的犯罪主体叫做一般主体。有些犯罪的犯罪主体除了上述条件外，还必须具有特定的身份或职务，如贪污罪的犯罪主体必须是国家工作人员，私放罪犯罪的主体必须是司法工作人员，等等。刑法理论上把这种具有特定身份或职务的人才能构成犯罪的主体叫做犯罪的特殊主体。

(四) 犯罪主观方面

犯罪主观方面是指犯罪主体对自己的危害行为和危害结果所抱的心理态度，它包括罪过（即犯罪的故意和过失）以及犯罪目的和动机。

1. 故意犯罪

故意犯罪是指行为人明知自己的行为会发生危害社会的结果，并且希望或者放任这种结果发生。依据我国《刑法》第14条的规定，刑法理论将故意犯罪分为直接故意和间接故意两种。直接故意是指行为人明知自己的行为会发生危害社会的结果，对危害结果抱希望的心理态度。间接故意是指行为人明知自己的行为会发生危害社会的结果，而采取放任的态度，听任危害结果的发生。

直接故意与间接故意的相同点在于，行为人都明知自己的行为会发生危害社会的后果。不同点在于：一是对危害结果的心理态度不同。直接故意是希望结果的发生；而间接故意是放任结果的发生。二是对危害结果的预见程度不同。直接故意预见到危害结果的必然或者可能发生；间接故意只预见到危害结果的可能发生。在一般情况下，直接故意犯罪的主观恶性比间接故意犯罪的主观恶性大。

> 案例4—2　某甲想杀某乙，2010年11月20日凌晨3点，某甲带着砍刀和一瓶汽油来到某乙租住的某楼702室外，仔细观察，发现某乙和住在702室另一房间的房主都已沉睡，便潜入某乙租住的房间，持刀砍乙的头部把乙砍死。某甲为了毁灭罪证浇油放火烧屋。结果将房主也烧死。本案甲砍死乙的行为就是直接故意杀人；甲放火时明知房主在另一房间内熟睡有可能被火烧死，却不计后果，最终导致房主也被烧死，这就构成间接故意杀人。

2. 过失犯罪

过失犯罪是指行为人应当预见自己的行为可能发生危害社会的结果，因为疏忽大意而没有预见，或者已经预见而轻信能够避免。依据我国刑法第15条的规定，刑法理论将犯罪的过失分为疏忽大意的过失和过于自信的过失。疏忽大意的过失是指行为人应当预见自己的行为可能发生危害结果，由于疏忽大意而没有预见，以致发生了危害结果。过于自信的过失是行为人已经预见自己的行为可能发生危害结果，只因轻信能够避免而未能避免，以致发生了危害结果。

过于自信的过失和间接故意有类似之处，即二者都预见到自己的行为可能发生危害结果。但在过于自信的过失中，行为人对危害结果所抱的心理状态是轻信其能够避免；而在间接故意的情况下，行为人所抱的则是放任其发生的心理状态。

过失犯罪虽然也有危害社会的后果，但由于过失犯罪人在主观上并没有危害社会的目的，因此在追究刑事责任时应有别于故意犯罪。刑法规定，过失犯罪，法律有规定的才负刑事责任。

> 案例4—3　21岁的张某非常喜欢邻居家的4岁男孩小兵。一日，张某带小兵到一座桥上玩，张某提着小兵的双手将其置于桥栏外，小兵边喊"害怕"边挣扎，张某手一滑，小兵掉入河中，张某急忙抢救，但小兵已溺水死亡。张某的行为属于行为人对危害结果所抱的心理状态是轻信其能够避免而发生了危害结果，属于过于自信的过失。

3. 犯罪的目的和动机

犯罪目的是指犯罪人主观上通过实施犯罪行为所要达到外部结果的希望。刑法中的有些犯罪以犯罪目的为构成要件。犯罪动机是指刺激犯罪人实施犯罪行为以达到犯罪目的的内心起因，它不是犯罪构成的必要要件，而只对量刑有意义。

4. 不可抗力和意外事件

行为在客观上虽然造成了损害结果，但不是出于故意或者过失，而是由于不可抗拒或者不能预见的原因引起的，不认为是犯罪。不可抗拒的原因引起的是不可抗力，不能预见的原因引起的是意外事件。

三、正当防卫和紧急避险

有些行为在形式上与犯罪行为极为相似，但在实质上不具有社会危害性，不可能构成犯罪，而为法律所允许，这种行为在刑法理论上称为排除社会危害性的行为。根据我国刑法的规定，排除社会危害性的行为包括正当防卫和紧急避险两种。

（一）正当防卫

正当防卫是指为使国家、公共利益、本人或者他人的人身、财产和其他权利免受正在进行的不法侵害，而采取的制止不法侵害的行为。我国刑法规定正当防卫的目的，在于鼓励和支持公民及时地、有效地同侵害我国社会主义社会关系的一切不法行为作斗争，以制止和预防犯罪，保护国家和人民的利益。因此，正当防卫既是每个公民享有的权利，又是应尽的义务。为了保证正当防卫的正确行使，我国《刑法》第20条规定了正当防卫应当具备的条件：

（1）必须是针对不法侵害行为才能实施正当防卫。所谓不法侵害行为，是指具有社会危害性的行为。这里应当指出：一是对于合法行为不能进行防卫；二是对于互殴行为，双方均属不法，因而双方都不存在正当防卫的权利；三是故意挑逗他人对自己进行侵袭，然后以"正当防卫"为借口而对他人加以危害的行为，属于"防卫挑拨"，也不是正当防卫。凡不属于正当防卫的行为，由此而构成犯罪的，应当依法追究刑事责任。

（2）必须是对正在进行的不法侵害行为才能实施正当防卫。所谓正在进行的不法侵害，包含两方面的意思：一是实际存在的侵害，而不是主观想像或推测的"侵害"。对于想像和推测的侵害，由于行为人认识上的错误而不恰当地实施了防卫，这种情况称为"假想的防卫"。如果造成了严重后果，构成犯罪，就应追究刑事责任。二是指已经着手实行或者直接面临的侵害，而不是尚未开始或已经结束的侵害。对于尚未开始的侵害行为，应采取预防措施，如报告公安机关，以防止侵害的发生。如果采取"先下手为强"，实行防卫，是"预先防卫"。对已经结束的侵害行为，应由有关单位或司法机关对侵害人进行处理，而不能由个人处置或报复，否则，便是"过时防卫"。"预先防卫"和"过时防卫"统称为"防卫不适时"，不是正当防卫。

（3）必须对不法侵害者本人才能实施正当防卫。正当防卫的目的在于排除和制止不法侵害行为，所以只能针对不法侵害者进行，不能损害第三人，包括不法侵害者的家属。

（4）必须是为了保卫国家的、公共的、本人或他人的人身、财产和其他权利。这是正当防卫主观方面的必要条件，也是它的实质性条件。

（5）正当防卫不能超过必要限度。所谓必要限度，就是防卫行为以足以制止不法侵害行为继续进行为限度。怎样掌握这个"必要限度"呢？一般应考虑两方面的情况：一是不法侵害行为的手段、强度；二是防卫人所保护利益的性质和他所处的具体环境。至于是否能足以制止不法侵害行为，则要根据案件的具体情况来判断。如果实施正当防卫明显超过必要限度造成重大损害的，是防卫过当，应当负刑事责任，但应当减轻或者免除处罚。值得注意的是，我国刑法对正在进行的行凶、杀人、抢劫、强奸、绑架，以及其他严重危及人身安全的暴力犯罪规定了无限防卫权，即防卫时造成不法侵害人伤亡和其他后果的，不属于防卫过当，不负刑事责任。

☺ 热点问题 4—1

对修改后的刑法第 20 条第 3 款的不同理解

* 该款实际上赋予了公民对危及人身安全的暴力犯罪的无限防卫权。[1]

** 根据该款规定，在法定情形下，正当防卫没有过当之余。换言之，属于无过当之防卫。[2]

*** 无限防卫权实际上是权益人任意处置不法侵害人的权力。[3]

（二）紧急避险

紧急避险，就是为了使国家、公共利益、本人或他人的人身、财产和其他权利免受正在发生的危险，不得已采取的损害另一合法利益的行为。我国刑法规定紧急避险的目的就在于使公民有权在法律保护的权益遇到危险时，损害较小的权益以保护较大的权益，从而

---

①　周振想：《刑法学教程》，中国人民公安大学出版社 1997 年版，第 154 页。

②　陈兴良：《刑法疏义》，中国人民公安大学出版社 1997 年版，第 98 页。

③　姜伟：《新刑法确立的正当防卫制度》，《法学家》1997 年版，第 3 页。

使公共利益和个人合法权益可能遭受的损失减少到最低限度。根据我国《刑法》第 21 条规定，紧急避险应具备下列条件：

（1）必须是在国家、公共利益、本人或者他人的人身、财产和其他权利受到危险时，才能实行紧急避险。这里所说的危险，既可能来自人的行为，例如匪徒的侵袭；也可能来自自然界的力量，例如风灾、火灾、水灾等。但我国《刑法》第 21 条第 3 款规定，避免本人危险，不适用于职务上、业务上负有特定责任的人。例如，正在救火的消防队员有灭火的义务；医务人员有救死扶伤的义务。当他们履行职责时，不得以紧急避险为由而不履行自己的义务。

（2）必须是危险正在发生的情况下才能实行紧急避险。所谓危险正在发生，是指这种危险必须是实际存在的，而不是想像的或者推测的；同时，对于已经过去的或者尚未到来的危险，都不能实行紧急避险。

（3）必须是在没有其他方法可以避免时，不得已而采取的避险措施。紧急避险行为只能是在危险发生时唯一能够避免危险的行为，如果尚有其他方法可以避免危险，就不能采取紧急避险的行为。

（4）紧急避险的行为不能超过必要的限度。紧急避险是以损害一种合法利益来保全另一种合法利益，所以，紧急避险就不能超过必要的限度，这个限度就是被损害的利益必须小于被保全的利益。如果被损害的利益大于或者等于被保全的利益，就超过了紧急避险行为的必要限度。

对于紧急避险超过必要限度造成不应有的危害的，应当负刑事责任；但考虑到各方面的情况，应当减轻或者免除处罚。

> 案例 4—4　李某与宋某同居一室，某日大地震电灯熄灭，宋某年迈体衰，行动不便，李某慌张奔跑，将宋某撞倒，致其头破血流，当场昏厥，不治身亡。李某在地震时逃跑求生，将宋某撞倒，属于紧急避险行为，但李某以牺牲他人生命的方式保全自己的生命，已经超过了紧急避险的限度，属于避险过当，应负刑事责任，应当减轻或者免除处罚。

四、故意犯罪形态

故意犯罪形态，又称故意犯罪过程中的犯罪形态，是指在实施故意犯罪的过程中，出于各种主客观因素的影响而使犯罪行为停止下来的不同行为状态，即犯罪的预备、未遂、中止和既遂。其中犯罪既遂是犯罪的完成形态，而犯罪的预备、未遂、中止是犯罪的未完成形态。犯罪的未完成形态只存在于直接故意犯罪中，由于它们都具有一定的社会危害性，是刑法禁止的行为，所以仍应追究犯罪人的刑事责任。

（一）犯罪既遂

犯罪既遂，是指行为人所故意实施的行为已经具备了刑法分则规定的某一犯罪构成的全部要件，是犯罪的完成形态。确认犯罪是否既遂，应以行为人所实施的行为是否具备了某种犯罪构成的全部要件为准，而不能以行为人预期的犯罪目的是否达到或是否发生犯罪结果为准。因为有些犯罪只要行为人实施了某一犯罪行为，即使没有达到预期的犯罪目的或没有发生犯罪结果，法律也规定为犯罪既遂。例如，诬告陷害罪以行为人实施了诬告陷害行为作为犯罪完成和既遂成立的标志，而不是以行为人达到了诬陷他人并使他人负刑事责任的目的才是既遂的标志。刑法分则规定的各种犯罪构成及其应负的刑事责任，都是以犯罪既遂为标准的。

（二）犯罪预备

犯罪预备是指行为人为了犯罪，准备工具，制造条件，由于行为人意志以外的原因未能实施犯罪实行行为的犯罪停止形态。它有两个基本特征：①主观上，行为人有实施犯罪的直接故意，其目的是为顺利地实行犯罪。这是预备犯承担刑事责任的主观基础；②客观上，行为人有为顺利实行犯罪准备工作或制造条件的行为。这是预备犯承担刑事责任的客观基础。"准备工具"是指为实施犯罪行为而准备各种物品，是犯罪预备行为最常见的一种。"制造条件"是指为实施犯罪而制造各种方便条件，如事先察看犯罪地点；了解被害人行踪；寻找共同犯罪人；排除犯罪障碍，等等。刑法规定，对于预备犯，可以比照既遂犯从轻、减轻或者免除处罚。

（三）犯罪未遂

犯罪未遂，是指行为人已经着手实行犯罪，由于犯罪分子意志以外的原因未能完成犯罪的犯罪停止形态。它有三个特征：①行为人已经着手实行犯罪，即行为人已经开始实施刑法分则规范中具体犯罪构成要件中的犯罪行为。这种行为必须侵害犯罪客体，而且能引起犯罪结果的发生，这是犯罪未遂区别于犯罪预备的主要标志。②犯罪未得逞，即行为人在着手实施犯罪以后，没有完成某一具体犯罪构成的全部要件就停止下来，以致未能完成该具体犯罪。这是犯罪未遂区别于犯罪既遂的主要标志。③犯罪未得逞是由于犯罪分子意志以外的原因所致。所谓犯罪分子意志以外的原因，是指犯罪结果没有发生并非出于犯罪分子本人的意愿，而是在他着手实行犯罪时，遇到客观障碍，致使犯罪结果未能发生。这是区别犯罪未遂与犯罪中止的主要界限。

刑法规定，对于未遂犯，可以比照既遂犯从轻或者减轻处罚。

（四）犯罪中止

犯罪中止，是指在犯罪过程中，行为人自动放弃犯罪或者自动有效地防止犯罪结果发生，而未完成犯罪的一种犯罪停止形态。它有两种情况：一是自动停止犯罪的犯罪中止；二是自动有效地防止犯罪结果发生的犯罪中止。犯罪中止必须具备以下法律特征：①及时性，即犯罪中止必须是在犯罪既遂之前的犯罪过程中及时停止犯罪。如果犯罪已经既遂，就不是犯罪中止。②自动性，即必须是自动地停止犯罪。也就是说，犯罪分子是出于自己的意志而放弃当时可以进行下去的犯罪行为，而不是因意志以外的原因被迫暂时停止。③彻底性，指行为人在主观上彻底打消了原来的犯罪意图，在客观上停止了犯罪行为。对于自动有效地防止犯罪结果发生的犯罪中止来说，除了上述各个条件外，还应具备有效性，即犯罪分子的犯罪行为已经全部实施完毕，但预期的犯罪结果要在一定时间以后才会发生，这时，犯罪分子必须有效地防止犯罪结果发生。如果前三个条件具备了，而有效性这一条件不具备则不能成立犯罪中止。

由于中止犯的主观恶性和客观上对于社会的危害程度都已经大大减少乃至不复存在，同时也是为了鼓励犯罪分子中止其犯罪活动，所以刑法规定，对于中止犯，没有造成损害的，应当免除处罚；造成损害的，应当减轻处罚。

> 案例 4—5　某日，吴某观察到邻居家无人，遂撬门入室，将邻居家的彩电和摄像机搬回家中，过了 1 小时后害怕被发现坐牢，又将上述两件物品送回原处。邻居家始终不知道此事，吴某在又作案被当场抓住后供出此事。就此事而言，吴某的盗窃行为属于犯罪既遂。因为吴某故意实施的行为已经具备了盗窃罪的全部构成要件，犯罪已完成。吴某将赃物送回原处是犯罪既遂后的悔罪表现，而不是在犯罪过程中自愿放弃犯罪或自动有效地防止犯罪结果的发生，不是犯罪中止。

五、共同犯罪和单位犯罪

（一）共同犯罪的概念和构成

共同犯罪是指两人以上共同故意犯罪。构成共同犯罪，必须具备一定的条件：

（1）共同犯罪的主体条件。共同犯罪的主体必须是两人以上，具体来讲，可以区分为三种情形：其一，两个以上的自然人所构成的共同犯罪。在这种犯罪中，要求犯罪人都必须达到刑事责任年龄，具有刑事责任能力。如果其中只有一人符合犯罪主体条件，其他人均为未达到刑事责任年龄的人或精神病人，则不构成共同犯罪。其二，两个以上的单位所构成的共同犯罪。其三，由有刑事责任能力的自然人与单位所构成的共同犯罪。

（2）共同犯罪的客观条件。共同犯罪的客观条件，是指各犯罪人必须具有共同的犯罪行为。所谓共同犯罪行为，是指这些犯罪行为有着同一的目标，彼此相互配合、互为条件，对所发生的危害结果都存在着因果关系。例如甲男与乙女通奸，共谋杀害乙的丈夫丙。甲弄来了毒药，交乙放入丙的米饭里将丙毒死。

（3）共同犯罪的主观条件。即各共同犯罪人必须具有共同的犯罪故意。所谓共同的犯罪故意，具有两个方面的含义：一方面各个共同犯罪人对自己所实施的行为及其危害后果都抱有故意的心理态度；另一方面各个共同犯罪人不仅知道自己是在实施着某种犯罪，而且还知道其他人也在和自己一起实施着某种犯罪。只有这样，才能使各个犯罪人的活动形成一个共同的犯罪活动。如果各个犯罪人的行为在客观上存在联系，但在主观上无共同故意，则不能成立共同犯罪。

（二）共同犯罪的形式

共同犯罪的形式，是指共同犯罪的结构形式或共同犯罪人之间的联系形式。根据刑法的规定，对共同犯罪的形式可以作如下划分：

（1）事前有通谋的共同犯罪和事前无通谋的共同犯罪。事前有通谋的共同犯罪，其共同犯罪的故意是在着手实施犯罪前经过商量、策划而形成的。这是共同犯罪中最常见、最普通的形式。事前无通谋的共同犯罪，其共同的犯罪故意是在着手实施犯罪活动的过程中形成的。

（2）一般共同犯罪和特别共同犯罪。一般共同犯罪是指二人以上没有固定组织形式的犯罪。结伙犯罪就属于一般共同犯罪形式。特别共同犯罪是指三人以上为了实施一种犯罪或者多种犯罪而建立起来的较为固定的犯罪组织，主要是指犯罪集团。比如盗窃集团、贪污集团等等。犯罪集团对社会危害很大，历来是打击的重点。

（三）共同犯罪人的种类及其刑事责任

我国刑法依据在共同犯罪中的地位和作用，将共同犯罪人分为主犯、从犯、胁从犯、教唆犯四种，并分别对他们应负的刑事责任作了原则规定。

（1）主犯。我国《刑法》第26条规定："组织、领导犯罪集团进行犯罪活动的或者在共同犯罪中起主要作用的，是主犯。"主犯可分为两种：一是首犯，即在犯罪集团或者在共同犯罪中起组织、指挥作用的分子；二是主要实行犯，指共同犯罪的主要实施者或犯罪危害结果的主要造成者。主犯恶性大，对社会危害严重，因此，主犯不仅要对自己直接实施的犯罪负责，而且还要承担共同犯罪的全部责任。

（2）从犯。我国《刑法》第27条规定，"在共同犯罪中起次要或者辅助作用的，是从犯"。它也可以分为两种：一是辅助犯，即共同犯罪中起辅助作用的分子；二是次要实行犯，即在共同犯罪中起次要作用的分子。从犯在共同犯罪中所起的次要或辅助作用通常表现为：提供犯罪目标、供给作案工具、排除犯罪障碍、隐匿罪犯、毁灭罪证、窝赃销赃等。由于从犯在共同犯罪中起的是次要或辅助作用，所以刑法规定，对于从犯，应当从轻、减轻处罚或者免除处罚。

（3）胁从犯。根据我国《刑法》第28条规定，被胁迫参加犯罪的，是胁从犯。与从犯相比，胁从犯在主观上表现为，他并不愿意或者不完全愿意参加犯罪；他之所以参加了犯罪，是由于受了他人的胁迫。因此，刑法规定，对于胁从犯，应当按照他的犯罪情节，减轻处罚或者免除处罚。

（4）教唆犯。教唆犯是用授意、劝说和利诱等方法，唆使他人犯罪，危害社会的犯罪分子。教唆的方式是多种多样的，如威逼、利诱、请求、劝说、收买、命令、挑拨、授意、怂恿等。构成教唆犯表现具备以下两个条件：①在客观上必须具有教唆行为。也就是说，被教唆人的犯罪意图是教唆人的教唆行为引起的，教唆行为同被教唆人的犯罪行为，必须具有因果关系。②在主观上必须有教唆的故意。即教唆犯明知自己的行为能使被教唆人犯某种罪行而故意教唆。

根据我国《刑法》第29条的规定，对教唆犯的处罚应掌握三个原则：第一，教唆他人犯罪的，应当按照他在共同犯罪中所起的作用处罚。教唆犯在共同犯罪中起的是主要作用的，按照主犯处罚；起次要或辅助作用的，按从犯处罚。第二，教唆未满18周岁的人犯罪的，应当从重处罚。第三，被教唆人没有犯被教唆的罪，对教唆犯可以从轻或者减轻处罚。

最后应当指出，刑法中没有"教唆罪"这个罪名，不能对教唆犯定"教唆罪"，而应以他教唆的犯罪内容来定罪。如教唆他人实行抢劫，就定教唆抢劫罪。如果被教唆的人超出教唆范围实行了其他犯罪，对教唆犯也只能按他所教唆的犯罪定罪。

案例4—6　甲、乙、丙三人共谋要给丁一点教训，揍丁一顿。一天，三人发现丁一人在家，立即赶到丁家，甲要丙在外望风，甲、乙进屋教训丁。进屋后，甲从后面抱住丁，要求乙往死里打丁，结果丁被当场打死。在这起犯罪案件中，丙有伤害他人的故意，而没有杀害他人的故意，因此，丙不构成故意杀人罪，构成故意伤害罪，且是从犯地位。甲、乙有共同杀人的故意，共同实施了杀人行为，构成故意杀人罪；其中甲起组织、指挥作用，是主犯；乙是主要的实行犯，也是主犯。

（四）单位犯罪

单位犯罪是由单位为主体实施的犯罪。刑法第30条规定："公司、企业、事业单位、机关、团体实施的危害社会的行为，法律规定为单位犯罪的，应当负刑事责任。"单位犯罪具有以下特征：

（1）单位犯罪只能由有资格代表单位的人在履行职务的过程中以单位名义组织实施。即要求：一是负责实施单位犯罪的自然人能够以单位的名义实施；二是负责实施单位犯罪的行为必须是自然人履行代表单位利益的职务行为；三是负责实施单位犯罪的自然人以单位的名义在组织实施犯罪。

（2）单位犯罪只能限于法律明文规定为单位犯罪的范围。这就是说，并不是我国刑法分则规定的所有犯罪，都可能成为以单位为主体的犯罪，只有刑法分则中法律明确而规定为单位犯罪范围的犯罪才能成为单位犯罪，其他的即使是由有资格代表单位的人在履行单位职务的过程中以单位的名义组织实施的犯罪，也只能按自然人犯罪处理。比如以单位的名义实施诈骗。

（3）单位犯罪的刑事责任应按刑法分则的规定具体确定。第31条规定，单位犯罪的，对单位判处罚金，并对其直接负责的主管人员和其他直接责任人员判处刑罚。本法分则和其他法律另有规定的，依照规定。

第三节　刑罚总论

一、刑罚概述

刑罚是统治阶级以国家的名义对犯罪分子实行惩罚的一种强制方法。我国刑罚是人民法院代表国家依法对犯罪分子所适用的制裁方法。

与其他制裁方法比较，刑罚具有如下特点：①严厉的程度不同。刑罚是一种最为严厉的制裁方法；②适用的对象不同。刑罚只能对犯罪分子适用；③适用的机关和程序不同。刑罚只能由人民法院代表国家适用，并要依照刑事诉讼法规定的管辖权和诉讼程序进行。

刑罚的目的，从广义上说，指国家通过创制、适用和执行刑罚所希望达到的社会效果。从狭义上说，指人民法院通过对犯罪分子适用刑罚所追求的效果，即特殊预防和一般预防。特殊预防是指对特定的犯罪分子适用刑罚，以预防其再次犯罪。一般预防是指对那些可能进行犯罪活动的分子的预防，具体来说，就是指通过惩罚犯罪，借助刑罚的威慑功能，警告和震慑社会上的不稳定分子，防止他们走上犯罪道路。此外，通过刑罚，也可以教育广大人民群众增强法制观念，提高他们同犯罪行为斗争的自觉性，鼓励他们积极地同犯罪现象作斗争。

二、刑罚的体系和种类

刑罚的体系，指刑法所规定的，并按照一定次序排列的各种刑罚方法的总和。我国刑罚分主刑和附加刑二类，我国刑法规定，刑罚分为主刑和附加刑两大类，主刑和附加刑又各有多种，每个刑种又有其特定的内容和作用，轻重衔接，互相配合，构成了一个完整的刑罚体系。

主刑是指审判机关对犯罪分子判处刑罚时，只能独立适用，不能附加适用的刑罚。我国刑法规定的主刑有管制、拘役、有期徒刑、无期徒刑和死刑五种。附加刑是补充主刑适用，但也可独立适用的刑罚方法。我国刑法规定的附加刑有罚金、剥夺政治权利和没收财产。对犯罪的外国人还可以独立适用或者附加适用驱逐出境。此外，我国刑法还规定了某些非刑罚处理方法。

（一）主刑

1. 管制

管制是由人民法院判决，对犯罪分子不实行关押，但限制一定自由，依法实行社区矫正的一种刑罚方法。管制是主刑中最轻的一个刑种，它适用于罪行较轻的刑事犯罪。管制的期限，为 3 个月以上 2 年以下，数罪并罚时最高不超过 3 年。管制的刑期，从判决执行之日起计算；判决执行以前先行羁押的，羁押 1 日折抵刑期 2 日。管制期满，执行机关应立即向本人和有关群众宣布解除管制。判处管制，可以根据犯罪情况，同时禁止犯罪分子在执行期间从事特定活动，进入特定区域、场所，接触特定的人。

2. 拘役

拘役是短期剥夺犯罪分子人身自由，并由公安机关就近执行劳动改造的刑罚方法。拘役主要适用于罪行较轻，但又必须短期剥夺人身自由的犯罪分子。拘役的期限，从判决执行之日起计算，为 1 个月以上 6 个月以下；判决以前先行羁押的，羁押 1 日折抵刑期 1 日。

3. 有期徒刑

有期徒刑是剥夺犯罪分子一定期限的人身自由，并强制实行劳动改造的刑罚方法。它适用于罪行较重的各种犯罪，是我国目前适用范围最广泛的一种刑罚。有期徒刑的刑期，为 6 个月以上 15 年以下，数罪并罚时最高不超过 20 年。有期徒刑的刑期，从判决执行之日起计算；判决执行以前先行羁押的，羁押 1 日折抵刑期 1 日。

4. 无期徒刑

无期徒刑是指剥夺犯罪分子终身自由，并强制实行劳动改造的刑罚方法。它是仅次于死刑的较为严厉的一种刑罚。主要适用于罪行严重但又不必判处死刑的犯罪分子。对判处无期徒刑的犯罪分子，在监狱或者其他劳动改造场所执行；凡有劳动能力的，实行劳动改造。

5. 死刑

死刑是剥夺犯罪分子生命的刑罚方法。它是我国各类刑罚中最严厉的一种，只适用于极少数罪行极其严重的犯罪分子。在适用死刑问题上，我们历来都是非常慎重的，我国刑法对死刑适用的情节、死刑适用的对象以及死刑核准程序都做了严格的限制。此外，对于应当判处死刑的犯罪分子，如果不是必须立即执行的，可以在判处死刑的同时宣告缓期二年执行，实行劳动改造，以观后效，这在实践中称为"死缓"。《刑法》第49条规定，犯罪的时候不满十八周岁的人和审判的时候怀孕的妇女，不适用死刑；审判的时候已满七十五周岁的人，不适用死刑，但以特别残忍手段致人死亡的除外。

☺ 热点问题4—2

死刑是否应该废除？

＊ 在现行刑法之内，应当将削减死刑的理念具体化为削减死刑的解释结论，同时还需要研究并提出削减和废止死刑后的替代手段。①

＊＊ 死刑的废止应当有阶段、分步骤进行，先行逐步废止非暴力犯罪的死刑，进一步在条件成熟时废止非致命犯罪（非侵犯生命的犯罪）的死刑，最后在社会文明和法治发展到相当发达程度时全面废止死刑。②

＊＊＊ 削减和废除对经济犯罪所设立的死刑应当作为立法发展的一个近期目标。③

（二）附加刑

1. 罚金

罚金是人民法院判处犯罪分子向国家缴纳一定数额金钱的刑罚方法。它主要适用于刑法规定的以贪图非法财利为目的的犯罪。罚金在判决指定的期限内一次或者分期缴纳，期满不缴纳的，强制缴纳。

2. 剥夺政治权利

剥夺政治权利是指剥夺犯罪分子参加国家管理和政治活动的刑罚方法。我国刑法规定，剥夺政治权利是指剥夺下列权利：①选举权和被选举权；②言论、出版、集会、结社、游行、示威自由的权利；③担任国家机关职务的权利；④担任国有公司、企业、事业单位和人民团体领导职务的权利。剥夺政治权利的期限：判处管制附加剥夺政治权利的，其期限与管制期限相等，同时执行；判处拘役、有期徒刑附加剥夺政治权利的或单处剥夺政治权利的，其期限为1年以上5年以下；判处无期徒刑或死刑的，应当附加剥夺政治权利终身；在死刑缓期执行期间减为有期徒刑或无期徒刑减为有期徒刑的，应当把附加剥夺政治权利的期限改为3年以上10年以下。判处有期徒刑、拘役附加剥夺政治权利的，其刑期自主刑执行完毕之日起或者假释之日起计算，剥夺政治权利的效力当然施用于主刑执行期间。

3. 没收财产

没收财产是没收犯罪分子个人所有财产的一部分或者全部的刑罚方法，它主要适用于危害国家安全的犯罪和有关经济与财产的重大犯罪。在判处没收财产的时候，不得没收属

---

① 张明楷：《刑法学者如何为削减死刑作贡献》，《2004年中国刑法学年会文集》（第1卷：死刑问题研究），中国人民公安大学出版社，2004年版。

② 赵秉志：《论中国非暴力犯罪死刑的逐步废止》，《2004年中国刑法学年会文集》（第1卷：死刑问题研究），中国人民公安大学出版社，2004年版。

③ 高铭暄：《我国的死刑立法及其发展趋势》，《法学杂志》，2004年第1期。

于犯罪分子家属所有或者应有的财产，并应给犯罪分子个人及其抚养的家属保留必要的生活费用。

4. 驱逐出境

驱逐出境是指将犯罪的外国人或无国籍人逐出我国国（边）境的刑罚方法。它在独立适用时，自判决确定之后执行；作为附加刑适用时，应在主刑执行完毕之后执行。

（三）非刑罚处理方法

非刑罚处理方法主要包括 3 种：①判处赔偿经济损失和责令赔偿损失。判处赔偿经济损失适用于依法被判处刑罚的犯罪分子；责令赔偿损失适用于犯罪情节轻微、不需要判处刑罚而免予刑事处分的犯罪分子。②训诫、责令具结悔过、赔礼道歉。这是人民法院对免于刑事处罚的犯罪分子所采用的教育方法。③由主管部门予以行政处分。这是人民法院根据案情向犯罪分子所在单位提出行政处分建议，由主管部门给予犯罪人一定的行政处分。

上述非刑罚处理方法的适用，均以行为人构成犯罪为前提。

三、量刑

量刑是指人民法院对罪犯依法裁量决定刑罚的审判活动。量刑的一般原则是以犯罪事实为依据，以刑法规定为准绳。

（一）量刑的情节

量刑情节是指刑法所确认构成犯罪必要要件以外的，能够影响犯罪的社会危害性大小或者犯罪人对其他人人身危险性大小，因而影响量刑轻重的各种事实情况。以刑法有无明文规定为标准，可将量刑情节分为法定情节和酌定情节。

法定情节，是指刑法明文规定的，在量刑时必须予以考虑的各种应当或者可以从重、从轻、减轻处罚或者免除处罚的量刑情节。

酌定情节是指根据刑事立法精神，从审判实践中总结出来的，由人民法院灵活掌握、酌情运用的可能影响量刑轻重的情节。主要有犯罪的动机、犯罪的手段、犯罪时的环境和条件、犯罪的损害结果、犯罪人的一贯表现和犯罪后的态度等。

（二）累犯

累犯是指受过一定的刑罚处罚，在执行完毕或者赦免以后的法定期限内又犯罪的犯罪人。我国《刑法》第 65 条规定，被判处有期徒刑以上刑罚的犯罪分子，刑罚执行完毕或者赦免以后，在五年以内再犯应当判处有期徒刑以上刑罚之罪的是累犯，应当从重处罚，但是过失犯罪和不满 18 周岁的人犯罪的除外。累犯分为一般累犯和特殊累犯。

一般累犯，就是前罪和后罪都是一般刑事犯罪，或者其中之一是一般刑事犯罪的累犯。根据我国刑法的规定，构成一般累犯必须具备以下四个条件：第一，前罪和后罪都必须是故意犯罪。如果前后两罪都是过失犯罪，或者前后两罪中有一个是过失犯罪，都不构成累犯。第二，前罪和后罪都应当是判处有期徒刑以上刑罚的犯罪。第三，后罪的发生，必须是在前罪的刑罚执行完毕或者赦免以后。后罪如果是发生在前罪刑罚执行期间，则不能认为是累犯，只能按刑法第 70 条数罪并罚原则处理。第四，后罪发生的时间，是在前罪执行完毕或者赦免以后五年以内。法律规定了在五年以内，超过这个时间再犯新罪的，就不是累犯。

特殊累犯，是指因犯危害国家安全罪、恐怖活动犯罪、黑社会性质的组织犯罪被判处刑罚，在刑罚执行完后或者赦免以后又犯上述任一类罪应当判处刑罚的犯罪人。特殊累犯的成立应当具备以下条件：第一，前罪和后罪必须都是危害国家安全罪、恐怖活动犯罪、黑社会性质的组织犯罪；第二，前罪依法被判处刑罚，后罪依法应当被判处刑罚；第三，后罪应发生在前罪刑罚执行完毕或者赦免以后。

由于累犯比初犯的主观恶性深，社会危害大，故《刑法》第 65 条规定应当从重处罚。

（三）自首

自首，指犯罪分子在犯罪以后，自动投案，如实供述自己的罪行，接受国家审查和裁判的行为。被采取强制措施的犯罪嫌疑人、被告人和正在服刑的罪犯，如实供述司法机关还未掌握的本人其他罪行的，以自首论。我国刑法设置的自首制度及其所确立的对自首犯从宽处罚的原则，对分化瓦解犯罪势力，迅速侦破刑事案件，感召犯罪分子主动投案，激励犯罪分子改过自新，减少社会不安定因素，及时打击和预防犯罪起着积极的作用。

根据我国《刑法》第 67 条规定，自首分为一般自首和特别自首两种。

一般自首是指犯罪分子犯罪以后自动投案，如实供述自己罪行的行为。特别自首也称准自首，是指被采取强制措施的犯罪嫌疑人、被告人和正在服刑的罪犯，如实供述司法机关还未掌握的本人其他罪行的行为。自首必须具备如下条件：

（1）自动投案。所谓自动投案，是指犯罪分子在犯罪之后，归案之前，出于本人的意志而向有关机关或个人承认自己实施了犯罪，并自愿置于有关机关或个人的控制之下，等候交代犯罪事实的行为。对自动投案可从以下几个方面来理解：

第一，自动投案行为必须发生在犯罪人尚未归案之前，即犯罪事实未被司法机关发觉，或者犯罪事实虽然已被司法机关发觉，但犯罪人尚未被发觉以前，或者犯罪事实和犯罪分子均已被发觉，而司法机关尚未对犯罪分子进行询问或者采取强制措施以前。此外，罪行尚未被司法机关发觉，仅因形迹可疑，而被有关组织或者司法机关查询、教育后，主动交代自己罪行的；犯罪后逃跑，在通缉、追捕过程中主动报案的；经查实确已准备去投案，或者正在投案途中，被公安机关捕获的，都应视为自动投案。

第二，自动投案行为必须向有关机关或个人作出。自动投案一般要求犯罪分子本人直接向公、检、法机关投案，如果犯罪分子向其所在单位、城乡基层组织或其他有关负责人投案的；犯罪分子因病、伤，或者为了减轻犯罪后果，委托他人先代为投案的，或者先以信电投案的，也应视为投案。

第三，自愿置于有关机关或个人的控制之下，等待进一步供述犯罪的具体事实，这是自动投案的基本条件。

第四，接受国家的审查和裁判。犯罪分子自动投案后，必须听候、接受司法机关的侦查、起诉和审判，不能逃避，自首才能成立。

（2）如实供述自己的罪行。犯罪分子自动投案后，如实地供述自己的罪行，是自首成立的基本条件。这一条件包括以下因素：投案人所供述的必须是犯罪行为，而不是违反道德的行为或者一般的违法行为；投案人所供述的必须是自己的罪行，也就是自己实施并应承担刑事责任的罪行；投案人必须如实供述所犯罪行，要求犯罪分子按照实际情况彻底供述所实施的全部罪行；犯罪人供述自己罪行的方式是多种多样的，如口头的、书面的等，无论采取哪一种方式，均不影响自首的成立，但犯罪分子自动投案并如实供述自己的罪行后翻供的，不能认定为自首。

根据我国《刑法》第 67 条、68 条的规定，对于自首的犯罪分子，可以从轻或者减轻处罚。其中，犯罪较轻的，可以免除处罚；犯罪后自首又有重大立功表现的，应当减轻或者免除处罚。

案例 4—7　杨某于 2008 年至 2011 年先后盗窃 28 次，盗得赃款、赃物计 13000 余元，并且于 2001 年 4 月 7 日晚拦路抢劫一女青年手表一块，钻戒一枚。2011 年 7 月 23 日晚再次拦路抢劫时被认出，杨某潜逃，7 月 26 日晚，杨某被其父亲找回，在其父母的劝说下自行前往公安机关投案，途中遇两名熟悉本案情况并认识他的警察，当即上前将杨某抓住，并在公安机关交代了两次抢劫的行为。本案杨某在父母的劝说下到公安机关投案，虽然在途中被抓获，并仅就抢劫行为向公安机关做了如实交代，按照我国刑法的有关规定则在抢劫罪的范围内，杨某主观上有自首的愿望，客观上有自首的实际行动，应依自首论，但就盗窃罪不符合自首条件。

（四）数罪并罚

数罪并罚是指一人犯有数罪，人民法院对其所犯各罪分别定罪量刑后，按照法定的原则决定应当执行的刑罚。

1. 适用数罪并罚的基本原则

根据我国《刑法》第 69 条的规定，对犯罪人因犯数个罪而被判处数个刑罚的，应依照以下原则决定合并执行的刑罚：

吸收原则。即数刑中最高刑是死刑或无期徒刑的，只执行一个死刑或无期徒刑，其他主刑视为被付诸执行的死刑或者无期徒刑所吸收，而不再执行。

限制加重原则。即数刑中有两个以上的有期徒刑、拘役、管制的，应当在总和刑期以下，数刑中最高刑期以上，酌情决定应当执行的刑期。但是，有期徒刑最高不得超过 20 年，拘役最高不得超过 1 年，管制最高不得超过 3 年。

合并原则。即数罪中有判处附加刑的，附加刑仍需执行。

2. 适用数罪并罚的方法

一般方法。我国《刑法》第 69 条规定："判决宣告以前一人犯数罪的，除判处死刑和无期徒刑的以外，应当在总和刑期以下、数刑中最高刑期以上，酌情决定执行的刑期，但是管制最高不能超过三年，拘役最高不能超过一年，有期徒刑总和刑期不满三十五年的，最高不能超过二十年，总和刑期在三十五年以上的，最高不能超过二十五年。"如果"数罪中有判处附加刑的，附加刑仍须执行，其中附加刑种类相同的，合并执行，种类不同的，分别执行。"这是数罪并罚的一般方法。

"先并后减"法。我国《刑法》第 70 条规定："判决宣告以后，刑罚执行完毕以前，发现被判刑的犯罪分子在判决宣告以前还有其他罪没有判决的，应当对新发现的罪作出判决，把前后两个判决所判处的刑罚，依照本法第 69 条的规定，决定执行的刑罚。已经执行的刑期，应当计算在新判决决定的刑期以内。"这种方法称为"先并后减"法。

"先减后并"法。我国《刑法》第 71 条规定："判决宣告以后，刑罚执行完毕以前，被判刑的犯罪分子又犯罪的，应当对新犯的罪作出判决，把前罪没有执行的刑罚和后罪所判处的刑罚，依照本法第 69 条的规定，决定执行的刑罚。"这种方法称为"先减后并"法。

（五）缓刑

缓刑是指被判处拘役、3 年以下有期徒刑的犯罪分子，根据犯罪分子的犯罪情节和悔罪表现，认为其没有再犯罪的危险，适用缓刑对所居住社区没有重大不良影响的，规定一定的考验期限，在考验期限内，被判处刑罚的犯罪分子没有再犯新罪，原判刑罚就不再执行的一项刑罚制度。我国刑法规定，对符合适用缓刑的不满 18 周岁的人、怀孕的妇女和已满 75 周岁的人，应当宣告缓刑。对于累犯和犯罪集团的首要分子，不适用缓刑。拘役的缓刑考验期限为原判刑期以上 1 年以下，但是不能少于 2 个月。有期徒刑的缓刑考验期为原判刑期以上 5 年以下，但不能少于 1 年。缓刑考验期限从判决确定之日起计算，被宣告缓刑的犯罪分子，如果被判处附加刑，附加刑仍须执行。对宣告缓刑的犯罪分子，在缓刑考验期限内，依法实行社区矫正。

（六）减刑

减刑是指被判处管制、拘役、有期徒刑、无期徒刑的犯罪分子，在刑罚执行期间，确有悔改或者立功表现，而将原判决的刑罚予以减轻的一种制度。我国刑法规定的减刑不受次数限制，但有一定的限度。经过一次或几次减刑以后实际执行的刑期，判处管制、拘役、有期徒刑的，不能少于原判刑期的 1/2；判处无期徒刑的，不能少于 13 年；人民法院依照刑法第 50 条第二款规定，限制减刑的死刑缓期执行的犯罪分子，缓期执行期满后依法减为无期徒刑的，不能少于 25 年，缓期执行期满后依法减为 25 年有期徒刑的，不能少于 20 年。无期徒刑减为有期徒刑的刑期，从裁定减刑之日起计算。

（七）假释

假释是指被判处有期徒刑或者无期徒刑的犯罪分子，在执行一定刑期以后，确有悔改表现，不致再危害社会，附条件地将其提前释放的一项刑罚制度。我国刑法规定，被判处有期徒刑的犯罪分子，执行原判刑期 1/2 以上，被判处无期徒刑的犯罪分子，实际执行 13 年以上，如果认真遵守监规，接受教育改造，确有悔改表现，没有再犯罪的危险的，可以假释。但对累犯以及因故意杀人、强奸、抢劫、绑架、放火、爆炸、投放危险物质或者有组织的暴力性犯罪被判处 10 年以上有期徒刑、无期徒刑的犯罪分子，不得假释。假释具有一定的考验期限。有期徒刑的假释考验期限是没有执行完毕的刑期，无期徒刑的假释考验期限是 10 年。假释考验期限从假释之日起计算。对假释的犯罪分子，在假释考验期限内，依法实行社区矫正。

（八）时效

时效又称追诉时效，是指司法机关对犯罪分子追究刑事责任的有效期限。犯罪已过追诉时效期限的，就不再追究犯罪分子的刑事责任。我国《刑法》规定：①法定最高刑为不满 5 年有期徒刑的，经过 5 年；②法定最高刑为 5 年以上不满 10 年有期徒刑的，经过 10 年；③法定最高刑为 10 年以上有期徒刑的，经过 15 年；④法定最高刑为无期徒刑、死刑的，经过 20 年。如果 20 年以后认为必须追诉的，须报请最高人民检察院核准。但在司法机关受理案件以后，逃避侦查或者审判的，以及被害人在追诉期限内提出控告的，不受追诉期限的限制。

（九）赦免

赦免是国家对于犯罪分子宣告免予追诉或者免除执行刑罚的全部或者一部分的法律制度。赦免是宪法规定的，由国家元首或最高权力机关发布命令执行。赦免有大赦和特赦两种，我国现行宪法只规定特赦，没有规定大赦。

第四节 刑法分则概论

我国刑法分则按照犯罪行为所侵犯的社会关系（即犯罪行为所侵害的同类客体）和对社会的危害程度，将各种犯罪分为十大类，分列为十章，每一类犯罪又分为若干具体罪名。这十大类犯罪分别为：危害国家安全罪；危害公共安全罪；破坏社会主义市场经济秩序罪；侵犯公民人身权利、民主权利罪；侵犯财产罪；妨害社会管理秩序罪；危害国防利益罪；贪污贿赂罪；渎职罪；军人违反职责罪。

一、危害国家安全罪

危害国家安全罪是指危害国家主权、领土完整和安全，分裂国家、颠覆人民民主专政的政权和推翻社会主义制度的行为。危害国家安全罪是最严重、最危险的犯罪。此类罪侵犯的客体是中华人民共和国的国家安全；客观方面表现为危害中华人民共和国国家安全的行为，但并不要求有实际危害结果发生；犯罪主体多数是一般主体，少数犯罪需要特殊主体；主观方面必须是故意，而且大多数犯罪是由直接故意构成的，只有少数犯罪可以由间接故意构成。

危害国家安全罪主要包括：背叛祖国罪；分裂国家罪；武装叛乱罪；颠覆政府罪；投敌叛变罪；叛逃罪；间谍罪；非法提供国家秘密罪；战时资敌罪；等等。

二、危害公共安全罪

危害公共安全罪，是指故意或者过失地实施危害不特定多数人的生命、健康或者重大公私财产安全的行为。其构成要件是：犯罪客体是社会的公共安全，即社会不特定多数人的生命、健康、生产、工作、生活和重大公私财产的安全；客观方面实施了危害公共安全的行为；犯罪主体多数是一般主体，少数是特殊主体，单位也可以成为某些犯罪的主体；主观方面有的是故意，有的是过失。这类犯罪也是刑事犯罪中危害很大的犯罪。

危害公共安全罪主要包括：放火罪；决水罪；爆炸罪；投毒罪；破坏交通工具罪；破坏交通设施罪；破坏电力设备、燃气设备、易燃易爆设备罪；组织、领导和积极参加恐怖活动罪；劫持航空器罪；暴力危及飞行安全罪；破坏广播电视设施、公共电信设施罪；非法制造、买卖、运输、邮寄、储存枪支、弹药、爆炸物罪；违规制造、销售枪支罪；盗窃、抢夺枪支、弹药、爆炸物罪；非法持有、私藏枪支、弹药、爆炸物罪；丢失枪支不报罪；非法携带危险物危害公共安全罪；重大飞行事故罪；铁路运营安全事故罪；交通肇事罪；危险驾驶罪；重大责任事故罪；工程重大安全事故罪；危险物品肇事罪；教育设施重大安全事故罪；消防责任事故罪；等等。

三、破坏社会主义市场经济秩序罪

破坏社会主义市场经济秩序罪是指违反国家经济管理法规，破坏国家经济管理活动，扰乱社会主义市场经济秩序，严重危害国民经济的行为。其构成要件是：犯罪客体是社会主义市场经济秩序；客观方面表现为实施了破坏社会主义市场经济秩序的行为；犯罪主体以单位主体和特殊主体居多；主观方面多数是故意，个别是过失。这类犯罪对社会主义市场经济制度和秩序的破坏极大。

破坏社会主义市场经济秩序罪主要有：生产、销售伪劣商品罪；走私罪；妨害对公司、企业的管理秩序罪；破坏金融管理秩序罪；金融诈骗罪；危害税收征管罪；侵犯知识产权罪；扰乱市场秩序罪；等等。上述八种都是类罪名，各自包含若干具体罪名。

四、侵犯公民人身权利、民主权利罪

侵犯公民人身权利、民主权利罪，是指故意或者过失地侵犯公民的人身和其他与人身直接有关的权利，以及公民依法管理国家、参加政治活动的权利和其他民主权利的行为。其构成要件是：犯罪客体是公民的人身权利、民主权利；客观方面实施了非法侵犯公民人身权利、民主权利的各种行为；犯罪主体只能是自然人，其中多数是一般主体，少数是特殊主体；主观方面多数是故意，少数是过失。

侵犯公民人身权利、民主权利罪主要包括：故意杀人罪；过失致人死亡罪；故意伤害罪；过失致人重伤罪；组织他人买卖人体器官罪；强奸罪；强制猥亵、侮辱妇女罪；非法拘禁罪；绑架罪；拐卖妇女、儿童罪；收买被拐卖的妇女、儿童罪；聚众阻碍解救被收买的妇女、儿童罪；诬告陷害罪；强迫劳动罪；非法搜查罪、非法侵入住宅罪；侮辱罪、诽谤罪；刑讯逼供罪；虐待被监管人罪；煽动民族仇恨、民族歧视罪；出版歧视、侮辱少数民族作品罪；非法剥夺公民宗教信仰自由罪；侵犯通信自由罪；私自开拆、隐匿、毁弃邮件、电报罪；报复陷害罪；打击报复会计、统计人员罪；破坏选举罪；暴力干涉婚姻自由罪；重婚罪；破坏军婚罪；虐待罪；遗弃罪；拐骗儿童罪；出售、非法提供公民个人信息罪；非法获取公民个人信息罪；组织未成年人进行违反治安管理活动罪；等等。

五、侵犯财产罪

侵犯财产罪，是指以非法占有为目的，攫取公私财物或者故意毁坏公私财物的行为。其构成要件是：犯罪主体大多数为一般主体，只有职务侵占罪、挪用资金罪和挪用特定款物罪为特殊主体；犯罪客体是财产利益，即公私财产的所有权；主观方面只能是故意，过失不构成本罪；客观方面表现为以各种非法手段侵犯公私财产的行为。

侵犯财产罪主要包括：抢劫罪；盗窃罪；诈骗罪；抢夺罪；聚众哄抢罪；侵占罪；职务侵占罪；挪用资金罪；挪用特定款物罪；敲诈勒索罪；故意毁坏财物罪；破坏生产经营罪；恶意欠薪罪；等等。

六、妨害社会管理秩序罪

妨害社会管理秩序罪是指妨害国家机关的社会管理活动，破坏社会秩序情节严重的行为。其犯罪构成是：犯罪主体多数是一般主体，少数是特殊主体；犯罪客体是社会管理秩序；主观方面大多数是故意，也有少数是过失；客观方面表现为妨害国家机关对社会依法实行管理活动，破坏社会正常秩序，情节严重的行为。

妨害社会管理秩序罪主要包括：扰乱公共秩序罪；妨害司法罪；妨害国（边）境管理罪；妨害文物管理罪；妨害公共卫生罪；破坏环境资源保护罪；走私、贩卖、运输、制造毒品罪；组织、强迫、引诱、容留、介绍卖淫罪；制造、贩卖、传播淫秽物品罪；等等。上述九种犯罪是类罪名，各自包含若干具体罪名。

七、危害国防利益罪

危害国防利益罪是指妨害国防设施建设、军队建设，破坏军事活动的秩序和军队声誉的行为。其犯罪构成是：犯罪主体是一般主体，包括自然人犯罪主体和单位主体；犯罪客体是国防利益，即满足国防和抵御外来侵略，制止武装颠覆，保卫国家主权、统一、领土完整和安全需要的保障条件；客观方面表现为违反国防法规，危害国防利益的行为；大多数罪只能由故意构成，少数罪则出于过失。

危害国防利益罪主要包括：阻碍军人执行职务罪；破坏武器装备、军事设施、军事通信罪；故意提供不合格武器装备、军事设施罪；聚众扰乱军事禁区、军事管理区秩序罪；冒充军人招摇撞骗罪；煽动军人逃离部队罪；接送不合格兵员罪；伪造、变造、买卖武装部队公文、证件、印章罪；非法生产、买卖武装部队制式服装罪；战时拒绝、逃避服役罪；战时故意提供虚假敌情罪；战时造谣扰乱军心罪；战时窝藏逃离部队军人罪；战时拒绝、故意延误军事订货罪；战时拒绝军事征用罪；等等。

八、贪污贿赂罪

贪污贿赂罪是指国家工作人员利用职务上的便利，非法占有公共财产或索取、收受贿赂的行为。这类犯罪对国家机关的工作秩序和威信有着极大的危害。其构成要件是：犯罪主体既有特殊主体，也有一般主体；既有自然人，也有单位；犯罪客体主要是国家工作人员的职务廉洁制度，有些罪同时也侵害了公共财产的所有权；客观方面表现为侵犯职务行为的廉洁性、不可收买性的行为，包括作为与不作为两种行为；主观方面为故意。

贪污贿赂罪主要包括：贪污罪；挪用公款罪；受贿罪；行贿罪；介绍贿赂罪；巨额财产来源不明罪；私分国有资产罪；利用影响力受贿罪；等等。

九、渎职罪

渎职罪是指国家机关工作人员利用职权或者玩忽职守，危害国家机关的正常职责活动，致使国家和人民利益遭受或者可能遭受重大损失的行为。其构成要件是：犯罪主体是特殊主体，即国家机关工作人员；犯罪客体是国家机关的正常职责活动；客观方面表现为国家机关工作人员实施的各种渎职行为，大多数是作为，少数也可以是不作为；主观方面既可能是故意，也可能是过失。

渎职罪主要包括：滥用职权罪；玩忽职守罪；故意泄露国家秘密罪；徇私枉法罪；私放在押人员罪；徇私舞弊减刑、假释、暂予监外执行罪；徇私舞弊不征、少征税款罪；国家机关工作人员签订、履行合同失职罪；违法发放林木采伐许可证罪；环境监管失职罪；传染病防治失职罪；非法批准征用、占用土地罪；放纵走私罪；商检徇私舞弊罪；动植物检疫徇私舞弊罪；放纵制售伪劣商品犯罪行为罪；放行偷越国（边）境人员罪；不解救被拐卖、绑架妇女、儿童罪；帮助犯罪分子逃避处罚罪；招收公务员、学生徇私舞弊罪；失职造成珍贵文物损毁、流失罪；食品监管人员失职罪；食品监管人员滥用职权罪；等等。

十、军人违反职责罪

军人违反职责罪是指中国人民解放军的现役军人违反军人职责，危害国家军事利益，依照法律应当受到刑罚处罚的行为。其构成要件是：犯罪主体是特定主体，必须具备军人身份；犯罪客体是国家的军事利益，即国家在国防建设、作战行动、军队物质保障、军事机密、军事科学研究等方面的利益；客观方面表现为具有违反军人职责、危害国家军事利益的行为；主观方面多数犯罪是出于故意，少数犯罪出于过失。

军人违反职责罪包括：战时违抗命令罪；投降罪；战时临阵脱逃罪；军人叛逃罪；非法获取军事秘密罪；故意泄露军事秘密罪；逃离部队罪；武器装备肇事罪；等等。

*　　　　*　　　　*

📖 重要概念

刑法　犯罪构成　正当防卫　紧急避险　共同犯罪　刑罚　累犯　自首　数罪并罚

❓ 思考题

1. 我国刑法的基本原则及其具体内容？

2. 我国刑法关于刑事责任年龄是如何规定的？

3. 简述犯罪未遂与犯罪中止的区别。

4. 简述我国刑法关于共同犯罪人的种类及其刑事责任。

5. 我国刑法规定了哪些刑罚种类？如何理解我国刑罚的目的？

△▽△ 案例分析

1. 甲、乙、丙、丁都是成年男子，一天，他们在一起喝酒，甲提出到江边的货船上盗窃财物，乙、丙、丁表示同意。甲遂分派乙去准备匕首和自行车，丁去窥视作案地形。入夜后，甲、乙、丁聚集在一起，由丁带领到一艘装有出口衣料的货船上，盗得出口衣料三捆，价值人民币 9 000 余元。第二天，甲要乙去找丙想办法销赃，乙找到丙后，丙一再表示不干。乙说："上船容易下船难，还是小心你的狗命！"丙出于无奈，遂把赃物卖掉，所得赃款四人平分。问：①在本案中，甲、乙、丙、丁各自在共同犯罪中所处的地位如何？②从他们共同故意形成的时间上划分，是属于何种形式的共同犯罪？

2. 董某（男）与方某（女）自 2008 年以来长期通奸。2008 年 4 月，方某为了与董某结婚，向人民法院提起诉讼，要求与丈夫赵某离婚。同年 7 月，法院判决不准离婚。为了达到目的，董某与方某商议，计划将赵某毒害，董某提出由他提供毒药，由方某在赵某吃饭时，把毒药放入赵某饭碗中，以毒杀赵某，方某当时表示同意。2009 年 2 月 11 日，董某利用关系从某医院获取砒霜一小包交给方某。方某将砒霜收好，准备下毒，但方某有一小孩 4 岁，每次吃饭时都在边上。方某担心在下毒时会把小孩一起毒死，迟迟未按计划实施毒杀行为。后赵某对董某与方某的通奸行为有所察觉，经教育，方某对自己的错误行为有悔改之意。2009 年 4 月 26 日，董某与方某见面，董某要求继续和方某通奸，并催促方某早日动手，遭到方某的拒绝，两人发生争吵，方某便向公安机关揭发了董某的上述罪行。问：①董某与方某的行为分别属于故意犯罪过程中的哪种犯罪形态？为什么？②设方某已经下毒，见赵某吃了毒药后的痛苦状，及时将其送至医院，经抢救赵某脱离生命危险。方某的行为属于哪种犯罪形态？

第五章 民 法

💡 **教学要求**

通过本章的讲授和学习，你应该能够掌握民法的基本原则和主要民事权利制度；正确理解平等主体间的人身关系与财产关系；具备处理一般财产纠纷、债务纠纷、知识产权纠纷和侵权纠纷的能力。

第一节 民 法 概 述

一、民法的概念

民法是我国法律体系中的一个重要法律部门。根据我国法律规定，民法是调整平等主体的公民（自然人）、法人、其他组织之间的财产关系和人身关系的法律规范的总称。

民法的概念源于古罗马法中的市民法，与万民法相对应。前者演变为现在的民法，后者演变为现在的国际私法。近代，日本在新旧法律体系交替之际，引进民法的概念；中国在清代末期维新变法，依照日本的习惯，建立民法体系，并将其称之为民法，直至今日。

中华人民共和国的民法立法经历了一个曲折复杂的过程，从1954年开始起草民法典，直至1986年制定了《中华人民共和国民法通则》，其后陆续制定了婚姻法、收养法、继承法、合同法、担保法、著作权法、专利法、商标法等法律，使得民事法律制度不断完善。多年来，我国一直在酝酿制定一部完整的民法典。

民法调整的对象包括两大类，即平等主体间的财产关系和人身关系。

民法调整的财产关系，是指人们在产品生产、分配、交换和消费过程中形成的具有经济内容的关系。财产是指具有经济价值的物、智力成果和利益。财产关系又包括财产所有关系和财产流转关系。财产所有关系指因直接占有、使用、收益、处分财产而发生的社会关系，它表明财产的归属关系，体现某一种特定的财产归属所有，以及其他人就该财产与财产所有人之间的关系。财产流转关系是指在转移物质财富的过程中所发生的社会关系，是动态的财产关系，包括商品流转关系、遗产流转关系以及其他财产流转关系；财产流转关系通常是有偿的，也包括一些无偿的关系，例如财产的借用关系、赠与关系。

民法调整的人身关系，是指与人身不可分离而又不直接具有物质利益内容的社会关系，如姓名、肖像、名誉等。这种人身关系的产生、变化或被侵犯，会影响到民事主体的物质利益。民法并不调整所有的人身关系，它只调整平等主体之间发生的、并能用民法方法保护的那部分人身关系。

二、民法的基本原则

民法的基本原则是民事立法、民事司法和民事活动的基本准则，是效力贯穿于整个民法制度和规范之中的根本规则。但是，并不是每一条民法基本原则对所有民事立法、民事司法和民事活动均适用，例如等价原则就只对商品交换这一民事关系适用，而不对赠与、继承关系适用。我国民法有以下基本原则。

（一）平等原则

民事主体地位平等原则，是指民事主体享有独立、平等的法律人格，在具体的民事法律关系中互不隶属，地位平等，各自独立地表达自己的意志，其合法权益平等地受到法律的保护。

民事主体地位平等原则是市场经济的内在法权要求在法律原则上的体现。在商品生产交换活动中，只有在当事人互不隶属、互不服从的条件下，才能自主地表达自己的意志，做出合理的抉择。主体地位平等原则应当贯穿于民事活动的全过程。

我国《民法通则》第3条规定："当事人在民事活动中的地位平等。"这从法律上确认了民事主体身份平等原则。在我国，民事主体身份平等原则的具体内容应包括：第一，自然人的权利能力平等；第二，民事主体参与民事活动，适用同一法律，在具体的民事法律关系中地位平等，受平等的法律保护；第三，民事主体在产生、变更和消灭民事法律关系时必须平等协商；第四，民事主体违背民事规则，追究民事责任时，适用法律一律平等。

当然，民事主体身份平等，只是法律赋予主体的机会平等，而不是民事活动结果的平等。

（二）自愿、公平原则

自愿原则是指民事主体在从事民事活动时，体现自己的意志，作真实意思表示，通过自己的内心真实意愿来设立、变更和终止民事法律关系。自愿原则的内容包括：第一，设立民事法律关系的自愿；第二，选择行为内容和相对人的自愿；第三，选择行为方式的自愿；第四，违反自愿原则的民事行为，不受法律保护。

公平原则是指在民事活动中以利益均衡作为价值判断标准，用来衡量民事主体之间的物质利益关系，确定民事主体的民事权利义务及民事责任承担等。公平原则是公平观念在民法上的体现。公平原则是一条法律适用原则，即当民法规范缺乏规定时，可以根据公平原则来设立、变更和终止民事法律关系；公平原则又是一条司法原则，即法官的司法判决要做到公平合理，当法律缺乏规定时，应根据公平原则做出合理的判决。

（三）诚实信用原则

我国《民法通则》第4条规定，民事活动应当遵循诚实信用原则。诚实信用原则是一条高度抽象概括的原则，在市场经济条件下，诚实信用原则对于限制和制止不正当竞争、损害消费者权益的经营行为有着特殊的意义。诚实信用原则的具体要求为：第一，民事主体在订立合同时或从事其他民事行为时不得有欺诈、胁迫等行为；第二，民事主体在合同履行和其他民事行为中，应自觉履行合同的义务或其他民事义务；第三，民事法律关系的当事人，应恪守诺言，讲究信用，不得损害他人和消费者权益；第四，民事主体在获取权益的同时，应充分尊重他人和社会利益；第五，依诚实信用原则弥补法律规定之不足。

案例 5—1　退休的老张想买一地处安静的住房，颐养天年。宏大公司明知自己在建的商品住宅楼旁将兴建一机场，但却对老张说，此处远离市中心，难得的安静，没有将兴建机场的事告之老张。老张相信了宏大公司的介绍而购买了该处住房。此案中宏大公司有告之义务而故意不告之，其行为违背了诚实信用的原则。

（四）禁止权利滥用原则

禁止民事权利滥用原则是为了防止行为人在行使自己权利时，违背法律和公序良俗，损害到他人、国家和社会的利益，而对行为人权利行使的限制。根据我国《民法通则》第6条和第7条的规定，该原则包括以下内容：第一，民事活动必须遵守法律；第二，民事活动应当尊重社会公德；第三，民事活动不得损害社会公共利益；第四，民事活动不得扰乱社会经济秩序。如果权利人滥用民事权利，将依法追究其法律责任。

（五）保护自然人、法人和其他组织合法民事权益原则

自然人、法人和其他组织通过享有民事权利，就能够获得一定的利益。适用和遵守我国民事法律制度本身，就是对自然人、法人和其他组织的合法民事权益的保护。同时，民事权益不仅仅只受到民法保护，其他法律部门也保护民事权益。受到法律保护的民事权益是任何组织和个人不得侵犯的，否则，将依法追究侵权人的法律责任。

三、民事法律关系

（一）民事法律关系的概念与特征

民事法律关系，是指由民事法律规范调整而形成的具有民事权利义务内容的社会关系。民事法律关系是一定的财产关系、人身关系在法律上的表现。当人们之间的某种社会关系被民事法律规范调整时，就会产生民事法律关系，形成为由国家确认的并有国家强制力保证的社会关系。

民事法律关系的特征是：第一，民事法律关系是一种具有民事权利、义务内容的社会关系。第二，民事法律关系产生的前提是必须有相应的民事法律规范。第三，民事法律关系是由国家强制力保证其实现的社会关系。

（二）民事法律关系的构成

任何民事法律关系都包括主体、客体、内容这三要素。

（1）民事法律关系的主体。民事法律关系的主体又称民事主体，是指在民事法律关系中依法享有民事权利和承担民事义务的当事人。民事主体资格，由国家法律规定。在我国，民事主体一般包括自然人、法人和其他组织。国家在特定情形下可以成为特殊的民事主体。

（2）民事法律关系的客体。民事法律关系的客体是民事权利和民事义务所共同指向的对象。在我国，民事法律关系的客体主要包括人身利益、物、行为、智力成果和特定的权利。人身利益是民事主体人身权的客体；物通常是物权法律关系的客体；行为往往是提供

劳务行为的债权法律关系的客体，如运输合同的客体即为行为；① 知识产权的客体就是智力成果；权利可以成为某些法律关系的客体，如质押的客体就包含特定的权利。

（3）民事法律关系的内容。民事法律关系的内容，是指法律所确认的主体间的民事权利和民事义务。民事权利是指在法律规定范围内，民事主体根据自己的意志进行民事活动，可以要求他人作出一定的行为或不作出一定的行为，并可以请求国家有关机关予以保护的一种制度。民事主体的民事权利是广泛的，包括物权、债权、人身权、知识产权、婚姻家庭权、继承权等。民事义务是指民事主体必须依据法律或权利人的要求作出或不作出一定的行为，否则要承担不履行或不适当履行该项义务所造成的民事责任的一种制度。

（三）民事法律事实

民事法律事实是指引起民事法律关系产生、变更、消灭的客观情况。民事法律规范规定的权利义务，仅仅表现为民事主体享有权利、承担义务的可能性，所以还必须有能够引起权利义务产生、变更、消灭的客观情况，即民事法律事实。

民事法律事实分为行为和事件两种类型。行为又有两种情形：一是以产生某种民事法律后果为目的的合法行为，即民事法律行为，如依法签订合同、委托代理等。二是原无产生某种民事后果的意识，但却引起某种民事法律关系产生、变更、消灭的违法行为，如故意或过失致人损害，可以引起债权法律关系。事件是与当事人意志无关的客观现象，如人的死亡这一事件会引起继承法律关系的产生。

第二节 民 事 主 体

一、民事主体概念和特征

民事主体是指依照民事法律规范具有参与民事法律关系的资格并以自己的名义享有民事权利和承担民事义务的人。它包括自然人、法人以及其他社会组织。民事法律关系主体具有下列特征：

（1）必须具有民法规定的主体资格。只有具备民事主体资格的人才能成为合格的民事法律关系主体。民法关于民事权利能力的规定实际上就是规定民事法律关系主体资格的，即只有具有民事权利能力的人才能成为民事法律关系主体。

（2）能够以自己的名义享受民事权利、承担民事义务。不能以自己的名义享有权利、承担义务的组织，不能成为民事法律关系的主体，如公司内设机构不具有营业资格，不能以自己的名义订立合同，不能享有合同权利或承担合同义务。

（3）法律地位具有平等性。在民法上任何民事法律关系的主体地位都是平等的，不存在管理与服从等不平等的关系。这与行政法上的行政机关与行政相对人之间的管理与服从关系截然不同。

---

① 传统民法观念认为，债权作为请求权，其法律关系的客体仅是"请求"行为。

二、自然人

自然人是基于自然规律出生的人。当自然人具有某国国籍时便成为该国公民。在我国适用我国民法的自然人主要是中国公民，此外，外国人和无国籍人也可能适用我国民法。因此在民法上使用自然人的概念要比使用公民准确。

（一）自然人的民事权利能力

自然人的民事权利能力是指自然人依法享有民事权利和承担民事义务的资格。

自然人的民事权利能力始于出生。胎儿脱离母体才能独立呼吸，才有了独立的生命。我国法律规定：自然人的出生时间以户籍证明为准；没有户籍证明的以医院出具的出生证明为准；没有医院证明的，参照其他有关规定。未出生的胎儿，不具有民事权利能力，但考虑到胎儿即将为婴儿，其利益应予特殊保护，因此我国《继承法》规定，遗产分割时，应当保留胎儿的继承份额。胎儿出生时是死体的，保留的份额按照法定继承办理。这样既坚持了权利能力始于出生的原则，又对胎儿的利益给予了应有的保护。

自然人的民事权利能力终于死亡。民法上的死亡包括生理死亡和宣告死亡。生理死亡指生命的终结，其认定标准依据医学上的标准。目前，我国生理死亡通常以呼吸停止并心脏停止跳动为标准。宣告死亡是人民法院对失踪一定时间，符合法定条件的人，依法推定其死亡的法律制度。宣告死亡引起的法律后果与自然死亡相同。自然人死亡后，其生前广泛的权利因素所生成的利益，则转化为一种社会利益，并不因为其死亡和权利终止而完全消灭，这些社会利益仍然得到法律的特殊保护。因此，不法侵害死者名誉的行为，甚至不法侵害死者人格权的行为，不仅死者的亲属可以请求法律保护，而且在危害社会整体利益的情况下，社会其他人也可以主张法律追究。

☺ **热点问题 5—1**

自然人生理死亡的时间标准是什么？

＊ 呼吸停止（或心脏停止跳动、或脉搏停止跳动）。呼吸停止最终使生命体征消失，自然人死亡。①

＊＊ 应以脑死亡为自然人死亡的时间标准。这一标准的确立有助于器官移植和人类文明进步。②

（二）自然人的民事行为能力

自然人的民事行为能力是指自然人能以自己的行为取得民事权利、承担民事义务的资格。自然人的民事行为能力是法律确认的与自然人不可分割的能力，它与自然人的年龄和智力精神状况相联系。除人身权外，自然人要取得、实现和行使权利，履行义务或承担责任，必须实施一定的行为，而独立实施行为的前提就是对行为的意义和后果有认识和判断能力，即有意思能力。我国民法根据自然人的年龄和智力精神状况，将自然人的民事行为能力分为完全民事行为能力、限制民事行为能力和无民事行为能力三种。

① 李源植：《民法学》，黑龙江出版社 1985 年版，第 21～22 页。
② 张俊浩：《民法学原理》，中国政法大学出版社 1991 年版，第 107 页。

（1）完全民事行为能力。是指自然人通过自己独立的行为行使民事权利义务的能力。在我国年满 18 周岁以上、智力正常精神健康的自然人，具有完全的民事行为能力，可以独立进行民事活动，是完全民事行为能力人。16 周岁以上不满 18 周岁的自然人，以自己的劳动收入为主要生活来源的，视为完全民事行为能力人。

（2）限制民事行为能力。是指不能完全辨认自己行为后果的自然人所享有的可以从事与自己的年龄、智力精神状况相适应的民事活动的资格。限制民事行为能力人分为两种：①10 周岁以上的未成年人，可以进行与其年龄、智力相适应的民事活动；②不能完全辨认自己行为后果的精神病人，可以进行与其精神健康状况相适应的民事活动。

（3）无民事行为能力。是指自然人不具有以自己的行为取得民事权利和承担民事义务的能力。我国无民事行为能力人也分为两种：①不满 10 周岁的未成年人；②不能辨认自己行为的精神病人。

（三）自然人的宣告失踪与宣告死亡

1. 宣告失踪

宣告失踪是指自然人离开自己的住所，下落不明达到法定期限，经利害关系人申请，由人民法院宣告其为失踪人的法律制度。

宣告失踪的条件：①自然人下落不明满 2 年。2 年的期限是从失踪人最后离开住所或居所而下落不明的次日开始计算；战争期间下落不明的，下落不明的时间从战争结束之日起计算。②利害关系人的申请。利害关系人是指下落不明的近亲属或对该人负有监护责任的人，以及该人的债权人和债务人。这里的近亲属指配偶、父母、子女、兄弟姐妹、祖父母、外祖父母、孙子女、外孙子女。③经过法院宣告。宣告失踪只能由人民法院作出，任何其他机关和个人无权作出宣告失踪的决定。人民法院依法受理宣告自然人失踪案后，应发出寻找失踪人公告，公告期为 3 个月，公告期满，仍下落不明的，宣告该自然人为失踪人。失踪人重新出现或者查明其下落的，经本人或者利害关系人申请，法院应当撤销其失踪宣告。

宣告失踪的效力：①失踪人的近亲属、朋友成为失踪人的财产代管人；②在失踪人失踪期间，失踪人的义务履行，由财产代管人从失踪人的财产中支付。

2. 宣告死亡

宣告死亡是指自然人下落不明达到法定期限，经利害关系人申请，人民法院宣告其死亡的法律制度。它是相对于生理死亡而言的，是对死亡的推定。

宣告死亡的条件与宣告失踪基本相同，但对自然人失踪的时间要求不同。宣告死亡的，在通常情况下要求自然人下落不明满 4 年，因意外事故造成的下落不明须满 2 年。

宣告死亡的效力：①自然人宣告死亡与自然死亡有相同的效力，即宣告死亡人丧失民事主体资格，其民事权利能力和民事行为能力终止；②其原先参加的民事法律关系归于消灭；③其婚姻关系自然解除；④其个人合法财产变为遗产开始继承。当然，如果自然人确实活着，其在被宣告死亡期间实施的行为仍然有效。

宣告死亡人重新出现或者查明其下落者经本人或利害关系人申请，法院应撤销其死亡宣告。如配偶尚未再婚，其婚姻关系自然恢复；因宣告死亡而获得其财产的人，应当返还财物或给予补偿或赔偿。

（四）监护

监护是对未成年人和精神病人的人身、财产及其他合法权益进行监督和保护的一种法律制度。

我国《民法通则》规定，未成年人的父母是未成年人的监护人，如果未成年人的父母已经死亡或没有监护能力，可以由祖父母、外祖父母、兄、姐担任监护人。经未成年人父母所在单位或者所在地居民委员会、村民委员会同意，与其关系密切的其他亲属、朋友愿意承担监护责任的也可以成为监护人。如果对担任监护人有争议的，由上列组织在近亲属中指定监护人。对指定不服提起诉讼的，由人民法院裁决。如果没有上列近亲属的，由未成年人父母所在单位或所在地居民委员会、村民委员会或者民政部门担任监护人。

对无民事行为能力或限制民事行为能力的精神病人，由其配偶、父母、成年子女、其他近亲属担任监护人。没有前列顺序监护人的，由精神病人的所在单位或者所在地居民委员会、村民委员会或者民政部门担任监护人。

监护人的监护职责：①保护被监护人的身体健康；②照顾被监护人的生活；③对被监护人进行管理和教育；④保护被监护人的财产及其他合法权益不受损害，除为被监护人的利益外，不得处理被监护人的财产；⑤代理被监护人进行民事活动，如果被监护人的合法权益受到侵害或发生争议时，代理进行民事诉讼活动；⑥对被监护人的不法行为给他人造成损害时承担财产赔偿责任；⑦监护人不履行监护职责或者侵害被监护人的合法权益，应当承担责任。给被监护人造成财产损失的，应当赔偿损失，并经利害关系人申请，人民法院可撤销其监护人资格。

案例 5—2 2011 年 11 月中旬，江苏省某市开发新区大同路居委会向开发新区法院申请撤销王建华对王某的监护权，经法院审理查明，王某父母于 2006 年离婚后，由其父王建华抚养。但王建华长期以来不尽抚养义务，经常不给王某饭吃，亦不准王某祖母照顾王某生活。并经常采用打骂、罚跪、挨饿、赶出家门等方式进行虐待，严重损害了王某的身心健康。王某在校读书期间，王建华曾多次将王某从课堂上拉回家，撕毁了王某的某市高级技术学校的入学通知书，还到学校干扰王某学习，侵害了未成年人的受教育权。王某于 2011 年 10 月 5 日向大同路居委会申请，要求指定其祖母作为监护人。王某之母表示同意，其祖母也愿意履行监护职责。法院最终以监护不利为由撤销了王建华的监护权。

三、法人

（一）法人的概念和分类

法人是指具有民事权利能力和民事行为能力，依法独立享有民事权利和承担民事义务的组织。法人具有下列特征：①它是具有民事权利能力和民事行为能力的组织。法人是由人或财产组合而成的组织体，有场所、人员、财产、组织机构等，不同于自然人；②它是一种能够独立享有民事权利和承担民事义务的组织，它可以以自己的名义对外从事民事活动，具有独立的财产并以此财产对外承担责任。

我国《民法通则》以法人活动的性质为标准，将法人分为企业法人、机关法人、事业单位法人和社团法人。

企业法人，是以营利为目的从事生产经营活动的法人。以营利为目的，有自己独立的财产、依法核准登记是企业法人的特征。在实务中，有些企业法人有特别规定，如铁路运输法人为各铁路局和铁路分局。火车站不具有法人资格；邮政企业法人为省会城市的邮电局、邮政局、电信局，市、县、大型矿山、部队等所在地设置的邮电局、电话局、长途电话局等，邮电所不具有法人资格。

机关法人是指具有独立经费的国家机关，如权力机关、行政机关、司法机关和军事机关。

事业单位法人是指为了社会公用事业目的，从事文化、教育、卫生、体育、新闻等公用事业的单位，如各学校、医院。

社团法人是指自然人或法人自愿组成，为实现会员共同意愿，按照其章程开展活动的非营利性社会组织。

（二）法人的民事权利能力和民事行为能力

法人的民事权利能力是指法人依法享有民事权利和承担民事义务的资格。法人的民事权利能力从法人成立时产生，到法人终止时消灭。与自然人相比法人的民事权利能力不包括与生命密切相关的生命健康权、肖像权等人身权内容。法人的民事权利能力还受到法人目的的限制。

法人的民事行为能力是指法人以自己的行为取得民事权利和承担民事义务的资格。法人的民事行为能力与其民事权利能力起止时间和范围一致。

四、非法人组织

非法人组织，也可称为"其他组织"，是指合法成立、有一定的组织机构和财产，但不具备法人资格的组织。非法人组织主要包括：①个人独资企业、个人合伙、合伙企业；②法人之间的合伙型联营企业；③未取得法人资格，但依法登记领取我国营业执照的中外合作经营企业、外资企业；④法人依法设立并领取营业执照的分支机构；⑤中国人民银行、各专业银行、中国人民保险公司设在各地的分支机构等等。

合伙是最具有代表性的非法人组织之一。合伙是指两个或两个以上的自然人按照协议，共同出资、共同经营、共享收益、共担风险，并对债务承担无限连带责任的营利性组织。其特征是：①两个以上的自然人各自出资并签订合伙协议；②合伙人须共同经营、共同劳动；③合伙财产为共有财产；④合伙人对于合伙经营产生的债务承担连带无限责任。

五、个体工商户、农村承包经营户

个体工商户、农村承包经营户，是自然人作为民事主体的特殊形式。我国《民法通则》规定，自然人在法律允许的范围内，依法经核准登记，从事工商业经营的，为个体工商户。农村集体经济组织的成员，在法律范围内，按照承包合同规定从事商品经营的，为农村承包经营户。

个体工商户依法经核准登记而产生，农村承包经营户依合同成立。两者的合法权益都同样受到法律保护。他们的债务，凡个人经营的，以个人的财产承担，家庭经营的，以家庭财产承担。

第三节　民事法律行为和代理

一、民事法律行为

(一) 民事法律行为的概念

民法上的行为包括民事行为和事实行为。民事行为又包括民事法律行为、无效民事行为、可变更或可撤销的民事行为、效力未定的民事行为；而事实行为包括无因管理、正当防卫、紧急避险、侵权、拾得遗失物、发现埋藏物的行为。

民事法律行为是指自然人或者法人设立、变更、终止民事权利和民事义务的合法行为。其含义是：民事法律行为是民事主体实施的以发生民事法律后果为目的的行为，它是以意思表示为构成要素的行为，是合法行为。

(二) 民事法律行为的分类

(1) 单方行为与双方行为、多方行为。单方行为是仅由一方行为人的意思表示就能成立的民事法律行为，如立遗嘱、免除债务的行为；双方行为是由行为人双方意思表示达成一致而成立的民事法律行为，如买卖合同、赠与合同；多方行为是由多个行为人的意思表示达成一致而成立的民事法律行为，如成立合伙、股东会议决议。

(2) 财产行为与身份行为。财产行为是以发生财产上法律效果为目的的行为，如财产所有权、债权的转移；身份行为是以发生身份上法律效果为目的的行为，如结婚、离婚、收养。

(3) 有偿行为与无偿行为。有偿行为是行为人双方须为对价的行为，如买卖行为；无偿行为是指没有对价的行为，如赠与行为。

(4) 诺成性行为与实践性行为。诺成性行为是指仅以意思表示为成立要件的民事法律行为，如买卖、租赁合同；实践性行为是指除意思表示外，还需要以物的交付作为成立要件的民事法律行为，如借用合同。

(5) 要式行为与不要式行为。要式行为是指依法律规定，必须采取一定形式或履行一定程序才能成立的行为，如票据行为；不要式行为是指法律不要求特定形式即可成立的民事法律行为，一般买卖行为均为不要式行为。

(三) 民事法律行为的形式

(1) 口头形式。包括当面交谈、电话交谈，其优点是简便、快速，缺点是一旦发生纠纷，不易确定行为人之间的权利义务。

(2) 书面形式。即以文字进行的意思表示。书面形式又可分为一般书面形式和特殊书面形式。一般书面形式如书面合同、授权委托书、信件、数据电文等；特殊书面形式包括公证或核准登记形式。

(3) 推定形式。行为人通过实施某种行为来进行意思表示。购物人在商场交付货币的行为即可推定行为人购买的意思。

（4）沉默形式，是指行为人以消极的不作为的方式进行意思表示。如接受遗赠权的放弃即可用沉默方式表示。

（四）民事法律行为的有效条件

（1）行为人具有相应的民事行为能力。完全民事行为能力人可以以自己的行为取得民事权利，履行民事义务；限制行为能力人只能从事与其年龄和智力相当的民事法律行为；无民事行为能力人不能独立实施民事法律行为，他们的民事法律行为必须由其法定代理人代理。

（2）行为人的意思表示要真实。意思表示真实是指行为人在自觉自愿的基础上作出符合其内在意志的表示行为。

（3）标的须合法，即行为不得违反法律或者社会公共利益。

（五）无效的民事行为

结合我国《民法通则》和《合同法》的规定，无效的民事行为有：

（1）行为人不具有民事行为能力。无民事行为能力人实施的纯获利益和处分零花钱的行为应视为有效。其他行为应由法定代理人代理，否则应为无效。

（2）一方当事人以欺诈、胁迫的手段或者乘人之危，使对方在违背真实意思的情况下所为的民事行为。根据《合同法》的规定，此种行为只有损害了国家利益的才无效，否则应为可撤销的民事行为。

（3）当事人恶意串通，损害国家、集体或者第三人利益的民事行为。恶意串通的构成要件是：当事人双方有损害国家、集体或者他人利益的故意；当事人双方在实施民事行为时有串通一气、互相勾结；该民事行为实施的结果损害国家、集体或者第三人的利益。

（4）标的违法的行为，包括以合法形式掩盖非法目的的行为、损害公共利益的行为、法律禁止的行为。

（六）可变更、可撤销的民事行为

可变更、可撤销的民事行为是指行为人的意思表示不自由、不一致，即非真实意思表示的民事行为，此民事行为并非绝对无效，法律赋予行为人撤销权。撤销权的行使时间为1年。可变更、可撤销的民事行为有：

（1）重大误解的民事行为，如误将1888元的照相机当成888元而购买。

（2）显失公平的民事行为。显失公平是指利用对方轻率或无经验，致使双方的权利与义务明显违反公平、等价有偿的原则，如以极不合理的低价收购古董的行为。

（3）受欺诈而实施的民事行为，我国《民法通则》规定，受欺诈而实施的民事行为为无效的民事行为。这一规定在计划经济条件下，对于保护国有资产是有利的，但在市场经济条件下，可能会损害相对人的利益，如欺诈者发现对自己不利的情况时，会以自己欺诈为由主张无效。为此《合同法》对《民法通则》的规定进行了修改，受欺诈所为的民事行为是可变更、可撤销的行为。

（4）受胁迫而实施的民事行为，如受胁迫而与他人结婚的行为，受胁迫的一方有权申请撤销该婚姻关系。

（5）乘人之危的民事行为。是指乘他人急迫或处于危难之中而与之实施的民事行为。其结果与上述受欺诈、受胁迫相同。

案例5—3　2010年8月，由于几日连降大雨，河水猛涨溢出河床，李某所在的村庄被大水淹没，李某在水中漂泊一阵终于爬到一棵大树上。这时正值张某划着船过来，李某请求张某将其运到安全地带（约300米远）。张某表示只有付3000元的劳务费才能将李某运送到安全地带，李某表示同意。张某将李某运送到安全地带后李某给张某写了一张3000元的欠据。

2011年5月，张某索要不成诉到法院，要求被告李某付给3000元的劳务费。本案中，当李某被水淹而陷于危难处境时，张某利用李某的这种处境，迫使李某做出了迎合张某意愿的意思表示，同意支付3000元酬金，从而使李某蒙受了重大不利。根据我国《合同法》规定，李某有权请求撤销此民事行为。

二、代理

（一）代理的概念和分类

代理是指代理人依据代理权，以被代理人的名义与第三人实施民事法律行为，而后果由该被代理人承担。代理的适用范围非常广泛，但是具有人身性质的民事法律行为不得代理，如立遗嘱、解除婚姻关系的行为等。根据法律规定，代理有以下几种：

（1）委托代理。委托代理是指代理人按照被代理人的委托而进行的代理。委托代理是单方民事法律行为，仅凭被代理人一方授权的意思表示，代理人就取得代理权；被代理人授予代理权的行为，代理人有权拒绝，这种拒绝也是单方法律行为，代理人有权决定是否担任被代理人的代理人。委托代理既可以是书面形式，也可以是口头形式。

（2）法定代理。法定代理是指根据法律的直接规定而发生的代理关系。法定代理主要是为无行为能力人或限制行为能力人设立代理人的方式。法定代理产生的根据是代理人与被代理人之间存在血缘关系、婚姻关系、组织关系等。我国民法规定，无民事行为能力人、限制行为能力人的监护人是他的法定代理人。

（3）指定代理。指定代理是指根据人民法院或者指定机关的指定而进行的代理。这是在没有委托代理和法定代理的情况下，为无民事行为能力人和限制行为能力人设立的代理。有权指定代理人的，一是人民法院，二是未成年人的父母所在单位或者精神病人的所在单位，三是未成年人或精神病人住所地的居民委员会或村民委员会。在民事诉讼中，人民法院为其指定的诉讼代理人不限于上述监护人。

（二）代理权

代理权是代理制度的核心内容。是指代理人基于被代理人的意思表示、法律的规定或者有权机关的指定而能够代理他人实施法律行为的法律资格。

代理人应在代理权限范围内行使代理权，不得无权代理；代理人应亲自行使代理权不得任意转托他人代理；代理人应积极行使代理权，尽勤勉和谨慎的义务。法律禁止代理人滥用代理权即自己代理、双方代理、与第三人恶意串通等。

（三）无权代理和表现代理

代理人不具有代理权而以本人的名义与第三人进行民事活动，称为无权代理。形成无权代理的原因有：①行为人自始没有代理权，行为人在既无授权又无法定或指定的情况下，以本人的名义与第三人实施民事法律行为；②行为人超越代理权；③代理权终止后的代理。

无权代理的效力处于不确定状态，如果经过本人的追认，即发生法律效力，否则由行为人承担责任。无权代理中的第三人具有催告和撤销权。

（四）表见代理

表见代理本属于无权代理，但因本人与无权代理人之间的关系，具有外表授权的特征，致使相对人有理由相信行为人有代理权而与其进行民事法律行为，法律承认此行为发生与有权代理相同的法律效果。

表见代理构成的条件：①行为人无代理权；②无权代理人具有相应的民事行为能力；③须以本人的名义进行合法的民事活动；④须有使相对人相信行为人具有代理权的事实或理由；⑤相对人须为善意。

表见代理对本人产生有权代理的效力，本人应受此法律行为的约束，享有该行为设定的权利和履行该行为约定的义务，不得以无权代理为由拒绝履行。

第四节　财产所有权

一、物权

我国《民法通则》中虽然没有使用物权的概念，但实际上已经出现了关于物权的规定。物权是指民事主体直接支配其标的物，并享受其利益的排他性权利。物权又分为自物权与他物权。自物权即财产所有权；他物权是民事主体对他人的财产所享有的支配和排他权利，主要包括用益物权和担保物权。其中，用益物权是对他人所有的物在一定范围内使用、收益的权利，包括地上权、地役权、典权；担保物权是为了担保债的履行，在债务人或第三人的特定财产上设定的物权，主要有抵押权、质权、留置权。

物权具有以下特征：第一，物权是权利人直接支配物的权利。例如房屋所有人对于自己的房屋可以依自己的意思居住、出卖、出租、抵押等。物权的客体是物，这里的物原则上是指有体物；第二，物权是权利人直接享受物的利益的权利。利益可以分三种，即物的归属、物的利用、就物的价值而设立的债的担保。第三，物权是排他性的权利，即物权人有权排除他人对于其行使物权的干涉。例如一间房屋上不能同时有两个所有权，同一块土地上不能同时设定两个地上权。当然这与共有关系并不矛盾。

二、财产所有权的概念和内容

财产所有权是指所有权人在法律规定的范围内，对属于他的财产享有的占有、使用、收益、处分的权利。与债权相比，所有权是绝对权、具有排他性、永久性，是一种最完全的物权。

财产所有权的标的物包括动产和不动产。动产是指性质上不需破坏、变更而能够移动其位置的财产。与不动产所有权相比较，法律对动产的内容和行使限制较少，所有人有更充分的支配权。不动产是性质上不能移动其位置，或非经破坏、变更则不能移动其位置的物，不动产一般指土地及定着物，主要指土地、房屋。

财产所有权的内容包括占有、使用、收益和处分四项权能。

（1）占有。占有是指对于财产实际上的占领、控制。财产所有人可以自己占有财产，也可以由非所有人占有。例如，公民对于自己所有的房屋、家具、生活用品的占有。非所有人的占有可以分为合法占有和非法占有两种情况。非所有人的合法占有是指根据法律规定或所有人的意思而占有他人的财产，如承租人根据承租合同占有出租人的财产。非所有人没有法律上的根据而占有他人的财产是非法占有，如小偷占有赃物，未经许可强占国家、他人的房屋等。非法占有又可以分为善意占有和恶意占有，所谓善意占有是指占有人不知或不应知占有为非法。善意占有在法律上要受到一定的保护。例如，在请求返还被非法占有的财产时，所有人对于善意占有人为财产支付的必要费用和改良费用都应当予以赔偿；而恶意占有人则只能请求所有人返还支付的为保存财产所必需的费用。

（2）使用。使用是指依照物的性能和用途，并不毁损其物或变更其性质而加以利用。使用权能一般由所有人自己行使，也可以由非所有人行使。例如，国有企业使用归其经营管理的国家财产，承租人依租赁合同使用租赁物等。

（3）收益。收益是指所有人收取所有物的利益，包括孳息和利润。孳息又分为法定孳息和自然孳息。法定孳息是指依法律关系取得的利益，如利息、租金；自然孳息是指果实、动物的产物以及其他依照物的用法收取的利益，如耕种土地收取粮食、采掘矿藏收取矿石。收益还包括收取物的利润，即把物投入社会生产过程、流通过程所取得的利益。

（4）处分。处分是决定财产事实上和法律上命运的权能。它是所有权内容的核心，是所有权的最基本的权能。处分可以分为事实上的处分和法律上的处分。事实上的处分是在生产或生活中使物的物质形态发生变更或消灭，例如，粮食被吃掉。法律上的处分是指依照所有人的意志，通过某种法律行为对财产进行处理，如将财产赠与他人。

占有、使用、收益和处分四项权能一起构成所有权的内容。但在实际生活中，占有、使用、收益、处分四项权能都能够并且经常地与所有人发生分离。

三、财产所有权的取得和消灭

（一）财产所有权的取得

1. 原始取得

原始取得也称最初取得，是指不以他人已有的所有权和意志为依据，直接依照法律的规定通过某种方式和行为取得财产所有权。原始取得主要有以下几种方式：①劳动生产。这是取得所有权的最基本、最重要的合法手段；②收取孳息。孳息所有权一般应原物所有人享有，法律另有规定或当事人另有约定时，由产生孳息时的合法占有人享有。孳息在没有与原物分离以前，原物所有权转移，孳息的所有权随之转移；③国家强制。这是指在法律规定的特定场合下，国家从公共利益出发，不顾及所有人的意志和权利，直接采用没收、征收、国有化、税收等强制手段取得所有权；④无主财产。是指埋藏物、隐藏物、无人认领的遗失物、无人继承的财产，归国家所有；⑤无主动产的先占取得。这是世界各国民法一项公认的原则。如捡拾垃圾者可以取得废物的所有权；⑥添附。是指不同所有人的物被结合、混合在一起成为一个新物，或者利用他人之物加工成为新物的事实状态。其中附合物的所有权归不动产所有人所有，同时给动产所有人以价值上的补偿；混合物一般应由原物价值量较大的一方取得所有权，给另一方相当的补偿；加工物一般依约定确定所有权。

2. 继受取得

继受取得也称传来取得，是指财产所有人通过某种法律事实，从原所有人处取得财产所有权。继受取得与原始取得不同之处在于，它是以原所有人的转让意志为根据的。继受取得主要有买卖、互易、赠与、继承与遗赠等方式。

（二）财产所有权的消灭

财产所有权的消灭，是指因某种法律事实致使财产所有人丧失其所有权，或者由于权利主体的消灭，而形成所有权的转移。财产所有权可因所有权的转让、所有权客体的灭失、所有权主体的消灭、抛弃以及国家强制所有权交出或转移而消灭。

（三）财产所有权的变动原则

财产所有权的变动，是财产所有权的产生，变更和消灭的总称。财产所有权的变动，应遵循公示原则和公信原则。

公示原则要求所有权的产生、变更、消灭，必须以一定的可以从外部查知的方式表现出来。这是因为所有权具有排他性，其变动常有排他的效果，如果没有一定的可以从外部查知的方式将其变动表现出来，就会给第三人带来不测的损害，影响交易的安全。关于所有权的变动，对于不动产以"登记"为公示方法；对于动产以"交付"为公示方法。由此不动产所有权的转移以登记为准，而动产所有权的转移以交付为准。

公信原则是指当事人如果信赖登记和交付为公示方法，即使登记或交付所表现的所有权状态与真实的所有权状态不相符合，也不能影响所有权变动的效力。公信原则的目的在于保护交易的安全，稳定社会经济秩序。

四、财产所有权的形式

（一）国家所有权

国家所有权是指国家对全民所有的财产进行占有、使用、收益和处分的权利。国家所有权的特征体现在：①权利主体具有统一性和唯一性。这是指只有代表全体人民的意志和利益的国家才享有国家财产所有权，中华人民共和国是国家所有权的统一和唯一的主体。只有国家统一行使所有权，国家才能对整个国民经济进行宏观调控，实现组织经济的职能。②国家所有权的客体具有广泛性。任何财产都可以成为国家所有权的客体而不受任何限制。国家所有权客体既包括土地、矿藏、水流、森林、草原、荒地、渔场等自然资源，也包括银行、铁路、航空、公路、港口、海洋运输、邮电通讯、广播电视、企业资产；既包括军事设施、水库、电站，也包括文化教育科学事业、体育设施和文化古迹、风景游览区。矿藏、水流等必须为国家所有。

（二）集体组织所有权

集体组织所有权是集体组织对其财产享有的占有、使用、收益、处分的权利。其主体主要是具有法人资格的农村集体组织。集体组织转让财产时，不论是转让给国家，还是转让给其他组织或个人，都转让财产所有权。集体组织的财产，除了法律规定的国家专有财产外，可以是其他任何财产，例如土地、森林、山岭、草原、荒地、滩涂等。

（三）自然人（公民）财产所有权

自然人所有权是自然人对其财产享有占有、使用、收益、处分的权利。这是我国公民的基本财产权之一。自然人可以拥有的财产范围也是相当广泛的，主要包括：①合法收入。这是自然人在法律许可的范围内，用自己的劳动或其他方法所取得的货币或实物。它包括工资、奖金、报酬、退休金等；农民承包的收入、个体工商户的经营收入；通过买卖、赠与、继承所得的财产。②房屋。国家保护自然人所有的房屋，如遇国家建设需要，必须占用或拆除时，国家应按规定给予妥善安排并给予合理补偿。③生活用品。如衣服、食物、家具等。④文物图书资料。⑤林木。这里主要指自然人在房前屋后以及农民在自留山、自留地、宅基地种植的林木。⑥牲畜以及法律允许自然人所有的生产资料及其他合法财产。

五、共有

共有是指两个以上的权利主体对同一项财产共同享有一个所有权的法律关系，或数人就同一标的物共同享有同一所有权的法律状态。这种法律关系不是一种独立所有权类型，它只表明在这种财产所有权关系中，权利主体是多个，不是单一的。多个共有人依法定或约定对同一财产享有所有权构成了共有关系。

共有的类型，按共有关系的内容分为按份共有和共同共有两种形式：

（1）按份共有。是指两个或两个以上的共有人，对同一项财产按照确定的各自份额，分享权利、分担义务的一种共有关系。按份共有人对共有财产享有所有权。按份共有人对共有财产有分割和转让的权利。在转让时其他共有人享有优先购买权。在共有关系终止时，对共有财产可以分割。共有人能达成协议的按协议分割，不能达成协议时，可请求法院依法判决。

（2）共同共有。是指一种不确定份额的共有关系。在共同共有关系存续其间，各共有人对共有财产都没有确定的份额，他们共同享有共有财产的各种利益，亦共同分担由共有财产而产生的各种义务。因此共同共有人对共同财产享有连带权利、承担连带责任，对共有财产行使四项权能时，除另有约定外，应取得全体共有人的同意。部分共有人擅自处分共有财产的行为应认定为无效，但第三人善意、有偿取得该项财产的，法律应予以保护。

共同共有关系终止并需要对财产进行分割时，其方法与按份共有相同。共同共有主要包括夫妻共同共有、家庭共同共有和遗产分割前的共有。

案例5—4 小张是一机关干部，小王为工厂工人，二人结婚已有10年。后王辞职经商，依法登记为个体户。张起初反对王下海经商，但后来见收入不少，就不再反对，但一直没有参与王的经营。王的收入用于家庭消费和储蓄。一次因车祸导致王损失货物价值8万元，债主找张要账。张有存款9万元，是张多年来的工资收入以及继承的财产所得。此案中9万元的财产是张、王夫妻共有财产，而王所欠债务为共同债务，因此张有义务偿还债务。

六、建筑物区分所有

建筑物区分所有权，简称为区分所有权，是指多个区分所有权人共同拥有一栋区分所有建筑物时，各区分所有权人对建筑物专有部分所享有的专有权和对共有所享有的部分所享有的共有权的总称。其中，专有所有权的客体为专有部分，是指在构造上能明确区分且独立，具有排他性又可独立使用的建筑物部分，如一套公寓楼中的单元住宅。

😊 热点问题5—2

建筑物区分所有中专有部分的范围包括哪些？

* 专有部分包含墙壁、地板、天花板等境界部分表层所粉刷之部分。①

** 专有部分的范围应区分内部和外部关系而定，在内部关系如维修、管理上专有部分包含墙壁、地板、天花板等境界部分表层所粉刷之部分；在外部关系如买卖、税收上，专有部分系由墙壁、地板、天花板等境界部分厚度的中心线。②

*** 墙壁既是共有财产又是专有财产，在维护维修时是共有财产，而在使用出卖时为专有财产，专有部分达粉刷之部分。③

七、财产相邻权

相邻关系是两个以上相互邻近的不动产所有人或占有人，在对其不动产行使占有、使用、收益和处分权时，涉及相互的权益而发生的权利义务关系。从权利角度看，称为相邻权。

相邻关系所涉及的实际上不是财产本身，而是由于行使所有权所引起的与邻人之间的权益关系，包括相邻权利和相邻义务两方面内容。相邻权利实际上是所有人或占有人的财产权的延伸，相邻义务是对其行使财产权的限制，从我国民法规定来看，相邻权更多的是对不动产所有人或占有人行使财产权的一种限制，这种限制主要是对邻人行使不动产权利的合理维护。相邻关系涉及的范围广泛，主要有相邻用水、排水关系，相邻通行、通风、采光关系，相邻防污、防险关系，相邻管线安设关系等。

我国《民法》规定，不论处理何种相邻关系，都应当按照兼顾国家、集体、个人利益，有利生产、方便生活、团结互助、公平合理的原则。侵害邻人相邻权，给邻人造成妨碍或损失的，应当停止侵害、排除妨碍、赔偿损失及承担其他法律责任。

① 谢在全：《民法物权论》，中国台湾1997年版，第238页。
② 郭明瑞：《民法》郭明瑞，高等教育出版社2001年版，第251页。
③ 王利明：《物权法论》，中国政法大学出版社2003年版，第365页。

第五节 债 权

一、债的概念和种类

债是按照合同的约定或者法律规定指特定当事人之间请求为一定给付的民事法律关系。债的要素：①债的主体。是指参与债的关系的当事人。享受债权的主体称为债权人，负有债务的主体称为债务人。②债的内容。是指债权和债务，其中，债权是债权人得请求债务人为一定给付的权利，债务指债务人依约定或法定应为给付的义务。③债的标的。又称债的客体，是指债权债务所指向的对象。

债的发生根据主要有以下几种：①合同。合同是产生债的最常见的最重要的原因。基于合同产生的债的关系，是合同之债。②缔约上的过失。是指当事人在缔约过程中具有过失，从而导致合同不成立、无效、被撤销或不被追认，使他方当事人受到损害的情况。过失方应赔偿对方受到的损失，由此产生缔约上的过失责任。③单独行为。是指行为人向相对人作出的为自己设定某种义务，使相对人取得某种权利的意思表示。当事人可基于某种物质或精神上的需要，为自己设定单方义务，同时放弃对于相对人给付对价的请求。如，遗赠、设定幸运奖。④侵权行为。是指不法侵害他人的合法权益，应承担民事责任的行为。⑤无因管理。是指没有法定或约定的义务而为他人管理事务。因无因管理在本人和管理人之间形成债的关系。⑥不当得利。是指没有合法根据，致使他人受损失而取得的利益。由于该项利益没有法律上的根据，应返还给受害人，从而形成以不当得利返还为内容的债的关系。例如，取款时因银行工作人员的疏忽而多付的部分，应返还给银行。

按照不同标准可以对债进行不同分类：①特定物之债和种类物之债。以特定物为标的物的债称为特定物之债；以种类物为标的物的债称为种类物之债；②单一之债和多数人之债。单一之债是指债的双方主体即债权人和债务人都仅为一人的债；多数人之债是指债的双方主体均为两人以上或者其中一方主体为两人以上的债；③按份之债和连带之债。按份之债是指债的一方主体为多数人，各自按照一定的份额享有权利或承担义务的债；连带之债是指债的主体一方为多数人，多数人一方当事人之间有连带关系的债；④主债和从债。主债是指能够独立存在、不以他债的存在为前提的债。凡是不能独立存在，而必须以主债的存在为存在前提的债，为从债。

二、债的履行

债的履行，是指债务人按照合同的约定或者依照法律的规定，全面适当地完成自己所负义务的行为。债的履行的原则：①适当履行原则。是指当事人按照债的标的、数量、质量，在适当的履行期限、履行地点，以适当的履行方式，全面完成债务。②协作履行原则。是指当事人不仅要适当地履行义务，而且应当按照诚实信用原则要求对方当事人协助其履行义务。如，根据合同的性质、目的和交易习惯履行通知、协助、保密等义务。③经济合理性原则。经济合理性原则要求履行债时，讲求经济效益，以付出最小的成本，取得最佳的效益。④情事变更原则。该原则是指合同依法成立后，因不可归责于双方当事人的原因发生了不可预见的情事之重大变化，致使合同的基础动摇或丧失，若继续维持合同原有效力显失公平，则允许变更或解除合同的原则。

三、债的担保

债的担保，是确保债务人履行其债务，使得债权人的债权能够实现的法律措施。具体有：

（1）保证。保证是指保证人（第三人）和债权人约定，当债务人不履行债务时，保证人按照约定履行债务或者承担责任的行为。保证有两种形式：一般保证和连带责任保证。一般保证，是指债权人只有在对主债务人采取一切求偿手段而未能得到清偿之后，才能够对保证人提出清偿请求的保证形式；连带责任保证，是指在债务到期而未获清偿的情况下，债权人可以同时或者先后向主债务人或者保证人提出履行全部或者部分债务的清偿请求的保证形式。保证人承担的责任仅仅是财产责任，其责任范围等于或者小于主债务人的债务。

（2）抵押。是指债务人或者第三人不转移财产的占有，以该财产作为债权的担保，在债务人不履行债务时，债权人可以就该财产折价或者就其价金优先受偿的担保形式。其中，用来作担保的财产为抵押物，提供抵押物的人为抵押人，债权人为抵押权人，抵押权人享有的在债务不履行时对抵押物的受偿权为抵押权。

（3）质押。是指债务人或者第三人将其动产或者权利的占有转移给债权人，作为债权的担保，在债务人不履行债务时，债权人有权就该动产折价或者就其价金优先受偿的担保方式。其中，作为债权的担保的动产或者权利为质物，提供质物的人为出质人，债权人为质权人，债权人享有的担保权利为质权。

（4）留置。是指债权人合法占有债务人的财产，债务人不履行债务时债权人有权对其财产予以扣留，在法定期间超过后债务人仍不能履行债务的，债权人有权就留置财产折价或者以拍卖、变卖的价款受偿的担保方式。

（5）定金。是指当事人一方在合同履行之前，给付一定数额的金钱作为债权的担保的方式。按照我国《民法通则》和《担保法》的有关规定，当事人一方在法律规定的范围内可以向对方给付定金。债务人履行债务后，定金应当抵作价款或者收回。给付定金的一方不履行债务的，无权要求返还定金；收受定金的一方不履行债务的，应当双倍返还定金。

四、合同之债

(一) 合同的概念和特征

合同又称契约，是平等主体的自然人，法人，其他组织之间设立，变更，终止民事权利义务关系的协议。依法成立的合同受法律保护，具有法律约束力。其法律特征是：①合同是双方或多方当事人意思表示一致的民事法律行为；②合同当事人的法律地位平等；③合同是以发生民事法律关系为目的的协议；④合同只能是合法行为。

合同行为属于民事法律行为，从不同的角度，可将合同分为双务合同和单务合同、有偿合同和无偿合同、诺成合同和实践合同、要式合同和非要式合同。

(二) 合同的订立

订立合同一般分为要约和承诺两个阶段。

（1）要约。指订立合同的当事人一方向另一方提出的订立合同的意思表示。一个有效要约必须具备如下条件：①要约是特定的意思表示，合同一旦成立，要约人即为合同当事人一方；②要约须向特定人发出；③要约的内容包括合同的主要条款。要约生效后，受要约人只是取得承诺资格，而没有承诺的义务。即使要约人单方在要约中宣布不向其答复即为承诺，对受要约人也不发生约束效力。

要约生效后，要约人在要约有效期限内不得随意变更或撤销要约。要约因以下情况不发生效力或效力终止：①要约被撤回。要约人撤回要约的通知必须先于要约到达或同期到达；②要约被拒绝；③要约有效期限届满。

要约在到达后，受要约人尚未做出承诺前可以撤销，但要约中已规定承诺期限的除外。

> 案例5—5 张某收集了很多奇石，张的好友沈某多次想购买，出价1万元，张某一直没同意。一个月后张某有急事需用钱，便打电话给沈某，说愿意以1万元的价格将自己收集的所有奇石转让给沈某，沈某表示第二天答复。于是张某将奇石卖给了他人。此案中在沈某未做出承诺之前买卖合同并未成立，第二天答复是沈某的要求，并非要约中规定的承诺期限，因此张某可卖与他人，但应通知沈某撤销其要约。

（2）承诺。是指受要约人向要约人作出的对要约完全接受的意思表示。一个有效的承诺必须具备以下条件：①承诺必须由受要约人向要约人作出。②承诺的内容必须与要约完全一致。若受要约人对要约的主要内容全部接受，而对其余部分变更或限制的，承诺视为成立。③承诺须在要约的有效期限内作出。若要约期限届满后受要约人作出同意要约的意思表示，视为新的要约。在承诺被撤回或承诺迟到的情况下，承诺不生效。

（三）合同的内容和形式

合同的主要条款构成了合同的主要内容，包括：当事人的名称或者姓名和住所；标的；数量；质量；价款或者报酬；履行期限，地点和方式；违约责任；解决争议的方法。

合同的形式是当事人建立合同关系意思表示的方式。有书面形式，口头形式和其他形式。口头合同是指依口头的（包括电话）意思表示方式而建立的合同。口头合同常常被建立相互信赖关系的当事人使用；书面合同是指用文字，包括电报，电传，传真，电子数据交换和电子邮件等的意思表示方式而建立的合同。尽管书面合同常有未尽事宜，但有利于督促当事人履行合同，有利于分清责任。除即时清结的交易之外，均应订立书面合同。当事人未以书面形式或者口头形式订立合同，但从双方从事的民事行为能够推定双方有订立合同意愿的，除法律另有规定的除外，可以认定当事人双方是"其他形式"订立的合同。

（四）分类合同

1. 转移财产权利的合同

买卖合同。买卖合同是出卖人转移标的物的所有权于买受人，买受人支付价款的合同。买卖合同是财产转让合同，卖方不仅要交付标的物给买方，而且要转移其所有权。买卖合同又是双务有偿合同，双方互为给付，一方交付标的物，另一方支付价款。

赠与合同。赠与合同是当事人一方无偿地将自己的财产给予他人的合同。当事人一方为赠与人，另一方为受赠人。赠与合同为无偿的单务合同。一般来说，赠与人表示了赠与财产的意思，受赠人表示接受该赠与，赠与合同即成立并生效。

借款合同。借款合同是借款人向贷款人借款，到期返还借款并支付利息的合同。借款合同除自然人之间借款另有约定的除外，应采用书面形式，并提供相应的担保。

租赁合同。租赁合同是出租人将租赁物交付给承租人使用，收益，承担人支付租金的合同。租赁合同是转移财产使用权的合同，承租方取得租赁物的使用权，却不享有所有权。租赁合同的形式，可以是口头形式，也可以是书面形式，但租赁期限在六个月以上的，应采用书面形式。租赁物在租赁期间发生所有权变更的，不影响租赁合同的效力，即买卖不破租赁。

融资租赁合同。融资租赁是一种贸易与信贷相结合，融资与融物为一体的综合性交易，是出租人根据承租人对出卖人、出租物的选择，向出卖人购买租赁物，提供给承租人使用，承租人支付租金的合同。

2. 完成工作成果的合同

承揽合同。承揽合同是指承揽人按照定作人的要求为之完成一定的任务并交付工作成果，定作人接受所完成的工作成果，并给付一定报酬的合同。

建设工程合同。建设工程合同是指承包人进行工程建设，发包人支付价款的合同。工程的投资建设单位为发包人，实施工程的勘察，施工等业务单位为承包人。建设工程合同包括勘察合同，设计合同和施工合同。

3. 提供劳务的合同

运输合同。运输合同是承运人将旅客或者货物从起运地点运输到约定地点，旅客，托运人或者收货人支付票款或者运费的合同。运输合同包括客运合同，货运合同和多式联运合同。

保管合同。保管合同是财产保管人保管寄存人交付的保管物，并按约定期限返还保管物的合同。保管合同可以是有偿合同，也可以是无偿合同。

仓储合同。仓储合同是保管人储存存货人交付的仓储物，存货人支付仓储费的合同。

委托合同。委托合同是指双方当事人约定，一方为他方处理事务的合同。受托人既可以以自己的名义处理事务，也可以以委托人的名义处理事务，但委托事务的法律后果及费用应由委托人承担，处理事务中所花费的费用也完全由委托人承担。委托合同的形式分为书面和口头合同两种。

行纪合同。行纪合同是指行纪人以自己的名义为委托人从事贸易活动，委托人支付报酬的合同。它是随着信托业务的发展而出现的，行纪人以自己的名义为委托人处理事务，直接与第三人发生关系，如代购代销，保险，期货业务都可通过行纪合同完成。

居间合同。居间合同是指居间人向委托人报告订立合同的机会或者提供订立合同的媒介服务，委托人支付报酬的合同。

技术合同。技术合同是当事人就技术开发转让，咨询或者服务订立的合同。技术合同从其权利义务关系上分为技术开发合同，技术转让合同，技术咨询合同和技术服务合同。

第六节　人　身　权

一、人身权的概念和特征

人身权是指法律赋予民事主体所享有的、具有人身属性而又没有直接财产内容的民事权利。人身权具有以下法律特征：①人身权与民事主体的人身密不可分。人身权是保障人的精神利益得以实现的权利形式，与民事主体的人身密切相连，因此人身权通常要依附于特定的民事主体，不能转让、赠与、继承；②人身权是非财产性权利。人身权都没有直接的财产价值，不直接体现民事权利主体的财产利益，不能用金钱进行衡量。

根据人身权产生的根据不同，人身权通常分为人格权与身份权两大类。人格权是以权利人的人格利益为客体的权利；身份权是基于主体特定身份而形成的权利。

二、人格权

人格权作为与生俱来的权利，只要公民出生、法人成立，就当然取得并受到法律的保护。生命健康、肖像、姓名、名称、名誉等各种民事主体享有的人格利益，是民事主体进行民事活动的前提。其中：生命权是自然人依法享有的生命不受非法侵害的权利；身体权是指自然人对其肢体、器官和其他组织的完整依法享有的权利；健康权是自然人依法享有的身体健康不受非法侵害的权利；姓名权（名称权）是公民依法享有的决定、使用、改变自己姓名并排除他人侵害的权利。名称权则是法人、个体工商户、个人合伙等社会组织依法享有的决定、使用、改变其名称，并排除他人侵害的权利；名誉权是指公民或者法人对自己在社会生活中获得的社会评价、人格尊严享有的不可侵犯的权利；肖像权是指公民通过各种形式在客观上再现自己形象而享有的专有权；隐私权又称个人生活秘密权，是指公民不愿公开或让他人知悉其个人秘密的权利。

> 案例 5—6　某医院在一次广告宣传中展出了某一性病患者的照片，并在说明中用推断性语言表述该患者系性生活不检点所致。患者得知这一情况后形成巨大精神压力。为此患者向法院提起诉讼，状告医院。根据我国民法规定，本案中医院已经侵犯了患者的肖像权和名誉权。我国民法没有规定隐私权的保护，事实上医院还侵犯了患者的隐私权。

三、身份权

在不同的社会发展阶段，身份权的内容不一样，我国民法通则规定的身份权的内容主要有：①亲权。是指父母基于其身份对未成年子女人身、财产方面的管教和保护的权利。父母对子女人身享有保护权、教育权、法定代理权与同意权；对子女财产享有管理权、处分权、使用收益权。②配偶权。是指婚姻关系存续期间，夫与妻互为配偶的一种身份权，包括姓名权、人身自由权、协助权。③亲属权。亲属是由婚姻、血缘和收养产生的人与人之间的社会关系。亲属权，是指父母与成年子女之、祖父母与孙子女、外祖父母与外孙子女、兄弟姐妹间的身份权。④荣誉权。是指公民、法人所享有的，因自己的突出贡献或特殊劳动成果而获得光荣称号或其他荣誉的权利。荣誉权与名誉权都表明了民事主体在社会中的信誉与评价。但是，荣誉的取得必须经过特定的程序，由国家机关或社会组织给予表彰的方式授予；名誉则是法律赋予每个公民与法人的，其取得不需要履行任何程序手续。

第七节　民　事　责　任

一、民事责任的概念和归责原则

民事责任是指民事主体因违反合同或者不履行其他法律义务，侵害财产权、人身权，而依法承担的民事法律后果。民事责任是保护民事权利的重要方式，是民法强制性的典型体现。根据不同情形，民事责任的归责原则不一样。

（1）过错责任原则。过错责任原则是我国民事责任最基本的归责原则，适用于大多数民事责任。过错是行为人的一种故意或过失的心理状态。过错违反的是对他人的注意义务，应当受到谴责和惩罚。

（2）无过错责任原则。无过错责任原则是指侵权行为的成立不以行为人的过错为成立要件，只要行为人的行为与损害结果之间存在因果关系，行为人就应当承担法律责任。无过错责任原则的适用范围由法律直接规定。

（3）公平责任原则当事人对造成损害都没有过错的，可以根据实际情况，由当事人分担民事责任。公平责任具有弥补过错责任和无过错责任在特殊情况下适用不公平的作用。

二、民事责任的构成要件

各类民事责任的构成要件不尽相同。例如，过错是过错责任的构成要件，但不是无过错责任的构成要件。通常，民事责任的构成要件：①有损害的事实。造成损害是民事责任的首要条件。在民法上，损害主要指财产损害、人身损害和精神损害。财产损害，是指因违约或者侵权行为等造成的财产减少；人身伤害，是指侵害人身权利而导致的财产损害；精神损害，是指除财产损害以外的精神利益和精神痛苦的损害。②行为违法。违反民法规定的行为才承担民事责任。违法行为包括违反合同约定或者不履行其他义务，以及侵害国家的、集体的财产，侵害他人财产、人身的行为。③违法行为与损害事实之间存在着因果关系。违法行为是造成损害结果的原因，损害结果是违法行为造成的。只有符合这种条件时，才能要求行为人对其行为导致的损害结果负责。④行为人有过错。这是对一般民事责任或者说过错责任的要求。过错包括故意和过失。故意是指行为人明知其行为的损害后果而希望或者放任其发生；过失是指行为人应当预见到其行为的损害结果，但因疏忽而未预见到，或者虽预见到了但轻信可以避免。

以上为民事责任的一般构成要件，在无过错责任和公平责任原则之下，则无论主观是否有过错，都应承担民事责任。

案例5—7　2010年某煤矿企业与外商签订了一份买卖1000吨焦煤的合同。如果按照正常的开采进度，将无法按时交货，违约将承担巨额违约金。煤矿决定使用露天爆破的方式进行采煤。该煤矿左边是养鸡场，右边是居民区。爆破的震动和噪音使居民无法正常休息，鸡的产蛋量大幅下降；煤灰的大量扩散，使周围居民患呼吸疾病的人数大大增加。居民和鸡场要求煤矿停止爆破，并赔偿损失。此案中煤矿的行为属环境侵权。环境污染造成他人损害的，应承担责任。环境责任的构成要件是：污染环境的违法行为、损害事实、污染行为与损害结果有因果关系。

三、民事责任的抗辩事由

民事责任的抗辩事由是指民事主体提出的目的在于使自己减轻或免除责任的事由。减轻或免除民事责任的主要事由有：

（1）不可抗力。不可抗力是不能预见、不可避免并不能克服的客观情况。因不可抗力不能履行合同或者造成他人损害的，不承担民事责任，但法律另有规定的除外。

（2）正当防卫。正当防卫是指在公共利益、他人和本人利益遭受不法侵害时，行为人为阻止损害所采取的给违法行为人的人身或者财产造成损害的措施。由于正当防卫给违法行为人造成的损害，不承担民事责任。但防卫超过必要的限度给他人造成不必要的损害的，应当承担适当的民事责任。

（3）紧急避险。紧急避险是指为避免公共利益、他人和本人利益遭受紧急危险的侵害，不得已采取的导致他人损害的行为。因紧急避险造成损害的，由引起险情发生的人承担民事责任。如果危险是由自然原因引起的，紧急避险人不承担民事责任或者承担适当的民事责任。因紧急避险采取措施不当或者超过必要的限度，造成不应有的损害的，紧急避险人应当承担适当的民事责任。

（4）受害人同意的行为。受害人事先明确表示愿意承担某种损害后果的，行为人不承担民事责任。但是，造成对方人身伤害或者因故意或者重大过失造成对方财产损失的，不能预先免除。

（5）依法执行职务的行为。按照法律的授权实施职务行为，给他人财产或者人身造成损害的，行为人不承担民事责任。

四、承担民事责任的方式

承担民事责任的方式有：

（1）停止侵害。权利人有权要求侵权人停止其侵权行为以防止侵害继续发展。

（2）排除妨碍。权利人有权要求违法行为人排除其违法行为，以不妨碍权利人的权利顺利实现。

（3）消除危险。违法行为可能造成侵权损害危险，应采取措施消除危险。

恢复原状　财产所有人有权责令侵权人修复因不法侵害而损坏的财物，恢复原来的形态。

（4）返还财产。责令侵权人把非法占有的财产返还给财产所有人。

（5）修理、重作、更换。债务人没有按约定或法律规定给付符合质量合格的产品，要负责对该产品进行修理、重作或更换。

（6）赔偿损失。因侵权行为给他人财产造成损失或损害，无法返还原物或恢复原状，要负赔偿责任。

（7）支付违约金。一方当事人不履行或者不完全履行合同时，应向对方给付法定或约定的一定数额的货币。

（8）消除影响、恢复名誉。这是一种非财产性质的民事责任方式，适用于人身权受损害的情况。

（9）赔礼道歉。这也是一种非财产性质的民事责任方式，适用于情节轻微的侵犯人身权的情况。

以上各种责任方式，可以单独适用，也可以合并适用。

☺热点问题5—3

精神损害赔偿责任如何承担？

＊精神损害赔偿应确定相应的赔偿标准，可设定最高额或最低额，为司法提供方便。①

＊＊精神损害赔偿不应确定同一的赔偿标准。精神损害赔偿案件各不相同。加害人过错程度、手段、后果，受害人受损害程度不同，各地政治经济文化发展情况也不同，制定统一标准，缺乏可操作性。②

第八节　诉　讼　时　效

一、诉讼时效的概念

诉讼时效是指权利人在法定期间内不行使权利即丧失请求人民法院依法保护其民事权利的法律制度。一旦诉讼时效期间届满，权利人则不再享有请求人民法院保护的权利。

诉讼时效与除斥期间是两个容易混淆的概念。除斥期间，又称预定期间，是指法律规定某种权利预定存在的期间，权利人在此期间不行使权利，预定期间届满，便发生该权利消灭的法律后果。而诉讼时效届满，实体权利本身并不因此而消灭。

二、诉讼时效期间的分类

诉讼时效期间分为普通诉讼时效期间和特殊诉讼时效期间。普通诉讼时效期间是指在一般情况下普遍适用的诉讼时效，我国民法通则规定，向人民法院请求保护民事权利的诉讼时效期间为2年，法律另有规定的除外。特殊诉讼时效期间是指法律规定的仅适用于某些特殊民事法律关系的诉讼时效期间。特殊诉讼时效期间又分为：①短期诉讼时效。是指时效期间不足两年的诉讼时效。身体受到伤害要求赔偿的、出售质量不合格的商品未声明的、延付或拒付租金的、寄存财物被丢失或者损毁的；②长期诉讼时效。是指时效期间在2年至20年之间的诉讼时效。涉外货物买卖合同争议提起诉讼或者仲裁的期限为4年；

① 姜梅：《检察日报》，2004年9月9日第3版。

② 杨振山、梁书文：《损害赔偿法及配套规定新释新解》，人民法院出版社2001版，第187页。

环境侵权诉讼时效为 3 年。

除诉讼时效外,我国民法还规定了权利的最长保护期,即从权利被侵害起超过 20 年的,人民法院不予保护。

三、诉讼时效期间的起算、中止、中断和延长

诉讼时效期间的起算。诉讼时效期间从知道或者应当知道权利被侵害时起计算。所谓"应当知道",是一种法律上的推定,不管当事人实际上是否知道权利受到侵害,只要客观上存在知道的条件和可能,即使当事人因主观过错,应当知道而没有知道其权利受到侵害的,也应当开始计算诉讼时效期间。

案例 5—8　宋某于 1982 年出国,后定居国外。走前宋某将在家乡宋镇的两间房屋委托朋友单某照看。1984 年单某因车祸死亡,宋某对此并不知晓。2004 宋某回国才知好友死亡,并发现早在 1985 年宋某在家乡的房屋已经被邻居黄某拆毁。宋某非常气愤,起诉黄某,可黄某却称诉讼时效已过,法院不应保护宋的所有权。诉讼时效期间从知道或者应当知道权利被侵害时起计算。本案中宋某的权利被侵害虽然是在 1985 年,但宋某并不知晓或应当知晓,诉讼时效期间应从 2004 年起算。由于最长保护期为 20 年,宋某的诉讼时效期间为 2004~2005 年。

诉讼时效的中止是指在诉讼时效进行中,因一定的法定事由的发生而使权利人无法行使请求权,暂时停止计算诉讼时效期间。在诉讼时效期间的最后六个月内,因不可抗力或者其他障碍不能行使请求权的,诉讼时效中止。诉讼时效中止的事由有:权利人死亡;权利人为无民事行为能力人或限制民事行为能力人而又无法定代理人;当事人双方有婚姻关系,婚姻关系的持续为时效中止的事由;当事人之间有法定代理关系。中止诉讼时效的原因消除后,时效期间继续计算。

诉讼时效的中断是指在诉讼时效进行中,因法定事由的发生致使已经进行的诉讼时效期间全部归于无效,诉讼时效期间重新计算。诉讼时效因提起诉讼、当事人一方提出要求或者同意履行义务而中断。

诉讼时效的延长是指在诉讼时效期间届满以后,权利人基于某种正当理由,向人民法院提起诉讼时,经人民法院调查确有正当理由而把法定时效期间予以延长。诉讼时效的延长发生在诉讼时效期间届满之后。在诉讼时效期间完成以后,如果权利人未能行使权利是由于某种特殊情况造成的,人民法院可根据具体情况酌情延长诉讼时效。

*　　　*　　　*

重要概念

民事法律关系　诚实信用　民事行为能力　民事权利能力　法人　合伙　共有　民事法律行为　代理　要约　承诺　无因管理　财产所有权　人身权　债权　不当得利　民事责任　诉讼时效

思考题

1. 我国民法调整的对象和基本原则。

2. 法人的概念及设立条件。

3. 狭义无权代理与表见代理的区别

4. 物权与债权的特征。

案例分析

1. 2002年申请人王某和村里的两个年轻人一块去深圳打工。2004年春节时王某的一个伙伴回来，带回王某打工所得的6000元钱和王某写给妻子的家书。但从此以后，王某便音信皆无。一连5年没有任何消息。2008年，王某的打工同伴李某返乡告之王妻其丈夫得了重病，在深圳抢救无效不幸身亡。王妻痛苦不堪，万般无奈，向人民法院申请宣告失踪人王某死亡。法院受理后，发出寻找失踪人王某的公告，1年后仍无任何消息，安岳县人民法院即判决宣告失踪人死亡。王某被宣告死亡后，家庭财产由其妻儿继承。李某告之王妻王某打工期间欠其8000元，要求代为偿还，同时王妻归还了王某生前的欠债。由于王某在打工期间，邻居李妈对王家颇为照顾，王妻付给李妈3000元以表感激之情。2009年，王妻带着孩子改嫁到邻村，改嫁不到一年时，王某突然返乡，看到妻子离去，财产已尽，顿感恼怒，于是，王某向法院提出申请，要求县人民法院撤销死亡报告，并确认其原有的婚姻关系有效，同时要求李某、李妈返还其财产。问：①在本案中，宣告死亡的判决是否有效？王某是否有权向法院申请撤销死亡宣告？②原告王某与其妻的婚姻关系是否自动恢复？③李某所得原告财产是否应当返还？原告能否对李妈所得3000元现金主张权利？

2. 甲将自己的3间私房出租给乙。后甲因做生意急需资金，对乙表示欲将此房出卖。乙表示愿意购买，与甲签订购房协议，约定房价为10万元，15日内付清。不久，乙依约付清房款，但因甲外出做生意，过户手续一直未办理，后丙听说此事，表示愿以12万元购买。甲即要求乙补交2万元，乙坚决反对提价，认为自己已交清房款，房子已属于自己所有，甲无权再要求补交房款。甲见状即将房子以12万元的价格卖给丙，并办了过户手续。丙据此限期要求乙腾房。乙认为自己买房在先，而且租期尚未届至，因此，拒绝腾房。问：①此房屋的所有权现应属于谁？②丙是否有权要求乙腾房？

第六章 婚姻法与继承法

💡 **教学要求**

通过学习本章，了解婚姻法的概念，掌握婚姻法的基本原则，掌握结婚的法定条件和禁止结婚的条件，了解无效与可撤销婚姻制度，了解继承与继承法的概念及基本原则，掌握继承的开始、继承权的丧失，掌握法定继承人的范围、法定继承的顺序，正确区分代位继承和转继承，了解遗嘱继承和遗赠的有关规定，了解遗产的处理。具备判断分析婚姻继承案例的能力。

第一节 婚姻法概述

一、婚姻家庭与婚姻法

（一）婚姻家庭

所谓婚姻，是为当时社会所确认的一男一女互为配偶的结合。其含义包括：①婚姻是男女两性的结合，这是婚姻的基本特性和前提条件，同性的结合是不能构成婚姻的；②婚姻必须是男女两性以终身共同生活为目的的两性结合；③婚姻为一男一女的结合，否则会构成法律所禁止的重婚；④男女的结合必须为当时的社会所确认，才具有夫妻身份并受到相应的保护。

所谓家庭，是以婚姻、血缘和共同经济为纽带而组成的亲属团体和生活单位。其含义包括：①家庭由一定范围的亲属组成，由婚姻、血缘和法律拟制而构成的亲属团体；②家庭是因其成员长期共同生活而形成的一个经济生活单位；③家庭成员间存在着明确的权利义务关系。婚姻家庭是人类社会发展到一定阶段出现的两性和血缘关系的社会形式。婚姻家庭是两个既有联系又有区别的社会关系，婚姻是家庭的前提，婚姻构成最初的家庭，家庭是婚姻成立的结果，家庭关系一般包括婚姻关系。

婚姻家庭是社会关系的特定形式，与其他社会关系不同，婚姻家庭具有自然属性和社会属性。婚姻家庭的自然属性，是指婚姻家庭赖以形成的自然因素。它体现了生物学、生理学规律在人类家庭方面的作用。具体表现在男女两性的差别、人类固有的性的本能、以及通过两性结合而形成的血缘联系等，都反映了婚姻家庭所固有的自然属性，没有自然属性，也就没有婚姻家庭。婚姻家庭的社会属性，是指社会制度赋予婚姻家庭的本质属性。作为社会关系特定形式的婚姻家庭，是出于社会生产和生活的客观需要而形成的。

（二）婚姻法

婚姻法亦称婚姻家庭法，是调整婚姻家庭关系的法律规范的总称。婚姻法调整的对象是婚姻家庭方面的人身关系以及由此产生的财产关系。其中，人身关系是主要的，财产关系则是依人身关系为转移的。婚姻法与其他法律相比，其特点首先表现为调整对象的广泛性，婚姻法与社会成员都有密切关系，在适用上具有普遍性；其次是调整对象身份的多重性。人们在家庭中，客观上处于多层次的法律关系中，如一个人可以具有儿子，丈夫，父亲，哥哥等不同的身份，享有不同的权利承担不同的义务。最后，是婚姻法的伦理性，在我国婚姻法中，特别是在对家庭成员权利和义务的规定中，都包含着道德规范的要求。

二、婚姻法的基本原则

我国《婚姻法》第2条规定："实行婚姻自由、一夫一妻、男女平等的婚姻制度。保护妇女、儿童和老人的合法权益。实行计划生育。"第3条规定："禁止包办、买卖婚姻和其他干涉婚姻自由的行为。禁止借婚姻索取财物。禁止重婚。禁止有配偶者与他人同居。禁止家庭暴力。禁止家庭成员间的虐待和遗弃。"第4条规定："夫妻应当互相忠实，互相尊重；家庭成员间应当敬老爱幼，互相帮助，维护平等、和睦、文明的婚姻家庭关系。"这三条规定，从正反两个方面，概括了我国婚姻法的七项基本原则的内容。

1. 婚姻自由原则

婚姻自由是婚姻法的最基本的原则，它是其他基本原则的根本所在。婚姻自由是指婚姻当事人有权依照法律规定决定自己的婚姻问题，不受任何人的强迫和干涉。

婚姻自由包括结婚自由和离婚自由两个方面。结婚自由指结婚必须出于男女双方的完全自愿，不许任何一方对他方加以强迫或任何第三者加以干涉。禁止包办、买卖婚姻和其他干涉婚姻自由的行为。禁止借婚姻索取财物。离婚自由是指在当事人双方感情破裂时，当事人有权提出解除婚姻的要求。结婚自由和离婚自由两者互相结合，构成了婚姻自由的完整内容。但婚姻自由不是绝对的，也受法律和道德的约束。婚姻自由决不意味着婚姻当事人可以在婚姻问题上随心所欲。结婚和离婚都关系到男女双方、子女、家庭和社会的利益，必须正当行使婚姻自由的权利。当事人必须按照法律规定的结婚和离婚的条件和程序行使婚姻自由的权利。

> 案例6—1　宋某，男，23岁。郭某，女，21岁。宋、郭二人是同村近邻，两小无猜，青梅竹马，一起长大，既是同乡，又是中小学同学。随着年龄的增长，两个人相爱，但郭某的父母嫌宋家贫穷，不答应此门婚事，并威迫说："宋某，你要娶我女儿也可以，立即送五万元彩礼，人归你。否则，我把她嫁给她姨表哥赵某。"宋某家穷，别说五万，就是一万元，也拿不出来。宋某与郭某两个人痛苦万分，想不出什么办法。2008年春的一天，两个人一狠心，抱头痛哭到深夜，投井而亡，以死抗争。
>
> 本案中，郭某的父母包办女儿的婚事，索取彩礼，逼迫女儿与恋人割断关系，终于造成了一对恋人自杀的惨剧。郭某的父母的行为构成了干涉婚姻自由的违法行为。另外，郭某和赵某是姨表兄，为三代以内的旁系血亲，根据婚姻法关于直系血亲和三代以内的旁系血亲禁止结婚的规定。郭某父母将其许配给赵某，也是违反我国婚姻法的，是错误的。

2. 一夫一妻原则

一夫一妻制是指一男一女结为夫妻的婚姻制度。它是社会发展的必然要求。按照这一制度，任何人只能有一个配偶，不允许同时有两个或两个以上的配偶，否则应依法制裁。

禁止重婚和其他破坏一夫一妻制的行为。所谓重婚，是指有配偶者又与他人结婚，或明知他人有配偶而与其结婚的违法行为。重婚关系在法律上是无效的，不仅要依法解除，而且应依《刑法》的有关规定以重婚罪追究刑事责任。

3. 男女平等原则

婚姻法上的男女平等，是指男女双方在婚姻家庭关系的一切方面，都享有平等的权利，承担平等的义务。

男女双方在婚姻家庭中的地位是否平等，取决于一定的社会制度。在我国的婚姻法中男女平等表现为：男女在结婚、离婚问题上，具有同等的权利和义务；夫妻在人身关系、财产关系上平等；父母抚育子女的权利和义务平等；不同性别的家庭成员之间关系平等。反对夫权思想和歧视妇女的旧传统。

4. 保护妇女、儿童和老人的合法权益原则

中国的妇女由于长期受封建社会重男轻女的影响，地位最低。所以在我国的婚姻法中明确规定了在婚姻方面要切实保护妇女的权益，如在分割夫妻共有财产时要照顾女方的利益，女方在怀孕期间和分娩后 1 年内，男方不得提出离婚等。法律不仅保护妇女在婚姻家庭中享有同男子平等的权益，而且还赋予妇女依法享有的特殊权益。这些内容的具体规定，集中、系统地体现在《妇女权益保障法》中。

保护儿童的合法权益，是巩固和发展社会主义婚姻家庭关系的需要。保障儿童的健康成长，是关系到国家和民族未来的大事。《未成年人保护法》对保护儿童的合法权益作了全面、系统的规定。它对促进未成年人在品德、智力、体质等方面全面发展具有极其重要的作用。

保护老年人的合法权益，尊老敬老是中华民族的优良传统和美德。老年人一生为国家、社会和家庭贡献了全部精力、创造了极大的物质和精神财富，在他们年老体衰、丧失劳动能力时，有权获得国家、社会的物质帮助和家庭的赡养。《老年人权益保障法》对强化家庭赡养与扶养责任和社会保障职能的发展，都作了详细的规定，以确保老年人的合法权益。

5. 实行计划生育原则

实行计划生育是我国的一项基本国策。在家庭中，夫妻双方均有实行计划生育的义务。这不仅是我国婚姻法确定的基本原则，也是我国宪法确定的基本原则。

☺ 热点问题 6—1

虽然实行计划生育是我国的基本国策，夫妻都有对国家实行计划生育的义务。但是，人们都认为生育也是每个人的权利。有关生育权问题在法律上确是一个未解决的重要问题。关于生育权的法律属性有不同看法：

＊ 生育权是一种人格权。[1]

＊＊ 生育权不是人格权，如果生育权是人格权，那这个人就不可能是人了。[2]

6. 夫妻应当互相忠实、尊重的原则

婚姻是夫妻双方以永久共同生活为目的的结合，夫妻应当互相忠实，即要求夫妻互守

---

① 杨遂全：《现行婚姻法的不足与民法典立法对策》，《法学研究》，2003 年第 2 期。
② 李小华：《生育权研究》，四川大学《青年法学论坛》，2002 年第 2 期。

"贞操"，不能有婚外性行为，保持性关系的专一、忠诚，它不仅是我国传统彰扬之美德，而且也是婚姻排他性的必然要求。这样规定，对于维护一夫一妻制原则，保护婚姻家庭和受害一方的权益，都具有重要的意义。这一规定，对于夫妻关系来说，既有规范性，又有导向性。法律要求夫妻互相忠实，并不意味着用法律手段强行维持感情确已破裂的夫妻关系。当因夫妻一方不忠实导致感情确已破裂的，在离婚的同时，受害的无过错方可以获得法律上的救济——请求损害赔偿。

7. 家庭成员敬老爱幼、互相帮助的原则

家庭成员间应当敬老爱幼，是指晚辈家庭成员应当对长辈家庭成员予以尊敬，使之欢愉地安度晚年；长辈家庭成员应当对晚辈家庭成员予以爱护。敬老爱幼与保护老人、儿童合法权益的原则，是从不同的角度加以规定的。保护儿童、老人合法权益，是指保护他们的人格权、财产权、知识产权、继承权等具体的权利，而敬老爱幼是在保护儿童、老人合法权益的基础上，根据儿童和老人特殊的生理、心理需要而提出的要求。

同时，法律要求家庭成员间互相帮助，即父母子女之间、兄弟姐妹之间、长辈与晚辈之间，要互相尊重人格，在思想、生活和经济方面互相关心和帮助，实现家庭的社会职能。如：教育、经济职能。

维护平等、和睦、文明的婚姻家庭关系，是指作为平等主体的家庭成员应当享有平等的权利，不得以强凌弱或对家庭成员实行差别待遇，提倡家庭成员间和睦相处、团结互助，避免无谓的纠纷，不断提高物质与精神文明程度。

以上是我国婚姻法的七项基本原则，它们是互相联系、互为补充的，构成了一个不可分割的整体。

第二节　结　婚

一、结婚的概念和条件

结婚是指男女双方依照法律规定的条件和程序，确立夫妻关系的行为。根据婚姻法的规定，结婚的条件包括必备条件和禁止条件两个方面。

（一）结婚的必备条件

1. 必须男女双方完全自愿

我国《婚姻法》第5条规定："结婚必须男女双方完全自愿，不允许任何一方对他方加以强迫和任何第三者加以干涉。"这是婚姻自由原则在结婚问题上的具体体现。就是说男女双方结婚完全是自觉自愿的行为，在法定条件下，是否结婚、与谁结婚，完全取决于当事人的自愿。不允许包括父母在内的他人强迫和干涉。

2. 必须达到法定婚龄

法定婚龄是指法律允许结婚的最低年龄，即在此年龄的基础上始得结婚，在此年龄以下不得结婚。《婚姻法》第6条规定：结婚年龄男不得早于22周岁，女不得早于20周岁。晚婚晚育应予鼓励。只有达到这一年龄的男女青年方允许结婚，但并不是说到了这一年龄就一定要结婚，因而并不是任何公民都可以成为结婚的主体。

3. 必须符合一夫一妻制

我国实行一夫一妻制，禁止重婚。《婚姻登记条例》第6条规定"办理结婚登记的当事人有下列情形之一的，婚姻登记机关不予登记；……（三）一方或者双方已有配偶的；……。"构成重婚罪的，依法追究刑事责任。

（二）结婚的禁止条件

1. 直系血亲和三代以内的旁系血亲间禁止结婚

直系血亲是指具有直接血缘关系的亲属，即生育自己和自己所生育的上下各代亲属。旁系血亲指具有间接血缘关系的亲属，即非直系亲属但在血缘上和自己同出一源的亲属。三代以内的旁系血亲的计算法是，从己身和该旁系血亲分别上数至同源最近的直系血亲，如果两边均为三代以内，则断定该亲属为三代以内旁系血亲，如果其中一边超出三代，则予以否定。计算时应包括己身的世代及该旁系血亲本身的世代。

直系血亲间不得结婚，是各国立法的通例。但各国对于旁系血亲间禁止结婚的规定则不尽相同。《婚姻法》明确禁止三代以内的旁系血亲结婚，目的在于禁止中表婚，提高人口素质，保障下一代的健康。禁止近亲结婚，是基于优生学的理论和伦理观念的要求。

2. 患有医学上认为不应当结婚的疾病，禁止结婚

患有医学上认为不应当结婚的疾病，禁止结婚，这主要是为了保护子女后代的身体健康及双方当事人的利益。

> 案例6—2　李男的祖父与王女的母亲是亲兄妹，李、王二人自幼一起长大，感情很好，于是在2010年（李男21周岁，王女20周岁）时，想要登记结婚，村中有老辈人指出两人有血缘关系，不能结婚，出面阻挠。本案中老辈人的阻挠不能成立。因为李男与王女的亲属关系已超出了我国婚姻法所禁止的范围，即直系血亲和三代以内旁系血亲，他们是四代以内旁系血亲，不在禁止结婚之列。但是，他们在2010年尚不能结婚。我国婚姻法规定法定婚龄男不得早于22周岁，女不得早于20周岁。李男未达法定婚龄，他们还不能登记结婚。

二、结婚登记

结婚登记是指婚姻关系成立的法定程序。在我国，结婚不但要符合结婚条件，而且要进行结婚登记，两者缺一不可。《婚姻法》第8条规定"要求结婚的男女双方必须亲自到婚姻登记机关进行结婚登记。符合本法规定的，予以登记，发给结婚证。取得结婚证，即确立夫妻关系。未办理结婚登记的，应当补办登记。"结婚登记的目的是保障婚姻自由，实行一夫一妻、男女平等的婚姻制度，保护婚姻当事人的合法权益，防止违反婚姻法行为的发生。

（一）结婚登记的机关

《婚姻登记办法》规定：内地居民办理婚姻登记的机关是县级人民政府民政部门或者乡（镇）人民政府，省、自治区、直辖市人民政府可以按照便民原则确定农村居民办理婚姻登记的具体机关。中国公民同外国人，内地居民同香港特别行政区居民（以下简称香港

居民)、澳门特别行政区居民(以下简称澳门居民)、台湾地区居民(以下简称台湾居民)、华侨办理婚姻登记的机关是省、自治区、直辖市人民政府民政部门或者省、自治区、直辖市人民政府民政部门确定的机关。

(二)结婚登记的程序

1. 结婚登记申请

内地居民结婚,男女双方应当共同到一方当事人常住户口所在地的婚姻登记机关申请结婚登记。中国公民同外国人在中国内地结婚的,内地居民同香港居民、澳门居民、台湾居民、华侨在中国内地结婚的,男女双方应当共同到内地居民常住户口所在地的婚姻登记机关办理结婚登记。

办理结婚登记的内地居民应当出具下列证件和证明材料:本人的户口簿,身份证,本人无配偶以及与对方当事人没有直系血亲和三代以内旁系血亲关系的签字声明。

办理结婚登记的香港居民、澳门居民、台湾居民应当出具下列证件和证明材料:本人的有效通行证,身份证,经居住地公证机构公证的本人无配偶以及与对方当事人没有直系血亲和三代以内旁系血亲关系的声明。

办理结婚登记的华侨应当出具下列证件和证明材料:本人的有效护照,居住国公证机构或者有权机关出具的、经中华人民共和国驻该国使(领)馆认证的本人无配偶以及与对方当事人没有直系血亲和三代以内旁系血亲关系的证明,或者中华人民共和国驻该国使(领)馆出具的本人无配偶以及与对方当事人没有直系血亲和三代以内旁系血亲关系的证明。

办理结婚登记的外国人应当出具下列证件和证明材料:本人的有效护照或者其他有效的国际旅行证件,所在国公证机构或者有权机关出具的、经中华人民共和国驻该国使(领)馆认证或者该国驻华使(领)馆认证的本人无配偶的证明,或者所在国驻华使(领)馆出具的本人无配偶的证明。

2. 询问和审查

婚姻登记机关应当对结婚登记当事人出具的证件、证明材料进行审查并询问相关情况。

3. 登记

对当事人符合结婚条件的,婚姻登记机关应当当场予以登记,发给结婚证;对当事人不符合结婚条件不予登记的,应当向当事人说明理由。

三、无效婚姻与可撤销婚姻

(一)无效婚姻

无效婚姻和可撤销婚姻是指由于在结婚的条件和程序上存在缺陷,因而已登记的婚姻关系不具有法律效力的情况。

1. 无效婚姻的事由

我国《婚姻法》第10条规定:"有下列情形之一的,婚姻无效:①重婚的;②有禁止结婚的亲属关系的;③婚前患有医学上认为不应当结婚的疾病、婚后尚未治愈的;④未到法定婚龄的"。这一规定与世界各国的规定大体一致，在任何国家里，婚姻无效的事由都是与婚姻的法定要件相适应的，一些国家将违反公益要件的婚姻视为无效婚姻，违反私益要件的婚姻视为可撤销婚姻。我国只将违反当事人意愿的婚姻视为可撤销婚姻，其余均为无效婚姻。

重婚是婚姻无效的首要原因，它是对一夫一妻制的严重践踏。违反一夫一妻制在大多数国家都作为无效婚姻的事由。

近亲结婚严重违反了"禁止直系血亲和三代以内旁系血亲结婚的规定"，其婚姻不应当产生法律效力。

疾病婚是指婚前即患有医学上认为不应当结婚的疾病，婚后又没有治愈的，其婚姻不产生法律效力。但婚后该疾病已治愈的，不得宣告婚姻无效。

未达适婚年龄也是婚姻无效的重要原因。凡男女双方或一方不到法定婚龄结婚的，其婚姻无效，但应在法定婚龄届至前提出，如发现或宣告时当事人已达法定婚龄的，不应再宣告婚姻无效。

当事人就上述事由向人民法院申请宣告婚姻无效的，应以该无效的情形依然存在为前提，无效婚姻的情形已经消失的，如重婚已经解除，疾病已经治愈、年龄已达法定婚龄的，根据最高人民法院的司法解释，人民法院对宣告婚姻无效的申请不予支持。

☺ 热点问题 6—2

关于未达到法定婚龄的无效婚姻问题的解决有不同看法：

＊ 婚龄问题与社会利益关系不大，我国的法定婚龄规定得偏高，应当把这种婚姻的无效诉权交给当事人自主决定。[1]

＊＊ 如果法定婚龄确实偏高，只能通过立法修改，不能通过放纵违法婚姻的办法，损害法律的严肃性。应该准许对未成年人负有保护责任的组织提起婚姻无效的诉讼。[2]

2. 确认婚姻无效的程序

在我国确认婚姻无效的机关是婚姻登记机关和人民法院。当事人可以依行政程序到婚姻登记机关申请宣告婚姻无效，也可以依诉讼程序到人民法院申请宣告婚姻无效。（有权依据《婚姻法》第10条的规定向人民法院就已办理结婚登记的婚姻，申请宣告婚姻无效的主体，包括婚姻当事人及利害关系人。）所谓利害关系人因不同的无效情形而有所不同，包括：①以重婚为由申请宣告婚姻无效的，为当事人的近亲属及基层组织；②以未到法定婚龄为由宣告婚姻无效的，为未达法定婚龄者的近亲属；③以有禁止结婚的亲属关系为由申请宣告婚姻无效的，为当事人的近亲属；④以婚前患有医学上认为不应当结婚的疾病，婚后尚未治愈为由申请宣告婚姻无效的，为与患病者共同生活的近亲属。

人民法院审理宣告婚姻无效案件，对婚姻效力的审理不适用调解，应当依法作出判决；有关婚姻效力的判决一经作出，即发生法律效力，没有上诉期。婚姻法有关婚姻成立要件的规定是强行性规范，而不是任意性规范，承认还是否认婚姻的有效性，不是当事人

---

① 黄松有：《婚姻法司法解释的理解与适用》，中国法制出版社，2002年版，第34页。

② 杨遂全：《现行婚姻法的不足与民法典立法对策》，《法学研究》，2003年第2期。

可以自由处分的权利。当事人之间的结合是否具有婚姻成立的法律效力，只能由法院依据客观事实依法确定。

（二）可撤销婚姻

可撤销婚姻又称婚姻撤销，在我国是指男女双方或一方缺乏结婚的合意，因受他方的胁迫而结合的违法婚姻。《婚姻法》第11条规定："因胁迫结婚的，受胁迫的一方可以向婚姻登记机关或人民法院请求撤销该婚姻。受胁迫的一方撤销婚姻的请求，应当自结婚登记之日起1年内提出。被非法限制人身自由的当事人请求撤销婚姻的，应当自恢复人身自由之日起1年内提出。"

1. 撤销婚姻的事由

撤销婚姻的原因是一方或双方受胁迫。也就是说男女双方，或一方并无成立婚姻的合意，而是受到他方的胁迫而成立的婚姻。根据2001年12月24日《最高人民法院关于适用婚姻法的司法解释（一）》，所谓胁迫是指行为人以给另一方当事人或者其近亲属的生命、身体健康、名誉、财产等方面造成损害为要挟，迫使另一方当事人违背真实意愿结婚的情况。因受胁迫而同意结婚，是意思表示的重大瑕疵，严重违背婚姻自由的原则。婚姻自由是我国婚姻法的一项基本原则，也是我国宪法赋予每个公民的一项基本权利。婚姻自由的核心就是婚姻当事人有权按照法律的规定，决定自己的婚姻问题，不受任何人的强迫和干涉。而因胁迫所造成的非自愿婚恰好违反了这一基本原则，它不是男女当事人真实的意思表示。同时，婚姻是男女两性以永久共同生活为目的的结合，双方必须意思表示真实一致。如果一方以胁迫的方式威胁、逼迫对方与其结婚，使对方在恐惧中被迫作出同意结婚的意思表示，这种同意不是当事人真实的意思表示，应当予以撤销。

2. 撤销婚姻的程序

在我国有权撤销婚姻的机关是婚姻登记机关和人民法院。当事人可以依行政程序到婚姻登记机关申请撤销婚姻，也可以依诉讼程序到人民法院申请撤销婚姻。当事人以结婚登记程序存在瑕疵为由提起民事诉讼，主张撤销结婚登记的，人民法院应告知其可以依法申请行政复议或者提起行政诉讼。撤销婚姻的请求权专属于受胁迫的一方当事人本人，其他人无权要求撤销该婚姻。因为涉及当事人主观意愿的行为，只能由当事人自己作出，其他人无法代其作出判断。

为了保障婚姻关系的稳定，婚姻法对撤销婚姻明确规定了除斥期间，即结婚登记之日起一年内提出。超过了该期间的，受胁迫一方不可再提出撤销婚姻的请求，而应按离婚程序处理。因为，当事人在被迫结婚的一年期间完全有提出撤销婚姻请求的条件，当事人不及时行使权利的，视为对胁迫婚姻的认可，从而使该婚姻合法化。考虑到被非法限制人身自由的当事人无法及时行使撤销权利，婚姻法还规定，被非法限制人身自由的当事人请求撤销婚姻的，应当自恢复人身自由之日起1年内提出。即除斥期间自恢复人身自由之日起开始计算。

（三）无效婚姻与可撤销婚姻的法律后果

我国婚姻法对无效婚姻与可撤销婚姻均采有追溯力的法律后果。《婚姻法》第12条规定："无效或被撤销的婚姻，自始无效。当事人不具有夫妻的权利和义务，同居期间所得的财产，由当事人协议处理，协议不成时，由人民法院根据照顾无过错方的原则判决。对重婚导致的婚姻无效的财产处理，不得侵害合法婚姻当事人的财产权益。当事人所生的子女，适用本法有关父母子女的规定"。根据这一规定，无效婚姻和可撤销婚姻法律效力相同，均为自始无效，从婚姻成立之日起即不产生法律效力。因此，对当事人而言，因婚姻的无效与被撤销，将会产生以下法律后果。

1. 婚姻无效或被撤销的当事人之间的人身和财产关系问题

婚姻无效或被撤销的当事人之间不具有基于婚姻的效力而发生的夫妻间的权利义务关系，即双方之间不适用法律有关合法婚姻的夫妻人身关系和夫妻财产关系的规定。就人身关系而言，在姓名权、人身自由权等问题上，不适用婚姻法关于夫妻姓名权和人身自由权的规定，而应该按其他法律的有关规定处理。而在财产关系上，双方当事人相互之间没有法定的扶养义务，任何一方不可基于同居关系，要求对方扶养。但当事人同居期间所得的财产，按共同共有处理，即可以适用民法共同共有的规定，除非当事人对同居期间的财产订立分别所有的契约，或有证据证明为一方所有外，男女双方在同居期间，一方的工资奖金、生产经营的收益、知识产权的收益以及因继承、遗赠、赠与等所获得的合法收入，都应归共同所有。对于同居期间双方为共同生产、生活而形成的债务，应按共同债务处理，可由双方协议由双方或者有能力的一方偿还。对同居期间的财产的处理，首先应由当事人协议，协议不成时，由人民法院根据照顾无过错方的原则判决。

2. 婚姻无效或被撤销后的子女抚养问题

在无效婚姻期间受胎而出生的子女，因其父母没有合法的婚姻关系，应为非婚生子女。但婚姻法明确规定，非婚生子女享有与婚生子女同等的法律地位，任何人都不得危害和歧视非婚生子。因此，对于在无效婚姻或可撤销婚姻期间出生的子女，父母子女间的权利义务，不受父母婚姻无效或被撤销的影响，父母的婚姻被宣告无效或被撤销之后，有关子女的归属及抚养费的负担等问题要适用婚姻法有关父母子女的规定处理。

3. 对重婚导致的婚姻无效的财产处理问题

重婚违反一夫一妻制的行为，在重婚关系中，重婚者可能有两个以上的配偶，在确认后婚无效的同时，在对后婚同居期间的财产进行处理时，首先要保护合法婚姻当事人应得的财产，不得侵害合法婚姻当事人的财产权利，有过错的一方应少分或不分财产。为了更好地保护合法婚姻当事人的利益，人民法院在审理重婚导致的无效婚姻案件时，涉及财产处理的应当准许合法婚姻当事人作为有独立请求权的第三人参加诉讼。

第三节 离 婚

离婚是指夫妻双方依照法定条件和程序，解除婚姻关系的民事法律行为。我国婚姻法从巩固和改善婚姻家庭关系出发，既保障离婚自由，又防止轻率离婚，同时还对离婚后的子女抚育教育和夫妻共同财产处理等问题作了明确规定。

一、离婚的程序

离婚有男女双方自愿离婚和男女一方要求离婚两种情况，因而我国婚姻法规定的离婚程序有登记离婚与诉讼离婚之分。

（一）登记离婚

登记离婚制度，是指允许婚姻当事人通过行政程序解除婚姻关系的法律制度。我国《婚姻法》第 31 条规定："男女双方自愿离婚的，准予离婚。双方须到婚姻登记机关申请离婚。婚姻登记机关查明双方确实是自愿并对子女和财产问题已有适当处理时，应即发给离婚证。"婚姻登记机关对离婚申请的审查过程，同时也是帮助双方当事人对离婚再作考虑的过程。离婚协议书应当载明双方当事人自愿离婚的意思表示以及对子女抚养、财产及债务处理等事项协商一致的意见。办理离婚登记的当事人有下列情形之一的，婚姻登记机关不予受理：①未达成离婚协议的；②属于无民事行为能力人或者限制民事行为能力人的；③其结婚登记不是在中国内地办理的。

（二）诉讼离婚

诉讼离婚制度，是指夫妻一方当事人基于法定理由，向人民法院提起离婚之诉，因法院调解或判决而解除婚姻关系的法律制度。我国《婚姻法》第 32 条第 1 款规定："男女一方要求离婚的，可由有关部门进行调解或直接向人民法院提出离婚诉讼。"这就是说，男女一方坚决要求离婚的，既可先由诉讼程序以外的有关部门调解，也可以直接依诉讼程序由人民法院审理。经有关部门调解的，如果双方和好，则继续保持夫妻关系；如果一方坚决要求离婚，一方坚持不同意离婚。则由要求离婚的一方向人民法院起诉。诉讼外调解不是人民法院审理离婚案件的必经程序。

上条第 2 款规定："人民法院审理离婚案件，应当进行调解；如感情确已破裂，调解无效，应准予离婚。"这一规定表明：①法院调解是人民法院审理离婚案件的必经程序；②人民法院判决离婚案件，应以感情是否确已破裂作为准予离婚或者不准离婚的原则界限。

人民法院调解不同于有关部门的调解，它是国家审判机关行使审判职能的一种方式。经过法院调解，如果双方同意和好，则按撤诉终结诉讼；如果双方协议离婚，则发给离婚调解书，调解书与判决书具有同等的法律效力；如果调解无效，则根据双方感情是否确已破裂，依法判决准予离婚或者不准离婚。

二、判决离婚的法定理由

"夫妻感情确已破裂"是判决离婚的法定理由。判断夫妻感情是否确已破裂，不能只有当事人的态度，需要从原来的婚姻基础、婚后的感情、要求离婚的原因、夫妻关系的现状以及有无和好的可能等多方面进行分析，才能正确认定，这是判断夫妻感情是否确已破裂的主观标准。

根据我国《婚姻法》第 32 条的规定：认定夫妻感情确已破裂的具体标准是：①重婚或有配偶者与他人同居的；②实施家庭暴力或虐待、遗弃家庭成员的；③有赌博、吸毒等恶习屡教不改的；④因感情不和分居满 2 年的；⑤其他导致夫妻感情破裂的情形。上述所列的可视为夫妻感情破裂应予离婚的情形，并非只有这四种情况，才能认定夫妻感情确已破裂。其他原因导致夫妻感情确已破裂的，在一方坚决要求离婚，调解无效的情况下，也应准予离婚。

准予离婚的客观标准是一方被宣告失踪，另一方提出离婚诉讼的，应准予离婚。这一客观标准不是以夫妻感情是否确已破裂作为判决离婚的标准，而是以配偶一方失踪的事实来推定婚姻的存在已无实际意义。

> 案例 6—3   方某，男，48 岁。乔某，女，42 岁。1983 年，方某征得乔母同意，与乔某明确了恋爱关系，于 1989 年结婚，婚后感情尚好，生一女孩（现年 20 岁，已工作）。1995 年方某与一女技术员发生不正当男女关系，导致方、乔二人感情日益恶化。2003 年，方某提出离婚。经一、二审法院判决不准离婚。此后，双方均无和好行为，经常吵架，分居达 7 年之久。2010 年方再次向法院起诉要求与乔离婚。法院经过调查，认为方、乔二人的婚姻关系名存实亡，遂判决准予二人离婚。本案中，从方、乔二人婚姻基础来看是较好的。但从夫妻双方关系的现状看，实际停止了夫妻间的权利和义务关系，这样的婚姻已经死亡，没有和好的可能。法院根据婚姻法规定，判决准予他们离婚，是正确的，这对于双方以及整个社会是都有益的。

三、关于离婚问题的两项特殊规定

1. 关于现役军人配偶要求离婚的特殊规定

现役军人的配偶要求离婚，需征得军人同意，但军人一方有重大过错的除外。这是从实体法角度对军人婚姻的特殊保护。

2. 在一定期间内限制男方离婚请求权的规定

女方在怀孕期间、分娩后一年内或终止妊娠后 6 个月内男方不得提出离婚。女方提出离婚的，或人民法院认为确有必要受理男方离婚请求的不在此限。这是法律对妇女、儿童权益的特殊保护。

四、离婚后子女的抚养、财产处理和经济帮助

1. 离婚后子女的抚养问题

《婚姻法》第 29 条第 3 款规定："离婚后，哺乳期内的子女，以随哺乳的母亲抚养为原则。哺乳期后的子女，如双方因抚养问题发生争执不能达成协议时，由人民法院根据子女的权益和双方的具体情况判决。"关于抚养费的负担，婚姻法第 30 条第 1 款规定："离婚后，一方抚养的子女，另一方应负担必要的生活费和教育费的一部分或全部"。离婚后，双方对子女都有抚养教育的义务，而且承担的义务是平等的，在子女由一方抚养的情况下，他方理应依法负担必要的费用。

2. 离婚后的财产处理

在处理离婚的财产时首先应分清财产的性质，这是正确处理财产问题的关键。根据婚姻法的规定，夫妻在婚姻关系存续期间所有财产，有平等的处理权，离婚时对夫妻共同财产由双方协议处理；协议不成，由人民法院根据财产情况，照顾女方和子女权益的原则判

决；原为夫妻共同生活所负的债务，以共同财产偿还。

此外，根据《最高人民法院关于适用〈中华人民共和国婚姻法〉若干问题的解释（三）》的规定，夫妻一方婚前签订不动产买卖合同，以个人财产支付首付款并在银行贷款，婚后用夫妻共同财产还贷，不动产登记于首付款支付方名下的，离婚时该不动产由双方协议处理。双方不能达成协议的，人民法院可以判决该不动产归产权登记一方，尚未归还的贷款为产权登记一方的个人债务。双方婚后共同还贷支付的款项及其相对应财产增值部分，离婚时由产权登记一方对另一方进行补偿。婚姻关系存续期间，双方用夫妻共同财产出资购买以一方父母名义参加房改的房屋，产权登记在一方父母名下，离婚时另一方主张按照夫妻共同财产对该房屋进行分割的，人民法院不予支持。购买该房屋时的出资，可以作为债权处理。夫妻之间订立借款协议，以夫妻共同财产出借给一方从事个人经营活动或用于其他个人事务的，应视为双方约定处分夫妻共同财产的行为，离婚时可按照借款协议的约定处理。

3. 经济帮助问题

离婚后，虽然夫妻关系解除了，夫妻间的权利义务也不存在了，但离婚时如果一方的经济条件不能维持其生活，他方有责任在经济上给予帮助。这种离婚时的经济帮助，对男女双方都适用。接受帮助的一方可以是男方，也可以是女方。

第四节 家庭关系

一、夫妻关系

夫妻关系是指男女双方因结婚而产生的相互间在人身和财产方面的权利和义务关系。夫妻关系是产生其他家庭成员关系的基础，夫妻关系包括夫妻人身关系和夫妻财产关系。

（一）夫妻人身关系

夫妻人身关系是指没有直接财产内容的夫妻人格和身份方面的权利义务关系。具体内容如下：①夫妻双方都有使用自己姓名的权利；由于婚姻双方地位平等，没有相互主从关系，婚后无须改变各自姓氏，当然双方另有约定的除外。夫妻享有姓名权还表现在子女姓氏的确定上，子女可以随父姓，也可以随母姓。②夫妻双方都有参加生产、工作、学习和社会活动的自由，一方不得对他方加以干涉和限制。③夫妻双方都有实行计划生育的义务。④夫妻双方都有抚养教育子女的权利和义务。

（二）夫妻财产关系

夫妻财产关系是由夫妻人身关系派生出来的财产关系，主要涉及夫妻财产制、夫妻间的扶养义务和夫妻财产继承权等内容。

1. 夫妻财产制

我国婚姻法对夫妻财产制规定了共同所得共同制、夫妻约定财产制和夫妻个人特有财产制度。

夫妻共同财产制是指夫妻双方在婚姻存续期间所得的财产，即从男女登记结婚之日起，到夫妻离婚或配偶一方死亡时为止，在这特定期间内，夫妻对其财产未作约定或约定不合法、不明确的情况下，夫妻所得的财产归夫妻双方共同所有。《婚姻法》第17条规定："夫妻在婚姻关系存续期间所得的下列财产，归夫妻共同所有：（1）工资、奖金；（2）生产、经营的收益；（3）知识产权的收益；（4）继承或赠与所得的财产，但本法第18条第3项规定的除外；（5）其他应当归共同所有的财产。夫妻对共同所有的财产，有平等的处理权。"

婚姻关系存续期间，夫妻一方请求分割共同财产的，人民法院不予支持，但有下列重大理由且不损害债权人利益的除外：（1）一方有隐藏、转移、变卖、毁损、挥霍夫妻共同财产或者伪造夫妻共同债务等严重损害夫妻共同财产利益行为的；（2）一方负有法定扶养义务的人患重大疾病需要医治，另一方不同意支付相关医疗费用的。

夫妻个人特有财产制度。《婚姻法》第18条规定："有下列情形之一的，为夫妻一方的财产，双方另有约定的除外：（1）一方所有婚前财产；（2）一方因身体受到伤害获得的医疗费、残疾人生活补助费等费用；（3）遗嘱或赠与合同中确定只归夫或妻一方的财产；（4）一方专用的生活用品；（5）其他应当归一方的财产"。其他应当归一方的财产主要指：夫妻一方个人财产在婚后产生的孳息和自然增值收益；婚后由一方父母出资为子女购买的不动产，产权登记在出资人子女名下的不动产；由双方父母出资购买的不动产，产权登记在一方子女名下的，该不动产可认定为双方按照各自父母的出资份额按份共有，但当事人另有约定的除外。这一规定确立了我国的夫妻个人特有财产制度，明确了夫妻个人特有财产的范围。

夫妻约定财产制。《婚姻法》第19条规定："夫妻可以约定婚姻关系存续期间所得的财产以及婚前财产归各自所有、共同所有或部分各自所有、部分共同所有。约定应当采用书面形式。没有约定或约定不明确的，适用本法第17条、第18条的规定。夫妻对婚姻关系存续期间所得的财产以及婚前财产的约定；对双方具有约束力。"依照《婚姻法》第19条的规定，约定财产制与法定财产制二者可以同时并用，但前者的效力高于后者，即有约定从约定，无约定或约定无效的从法定。第19条第2款规定："夫妻对婚姻关系存续期间所得的财产以及婚前财产的约定，对双方具有约束力。"约定一经生效，夫妻双方即应按约定的内容享受权利、承担义务。婚姻终止分割财产时，有约定的，按约定处理；约定不符合法定条件部分无效的，有效部分适用约定，全部无效的，适用法定共同财产制。

为了维护交易安全和第三人的利益，《婚姻法》第19条第3款规定："夫妻对婚姻关系存续期间所得的财产约定归各自所有的，夫或妻一方对外所负的债务，第三人知道该约定的，以夫或妻一方的财产清偿。"夫妻财产约定是特定主体间的法律行为，其效力不当然及于第三人，只有在第三人明知的情况下，才对第三人具有抗辩力。换言之，实行分别财产制的夫妻，对外举债时，债权人不知道其财产约定状况的，无论是否以夫妻个人名义举债，对所欠之债均应以夫妻共同财产清偿。但当第三人明知该对夫妻适用分别财产制，且以夫妻之一方名义举债，则债务人仅为举债之一方，只能要求以该方的财产清偿。

在夫妻财产关系中，既有夫妻共同财产，也有夫妻个人财产。作为夫妻一方个人所有的财产，应由其本人占有、管理、支配和处分，他人无权干预；在离婚时，归个人所有，他人无权分割；在财产所有人死亡时，应划入遗产的范围，按继承法处理。

2. 夫妻有相互扶养的义务

我国《婚姻法》第 20 条规定："夫妻有互相扶养的义务。一方不履行扶养义务时，需要扶养的一方，有要求对方付给扶养费的权利。"夫妻互负扶养义务，对保障夫妻正常生活，加强夫妻间在物质上的帮助和生活上相互照料的责任，具有重要意义。在通常情况下，夫妻间的扶养一般不发生问题。在一方无固定收入和缺乏生活来源，或出于年老、患病等原因需要扶养时，另一方应依法自觉地履行扶养义务。

为了保障夫妻相互扶养义务的履行，满足权利人的正当需要，婚姻法规定了对不履行义务一方的强制性条款，赋予权利人依法追索扶养费的请求权。享有请求权的人，必须是无独立生活能力或生活有困难的一方。该方有权通过人民调解委员会的调解程序或直接通过人民法院的诉讼程序，要求对方付给扶养费。调解无效时，法院可判决、强制义务人履行义务，对于情节恶劣的义务人，应依法追究其刑事责任。

3. 夫妻有互相继承遗产的权利

我国《婚姻法》第 24 条规定："夫妻有互相继承遗产的权利。"这一规定是与继承法关于夫妻法定继承权的规定相互吻合的。在继承法中，是将夫妻作为第一顺序继承人加以规定的。

二、父母子女关系

（一）父母子女关系的形成

父母子女关系，包括父母与亲生子女之间的关系、养父母与养子女之间的关系和继父母与继子女之间的关系。

父母与亲生子女关系的形成是基于有血缘关系的子女出生为法律事实。父母与亲生子女关系可分为父母与婚生子女的关系和父母与非婚生子女的关系两种情况。婚生子女是指缔结了婚姻关系的父母所生的子女。非婚生子女是指没有合法的婚姻关系的父母所生的子女。我国《婚姻法》第 25 条明确规定："非婚生子女享有与婚生子女同等的权利，任何人不得加以危害和歧视。非婚生子女的生父，应负担子女必要的生活费和教育费的一部分或全部，至子女能独立生活为止。"

养父母与养子女关系的形成，是基于收养关系的成立。收养是指依照法律规定的条件和程序，收养他人子女为自己子女的法律行为。婚姻法保护合法的收养关系。养父母和养子女间的权利义务。适用婚姻法对父母子女关系的有关规定。养子女和生父母间的权利义务，因收养关系的成立而消除。

继父母与继子女关系的形成，是基于父母再婚的法律事实；夫与前妻所生的子女为妻之继子女，妻为继子女的继母；妻与前夫所生的子女为夫之继子女，夫为继子女的继父。继父母与继子女的关系是否适用婚姻法对父母子女关系的有关规定，应以双方是否形成抚养关系而定。如果双方形成了抚养关系，即继父或继母把继子女抚养教育成人，则双方视同父母子女关系；如果未形成抚养关系，则没有父母子女之间的权利义务关系。

（二）父母子女之间的权利义务

根据我国婚姻法的规定。父母子女之间具有下列的权利和义务：

（1）父母对子女有扶养教育的义务。父母对未成年子女的抚养教育是无条件的，即使父母离婚，子女仍是父母双方的子女，父母仍然有抚养教育子女的义务。父母对成年子女的抚养则是有条件的，只有在成年子女没有劳动能力或者因故不能维持生活时，父母才应根据需要和可能，负担其生活费用或者给予一定的经济帮助。如果父母不履行上述的抚养义务、未成年的或者不能独立生活的子女。有要求父母付给抚养费的权利。为了加强父母对未成年子女抚养教育的责任，婚姻法第17条还规定："父母有管教和保护未成年子女的权利和义务。在未成年子女对国家、集体或他人造成损害时，父母有赔偿经济损失的义务。"

（2）子女对父母有赡养扶助的义务。赡养是指子女对父母提供必要的物质帮助；扶助是指子女对父母的关怀与照顾。无劳动能力的或生活困难的父母，有权要求有赡养能力的子女付给赡养费。

（3）父母和子女有相互继承遗产的权利。父母和子女间互为法定继承的第一顺序继承人。

案例6—4　赵某，男，28岁，工程师。刘某，女，23岁，某工厂工人。赵某与刘某在谈恋爱期间，发生性行为，致使刘某怀孕。当时，赵某提出打胎，刘某不同意，生一女孩。刘某多次找赵某，提出结婚要求，赵某不同意，反而另寻新欢，并准备结婚。刘遂向人民法院提起诉讼，要求赵某负担孩子的抚养费。法院经查证、鉴定、证明孩子系赵某与刘共同所生。法院判决小孩归刘某抚养，赵某每月负担孩子抚养费300元，直到孩子独立生活为止。

《婚姻法》第25条规定："非婚生子女享有与婚生子女同等的权利，任何人不得加以危害和歧视。""非婚生子女的生父，应负担子女必要的生活费和教育费的一部或全部，直到子女能独立生活为止。"就本案来说，孩子是无辜的，过错在于赵某与刘某未婚同居，违背了国家的法律和社会主义的道德准则。因此，法院的上述判决是正确的。

三、其他家庭成员之间的关系

在我国许多家庭里，除了夫妻关系和父母子女关系之外，还存在祖父母与孙子女、外祖父母与外孙子女以及兄弟姐妹之间的关系。

1. 祖父母与孙子女、外祖父母与外孙子女之间的关系

这些家庭成员属于三代以内的直系血亲。在一般情况下，他们不存在抚养、赡养关系。但是在孙子女、外孙子女失去父母，或者祖父母、外祖父母失去子女的情况下，他们之间则会发生抚养、赡养关系。我国婚姻法第28条规定："有负担能力的祖父母、外祖父母，对于父母已经死亡的未成年的孙子女、外孙子女，有抚养的义务。有负担能力的孙子女、外孙子女，对于子女已经死亡的祖父母、外祖父母，有赡养的义务。"

2. 兄弟姐妹之间的关系

兄弟姐妹是最近的旁系亲属。在一般情况下，他们之间也无抚养义务。但是在特定情况下，则会发生抚养义务。兄弟姐妹间的扶养义务是第二位的，具有父母对子女抚养义务

的补位性质。我国《婚姻法》第 29 条规定:"有负担能力的兄、姊,对于父母已经死亡或父母无力抚养的未成年的弟、妹,有抚养的义务。由兄姐抚养长大的有负担能力的弟妹对于缺乏劳动能力又无生活来源的兄、姐,有扶养的义务。"

第五节 继承法概述

一、继承法的概念

继承,是指自然人死亡之后,其近亲属按照其有效遗嘱或者法律的具体规定,无偿取得其遗留的个人合法财产的制度。其中,遗留财产的死者,称为被继承人;接受遗产的人,称为继承人;死者遗留的个人合法财产,称为遗产,继承人依法取得被继承人遗产的权利,称为继承权。继承法是调整财产继承关系的法律规范的总称。

发生继承必须同时具备以下条件:①要有被继承人死亡的事实;②被继承人留有遗产;③死者有继承人且继承人未丧失继承权;④继承人行使继承权,接受遗产。

继承权,是指自然人依法享有的,能够无偿取得其死亡近亲属遗产的权利,这是一种近亲属之间相互享有的无对价给付义务的财产取得权。继承权非依司法行为不得丧失。根据我国《继承法》第 7 条的规定,丧失继承权的情况主要有以下几种:①故意杀害被继承人的;②为争夺遗产而杀害其他继承人的;③遗弃被继承人的,或者虐待被继承人情节严重的;④伪造、篡改或者销毁遗嘱,情节严重的。

二、遗产的概念和范围

遗产是指公民死亡时所遗留下来的个人合法财产。遗产必须是死亡的公民生前个人的合法财产,对不是公民个人生前所有的合法财产,或者是生前以非法手段获得的财产,应返还给原所有人或予以没收。

根据《继承法》的规定,可以作为遗产继承的财产范围包括:公民的收入;公民的房屋、储蓄和生活用品;公民的林木、牲畜和家禽;公民的文物、图书资料;法律允许公民所有的生产资料;公民著作权、专利权中的财产权利;公民的其他合法财产(如债权、有价证券)等。

遗产包括死者遗留的财产和债权,也包括债务。对被继承人生前的债权,继承人有权要求债务人偿还债务。对遗产中的债务,继承人有义务在所得财产实际价值之内予以清偿,超过遗产实际价值的部分,继承人不再负清偿责任。经营承包权、房屋租赁权等权利不能继承,因为这些权利的客体都不属于死者所有,因而不是遗产,不能继承。但在自留山、自留地,以及个人承包的荒山、荒沙、荒滩上种植的树、草或其他作物,可以继承。

三、继承法的基本原则

1. 男女平等原则

继承权男女平等的原则主要体现在:被继承人不分男女,都有处分自己遗产的权利;同一顺序的继承人不论男女,都享有完全平等的继承权;夫妻间有相互继承对方遗产的权利。

2. 养老育幼原则

分配遗产时，对没有独立生活能力的和已丧失劳动能力、又无生活来源的继承人应给予特别照顾；对胎儿应保留其应继承的份额；对继承人以外的依靠被继承人扶养的缺乏劳动能力又没有生活来源的人，可以分给他们适当的遗产。

3. 互谅互让、协商处理的原则

继承人应以互谅互让、和睦团结的精神，协商处理继承问题。同一顺序继承人继承遗产的份额一般应当均等，继承人协商同意的，也可以不均等。对遗产分割的具体时间和办法等，也可由继承人协商确定。

4. 权利与义务相一致原则

分配遗产时，对被继承人尽了主要扶养义务或者与被继承人共同生活的继承人可以多分，对有扶养能力和扶养条件而不尽扶养义务的继承人应当不分或少分。继承人以外的对被继承人扶养较多的人，可以分得适当的遗产。继承人放弃继承权的，对被继承人应当缴纳的税款和债务，可以不负偿还责任。

第六节 法 定 继 承

一、法定继承的概念

我国财产继承有两种方式，即法定继承和遗嘱继承。法定继承是继承人范围、继承顺序和遗产的分配由法律明确规定的继承方式。法定继承又称为"无遗嘱继承"。

遇有下列情况之一时，财产继承依法定继承方式进行：①被继承人生前未立遗嘱；②被继承人虽订有遗嘱，但遗嘱指定的继承人先于被继承人死亡或放弃继承；③遗嘱无效或部分无效时，其无效部分；④遗嘱只处理部分遗产时，遗产未加处理部分。

二、法定继承人的范围和顺序

（1）配偶。我国《婚姻法》第18条规定："夫妻互有继承遗产的权利"。作为死者遗产继承人的配偶，指的是在被继承人死亡时，与被继承人有合法夫妻关系的人。因此，在被继承人死亡时已经离婚，或其他不合法的关系，均不能作为被继承人的配偶参与继承关系。

（2）子女。我国继承法规定的子女，包括婚生子女、非婚生子女、养子女和有扶养关系的继子女。另外，遗腹子女即父亲死后出生的子女，对他（她）们的继承权应予保护。我国《继承法》第28条规定："遗产分割时，应当保留胎儿的继承份额，胎儿出生时是死体的，保留的份额按法定继承办理。"

（3）父母（养父母、继父母）。父母可以继承子女的遗产，养父母可以继承养子女的财产，继父母可以继承有抚养教育关系的继子女的财产。

（4）兄弟姐妹。根据继承法规定，兄弟姐妹包括同父母的兄弟姐妹、同父异母或同母异父的兄弟姐妹，养兄弟姐妹和有扶养关系的继兄弟姐妹。

（5）祖父母和外祖父母。我国《继承法》第10条规定了祖父母和外祖父母同为法定继承人。

继承开始后，法定继承人按照先后顺序继承遗产，第一顺序继承人有优先权，被继承人死亡后，先由第一顺序继承人继承遗产，在没有第一顺序继承人，全部放弃继承权或丧失继承权的情况下，才由第二顺序继承人继承遗产。根据继承法的规定，第一顺序继承人为：配偶、子女、父母。第二顺序继承人为：兄弟姐妹、祖父母、外祖父母。

此外，还有两种人，也可依法取得遗产。第一种为丧偶儿媳和丧偶女婿。丧偶儿媳与公婆之间，丧偶女婿与岳父母之间属姻亲关系，本无继承权。依照继承法规定，如果是尽了主要赡养义务的，则可以作为第一顺序继承人；第二种为根据我国《继承法》第 14 条规定的"对被继承人以外的依靠被继承人扶养的缺乏劳动能力的又无生活来源的人，或者继承人以外的对被继承人扶养较多的人，可以分给他们适当的遗产。"这样做，符合社会主义道德的要求，有利于提倡公民之间的团结互助和促进社会主义精神文明的建设。

三、代位继承和转继承

代位继承，是指被继承人的子女先于被继承人死亡（包括自然死亡和宣告死亡），其应继承的财产份额，由该子女的晚辈直系血亲继承的一种制度。先于继承人死亡的子女，称为被代位继承人；代替被代位继承人取得遗产的晚辈直系血亲，称为代位继承人。代位继承只适用于法定继承而不适用于遗嘱继承。

代位继承的条件：①被继承人的子女必须先于被继承人死亡；②代位继承人只能是被继承人的晚辈直系血亲；③被继承人的子女生前必须享有继承权；④代位继承人无论有几人，一般也只能继承他的父亲或者母亲有权继承的遗产份额。

转继承，是指继承人在被继承人死亡之后、遗产分割之前死亡的，其应继承份额转移给他的法定继承人继承。

代位继承与转继承区别如下：①继承人死亡时间不同。代位继承的继承人先于被继承人死亡；转继承则是在被继承人死亡之后，遗产分割之前死亡。②继承范围不同。可以进行代位继承的继承人只能是被继承人的子女而不是其他人；而可以进行转继承的继承人则是被继承人的所有的法定继承人，其中既包括被继承人的子女，也包括其他法定继承人。③继承权的行使不同。代位继承中，只能由被继承人子女的晚辈直系血亲代位行使继承权；而在转继承中，则是继承人的任一顺序的继承人都可以行使再继承的权利。

> 案例 6—5　何甲，男，21 岁，学生。何乙，男，52 岁，农民。何丙，男，已故，原系养猪专业户。何丙与其妻没有婚生子女，早年收养王某为养子，改名何乙，何乙婚后生一子何甲，2008 年，何乙因病早逝。2010 年，何丙与其妻先后逝世。何甲以何丙收养孙的身份要求继承祖父的遗产。何丙的胞弟何丁也提出要继承其兄何丙的遗产，理由是何甲是何丙的第三代，而且是养孙，没有继承权。自己是何丙的同辈人，而且是同胞兄弟，是何丙的遗产唯一继承人。为此，二人发生争执。本案中，养子何乙有继承其养父何丙遗产的权利，他早于养父死亡，其子何丙可以代位继承其继承的遗产份额。何丁是何丙的第二顺序的继承人，在第一继承人有代位继承的情况下，何丁无权继承遗产。

第七节　遗嘱继承和遗赠

一、遗嘱继承

遗嘱继承是指由被继承人生前所立的遗嘱来指定继承人及其继承的遗产种类、数额的继承方式。立遗嘱人的被继承人叫遗嘱人，接受遗嘱指定继承的人叫遗嘱继承人。在被继承人立有合法有效遗嘱的情形下，按遗嘱继承遗产。

合法有效的遗嘱必须符合以下条件：①立遗嘱人立遗嘱时具有相应的遗嘱能力，是完全民事法律行为人；②遗嘱的内容符合法律规定，不得损害国家、集体和第三人合法权益；③遗嘱必须为立遗嘱人的真实意思表示；④遗嘱必须为缺乏劳动能力，又无生活来源的人保留必要的遗产份额；⑤遗嘱的形式合法。

我国《继承法》第17条规定的遗嘱形式有：公证遗嘱、自书遗嘱、代书遗嘱、口头遗嘱、录音等五种遗嘱方式。

（1）公证遗嘱。公证遗嘱是由国家公证机关办了公证手续，发了公证文书的遗嘱，公证遗嘱一般具有真实性、合法性和可靠性，具有较强的证据效力。采用公证遗嘱的方式，能有效地防止伪造和篡改遗嘱，可以预防纠纷、减少诉讼，促进安定团结。

（2）自书遗嘱。自书遗嘱是立遗嘱人生前亲笔书写的遗嘱。自书遗嘱不受时间、地点、文字种类的限制，手续简单，方便易行，群众容易接受。自书遗嘱须由立遗嘱人亲笔书写，不能由他人代笔，必须注明立遗嘱的年、月、日，最后要署名。

（3）代书遗嘱。代书遗嘱是由他人为遗嘱人代写的遗嘱。代书遗嘱往往是由于立遗嘱人不识字、文化水平低或者病、残等原因而由他人代写的。代书遗嘱必须有两个以上无利害关系的见证人在场。代书人必须根据遗嘱人的意思书写，并注明年、月、日。书写好后，由见证人向立遗嘱人宣读或者立遗嘱人亲自审阅。遗嘱人认可后，代书人、见证人和遗嘱人都必须签名，并注明具体时间。

（4）口头遗嘱。口头遗嘱是遗嘱人在生命危急的情况下口授的遗嘱。立口头遗嘱时还必须有两个以上见证人在场。当场记录的遗嘱，应注明遗嘱人所讲的内容、立遗嘱时的状况，并由记录人和其他见证人签名，注明年、月、日。危急情况解除后，遗嘱人能以自书、公证、录音形式立遗嘱的，他所立的口头遗嘱无效。

（5）录音遗嘱。录音遗嘱是用录音机录下遗嘱人的讲话而制作的遗嘱。我国《继承法》规定，"以录音形式立的遗嘱，应当有两个以上见证人在场见证。"这是为了使录音遗嘱内容不被删减、仿制，保障遗嘱人的真实意思表示，保证录音遗嘱真实可靠。

在实际生活中，遗嘱人可能以不同的形式立数份内容相抵触的遗嘱。在此情况下，如果数份遗嘱中有公证遗嘱的，以最后所立公证遗嘱为准；没有公证遗嘱的，以最后所立遗嘱为准。

案例6—6　程峰，男，39岁，河南省某县某贸易公司经理。程刚，男，37岁，河南省某县某村小学教师。程某系河南省某村农民，家有房产五间，老伴早亡。他们生有二子程峰和程刚。1995和1997年程峰、程刚相继婚结。程峰无工作，在家务农，无固定收入，而程刚在村小学任教，经济较其兄要好，并收入稳定。2005年，程某考虑到这一情况下，立下遗嘱，"我死后，房产归程峰继承。"并到公证处办理了公证，此后，程峰进城开办了贸易公司，生意越做越红火，收入颇丰，相比之下，仍当小学教师的程刚显得寒酸多了。根据变化了的这一情况，2007年，程某又写下遗嘱，"我死后，房产归程刚继承。"写后将遗嘱交给了程刚。2010年，程某去世，程峰、程刚因房产继承发生了争执，二人各持一份遗嘱，程峰说，我这份遗嘱是公正遗嘱，应当有效；程刚说，我这份遗嘱是最后遗嘱，应当有效。各有各的理，争执不下。

本案中程某有权变更自己的遗嘱为准。但是，程某2005年所立的遗嘱办理了公证，而2007年立遗嘱时未办公证，所以后一份遗嘱不能变更前一份公证遗嘱。本案应以公证遗嘱为准，房产归程峰继承。

二、遗赠

遗赠，是指公民以遗嘱方式将其遗产中财产权利的一部或全部赠给国家、集体组织、社会团体或法定继承人之外的个人，在遗嘱人死后发生法律效力的法律行为。立遗嘱人为遗赠人，接受遗赠的人为受遗赠人。我国继承法确立了遗赠制度。《继承法》第16条第3款规定，"公民可以立遗嘱将个人财产赠给国家、集体或者法定继承人以外的人。"

遗赠的法律特征与遗嘱继承基本一致。遗赠也是一种单方法律行为，是一种死后法律行为，遗赠的意思表示也必须以遗嘱表达，并且不能代理。但两者之间仍有一定区别：

（1）遗嘱继承中承受财产的主体是遗嘱继承人，而只有法定继承人才能成为遗嘱继承人；法定继承人以外的人不能成为遗嘱继承人。遗赠中承受财产的主体是受遗赠人，而只有法定继承人以外的人才能成为受遗赠人，法定继承人不能成为受遗赠人。此外，国家和集体组织不能成为遗嘱继承人，但可以成为受遗赠人。

（2）遗嘱继承人有权直接参与遗产的分配。受遗赠人无权直接参与遗产的分配，他只能从遗嘱继承人或遗嘱执行人那里得到遗赠的财产。遗嘱继承人或遗嘱执行人负有向受遗赠人履行遗赠的义务。但是，遗赠只有在清偿遗赠人依法应当缴纳的税款和债务以后才能履行，我国《继承法》第34条规定："执行遗赠不得妨碍清偿遗赠人依法应当缴纳的税款和债务。"

三、遗赠抚养协议

遗赠抚养协议是指公民与扶养人订立的有关扶养、遗赠的协议。依照继承法的规定，公民可以与公民个人、集体所有制组织签订遗赠抚养协议。按照协议，公民享有受扶养的权利，负有将个人财产遗赠给扶养人的义务；扶养人受遗赠的权利，并承担该公民生养死葬的义务。遗赠人只能是公民，扶养人既可以是公民也可以是集体所有制组织。

扶养人与被扶养人充分协商，达成书面协议，就具有法律效力，受到法律保护。遗赠抚养协议包括遗赠和扶养两个方面的内容。协议中应写明遗赠财产的名称、数量，扶养内容和办法。双方当事人在协议上签名盖章，最后注明签订时间：年、月、日。如果扶养人和被扶养人按协议约定都履行协议中所规定的义务，受扶养人生前直至死亡就可以依照协议享受受扶养的权利，扶养人在被扶养人死亡时，就可以依照协议取得遗赠财产。

第八节　遗产的处理

一、继承的开始

继承法律关系是由被继承人的死亡（包括宣告死亡）这一法律事实引起的。继承开始的时间自被继承人死亡（或被宣告死亡）之日起计算。只有在被继承人死亡后，才能确定参加继承的继承人范围、遗产的内容、遗产分配的份额和被继承人债务的承担；如果是遗嘱继承，还需要确认遗嘱是否有效。不能把继承开始的时间同接受继承的时间混为一谈。继承自被继承人死亡时开始，而接受继承的时间则在这之后，至于分割遗产的时间则更晚一些。接受继承具有溯及力，即接受继承的意思表示虽在继承开始之后，但其效力溯及继承开始之时。

继承开始后，知道被继承人死亡的继承人负有通知义务。我国《继承法》第23条规定："继承开始后，知道被继承人死亡的继承人应当及时通知其他继承人和遗嘱执行人。"如果继承人中无人知道被继承人死亡或知道被继承人死亡而不能通知时，由被继承人生前所在单位或其住所地的居民委员会、村民委员会负责通知。

继承开始后，存有遗产的人，负有妥善保管遗产的义务。他应当对遗产加以妥善保管，以免毁坏和灭失。在应当参加继承的所有继承人就接受或放弃继承表态以前，任何继承人都无权对遗产加以分割或作其他处分，更不能侵吞和争抢。

二、继承的接受与放弃

接受继承就是继承人同意接受遗产的意思表示。接受继承是一种单方法律行为，只要有继承人本人的意思表示就发生法律效力。我国《继承法》第25条规定："继承开始后，继承人放弃继承的，应当在遗产处理前，作出放弃继承的表示。没有表示的，视为接受继承"。根据我国继承法同条规定："受遗赠人应当在知道受遗赠后两个月内，作出接受或者放弃受遗赠的表示、到期没有表示的，视为放弃受遗赠。"

放弃继承是继承人不接受遗产的单方意思表示。继承人有权放弃继承。放弃继承的表示方式与接受继承的表示方式相同。此外，在遗赠中，如在规定的期限内受遗赠人不作出接受遗赠的意思表示，即推定为放弃受遗赠。放弃继承是无条件的，继承人不得以转让继承权为条件放弃继承。被放弃的继承份额应当在参加继承的继承人中分配。如果放弃继承的人是唯一的继承人时，则被继承人的遗产归国家或集体组织所有。继承人放弃继承后，也就不再承担清偿被继承人债务的义务。如继承人有监护人，监护人原则上无权放弃被监护的继承人的继承权利。

案例6—7　林彬，男，39，岁，某美术学院讲师。李宁，男，41岁，某中学教师。李宗，40岁，某医院医生。

林彬舅父李豪是个画家，离婚后与儿子李宁、李宗一起生活。林彬10岁时离开父母到省城舅父家寄宿上学，并向舅父学画。1998年考上美术学院，后留校任教。2008年6月10日李豪外出写生，因车祸负重伤。12日，李宁与林彬赶到，由在场一名医生、两名护士作证，李豪留下口头遗嘱：多年珍藏的10幅画赠给林彬，林彬未作任何表示。2010年，林彬想起舅父遗嘱，遂向李宁、李宗索要10幅名画。李宁、李宗不给。诉讼中李宗提出这10幅画应由自己一人继承。

本案中，李宁、李宗是李豪的法定继承人，林彬是非法定继承人，即受遗赠人。林彬当李豪于2008年6月12日留下遗嘱时，就已知道舅父赠给自己名画，但没有做出任何明确表示是否接受遗赠，在以后的两个月内，也未明确表示，直到2010年才向李宁索要舅父的名画，显然已超过法定的期限，应视为林彬自动放弃受遗赠。李宁未作任何意思表示的行为视为接受继承。放弃受遗赠的，按法定继承办理。遗产不能由李宗一人继承。

三、无人继承遗产的处理

属于下例情况的遗产都是无人继承的财产：被继承人既无法定继承人，又无遗嘱继承人；全体继承人都放弃继承或全体继承人都丧失了继承权。此外，在没有法定继承人的条件下，虽有遗嘱，但遗嘱只处分了部分遗产，遗产未加处分的那部分遗产也是无人继承的财产。

我国《继承法》第 32 条规定："无人继承又无人受遗赠的遗产，归国家所有；死者生前是集体所有制组织成员的，归所在集体所有制组织所有。"因而，对无人继承又无人受遗赠的遗产的处理，原则上应归国家所有；对属于集体组织成员的无人继承的遗产，则应归其所在集体组织所有。在处理无人继承的遗产时，遗产也应首先用来支付必要的丧葬费，清偿其所欠债务和对死者生前有过一定扶助者给予补助。

＊　　　　＊　　　　＊

重要概念

婚姻 家庭 结婚 离婚 无效婚姻 可撤销婚姻 夫妻关系 登记离婚 诉讼离婚 继承人 遗产 法定继承 代位继承 遗嘱继承 遗赠

思考题

1. 我国婚姻法规定的结婚条件有哪些？
2. 试比较代位继承与转继承的区别？
3. 遗嘱的有效条件有哪些？
4. 我国婚姻法的基本原则有哪些？
5. 试分析离婚的法定理由。

案例分析

1. 王某与赵某于 2004 年结婚。赵某远在日本的叔叔早就表示赵某结婚时将给 1 万美元作为贺礼。2005 年赵某叔叔回国，并实现诺言给赵某 1 万美元。王某父死于 1995 年，2005 年其母也去世，王某与弟弟继承了父母遗产，房屋各 4 间。2006 年王某去上海经商，不久与方某共同生活，从此未与家中联络，赵某因女儿年幼自己经常生病生活困难，借债 10 万元。2010 年，王某因车祸去世，王某与方某共有财产约 300 万元，个人银行存款 200 万元。

问题：

（1）赵某所欠 10 万元债务的性质？

（2）王某遗产有哪些？

（3）方某可否继承王某的财产，原因何在？

（4）设王某生前立有遗嘱，全部遗产给朋友陈某，此遗嘱是否有效？

（5）设王某去上海前立一遗嘱，将其祖传宋代名画一幅留给赵某，王某去上海后，即将其赠与方某，问赵某可否凭遗嘱索回宋代名画？

2. 甲乙于 1996 年春登记结婚，婚后第二年生一子丙。2008 年夏，乙因所在工厂效益不好下岗，因在家无所事事，遂迷上了赌博。甲对乙多次劝说，不让乙去赌博，可乙不听。2009 年，乙一次输掉 3 万元，只好将家中彩色电视机等物品拿去还债。为此甲乙大吵一架，并开始分居。2010 年，乙又一次输掉 5 万元，偷偷回家叫人把电冰箱、洗衣机等物品抬去还债。甲气愤至极，起诉到法院要求离婚。

法院经审理查明：

（1）甲乙现住房系 2004 年甲按法定继承分得其父的房屋两间。

（2）甲乙以其子丙的名义存款 3 万元，系多年来亲属送给丙的礼金。

（3）其他家庭财产若干。

根据案情，试分析下列问题并简要说明理由。

（1）人民法院应否准予甲乙离婚？

（2）乙能否要求分割住房一间？

（3）乙能否要求分割以丙的名义存入的存款 3 万元？

（4）其他家庭共同财产应如何分割？

第七章 经　济　法

💡 **教学要求**

通过本章的讲授和学习，使学生能够掌握经济法的概念、调整对象、特征以及经济法律关系的构成要素，掌握不同类型企业的设立、变更终止的条件和程序，了解市场管理法律制度、宏观调控法律制度，并具备正确应用经济法律理论、知识，分析和处理实际生活中遇到的经济问题的能力。

第一节　经济法概述

一、经济法的概念与调整对象

经济法是调整国家在对经济实行宏观调控的过程中形成的国家和市场主体之间经济关系的法律规范的总称。

经济法的出现，有着深刻的经济、政治和社会基础，是现代社会发展的必然结果。法国小资产阶级激进派代表人物蒲鲁东认识到，社会现实中出现了一种传统的民法和政治法所调整不了的经济关系，迫切需要一种能够体现国家政治权力和经济自由相结合的法律制度——经济法来解决。1865 年，蒲鲁东出版了《论工人阶级的政治能力》一书，提出了"经济法是政治法和民法的补充和必然产物。"蒲鲁东所指的"经济法"接近于现代意义上的经济法。1916 年德国学者海德曼在其《经济学字典》中使用了经济法概念，并将经济法界定为经济规律在法律上的反映，这就从深层次上解释了经济法产生的客观必然性。1919 年德国制定了世界上第一个以经济法命名的法规——《煤炭经济法》。因此，德国被喻为"经济法之母国"。

随着国家越来越多地利用国家权力直接干预经济，经济法作为国家参与和干预社会经济生活的主要法律形式，得到越来越多国家的确认，并且逐渐地发展成为一门独立的法律学科。

我国经济法的产生、发展较晚，正式提出现代意义上的经济法是 20 世纪 80 年代初期。商品经济的充分发展是社会经济发展不可逾越的阶段。随着社会主义市场经济体制的逐步确立，在坚持社会主义公有制主体地位的条件下，在保持必要的国家宏观调控下，充分发挥市场的基础性调节功能，培育和完善社会主义市场经济体系，为经济法的产生、发展和科学研究提供了客观依据。

经济法的调整对象，就是调整国家在对经济实行宏观调控过程中形成的国家和市场主体之间的经济关系。具体包括以下经济关系：①市场管理关系。即为提高效益，维护市场经济秩序，国家对市场主体进行适当管理所发生的权利和义务关系；②宏观调控关系。即国家为整个国民经济的协调发展，从宏观层面通过税收、金融等经济手段，合理调节、控制各地区、各部门、各行业的资源配置、经济发展规模和速度以及产业结构的过程中发生的经济关系；③经济监督关系。即国家及授权部门或法定授权部门对市场经济运行的监督过程中所发生的权利和义务关系，这种监督关系体现在市场经济运行的各个方面和各个环节。

二、经济法的特征

经济法的特征是经济法本质的外在表现，是经济法区别于其他部门法的本质特点，主要表现为以下方面。

1. 具有综合调整性

经济法是国家全面调控经济的主要法律部门，综合调整是经济法特有的功能。这种综合调整性表现在经济法通过众多的、具体的经济法律规范分别调整着各类经济关系，在总体上对经济关系进行全面综合地调整。此外，经济法调整方法主要是经济方法，但也兼用行政、刑事方法等，既有直接强制性调整，也有间接的疏导调整。

2. 具有直接的经济性

经济性是指经济法与经济联系更为密切、直接。经济法产生于经济基础，并服务于经济基础，运用法律手段，直接地把有利于统治阶级的经济关系与经济秩序固定化，以实现与维护统治阶级的经济利益。

3. 具有明确的指导性

经济法主要通过经济法规所具有的限制与促进两种功能，奖励与惩处两种后果表现出来。国家根据不同时期的经济任务与经济形势的需要，制定出限制与促进相呼应，奖励与惩处相结合的各种经济法律，以引导各项经济活动走上正确发展的轨道。

4. 具有社会责任本位性

经济法为适应社会经济发展需要而产生，为国家干预市场经济提供法律依据。它以社会为本位，是社会责任本位法。经济法的根本目标和主要价值取向是维护全社会的共同利益，促进社会经济总体结构运行协调、稳定发展，这是符合社会主义的本质和社会主义发展方向的。

5. 实体性与程序性相结合

实体性是指经济法对各个经济法主体的实体权利和义务作出了规定，明确经济法主体应该作什么，禁止作什么。程序性是指经济法对经济法主体的设立、变更和终止的程序，对行使经济权利和履行经济义务以及对经济违法行为的处罚程序都作出了规定。

三、经济法律关系

经济法律关系是法律关系的一种，它是由经济法主体在经济活动中依经济法律规范而形成的经济权利和经济义务关系。任何一种经济法律关系都由主体、内容、客体三个要素所组成。

（一）经济法律关系的主体

经济法律关系的主体简称经济法主体，是指依法享有经济权利和承担经济义务的当事人。在一个经济法律关系中存在两个或两个以上的主体，其中权利享受者称为权利主体，义务承担者称为义务主体。一般而言，各方主体既享有经济权利，又承担经济义务，具有权利主体和义务主体的双重身份。

经济法律关系主体可以分为以下几类：

（1）国家。国家是经济法律关系的特殊主体，它是社会主义国有财产的所有者，当然具有主体资格。但国家的经济活动主要是通过代表国家的机关、单位以法人的资格进行的，只有在特定的情况下，国家才以全体的资格直接参与经济法律关系，如发行国库券。

（2）国家机关。国家机关是经济法主体的重要组成部分，在国民经济活动的全过程中，对其他经济法律关系进行管理、协调和监督，它决定经济法律关系的性质和任务。在国家机关中，参加经济法律关系的主要是国家经济管理机关。

（3）社会组织。社会组织包括经济组织、事业单位和社会团体。在社会组织中，经济组织是最广泛、最普遍的经济主体。在经济组织中，一般应具有法人资格，因此，法人特别是企业法人成为经济法的主要主体之一。另外，社会组织中的内部组织也可以成为某些经济法律关系的主体。

（4）个体工商户和农村承包经营户和其他公民个人。公民成为经济法律关系主体有两种情况：一种是以生产经营者的身份成为经济法主体，如个体户、农村承包户等；另一种是以非生产经营者的身份成为经济法主体，如纳税。

（二）经济法律关系的客体

经济法律关系的客体是指经济法主体享有的经济权利和承担的经济义务所共同指向的对象。经济法律关系的客体一般表现为：有形财产（如物、货币等）、经济行为和智力成果。

（三）经济法律关系的内容

经济法律关系的内容是经济法主体享有的经济权利和承担的经济义务。经济法律关系的内容是经济法律关系的本质和基础，是联结经济法主体与客体的根本纽带，也是经济法律关系区别于其他法律关系的主要标志。

> **案例7—1**　李某到蓝星商场的鞋帽部买了一双皮鞋，后因鞋的质量问题，与商场发生纠纷。在这个经济法律关系中，经济法律关系的主体是李某和蓝星商场，经济法律关系的客体是皮鞋、而经济法律关系的内容则是双方围绕鞋展开的权利与义务关系。

第二节　企业法律制度

一、国有企业法

（一）国有企业法的概念

国有企业即全民所有制企业，它是指资产属于国家所有，依法自主经营、自负盈亏、独立核算的社会主义商品生产和经营组织。在我国，国有企业是国民经济的支柱，是社会主义市场经济最重要的主体。其基本特征有三：①国有企业以国有资产投资为主要资产来源，其财产属于国家所有，企业对国家授予其经营管理的财产享有占有、使用、收益和依法处分的权利；②国有企业在经济上是自主经营、自负盈亏、独立核算的经济组织，是社会主义商品生产和经营单位，在市场经济中必须具备独立主体的资格；③国有企业在法律上是一个具有法人资格的经济实体，是依法具有权利能力和行为能力的社会经济主体。

国有企业法是指调整国家在组织管理国有企业及国有企业在经营管理活动中所发生的经济关系的法律规范的总称。国有企业法的调整对象主要有企业的内部关系和企业的外部关系。

1988 年 4 月 13 日第七届全国人民代表大会第一次会议通过、于同年 8 月 1 日起施行的《中华人民共和国全民所有制工业企业法》，是我国建国以来制定和颁布的全民所有制工业企业的基本法。国务院于 1992 年 7 月 23 日发布《全民所有制工业企业转换经营机制条例》，它的颁布适应了社会主义市场经济的需要，为提高国有企业经济效益发挥了重要的作用。

(二) 国有企业的设立、变更和终止

1. 国有企业的设立

国有企业设立，是指开办、筹建国有企业，使之依照法定程序经批准、登记取得法人资格的一系列行为的总和。依企业法规定，国有企业设立的条件有：①产品为社会所需要；②有能源、原材料、交通运输的必备条件；③有自己的名称和生产经营场所；④有符合国家规定的资金；⑤有自己的组织机构；⑥有明确的经营范围；⑦法律、法规规定的其他条件。国有企业的设立必须按照法律和国务院的规定，报请政府或政府主管部门审核批准，经工商行政管理部门核准登记，发给营业执照、取得法人资格。

2. 国有企业的变更

国有企业的变更，是指依照法律的规定，国有企业的合并、分立和企业其他重要事项的变更。①转产。《转换经营机制条例》第 35 条规定，企业主导产品不符合国家产业政策或没有市场销路，可以主动实行转产，这是调整产品的积极措施；②停业整顿。《转换经营机制条例》第 33 条规定，企业经营性亏损严重的，可以申请自行停产整顿；③合并。是由两个或两个以上的企业组成一个企业或者一个企业兼并一个或一个以上的企业；④分立。指一个企业分成两个或两个以上的企业。

3. 国有企业的终止

国有企业的终止，是指国有企业法人资格的消失。《国有企业法》规定了企业终止的原因有四种：①违反法律、法规被责令撤销；②政府主管部门依照法律、法规的规定决定解散；③依法宣告破产；④其他原因。企业终止时要进行清算。被解散、撤销的企业，应当由政府机关组织清算组进行清算；被宣告破产的企业，应当由法院组织清算组进行清算。通过清算，查清企业财产、清理债权债务、依法处理剩余财产。企业清算后，应持清理债权债务和其他有关文件，向工商行政管理机关办理注销登记。

(三) 国有企业的权利和义务

1. 国有企业的权利

国有企业的权利是国有企业依企业法规定，具有为或不为一定行为和要求他人为或不为一定行为的资格。关于国有企业权利的内容，国有企业法和《转换经营机制条例》有具体规定，主要有：生产经营决定权、产品劳务定价权、产品销售权、物资采购权、进出口权、投资决定权、留用资金支配权、资产处置权、联营兼并权、劳动用人权、人事管理权、工资奖金分配权、内部机构设置权、拒绝摊派权。归纳起来，国有企业的权利可以概括为人、财、物和产、供、销两大类六个方面。

2. 国有企业的义务

国有企业的义务就是企业具有必须为一定行为或不为一定行为的责任。国有企业的义务具有三个方面：①对国家的义务。遵守法律、法规，坚持社会主义方向，完成国家指令性计划，保障国有资产增值；②对社会的义务。保证产品质量和服务质量，做好劳动保护和环境保护；③对职工的义务。必须贯彻安全生产制度，提高职工队伍的素质，支持和奖励职工进行科学研究、发明创造。

（四）国有企业内部关系的法律调整

我国法律对国有企业内部关系的调整，具体表现为对厂长、职工代表大会等企业内部组织机构的规范性调整。

1. 厂长（经理）负责制

厂长（经理）负责制是厂长（经理）对国有企业的生产指挥和经营管理工作，实行统一领导和全面负责的一种企业内部管理制度。厂长是企业的法定代表人，在企业中处于中心地位，对企业的各项工作负有全面责任。企业厂长的产生，除国务院另有规定外，有两种方式：一是由政府主管部门委任或者招聘；二是由企业职工代表大会选举产生。

2. 职工代表大会

职工代表大会是企业实行民主管理的基本形式，是职工行使民主管理权力的机构，是国有企业民主管理的一项基本制度。加强职工代表大会制，发挥它的职能和作用，对于增强企业活力有着十分重要的意义。

3. 党的基层组织

企业的基层党组织，在企业中处于政治领导的核心地位，其中心任务是做好思想政治工作，对党和国家的方针、政策在本单位的贯彻落实实行保证监督，这是企业基层党组织的重要职能。

二、公司法

（一）公司法的概念

公司是依法定的条件与程序设立的、以营利为目的的企业法人组织。《中华人民共和国公司法》规定，本法所称公司，是指依照本法规定在中国境内设立的有限责任公司和股份有限公司。公司具有以下主要特征：

（1）公司必须依法设立，具有法定性。企业是一个广义的概念，在法律形式上可分为独资企业、合伙企业和公司企业。公司是企业的高级形式，而且是依公司法所规定设立，我国公司就是根据我国公司法规定成立的。

（2）公司是企业法人，具有法人性。公司在法律上具有独立的人格，是因为公司有自己独立的财产，且财产属于公司组织所有，不属于公司的股东或个人。公司财产与股东财产分离，具有严密的组织管理机构，独立地进行民事活动，独立承担民事责任。

（3）公司以营利为目的，具有营利性。公司是依市场机制和原则，参与市场竞争，为社会创造财富，同时也实现其自身的经济效益。

（4）公司是由两个或两个以上的股东共同出资组成的，具有集合性。公司是由多数股东集资组成的经济组织，各国公司法都规定公司一般必须由两个以上的股东组成，股东出资后，占有公司股权，并根据股权比例行分享利润、分担风险，具有明显的集合性。

公司法是规定公司的设立、组织、运营、变更、解散等活动以及调整公司内外关系的法律规范的总称。1994年7月1日生效的《中华人民共和国公司法》（以下简称《公司法》）是调整公司内外关系的主要法律渊源。

公司法是公司行动的最基本的规范和准则，它具有特殊的性质：第一，公司法是组织法。它规定公司内、外部各种法律关系，以及公司如何设立，这些属于公司组织关系的法律规范；第二，公司法是活动法。从内容来看，公司法关于公司的设立、运营、变更、解散等一系列公司活动的法律规范；第三，公司法是具有国际法性质的国内法。虽然说国际上没有统一的公司法，但无论大陆法系还是英美法系对公司的名称和叫法都有不同规定，但就其实质和责任都具有共性；第四，公司法是程序法与实体法的结合。公司法规定的内容既有实体方面的规定（如公司设置的条件），又有程序方面的规定（如公司设置的程序规定）。当然公司法以实体法内容为主，程序法的内容是第二位的。

（二）有限责任公司

1. 有限责任公司的概念与特征

有限责任公司，是指股东以其出资额为限对公司承担责任，公司以其全部资本对公司债务承担责任的企业法人。有限责任公司在世界公司种类中是适用最广泛的一种商事组织形式。

有限责任公司具有以下特征：①股东对公司承担有限责任。有限责任公司是以股东出资而建立起来的法人组织，股东对公司以出资为限承担责任，对公司的债权人不负直接责任；②股东人数的限制性，我国《公司法》规定为有限责任公司由50个以下股东出资设立；③公司的资本不划分为等额股份，证明股东出资份额的证书是出资证明书，而不是股票；④股东出资转让的严格限制性。由于有限责任公司具有人合的特点，决定了出资转让的严格限制。我国公司法规定，有限责任公司股东不能用劳务和信用出资有限责任公司的股东向股东以外的人转让其出资时，须经全体股东过半数同意；在同等条件下其他股东有优先购买权；⑤公司的封闭性。有限责任公司一般属于中、小规模的公司，与股份有限公司相比，其在组织上与经营上具有封闭性或非公开性。如设立程序不公开，公司的经营状况不向社会公开。

2. 有限责任公司的设立条件

依我国《公司法》的规定，有限责任公司的设立必须具备五个方面的条件：

（1）合法的股东人数。有限责任公司为2人以上50人以下股东共同出资设立，国有独资公司可由国家授权投资的机构或国家授权的部门设立。

（2）股东出资必须符合最低限额。根据公司法规定，有限责任公司注册资本的最低限额为人民币3万元。法律、行政法规对有限责任公司注册资本的最低限额有较高规定的，从其规定。有限责任公司的注册资本为在公司登记机关登记的全体股东认缴的出资额。有限责任公司股东认缴的出资，可以在公司成立时一次缴清，也可以在公司成立后分次缴清。如果是在公司成立后分次缴清，则公司全体股东的首次出资额不得低于注册资本的20%，也不得低于法定的注册资本最低限额，其余部分由股东自公司成立之日起2年内缴足；其中，投资公司可以在5年内缴足。1人有限责任公司的注册资本最低限额为人民币10万元，1人公司的股东应当一次足额缴纳公司章程规定的出资额。

（3）公司章程。公司章程是公司设立与活动必备的法定文件，各国公司法都强制性规定公司必须具备公司章程，并对公司章程的内容也有明确规定。

（4）具有有限责任公司的名称，建立符合有限责任公司要求的组织机构。公司名称必须标有"有限责任"的字样。

（5）有固定的生产经营场所和必要的生产经营条件。

符合上述条件，股东出资应存入银行并经法定的验资机构验资后，依法提交申请及有关法律文件。公司登记机关收到这些文件后进行审查，符合条件的予以登记，发给营业执照，公司即可成立，从而取得法人资格。

3. 有限责任公司的组织机构

（1）股东会。股东会是有限责任公司的权力机构，由全体股东组成。股东是按其所认缴出资额向有限责任公司缴纳出资的人。国有独资公司投资主体单一，因而不设股东会，由董事会承担一部分股东会的职权。股东会对董事会、监事会有制约职能，如董事、监事由股东选举并决定其报酬。

（2）董事会。董事会是有限责任公司的业务执行机关，享有业务执行权和日常经营决策权。我国公司法规定，有限责任公司的董事会由3人至13人组成，董事会对股东会负责。国有独资公司，董事会成员3人至9人，由国家投资机构委任或更换董事。规模较小或股东人数较少的公司，可以不设董事会，只设一名执行董事，执行董事为公司的法定代表人。

（3）监事会。监事会为经营规模较大的有限责任公司的常设监督机关，专司监督职能。监事会由监事组成，其成员不得少于3人。股东人数较少和规模较小的有限责任公司，不设监事会，可以设1~2名监事。公司董事、经理、财务负责人不得兼任公司监事。

（三）股份有限公司

1. 股份有限公司的概念和特征

股份有限公司指全部资本分为等额股份，股东以其持有的股份对公司负责，公司以其全部资本对公司债务承担责任的企业法人。

股份有限公司具有以下特征：①股东数额低限。股东的人数与公司的规模有关，大多数国家有最低人数限制而无最高人数限制，这就使得股份有限公司的股东具有最大的广泛性和相当的不确定性。我国《公司法》规定股东的最低限额为2人以上，且其中应有过半数的发起人在中国境内有住所；②股份有限公司的全部资本划分为等额股份。股份有限公司全部资本划分为等额股份，且每股金额相等，股份作为公司资本的基本单位，这是股份有限公司最重要的特征；③股份有限公司是典型的资合公司。股份有限公司的信用基础是资本，而不是股东个人。股东可以以货币、实物、工业产权、非专利技术或土地使用权出资，但不能以劳务、信用出资；④股份自由转让。由于股份有限公司的资合性，股东的身份对公司无足轻重，股东之间关系较松散。因此，法律规定股东所持股份可依法自由转让，而不必征得其他股东同意；⑤公司的开放性与社会性。股份有限公司可以通过对外公开发行股票，向社会募集资金。任何投资者都可以通过购买股票而成为公司的股东，从而使股份有限公司具有了广泛的社会性。

2. 股份有限公司的设立条件和方式

我国《公司法》规定股份有限公司设立的条件是：①发起人符合法定人数，我国《公司法》第79条规定，设立股份有限公司，应当有2人以上200人以下为发起人，其中须有半数以上的发起人在中国境内有住所；②发起人认缴和公开募集的股本达到法定资本最低限额，我国《公司法》规定，股份有限公司注册资本的最低限额为人民币500万元；③股份发行、筹办事项符合法律规定；④发起人制定公司章程，并经创立大会通过；⑤有公司的名称，建立了符合股份有限公司要求的组织机构；⑥有固定的生产经营场所和必要的生产经营条件。

设立股份有限公司的方式，可以通过发起设立或募集设立。发起设立是指由发起人认购公司应发行的全部股份而设立的公司。股份有限公司采取发起设立方式设立的，注册资本为在公司登记机关登记的全体发起人认购的股本总额。公司全体发起人的首次出资额不得低于注册资本的20%，其余部分由发起人自公司成立之日起2年内缴足；其中，投资公司可以在5年内缴足。在缴足前，不得向他人募集股份；募集设立是指由发起人认购公司应发行股份的一部分，其余部分向社会公开募集而设立的公司。以募集方式设立的股份有限公司，发起人认购的股份不得少于公司股份总数的35%，其余股份应当向社会公开募集。

案例7—2　甲、乙、丙三家集体所有制企业于2009年3月经过多次协商，决定设立股份有限公司，并制定了公司章程，其中部分条款如下：①公司注册资本人民币3000万元；②公司采取募集设立方式；③甲企业出资300万元，出资方式为货币；乙企业出资400万元，出资方式专利权；丙企业出资200万元，出资方式商标权（200万元）。但公司登记机关未核准登记。公司登记机关的做法是正确的，首先甲、乙、丙三企业为集体所有制企业，发起人人数少于五人，不符合法律要求；其次甲、乙、丙三企业出资有违法之处。本案中，公司注册资本为3000万元，而三企业共出资900万元，未达到发起人认购的股份不得少于公司股份总数的35%的要求。

3. 股份有限公司的组织机构

（1）股东大会。股东大会是股份有限公司必须设立的机关，是股份有限公司的最高权力机关。股东大会由全体股东组成，并依法行使职权，股东大会的职权主要有两类：一是审议批准事项；二是决定、议决事项。股东大会会议由董事会依据公司法规定负责召集，由董事长主持。股东大会作出决议，必须经出席会议的股东所持表决权的半数以上通过，重大决议必须经出席会议并持表决权2/3以上的股东通过。

（2）董事会。董事会是股份有限公司必设的业务执行和经营决策机构，其成员为5~19人。董事会对股东大会负责，依法行使职权。董事长是公司的法定代表人。

（3）经理。股份有限公司设经理，负责公司的日常管理工作。经理由董事会聘任或者解聘，对董事会负责。

（4）监事会。监事会是股份有限公司必设的监督机构，对董事会及其成员和经理等管理人员进行监督职能，对公司的财务及业务执行情况进行监督，其成员不少于 3 人。董事、经理、财务负责人不得兼任监事。

三、外商投资企业法

（一）外商投资企业和外商投资企业法

外商投资企业，是指依照中华人民共和国法律的规定，在中国境内设立的，由中国投资者和外国投资者或者仅由外国投资者投资的企业。中国投资者包括中国的公司、企业或者其他经济组织，外国投资者包括外国的公司、企业和其他经济组织或者个人。外商投资企业有三种类型：中外合资经营企业、中外合作经营企业和外商独资企业，简称三资企业。

外商投资企业法又称三资企业法，是指调整有关外商投资企业在设立、经营、终止和解散过程中所发生的各种法律关系的法律规范的总称。目前，我国的外商投资企业法是指以《中外合资经营企业法》、《中外合作经营企业法》和《外资企业法》为主法，以《实施条例》、《实施细则》等法规相配套的较为完整的统一体系。

（二）中外合资经营企业法

1. 中外合资经营企业的概念及特征

中外合资经营企业是经我国政府批准，在我国境内依照中国法律设立的，按一定资金比例共同投资、共同管理、共享利益、共担风险的企业。经中国政府批准并经注册登记的合营企业是中国法人，受中国法律的管辖与保护。

中外合资经营企业有以下特征法：①中外合资经营企业的组织形式为有限责任公司，具有法人资格，合营各方以各自认缴的出资额为限对企业债务承担有限责任，合营企业则以其全部资产对其债务承担责任；②中外合资经营企业属于股权式的合营企业，合营各方的所有投资以货币形式进行估价后，以此折合成股份，计算出其在整个注册资本中所占的比例，再按股权比例分担风险，分享收益。

2. 中外合资经营企业的设立程序

在中国境内设立的中外合资经营企业必须经外经贸部或其授权的机关审查批准。其程序如下：①编制项目建议书和可行性报告；②合营各方签订的合营的协议、合同、章程；③申请设立。申请设立合营企业，由中国合营者负责向审批机关报送正式文件；④批准。审批机构自收到全部文件之日起，三个月内决定批准或者不批准。申请者在接到批准书一个月内，按规定凭批准书向合营企业所在地的省、自治区、直辖市的工商行政管理部门办理登记手续。合营企业的营业执照签发之日，即为该合营企业的成立日期。

3. 中外合资经营企业的注册资本和投资

合营企业的注册资本是指为设立合营企业在登记管理机构登记的资本总额、合资各方认缴的出资额之和。它是合营各方对合营企业承担风险和分配利润的依据。合营企业的注册资本在该企业合营期内不得减少。因投资总额和生产经营规模发生变化而确实需减少的，须经审批机关批准。注册资本的增加或减少应由合营企业董事会会议通过，并报原审批机关批准，向原登记管理机构办理变更登记手续。

根据中外合资经营企业法及其实施条例的规定，合营企业的投资总额是指按照企业合同和章程规定的生产规模需要的基本建设资金和生产流动资金的总和。

合营企业内合资各方的投资比例是指中外合营各方投入的股权资本在注册资本中所占的各自份额。中外合资经营企业法规定，在合营企业的注册资本中，外国合营者的投资比例一般不低于25%。根据规定，合营各方可以以现金、实物、工业产权和专有技术等进行投资，中方合营者可以包括为合营企业经营期限内的场地使用权。

4. 中外合资经营企业的组织机构

合资企业的董事会是合资企业的最高权力机构。合营企业实行董事会领导下的经理负责制。董事名额的分配，由合营各方参照出资比例协商确定，董事的任期一般为4年，可以连任。董事长人选由合营各方协商产生，可由中方担任，也可由外方担任。

根据中外合资经营企业法及其实施条例规定，中外合资经营企业设立正、副总经理，全面主持企业的日常管理工作，它是常设经营管理机构。董事会决定正副总经理的聘请、解聘、职权和待遇，正副总经理可以由中国公民担任，也可以由外国公民担任。

（三）中外合作经营企业法

1. 中外合作经营企业的概念和特征

中外合作经营企业是外国的企业或其他经济组织或个人同我国的企业或其他经济组织依据我国法律的规定，在中国境内共同举办的，按照合作企业合同的约定分配收益或产品、分担分险和亏损的企业。

中外合作经营企业的特征是：①中外合作经营企业属于契约式的合营企业。合作企业合同是企业设立的基本依据，合营各方的权利和义务取决于合作企业合同的约定；②中外合作经营企业的组织形式具有多样化的特点，即中外合作经营企业可以是法人企业，也可以是非法人企业；③中外合作经营企业的组织机构与管理方式具有灵活多样的特点。既可以是董事会制，也可以是联合委员会制，还可以委托第三方管理；④中外合作经营企业一般采取让外方先行回收投资的做法，外方承担的风险相对较小，但合作期满，企业的资产归中方所有。

2. 中外合作经营企业的设立与组织形式

根据《中外合作经营企业的设立实施细则》的规定，在中国境内举办中外合作经营企业，应当符合国家的发展政策和产业政策，遵守国家关于指导外商投资方向的规定。国家鼓励兴办产品出口的或者技术先进的生产型合作企业。

设立中外合作经营企业，应当由中国合作者向对外经济合作贸易部门或者国务院授权的部门和地方人民政府报请审查批准，审批机关应当自接到申请之日起45天之内决定批准或者不批准。批准设立的合作企业应当自接到批准证书之日起30天内向工商行政管理机关申请登记，领取营业执照。营业执照签发日期为合作企业成立日期。

根据《中外合作经营企业法》的规定，合作各方可以在合作企业合同中约定合作企业的组织形式。合作企业符合中国法律关于中国法人条件的规定的，依法取得中国法人资格。具有法人资格的合作企业，其组织形式为有限责任公司。不具有中国法人资格的合作企业，合作各方的关系是一种合伙关系。

3. 中外合作经营企业的注册资本与投资

合作企业的注册资本，是指为设立合作企业，在工商行政机关登记的合作各方认缴的出资额之和。合作企业注册资本在合作期限内不得减少，但是，因投资总额和生产经营规模等变化，确需减少的，须经审批机关批准。

合作各方投资或提供合作条件的方式可以是货币，也可以是实物或者工业产权、专有技术、土地使用权等财产权利。合作各方以自有的财产或财产权利作为投资或合作条件，对该投资或合作条件不得设立抵押或其他形式的担保。依法取得法人资格的中外合作企业，外方合作者的投资一般不低于合作企业注册资本的25%。

中外合作企业的合作各方应当根据合作企业的生产经营需要，在合作企业合同中约定各方向合作企业投资或提供合作条件的期限。

4. 中外合作经营企业的组织机构

合作企业在组织机构的设置上有较大的灵活性。合作企业的管理形式有：董事会制、联合管理制、委托管理制。其中，具有法人资格的合作企业，一般实行董事会制。董事会是合作企业的最高权力机构，董事长、副董事长由合作各方协商产生。董事会可以任命或者聘请总经理负责合作企业的日常经营管理工作。不具有法人资格的合作企业，一般实行联合管理制。联合管理机构由合作各方代表组成，是合作企业的最高权力机构。中外合作者一方担任联合管理机构主任的，由他方担任副主任。经合营各方一致同意，合作企业可以委托中外合作一方进行管理，另一方不参加管理，还可以委托第三方管理。合作企业成立后改为委托第三方经营管理的，属于合作合同的重大变更，必须经董事会或者联合管理委员会一致同意，并报经审批机关审批，向工商行政管理机关办理变更登记手续。

5. 中外合作经营企业的收益分配和投资的回收

合作企业收益或者产品的分配方式应当在合作企业合同中予以约定。在分配方式上可以实行利润分成，也可以实行产品分成。

外国合作者依规定在合作期限内先行收回投资的，中外合作者应当按照有关法律规定和合作企业合同的约定，对合作企业的债务承担责任。

回收投资的办法一般有三种：第一种，合作前期从企业税后利润中给外方多分配，以后逐年递增，即优先保证外方实现利润；第二种，经税务机关批准，实行税前分配，即外方合作者在合作企业交纳所得税前回收投资。第三种，经税务机关批准，通过加速固定资产折旧的办法，用折旧金偿还外方的投资。

案例7—3　美国某公司与中国某公司合作投资成立一家生产净水设备的中外合作经营企业（以下简称"合作企业"）合作期限8年，注册资本总额拟定为500万美元。美方出资120万美元，中方出资380万美元。双方在合作合同中约定：美方公司在合作企业正式投产后的前5年先行回收投资；之后利润均分；合作期限届满时，合作企业的全部固定资产归中方公司所有。本案中，美方公司的出资不符合"外方合作者的投资一般不低于合作企业注册资本的25%"的规定；双方合作合同中约定的内容则符合法律要求。

（四）外资企业法

1. 外资企业的概念和特征

外资企业又称外商独资企业。它是指外国投资者（包括外国公司、企业、个人或其他经济组织）依照我国有关法律在我国境内设立的、全部资本由外国投资者投资的企业。

外资企业的特征是：①外资企业的全部资本是由外国投资者投资的，企业的全部利润、风险和亏损由外国投资者独立承担；②外资企业是国投资者根据中国法律在中国境内设立的，是具有中国国籍的企业；③外资企业是独立的法律主体，以自己的名义进行经营活动，独立承担民事责任，外国投资者对其债务不承担无限责任。

2. 外资企业的设立和出资

根据法律规定，设立外资企业的申请，由外经贸部或国务院授权的机关审查批准。审批机关在接到申请之日起 90 天内决定批准或者不批准。外国投资者应在 30 天内持批准证书向工商行政管理机关申请登记。经核准登记后，领取营业执照，营业执照签发之日为外资企业成立之日。外资企业的组织形式为有限责任公司，经批准也可以为其他责任形式。

外国投资者可以用自由兑换的外币出资，也可以用机器设备、工业产权、专有技术等作价出资。经审批机关批准，外国投资者也可以用其从中国境内举办的其他外商投资企业获得的人民币利润出资。

设立外资企业申请书和外资企业章程中应载明出资的缴付期限。外国投资者可以分期缴付出资，但最后一期出资在营业执照签发之日起 3 年内缴清，其中第一期出资不得少于交出资额的 25％，并且应在营业执照签发之日起 90 天内缴清。外国投资者未能按期交付第一期出资的，外资企业批准证书即自动失效。外资企业应向工商行政管理机关办理注销登记手续，否则由工商行政管理机关吊销其营业执照，并予以公告。其他各期出资也应按期缴付，超过 30 天不出资的，其批准证书自动失效。

外资企业在其经营期内，不得减少其注册资本。如果将其财产或权益对外抵押、转让，须经审批机关批准，并向工商行政管理机关备案。

第三节　宏观调控法律制度

一、价格法

（一）价格与价格法

价格是商品价值的货币表现。广义的价格，一般包括商品、服务及生产要素价格。我国《价格法》中将价格的范围限定在商品价格和服务价格。商品价格包括各类有形产品和无形产品的价格，服务价格包括各类有偿服务的价格。

我国《价格法》依据不同的定价主体和价格形成途径，将价格划分为以下三种形式：①市场调节价，是指通过市场竞争形成并由经营者自主制定的价格。其定价主体是经营者，大多数商品和服务价格实行市场调节价；②政府指导价，是指由政府价格主管部门或者其他有关部门，按照定价权限和范围规定基准价及其浮动幅度，指导经营者制定的价格。其定价主体是双重的，政府只规定基准价及浮动幅度，引导经营者据以制定具体价格；③政府定价，是指政府价格主管部门或者其他有关部门，按照定价权限和范围制定的价格。其定价主体是政府，由政府依法制定。

价格法，是调整价格关系和价格管理关系的法律规范的总称。

中华人民共和国成立以来，国家长期采用行政手段对价格实行集中控制和管理。改革开放以后，对价格问题才开始通过立法的手段建立相应的法律制度加以规范。1997 年 12 月 29 日，第八届全国人民代表大会常务委员会第二十九次会议通过了《中华人民共和国价格法》，该法于 1998 年 5 月 1 日起施行。1999 年 8 月 1 日发布《价格违法行为行政处罚规定》，国家发展计划委员会于 1999 年 8 月 3 日发布的《关于制止低价倾销行为的规定》等，是贯彻实施《价格法》的配套规章。

(二) 政府的定价行为

政府定价行为，是指政府根据法律规定，对特定范围的商品和服务予以确定价格的行为。政府定价，通常限于两个方面：一是政府直接定价；二是政府确定指导价。根据《价格法》的规定，下列商品和服务价格，在必要时可以实行政府指导价或者由政府定价：①与国民经济发展和人民生活关系重大的极少数商品价格；②资源稀缺的少数商品价格；③自然垄断经营的商品价格；④重要的公用事业价格；⑤重要的公益性服务价格。

政府定价和政府指导价的基本依据是《价格法》，在具体操作上主要是依据定价目录。中央定价目录由国务院价格主管部门制定、修改，报国务院批准后公布；地方定价目录由省、自治区、直辖市人民政府价格主管部门按照中央定价目录规定的定价权限和具体适用范围制定，经本级人民政府审核同意，报国务院价格主管部门审定后公布。省级以下人民政府不得制定目录，但是可以根据省级人民政府的授权，按照地方定价目录规定的定价权限和具体适用范围制定在本地区执行的政府指导价、政府定价。

政府指导价和政府定价的基本要求及程序体现在三个主要制度方面：①调查制度。政府价格主管部门和其他有关部门制定政府指导价，应开展价格、成本调查，听取经营者、消费者等有关方面的意见，这是决策科学化、民主化、程序化的必然要求。②听证会制度。凡是制定关系到群众切身利益的公益事业价格、公益性服务价格、自然垄断经营的商品价格等政府指导价、政府定价，应当建立听证会制度，由价格主管部门主持，征求消费者、经营者和社会各方面的意见，论证其必要性和可行性。③公布和调整制度。政府指导价、政府定价经过批准后，应当向社会公布并接受社会的监督，价格主管部门和有关部门及时了解社会各方面的反馈意见。根据实际情况，政府应当对价格进行相应的调整。

(三) 经营者在价格活动中的权利和义务

根据《价格法》的规定，经营者在从事生产、经营商品或者提供有偿服务，进行价格活动时，享有以下权利：①自主制定属于市场调节的价格；②在政府指导价规定的幅度内制定价格；③制定属于政府指导价、政府定价产品范围内的新产品的试销价格，特定产品除外；④检举、控告侵犯其依法自主定价权利的行为。

经营者在从事生产、经营商品或者提供有偿服务时，应遵守以下义务：①遵守法律、法规，执行制定的政府指导价、政府定价和法定的价格干预措施、紧急措施；②明码标价、注明商品的品名、产地、规格、等级、计价单位、价格或者服务的项目、收费标准等基本情况；③不得在标价之外加价出售商品，不得收取任何未予标明的费用；④不得从事不正当的价格行为：操纵市场价格行为；倾销；捏造、散布涨价信息，哄抬价格，推动商品价格过高上涨；虚假表示诱骗消费者交易；实行价格歧视；抬高或压低等级收购以变相提价或者压价；非法牟取暴利；其他违法的价格行为。

（四）价格监督检查

价格监督检查，主要是指价格主管部门在行政执法过程中对价格活动的监察、督导、检测、查验的过程。价格的监督检查是保证价格法律、法规、政策正确贯彻实施的重要手段，是价格主管机关的日常性工作。

在价格监督检查过程中，价格主管机关可以行使以下职权：①询问当事人并要求提供证明材料；②查询、复制与违法价格行为有关的账簿、单据、凭证、文件等有关资料；③检查与违法价格行为有关的财务，必要时可以责令当事人暂停相关营业；④在证据可能灭失或者以后难以取得的情况下，可依法先行登记保存。但是，价格主管机关在依法进行监督检查过程中，负有相应的保密义务。

除了价格主管机关依法进行的价格监督检查工作外，社会各界也可以进行合法的监督（包括对政府价格行为、经营者价格行为）。根据价格法的规定，价格社会监督主要分为消费者监督组织、职工价格监督组织、居民委员会和村民委员会、消费者、新闻单位和新闻舆论监督。

政府定价行为违反法律规定的，应当依法纠正；经营者有价格违法行为的，应当接受价格管理主管机关的处罚，造成消费者或者其他经营者损失的，还应当承担赔偿责任。

二、金融法

（一）金融和金融法

金融，狭义为货币资金的融通，广义上指与货币流通与银行信用有关的一切活动。金融活动包括货币发行，金银和外汇管理，存款、贷款和个人储蓄，票据贴现等。

金融法，是调整金融活动和金融管理的法律规范之总称，主要包括了银行法、货币法、票据法、证券法、期货法、保险法等。

我国已经制定的金融方面的法律主要有：1995年3月18日全国人民代表大会通过的《中华人民共和国中国人民银行法》、全国人民代表大会常务委员会1995年5月10通过的《中华人民共和国商业银行法》和《中华人民共和国票据法》、1995年6月30日通过的《中华人民共和国保险法》、1998年12月29日通过的《中华人民共和国证券法》等。

（二）金融管理制度

1. 中央银行宏观调控制度

中央银行是国家银行体系乃至整个金融体系的核心机构，是全国唯一的发行银行、国家银行、储备银行、银行的银行。中央银行代表国家主管金融业务并作为国家发行货币的唯一机关，并且成为商业银行的最后贷款人。

国际上最早出现的资本主义国家银行是 1668 年由私人银行改组而成的瑞典国家银行，它在 1897 年具有独占货币发行权后成为了现代意义上的中央银行。而在 1844 年就具有独占货币发行权的英国英格兰银行，就被学术界公认为世界上最早的中央银行。我国的中央银行是中国人民银行。

根据《人民银行法》的规定，中国人民银行具有下列职能：①依法制定和执行货币政策；②发行人民币，管理人民币的流通；③按照规定审批、监督管理金融机构；④按照规定监督管理金融市场；⑤发布有关金融监督管理和业务的命令、规章；⑥持有、管理经营国家外汇储备、黄金储备；⑦经理国库；⑧维持支付、清算系统的正常运行；⑨负责金融业的统计、调查、分析和预测；⑩依法从事有关的金融业务活动；⑪作为国家的中央银行，从事有关国际金融活动；⑫国务院规定的其他职责。中央银行是通过货币政策来实现对国民经济宏观调控的。

中国人民银行实行行长负责制，行长作为国务院组成人员。中国人民银行设立货币政策委员会，作为制定货币政策的咨询议事机构。中国人民银行根据履行职责之需要设立分支机构，作为派出机构加强对所辖区的金融监督管理。1998 年 11 月，中共中央、国务院作出决定，对中国人民银行管理体制做出调整，撤销省级分行，跨省（自治区、直辖市）设置九家分行：天津、沈阳、上海、南京、济南、武汉、广州、成都、西安分行。

2. 现金管理制度

现金，是指实现购买力或法定清偿力的通货。现金包括纸币、金属铸币、信用货币、活期存款及可转让存单等。为了加强对现金的管理，保证货币发行权的集中统一，促进单位加强财务管理，1988 年 10 月 1 日开始实施由国务院颁布的《现金管理暂行条例》。

凡是在金融机构开设账户的单位，必须依据国家规定收支和使用现金，接受开户银行的监督；国家鼓励单位和个人通过转账的方式进行结算，减少使用现金；开户单位应当建立健全逐笔记载现金支付的账目；开户单位不得在多个银行开设现金账户；单位应当将现金收入于当日送存开户银行；单位不得"坐收坐支"（单位的现金收入不入账并从收入中直接支付）。另外，不得保留账外公款、设立"小钱柜"，也不得公款私存；不得为他人套取现金；不得拒收银行汇票、本票；不得变相发行货币和以票券代替人民币在市场上流通使用。

银行、单位和个人办理结算都必须遵守下列结算原则：①恪守信用，履约付款；②谁的钱进谁的账，由谁支付；③银行不垫款。对于个人存款，我国一直鼓励储蓄，实行"存款自愿、取款自由、为储户保密"的原则。为了维护金融秩序、保障储户的利益、加强对现金的管理，我国现在实行了存款实名制度。

3. 票据管理制度

票据是具有流通性质、以支付一定金额为内容的有价证券。票据作为一种信用工具，是在商品交换过程中随着商业信用的运用而逐渐发展起来的。《票据法》第 2 条第 2 款规定：本法所称票据，是指汇票、本票和支票。

（1）汇票。汇票，是由出票人签发，委托付款人在见票时或者在指定日期无条件支付确定的金额给收款人或持票人的票据。汇票包括三方当事人：出票人、收款人和付款人。

汇票上必须记载"汇票"的字样,而且无条件支付,记载付款人的姓名、汇票的收款人、出票日期及地点、汇票的到期日、付款地点、出票人的签名等。

(2) 本票。本票是出票人签发的,承诺自己在见票时无条件支付确定的金额给收款人或者持票人的票据。根据《票据法》规定,我国本票仅指银行本票并限于见票即付,银行本票分为定额本票和不定额本票。

(3) 支票。支票是出票人签发的,委托办理支票存款业务的银行或其他金融机构在见票时无条件支付确定的金额给收款人或持票人的票据。支票必须以银行为付款人;而且必须是见票即付。支票仅作为支付工具,不具有汇票和本票作为信贷工具的功能。支票分成划线(转账)支票和非划线(现金)支票。划线支票在支票的表面上划有两条平行线,它要求付款银行将票面金额付给真正的收款人,通常要通过银行的转账。非划线支票可以经出票人、收款人、背书人、出票人在支票上加划横线使之转变成为划线支票。

4. 证券管理制度

证券,是用于表明各类财产所有权和债权的凭证之统称。证券持有人凭证券享有证券所记载内容而取得相应的权益。证券分成商品证券(提货单、购货单、运货单等代表对商品享有请求权的收据)、货币证券(对一定数额的货币享有请求权的货币证券)、资本证券(代表一定资本所有权益与一定收益分配请求权的证券)三大类。《证券法》中所调整的证券只是资本证券。资本证券一般包括:股票、债券、证券投资基金券及国家通过法定形式认定的其他证券。

1998年12月29日第九届全国人民代表大会常务委员会第六次会议通过了《证券法》,该法自1999年7月1日开始实施。该法为规范我国的证券市场和加强对证券业的监督管理提供了法律依据。

国务院证券监督管理机构,是指中国证券监督管理委员会,它依法对全国证券市场实行集中统一监督管理,维护证券市场秩序,保证证券市场合法运行。

5. 商业保险管理制度

商业保险,是指投保人根据合同约定,向保险人支付保险费,保险人对于合同约定的可能发生的事故因其发生所造成的财产损失承担赔偿保险金责任,或者被保险人死亡、伤残、疾病或达到合同约定的年龄、期限时,承担给付保险金责任的商业保险行为。保险是一种合同行为,人们通常将之纳入商法的范畴加以考察。商业保险区别于社会保险。

1992年11月7日,第七届全国人民代表大会常务委员会第二十八次会议通过了《中华人民共和国海商法》,在第二十二章对"海上保险合同"作出了规定。1995年6月30日,第八届全国人民代表大会常务委员会第十四次会议通过了《保险法》,该法于1995年10月1日开始施行。

《保险法》在保险经营规则方面,作出了严格的限定。如对经营范围、责任准备金制度、保险保障基金、自留保险费、具体的保险活动规则等做了详细的规定。

《保险法》第8条规定:国务院金融监督管理部门负责对保险业实施监督管理。国家对保险业的监督管理主要表现在:保险公司的设立之设定,除具备一般的股份有限公司应具备的条件外,还在资金方面(2亿元)、人员方面(专业知识人员及高级管理人员)、审批程序(金融监督管理部门的特批)、保证金方面(注册资本20%提取并不得动用)、破产方面(须经特殊批准)、清偿方面(保险金在工资及劳动保险后优先偿付)作了特殊的规定。

三、税法

(一)税法的概念

税收是国家为实现其职能的需要,凭借政治权力,按照国家法律、法规的规定,强制地、无偿地取得财政收入的特定分配关系。税收是实现国家政治、经济、文化等职能的物质基础,是国家财政收入的主要来源。因而,税收具有三个基本特征:①强制性;②无偿性;③固定性。

税法是指调整税收关系的法律规范的总称。由税收体制法、税收征纳实体法、税收征纳程序法等共同构成了我国税法的有机整体。

税法构成要素是指构成税法所必需的基本要件,主要包括税法主体、征税客体、税率、税目、纳税环节、纳税期限、减税免税、税法责任等。但并不是每个税法一定都要具备这些构成要素,构成税法基本内容的要素有三:税法主体、征税客体和税率。

税收法律关系的主体是指参加税收法律关系的当事人。其主体资格是法定的,根据宪法和我国法律或法规的规定,税收法律关系主体分为征税主体和纳税主体;税收法律关系的客体,即征纳税主体双方权利和义务所指向的对象,它包括货币、实物、税收行为等。以货币纳税为我国税收的主要形式;税收法律关系的内容就是指征纳税双方的权利和义务。

(二)流转税

流转税是以商品或劳务服务为征税对象,就其流转额征税的一类税的总和。所谓"流转额",既包括商品销售收入额,也包括各种劳务、服务的业务收入额。流转税主要有以下几种。

1. 增值税

增值税是指对在我国境内销售货物或者提供加工、修理修配劳务以及进口货物的单位和个人,就其增值额征收的税。增值税的纳税对象是在中国境内销售的货物或者提供加工、修理修配的劳务以及进口的货物。

增值税的纳税人可分为一般纳税人和小规模纳税人。对会计核算不健全、生产、经营规模小的纳税人界定为小规模纳税人。根据增值税实施细则的规定,非企业性单位,非企业管理的事业单位、社会团体;不经常发生应税行为的企业也视同小规模纳税人。

增值税的税率。增值税一般纳税人税率分为基本税率17%、低税率13%、小规模纳税人为6%的征税率和零税率(出口货物均适用)。

2. 消费税

消费税是指对在我国境内生产、委托加工和进口应税消费品的单位和个人,就其销售收入额征收的税。消费税的征收采用从价和从量两种征收方法。

消费税的税率采用固定税率和比例税率两种形式。采用固定税率的,税额分为0.1元、0.2元、220元、240元四档。采用比例税率的,有10个档次的税率,其税率从3%至45%不等。

3. 营业税

营业税是指对在我国境内提供应税劳务、转让无形资产或者销售不动产的单位和个人，就其营业收入额征收的税。按期纳税的起征点为月销售额 200～800 元；按次纳税的起征点为每次（日）销售额 30 元。

提供劳务，在劳务发生地纳税（从事运输业务的和承包工程跨省、自治区、直辖市的，在其机构所在地）；转让无形资产的，在其机构所在地，但转让土地使用权的，在土地所在地；出售不动产的，在不动产所在地。

（三）所得税

所得税分为企业所得税和个人所得税。

企业所得税是以中国境内的企业（外商投资企业和外国企业除外）在一定期间内的纯所得为征税对象的一种税。企业所得税的纳税人为在中国境内从事生产、经营并实行独立核算的企业或者其他经济组织，外商投资企业和外国企业除外。

企业所得税的征税对象是指纳税人在每一纳税年度内的生产经营所得和其他所得，具体包括：生产、经营收入；财产转让收入；利息收入；租赁收入；特许权使用费收入；股息收入；其他收入。企业所得税采用 33％的比例税率。

个人所得税是以个人的所得为征税对象的一种税。个人所得税的纳税人包括：居民纳税人，即在中国境内有住所，或者无住所而在中国境内居住满 1 年的个人；非居民纳税人，即在中国境内无住所又不居住或者在中国境内居住不满 1 年但有来源于中国境内所得的个人。个人所得税的征税对象为应税所得。

个人所得税的税率有两种：一是超额累进税率 3％～45％，适用于工资、薪金所得；个体工商户收入的税率为 5％～30％。二是比例税率 20％，适用于稿酬、劳务、特许使用费、利息、股息、财产租赁所得、财产转让所得、偶然所得和其他所得等。

案例 7—4　孙某参加某商场的抽奖活动，中了 5000 元大奖，孙某刚把奖金领回家，税务机关便上门通知其申报并缴纳个人所得税，孙某认为自己的 5000 元属抽奖所得，不应缴纳个人所得税。因此，既不申报也不缴纳税款。税务机关责令其改正，孙某不理会。于是税务机关对其做出行政处罚。本案中，税务机关的做法是正确的。因孙某所得奖金为偶然所得，应该缴纳个人所得税，否则，税务机关有权依法对其作出行政处罚。

（四）财产、行为和资源税

财产税是以法定的财产为征税对象，根据财产占有或者财产转移的事实加以征收的税。目前我国开征的财产税主要有：房产税、契税。

行为税是指根据法律的规定，以某些行为为征税对象而对行为人加以征收的税。我国现行行为税法包括的税种有：固定资产投资方向调节税、印花税、屠宰税、筵席税。

资源税是指对在我国境内开发、利用自然资源所形成的级差收入课的税。目前我国资源税的征税范围只限于矿产品和盐。

☺ 热点问题 7—1

国家与纳税者之间的税收关系是否是契约关系？

＊ 国家或政府与纳税者之间的税收关系实质是一种契约关系①。

＊＊ 国家或政府与纳税者之间的税收关系不能以契约而论②。

第四节　市场管理法律制度

一、反不正当竞争法

反不正当竞争法，是指调整市场竞争过程中因规制不正当竞争行为而产生的社会关系的法律规范的总称。1993 年 9 月 2 日八届人大常委会通过了《中华人民共和国反不正当竞争法》（以下简称《反不正当竞争法》）。

（一）不正当竞争行为的概念和种类

不正当竞争行为，是指经营者违反《反不正当竞争法》的规定，损害其他经营者的合法权益，扰乱社会主义经济秩序的行为。它具有违法性、危害性、侵权性的特征。

根据《反不正当竞争法》的规定，不正当竞争行为具体表现为：

1. 混淆行为

混淆行为是指经营者在市场经营活动中，以不正当地利用他人的商业信誉或商品信誉，致使与他人的商品或服务发生混淆，以达到推销自己商品或服务的行为。根据法律规定，下列行为属于混淆行为：①假冒他人的注册商标；②擅自使用知名商品特有的名称、包装、装潢或者使用与知名商品近似的名称、包装、装潢，造成和他人的知名商品相混淆，使购买者误认为是他人的商品；③擅自使用他人的企业名称或姓名，引人误认为是他人的商品；④在商品上伪造或冒用认证标志、名优标志等质量标志，伪造产地，对商品质量作引人误解的虚假表示。

2. 虚假宣传行为

虚假宣传行为是指经营者利用广告或者其他方法，对商品的质量、制作成分、性能、用途、生产者、有效期限、产地等作虚假的或足以引人误解的宣传。

3. 限制竞争的行为

这是指公用企业或其他依法具有独占地位的经营者，限定他人购买其指定的经营者的商品，以排挤其他经营者的公平竞争。

4. 滥用行政权力的行为

这是指政府及其所属部门不正当地行使自己的行政权力，对他人的交易活动实施限制的行为，具体表现有二：一是政府及其所属部门从地方保护主义出发，禁止或阻碍外地商品进入本地市场或本地商品流向外地市场；二是政府及其所属部门限定他人购买其指定的

---

① 杨海坤：《小康社会和现代公法中的契约精神》，载《法制日报》2004 年 1 月 8 日。
② 蔺翠牌：《税法理论热点问题探询》，载《法学杂志》2005 年第 1 期。

经营者的商品，限制其他经营者正当的经营活动。

5. 商业贿赂行为

商业贿赂行为是指经营者在市场交易活动中以秘密给付财物或其他回报为手段进行贿赂，以争取交易机会和交易条件的行为。

6. 侵犯商业秘密行为

商业秘密是指不为公众所知悉，能为权利人带来经济利益，具有实用性并经权利人采取保密措施的技术信息和经营信息。商业秘密权是一种无形财产权，是权利人劳动成果的结晶。

侵犯商业秘密行为是指：以不正当的手段获取、披露、使用或者允许他人使用权利人的商业秘密的行为。根据我国《反不正当竞争法》等法律法规的规定，侵犯商业秘密行为包括：①以盗窃、利诱、胁迫和其他不正当手段获取权利人的商业秘密；②披露、使用或者允许他人使用以前项手段获取的权利人的商业秘密；③根据法律和合同，有义务保守商业秘密的人，披露、使用或者允许他人使用其所掌握的商业秘密。第三人明知或应知前款所列违法行为，获取、使用或者披露他人的商业秘密，视为侵犯商业秘密。

7. 低价倾销行为

低价倾销行为是指经营者以排挤竞争对手为目的，在一定的市场和一定的期限内，以低于成本价的价格销售商品的行为。如果因特殊原因而低于成本价格销售商品，则不属于低价倾销行为。《反不正当竞争法》第11条规定四种除外情况：①销售鲜活商品；②处理有效期即将到期的商品或者其他积压的商品；③季节性降价；④因清偿债务、转产、歇业降价销售商品。

8. 搭售行为

搭售行为是指经营者利用其经济优势，违背购买者的意愿，在提供商品或服务时，搭配销售其他商品，或附加其他不合理交易条件的行为。

9. 违法有奖销售行为

违法有奖销售行为是指经营者以欺骗性或超过法定限额的巨额奖励的手段销售商品或者提供服务的行为。具体为：①欺骗性的各类销售，即谎报有奖，实际无奖，或者让内定人员中奖，或者在奖金数额、奖品种类、中奖方式等方面进行欺骗行为；②利用有奖销售的手段推销质次价高的商品；③巨额有奖销售，即所设单项最高奖的奖金数额超过5000元的抽奖式有奖销售。

10. 诋毁商誉行为

诋毁商誉行为是指经营者通过捏造、散布虚伪事实，损害竞争对手的商业信誉、商品声誉，以削弱其竞争能力，为自己取得竞争优势的行为。

11. 串通投标行为

这是指经营者在投标活动中相互勾结，联合损害投标人的利益的行为，包括投标人之间相互约定共同提高或压低标价等行为。

（二）不正当竞争的法律责任

根据《反不正当竞争法》的规定，违反此法的法律责任有民事责任、行政责任、刑事责任。

1. 民事责任

《反不正当竞争法》规定，实施不正当竞争行为给被侵害的经营者造成损害的，应当承担赔偿责任。被侵害的经营者的损失难以计算的，赔偿额视为侵权人在侵权期间因侵权所获的利润，并应当承担由此支付的合理费用。此外，根据民法通则规定，对不正当竞争行为可以采取消除影响，恢复名誉等追究责任的方式。

2. 行政责任

根据反不正当竞争法规定，行政处罚的具体方式有：责令停止违法行为，消除影响；没收违法所得；罚款；吊销营业执照；责令改正；给予行政处分。

3. 刑事责任

对那些情节严重、构成犯罪的不正当竞争行为，应依照我国刑法的有关规定，追究其相应的刑事责任。

> 案例 7—5　某杂志刊登了"速长增高鞋垫"的广告。称"经多位医学专家多年研制而成，功效显著，青少年连续垫两个月，就可以增高 3～6 厘米。"并刊登了许多消费者用过鞋垫后写给厂家的感谢信。许多青少年用过后，发现跟本没有广告中的效果。工商部门接到举报后，查明广告中刊登的消费者及其感谢信也纯属虚构。本案既属于虚假宣传的不正当竞争行为。工商部门可以作出以下处理：责令广告主停止违法行为，消除影响。并可根据情节处以 1 万元以上 20 万元以下的罚款。对杂志社没收其违法所得。并处罚款。

二、反垄断法

（一）反垄断法的性质和基本原则

现代意义上的反垄断法，最早的是美国在 1890 年制定的《保护贸易和商业不受非法限制与垄断之害法》（又称《谢尔曼法》）。继美国反垄断立法之后，其他的一些国家相继进行了反垄断立法。我国目前尚未形成完整的反垄断立法，关于反垄断的法律内容主要散见于《反不正当竞争法》和零散的条例、暂行规定等行政性规定中。

反垄断法是保护公平竞争的重要法律；它的主要内容是禁止限制竞争和经济力的过度集中以及滥用市场优势，是以排斥市场竞争行为作为主要调整对象的。

反垄断法作为竞争法的主要构成部分，在经济法中处于重要的地位。反不正当竞争与反垄断，同属于竞争法的范畴，他们相互配合、相互补充，共同促进竞争，维护市场竞争秩序。

反垄断法在实施过程中遵循两大基本原则：

（1）本身违法原则。即对于市场上某种行为，不管其产生的具体情况，也不管其后果，只要其属于反竞争而构成垄断即可被判定为非法时，这种行为就是属于本身违法。

（2）合理原则。对市场上某些反竞争行为不必然视之为违法，而应依具体情况，要以合理性来衡量、判断其是否非法。

（二）垄断的概念和表现

垄断，是指一个或者少数几个企业支配着某项产品或某项服务的总供给规模，操纵市场、限制或者排斥竞争的经济行为。垄断作为一种经济行为，具有以下特征：第一，垄断是一种排斥和控制竞争活动的经济行为；第二，垄断是一种有组织的联合力量；第三，垄断者谋取经济利益，是通过对市场的操纵和独占实现的；第四，垄断是一种具有违法性和危害性的经济行为。

反垄断法所规制的典型垄断行为主要有经济性垄断行为和行政性垄断行为两大类别。

1. 经济性垄断行为

经济性垄断行为主要有协议垄断、滥用市场支配地位两种。

协议垄断是指经营者通过订立协议以及在行为上与具有竞争关系的其他企业共同为限制或者排斥市场竞争的行为。协议垄断可以有横向限制和纵向限制，具体内容包括：限制价格协议、限制市场供应协议、市场划分协议和联合抵制协议等。

滥用市场支配地位是指企业通过合法的方式取得了市场的支配地位以后滥用这种优势地位，对市场的其他主体进行不公平的交易或者排除竞争对手的行为。滥用市场支配地位的前提是企业取得特定市场的支配地位。判断一个企业是否取得市场的支配地位，主要是看该企业在市场中是否受竞争的制约。凡是不受市场竞争的制约，不必考虑其他竞争对手的利益而可以任意行为的企业，均被认为取得了市场的支配地位。市场份额，是判断市场支配地位的一个重要标志。

滥用市场支配地位的行为主要有：不正当的价格行为、差别对待、强制交易、搭售和附加不合理交易条件、掠夺性定价和独家交易。

市场支配地位主要是通过合并取得的。在反垄断法上，只要一个企业通过某种方式可以取得对另一个企业的支配权，就认为这两个企业实现了合并。新设合并和兼并以实现企业联合是我国采取的产业政策之一，目的是通过企业合并，有利于企业筹集资金，改善管理，实现规模经济。但是大量的企业合并，减少了竞争者的数目，有效竞争的市场结构就会受到破坏。

2. 行政性垄断行为

行政性垄断是与经济性垄断相对应的，是指政府及其所属机构滥用行政权力限制竞争的行为。行政性垄断主要表现为：

(1) 行业垄断。是指在特定的行业内，政府主管部门批准设立的行政性公司拥有其他竞争者所没有的特权，并且在具有经营权的同时还拥有某种行政管理的职能，这些企业利用这种特殊的优势进行排斥竞争、独自经营的状况。

(2) 地方垄断。地方垄断行为是指地方政府及其职能部门通过行政权力建立市场壁垒，以禁止外地产品进入本地市场或者限制本地原材料外销的行为。市场是开放的，开放的市场应当有自由的竞争，而地方垄断则割裂市场和限制自由竞争，应当禁止。

(3) 行政强制经营行为。是指政府的所属部门滥用其行政权力，限定他人购买其指定的经营者的商品，限制其他经营者正当的经营活动。

(4) 其他限制竞争的行政行为，即政府设立行政性公司，使行政权力与经营利益结合，或者限定交易，都是排斥竞争的行为。

3. 不属于垄断的除外情形

根据法律的规定，以下情形不属于垄断法规制的垄断：

（1）公益事业。公益事业中的铁路、邮电、军工等部门，这些部门涉及整个国民经济发展和国家安全，而且不宜实行自由竞争，一般都由国家垄断经营。

（2）国际贸易中的限制性的商业行为。西方发达国家的反垄断法主要是针对国内商业或贸易的，对于国际贸易中的限制性商业行为基本上不予禁止。

（3）国家产业政策特殊扶持的产业或者国家重点项目。国家出于发展经济的实际需要，往往要优先发展某些特定产业如钢铁、高科技等，在特定时期上马某些重点项目，并给予其特殊优惠的政策和便利，而这些优惠及便利是其他企业或行业所不能享受到的。这种特殊政策下的倾斜保护，不属于垄断行为。

（4）知识产权独占。知识产权本身就是一种获得法律保护的专有权（独占或垄断权），行使权利而排斥他人是合法的。因此，不能以反垄断为由反对这种特殊的限制竞争。但是，当权利人通过协议对被许可人加以的限制超出了知识产权保护的范围，则限制属于非法。

（三）垄断行为的法律责任

对于垄断行为，反垄断执法机关可以依照法律规定对其实施行政处罚，具体包括：宣布限制竞争协议无效，制止正在进行的垄断行为；决定强制企业分解或者转让部分经济力；责令停业整顿、吊销营业执照；作出行政罚款决定等。对于行政处罚决定不服的，被处罚者可以申请行政复议，还可以向法院请求司法救济。

除行政处罚外，在垄断行为中受到经济损失的经济活动主体，可以要求垄断者予以经济赔偿。对于严重扰乱社会经济秩序、造成重大损失的触犯刑律的行为，还应当追究其刑事责任。

三、消费者权益保护法

（一）消费者权益保护法的概念与原则

消费者权益保护法，是调整消费者为生活消费需要购买、使用商品或者接受服务过程中与经营者、国家机关发生的权益保护关系的法律规范的总称。消费者包括：购买、使用商品或者接受服务用于个人消费的自然人和社会集团。经营者包括生产者、销售者和服务者。消费者权益保护法主要调整两类社会关系：一是消费者与经营者之间发生的商品消费关系；二是国家与消费者之间发生的权益保障关系和对经营者的管理监督关系。

保护消费者权益的法律原则有：经营者与消费者进行交易，应当遵循自愿、平等、公平、诚实信用的原则；国家保护消费者的合法权益不受侵害的原则；保护消费者的合法权益是全社会的共同责任的原则。

（二）消费者的权利

消费者的权利是消费者利益在法律上的体现，是国家对消费者进行保护的前提和基础。消费者享有以下权利：

（1）安全权。安全权是指消费者在购买、使用商品和接受服务时享有人身、财产安全不受损害的权利，并且消费者有权要求经营者提供的商品和服务应符合保障人身、财产安全的要求。

（2）知情权。知情权是指消费者对其购买、使用的商品或者接受的服务有权知悉其真实的情况。根据不同情况，消费者有权要求经营者提供商品的价格、产地、生产者、用途、性能、规格、等级、主要成分、生产日期、有效期限、检验合格证明、使用方法说明书、售后服务或者服务的内容、规格、费用等有关情况。

（3）自主选择权。自主选择权是指消费者有权自主选择提供商品或者服务的经营者，自主选择商品的品种或者服务方式，自主决定购买或者不购买任何一种商品、接受或者不接受任何一项服务。消费者自主选择商品或服务时，有权进行比较、鉴别和挑选。

（4）公平交易权。公平交易权是指消费者在购买商品或者接受服务时，有权获得质量保障、价格合理、计量正确等交易条件，有权拒绝经营者的强制交易行为。

（5）求偿权。求偿权是指消费者因购买、使用商品或者接受服务受到人身、财产损害的，享有依法获得赔偿的权利。

（6）结社权。结社权是指消费者享有依法成立维护自身合法权益的社会团体的权利，如成立消费者协会等。

（7）获得有关知识权。获得有关知识权是指消费者享有获得有关消费和消费者权益保护方面的知识的权利，包括有关消费观的知识、商品和服务的基本知识、市场的基本知识，以及有关消费者权益保护方面的法律、法规和政策等等。

（8）人格尊严和民族风俗习惯受尊重权。人格尊严和民族风俗习惯受尊重权是指消费者在购买、使用商品和接受服务时，享有其人格尊严、民族风俗习惯得到尊重的权利，不受非法搜查、检查、侮辱、诽谤等。

（9）监督权。监督权是指消费者有权检举、控告侵害消费者权益的行为和国家机关及其工作人员在保护消费者权益工作中的违法失职行为，有权对保护消费者权益工作提出批评、建议。

（10）请求权。请求权是指消费者在合法权益受到损害时，享有依法申诉、申请调解、仲裁和诉讼的权利。

（三）经营者的义务

消费者享有的权利一般就是经营者的义务。根据消费者权益保护法的规定，经营者的义务有：履行法定或约定的质量标准；接受消费者的监督；保证商品或服务符合安全要求；提供有关商品或服务的真实信息；标明经营者自己的真实名称和标记；出具有关商品购货凭证或服务单据；保证提供的商品或服务具有正常功效；履行法定或约定的"三包"或其他责任；不得以格式条款方式作出对消费者不公平、不合理的规定，或者减轻、免除其损害消费者合法权益应当承担的民事责任；不得侵犯消费者的人格尊严和人身自由。

（四）争议的解决

1. 争议解决的途径

消费者在购买、使用商品或接受服务过程中，如果与经营者发生争议，可以通过以下途径解决：①协商和解，消费者和经营者双方可以通过友好协商，分清责任，双方自行解决；②调解，当消费者和经营者协商不成或不愿协商，消费者可以请求消费者协会调解，由消费者协会召集双方，明确责任，解决争议；③申诉。它是指向有关行政部门申诉，以求解决争议。消费者可以向工商行政管理部门、技术监督部门、卫生监督管理部门等有关行政机关申诉；④仲裁。它是指消费者、经营者双方自愿将争议提交第三方（仲裁机构）予以判断、公正裁决的一种方式；⑤诉讼，当事人不愿协商，调解不成，申诉无果，又达不成仲裁协议的，消费者可以向人民法院起诉，通过诉讼程序解决争议。

2. 责任者的确认

为了有效地维护消费者的合法权益，消费者权益保护法对消费者如何索赔和如何确定责任者作了明确的规定。①消费者在购买、使用商品时，其合法权益受到损害的，可以向销售者要求赔偿。销售者赔偿后，属于生产者的责任或者属于向销售者提供商品的其他销售者的责任的，销售者有权向生产者或者其他销售者追偿。消费者在接受服务时，其合法权益受到损害的，可以向服务者要求赔偿；②消费者或者其他受害人因商品缺陷造成人身、财产损害的，可以向销售者要求赔偿，也可以向生产者要求赔偿。属于生产者责任的，销售者赔偿后，有权向生产者追偿。属于销售者责任的，生产者赔偿后，有权向销售者追偿；③因原企业分立、合并的，消费者可以向变更后承受其权利义务的企业要求赔偿；④使用他人营业执照的违法经营者损害消费者合法权益的，消费者可以向其要求赔偿，也可以向营业执照的持有人要求赔偿；⑤消费者在展销会、租赁柜台购买商品或接受服务，其合法权益受到损害的，可以向销售者或者服务者要求赔偿。展销会结束，或者柜台租赁期满后，也可以向展销会的举办者、柜台的出租者要求赔偿。展销会的举办者、柜台的出租者赔偿后，有权向销售者或者服务者追偿；⑥消费者因经营者利用虚假广告提供商品或者服务，其合法权益受到损害的，可以向经营者要求赔偿。广告的经营者不能提供经营者的真实名称、地址的，应当承担赔偿责任。

（五）法律责任

侵犯消费者权益的经营者及有关人员，视不同情形，应分别承担民事责任、行政责任或刑事责任。

1. 民事责任

经营者提供商品或服务不符合国家规定或约定，不履行有关法律法规或约定义务，造成财产损害的；或被认定为不合格商品；或有欺诈行为的；或者提供商品或者服务，造成消费者或其他受害人人身伤害、残疾、死亡以及侵害消费者人格尊严、人身自由的，均应承担民事责任。《消费者权益保护法》第49条还特别规定，经营者提供商品或者服务有欺诈行为的，应当按照消费者的要求增加赔偿其受到的损失，增加赔偿的金额为消费者购买商品的价款或者接受服务的费用的一倍。

2. 行政责任

对经营者的违法行为，《中华人民共和国产品质量法》和其他有关法律、法规对处罚机关和处罚方式有规定的，必须依照法律、法规的规定执行；法律、法规未作规定的，由工商行政管理部门责令改正，可以根据情节单处或并处警告、没收违法所得，处以违法所得一倍以上五倍以下的罚款；没有违法所得的，处以一万元以下的罚款；情节严重的，责令停业整顿、吊销营业执照。经营者拒绝、阻碍有关行政部门工作人员依法执行职务，未使用暴力、威胁方法的，由公安机关依照治安管理处罚条例的规定予以处罚。国家机关工作人员玩忽职守或者有包庇经营者侵害消费者合法权益的行为的，由其所在单位或者上级机关给予行政处分。

3. 刑事责任

符合下列情形之一的，由司法机关依法追究责任者的刑事责任：经营者提供商品或者服务，造成消费者或者其他受害人人身伤害、残疾或者死亡，构成犯罪的；经营者以暴力、威胁等方法阻碍有关行政部门工作人员依法执行职务的；国家工作人员玩忽职守或者包庇经营者侵害消费者合法权益，情节严重，构成犯罪的。

☺ 热点问题 7—2

知假买假的行为是否适用《消费者权益保护法》?

＊ 知假买假是为了商业利益，不是为了生活消费，不能适用《消费者权益保护法》。[1]

＊＊ 消费者是与制造者、与商人相区别的概念，应适用《消费者权益保护法》。[2]

四、产品质量法

(一) 产品质量法概述

广泛意义上的产品，是指存在于自然之外的一切经过人类劳动，使之具有使用价值的物品。产品质量，是指产品本身所具有符合人们需要的特征和性能的综合状况。国际标准化组织颁布的 ISO8402《质量——术语》，对质量的定义为："产品和服务规定或者潜在需要的特征和特性的总合"。

产品质量法，是调整产品质量管理关系和产品质量责任关系的法律规范的总称。产品质量关系是指国家和产品生产者、销售者在质量管理过程中发生的社会关系。产品质量责任关系是指消费者在产品的购买、使用中有关产品质量标准、责任义务、检查和监督等关系。

1993 年 2 月 22 日第七届全国人民代表大会常务委员会第 30 次会议通过了《中华人民共和国产品质量法》（以下简称《产品质量法》），该法于 1993 年 9 月 1 日开始实施。2000 年 7 月 8 日第九届全国人民代表大会常务委员会第 16 次会议通过了《关于修改〈中华人民共和国产品质量法〉的决定》，该决定自 2000 年 9 月 1 日开始生效。

我国产品质量法所称产品是指经过加工、制作，用于销售的产品。建设工程不适用《产品质量法》的规定；但是，建设工程使用的建筑材料、建筑配件和设备，属于上述所称的产品范围，适用《产品质量法》的规定。

(二) 产品质量的监督

1. 产品质量监督的体制

产品质量监督是指由产品质量法确认的产品质量监督机构、制度、办法和措施的总

---

[1] 梁慧星：《知假买假打假者不受"消法"保护》，载《南方周末》2002 年 7 月 25 日第七版。

[2] 王利明：《消费者的概念及消费者权益保护法的调整范围》，载《政治与法律》2002 年第 2 期。

称，是国家经济监督的重要组成部分。

我国《产品质量法》明确规定了产品质量的监督体制，即统一管理、分工负责。具体规定如下：①国务院产品质量监督部门主管全国产品质量监督工作。国务院有关部门在各自的职责范围内负责产品质量监督工作。②县级以上产品质量监督部门主管本行政区域内的产品质量监督工作。县级以上地方人民政府有关部门在各自的职责范围内负责产品质量监督工作。③国家鼓励推行科学的质量管理方法，采用先进的科学技术，鼓励企业产品质量达到并且超过行业标准、国家标准和国际标准。④任何单位和个人有权对违反产品质量法规定的行为，向产品质量监督部门或者其他有关部门检举。

2. 产品质量管理制度

（1）企业质量体系认证制度。《产品质量法》明确规定，国家根据国际通用的质量管理标准，推行企业质量体系认证制度。企业根据自愿原则可以向国务院产品质量监督部门认可的或者国务院产品质量监督部门授权的部门认可的认证机构申请企业质量体系认证。经认证合格的，由认证机构颁发企业质量体系认证证书。

（2）产品质量认证制度。根据《产品质量法》的规定，国家参照国际先进的产品标准和技术要求，推行产品质量认证制度。企业根据自愿原则可以向国务院产品质量监督部门认可的或者国务院产品质量监督部门授权的部门认可的认证机构申请产品质量认证。经认证合格的，由认证机构颁发产品质量认证证书，准许企业在产品或者其包装上使用产品质量认证标志。

我国常见的产品质量认证标志主要有：方圆标志、长城标志等。国际上常见的产品质量标志有：纯羊毛标志等。

（3）工业产品生产许可证制度。《产品质量法》明确规定，可能危及人体健康和人身、财产安全的工业产品，必须符合保障人体健康和人身、财产安全的国家标准、行业标准；未制定国家标准、行业标准的，必须符合保障人体健康和人身、财产安全的要求。禁止生产、销售不符合保障人体健康和人身、财产安全的标准和要求的工业品。

3. 产品质量监督检查

（1）产品质量监督抽查制度。国家对产品质量实行以抽查为主要方式的监督检查制度，对可能危及人体健康和人身、财产安全的工业产品，必须符合保障人体健康和人身、财产安全的产品，影响国计民生的重要工业品以及用户、消费者、有关组织反映有质量问题的产品进行抽查。抽查的样品应当在市场上或者企业成品仓库内的待销产品中随机抽取。监督抽查工作由国务院产品质量监督部门规划和组织。县级以上地方产品质量监督部门在本行政区域内也可以组织监督抽查，但要防止重复抽查。产品质量抽查的结果应当公布。

（2）产品质量监督检验制度。国家可以根据监督抽查的需要，对产品进行检验。产品质量检验机构必须具备相应的检测条件和能力，经省级以上人民政府产品质量监督管理部门或者其授权的部门考核合格后，方可承担产品质量检验工作。

（3）消费者及消费者协会的监督检查制度。消费者有权就产品质量问题，向产品的生产者、销售者查询；向产品质量监督部门、工商行政管理部门及有关部门申诉，有关部门应当负责处理。保护消费者的社会组织可以就消费者反映的产品质量问题建议有关部门负责处理，支持消费者对产品质量造成的损害向人民法院起诉。

（三）产品质量监督部门行政执法的强制措施

根据《产品质量法》的规定，进行监督抽查的产品质量不合格的，由实施监督抽查的产品质量监督部门责令其生产者、销售者限期改正。逾期不改正的，由省级以上人民政府产品质量监督部门予以公告；公告后经复查仍不合格的，责令停业，限期整顿；整顿期满后经复查产品质量仍不合格的，吊销营业执照。

县级以上产品质量监督部门根据已取得的违法嫌疑证据或者举报，对涉嫌违反产品质量法规定的行为进行查处时，可以行使下列职权：①对当事人涉嫌从事违反产品质量法的生产、销售活动的场所实施现场检查；②向当事人的法定代表人、主要负责人和其他有关人员调查、了解与涉嫌从事违法的生产、销售活动有关的情况；③查阅、复制当事人有关的合同、发票、账簿以及其他有关资料；④对有根据认为不符合保障人体健康和人身、财产安全的国家标准、行业标准的产品或者有其他严重质量问题的产品，以及直接用于生产、销售该项产品的原辅材料、包装物、生产工具，予以查封或者扣押。

（四）生产者、销售者的产品质量责任和义务

1. 生产者的产品质量责任和义务

（1）生产者的产品质量应符合下列要求：不存在危及人身、财产安全的不合理危险，有国家标准、行业标准的应当符合该标准；具备产品应当具备的使用性能，但是对产品存在使用性能的瑕疵作出说明的除外；符合在产品或者其包装上注明采用的产品标准，符合以产品说明、实物样品的方式表明的质量状况。

（2）产品包装及产品标识应当符合下列要求：特殊产品其标识、包装质量必须符合相应的要求，依照规定做出警示标志或者中文警示说明；普通产品，应有产品质量检验的合格证明，有中文标明的产品名称、生产厂的厂名和地址；根据需要表明产品规格、等级、主要成分；限期使用的产品，应标明生产日期和安全使用期或者失效日期。

（3）生产者的禁止性义务包括：不得生产国家明令淘汰的产品；不得伪造产地，不得伪造或者冒用他人的厂名、厂址；不得伪造或者冒用认证标志、名优标志等质量标志；不得掺杂、掺假，不得以次充好，不得以不合格产品冒充合格产品。

2. 销售者的产品质量义务

（1）进货验收义务。销售者应当建立并执行进货验收制度，以防止不合格产品进入市场。

（2）保持产品质量义务。销售者进货后应对保持产品质量负责，以防止产品变质、腐烂，丧失或降低使用性能，产生危害人身、财产的瑕疵等。

（3）有关产品标识的义务。销售者在销售产品时，应保证产品标识符合产品质量法对产品表示的要求，不得更改、覆盖、涂抹产品标识，以保证产品标识的真实性。

（4）不得违反禁止性规范。销售者不得销售国家明令淘汰并停止销售的产品和失效、变质的产品；不得伪造产地，不得伪造或者冒用他人的厂名、厂址；不得伪造或者冒用认证标志、名优标志等质量标志；不得掺杂、掺假，不得以次充好，不得以不合格产品冒充合格产品。

（五）违反产品质量法的法律责任

生产者因产品存在缺陷造成人身、缺陷产品以外的其他财产损害的，生产者应当承担赔偿责任。销售者售出的产品，不具备产品应当具备的使用性能而事先未作说明的，不符合在产品或者其包装上注明采用的产品标准的，不符合以产品说明、实物样品等方式表明的质量状况的，销售者应当先行负责修理、更换、退货；给购买产品的消费者造成损失的，销售者应当赔偿损失。销售者负责修理、更换、退货、赔偿损失后，属于生产者的责任或者属于向销售者提供产品的供货者的责任的，销售者有权向生产者、供货者追偿。因产品缺陷造成损害要求赔偿的诉讼时效期间为 2 年，自当事人知道或者应当知道其权益受到损害时起计算。

生产者、销售者违反产品质量法的行为，由产品质量监督部门或工商行政管理部门给予行政处罚，行政处罚的种类包括：责令停止违法行为，没收违法所得，罚款，吊销营业执照；生产者、销售者违反产品质量法的行为触犯刑法的，应当追究刑事责任。

＊　　　　＊　　　　＊

📖 重要概念

经济法律关系　经济法律关系的主体　经济法律关系的客体　经济法律关系的内容　有限责任公司　股份有限公司　商业秘密　消费者　企业质量体系认证制度　垄断　税法　支票　政府定价行为

思考题

1. 如何理解经济法的概念和调整对象？
2. 有限责任公司与股份有限公司的区别有哪些？
3. 简述我国的价格形式和政府定价的范围。
4. 如何认识反不正当竞争法与反垄断法的性质？
5. 消费者享有哪些基本权利？

案例分析

1.2010 年春节，王某带孩子到某自选商场购物，因孩子吵闹，王某无心挑选商品，便空手离开商场，经出口时，被商场保安叫住，问他是否拿了商品没有交款，王某予以否认，保安不信，便把王某及其孩子带到办公室，让他把外衣脱下来，没有发现商场商品。但保安仍不罢休，又伸手去搜孩子的身体，王某怒不可遏，拉着保安去有关部门讨公道。请问王某的哪些权利受到了侵犯？应通过哪些途径维护自己的权利？

2. 甲从百货公司买回一台彩色电视机（产品合格证、说明书、保修卡、发票齐全），该电视机图像清晰，但噪音较大，甲想电视机搬运挺困难的，既然已经买回来了，先看一看，也许过一段时间噪音就没有了。几天后，电视机突然爆炸，造成甲 5 岁儿子脸部被炸伤，邻居乙正好在场，头部被炸伤，医治无效死亡。甲、乙的家属向百货公司索赔，百货公司以彩电爆炸属彩电质量问题，应该由厂家负责为由，拒绝赔偿。而厂家又远在外省，甲、乙的家属无奈向人民法院提起诉讼。请问：（1）百货公司拒绝赔偿是否合法？为什么？（2）百货公司的赔偿范围限于哪些费用？

第八章　刑事诉讼法

💡 **教学要求**

通过本章的学习，你应该能够：掌握我国刑事诉讼法所特有的原则；了解刑事诉讼中的举证责任与运用证据的原则；掌握刑事诉讼强制措施的种类及其适用；了解刑事诉讼程序；具备一定的证据意识和如何参与刑事诉讼的能力。

第一节　刑事诉讼法概述

一、刑事诉讼和刑事诉讼法

诉讼是指国家司法机关在当事人以及其他诉讼参与人的参加下，依照法律规定的方式和程序解决当事人之间权利义务争议的全部活动。根据案件的不同性质，诉讼可分为刑事诉讼、民事诉讼和行政诉讼。

刑事诉讼是指国家司法机关在当事人和其他诉讼参与人的参加下，依照法律规定的诉讼程序，处理刑事案件的全部活动。其中心内容就是确定被告人的行为是否构成犯罪，应否处以刑罚以及处以何种刑罚。

刑事诉讼法是指国家制定的，人民法院、人民检察院、公安机关等国家机关在当事人及其他诉讼参与人的参加下，进行刑事诉讼活动必须遵守的法律规范的总称。1979 年 7 月 1 日通过的《中华人民共和国刑事诉讼法》是新中国第一部刑事诉讼法典，2012 年 3 月 14 日第十一届全国人民代表大会第五次会议通过的《中华人民共和国刑事诉讼法修正案》是我国现行的刑事诉讼法典。

二、刑事诉讼法的任务和基本原则

我国刑事诉讼法的任务是保证正确、及时地查明犯罪事实，正确应用法律，惩罚犯罪分子，保障无罪的人不受刑事追究，教育公民自觉遵守法律，积极同犯罪行为作斗争，维护社会主义法制，尊重和保障人权，保护公民的人身权利、财产权利、民主权利和其他权利，保障社会主义建设事业的顺利进行。

刑事诉讼法的基本原则，是指法律规定的刑事诉讼主体进行刑事诉讼活动时所必须遵守的基本准则。它是我国制定、解释、适用和研究刑事诉讼法的出发点和依据。作为诉讼，刑事诉讼应该遵循各类诉讼共有的基本原则，包括以事实为根据、以法律为准绳原则，公民在适用法律上一律平等原则，依靠群众原则，诉讼以民族语言文字进行原则，保障诉讼参与人诉讼权利原则，检察监督原则，司法协助原则，等等。刑事诉讼法特有的原则有：专项职权由专门机关行使原则，人民法院、人民检察院独立行使审判权、检察权原则，公检法三机关分工负责、互相配合、互相制约原则，辩护权原则，未经人民法院依法判决不得确定有罪原则，依法不追究刑事责任的不追诉原则，等等。以下就刑事诉讼法特有原则逐一说明。

（一）侦查权、检察权和审判权由专门机关依法行使

我国《刑事诉讼法》第3条规定："对刑事案件的侦查、拘留、执行逮捕、预审，由公安机关负责。检察、批准逮捕、检察机关直接受理的案件的侦查、提起公诉，由人民检察院负责。审判由人民法院负责。除法律特别规定的以外，其他任何机关、团体和个人都无权行使这些权力"。"人民法院、人民检察院和公安机关进行刑事诉讼，必须严格遵守本法和其他法律的有关规定。"

根据上述规定，侦查权、检察权、审判权分别由公、检、法三机关统一行使，其他任何机关、团体和个人都无权行使这些权力。公、检、法三机关只能分别行使侦查、检察、审判权，不能混淆和互相取代。所谓"法律特别规定"，主要指以下三种情形：国家安全机关依照法律规定，办理危害国家安全的刑事案件，行使与公安机关相同的职权；罪犯在监狱内犯罪的案件，由监狱进行侦查；军队保卫部门对军队内部发生的刑事案件行使侦查权。公、检、法三机关必须严格依照刑事诉讼法和其他法律有关规定行使侦查权、检察权及审判权，不得滥用权力。

☺ 热点问题 8—1

刑事诉讼中的检察权应当如何定位？[①]

* 检察权是一种国家主动追究干预的行政权力。

* * 检察权近似于司法权，两者是"同质但不同职"。

* * * 检察权具有浓厚的司法权色彩，又有一定的行政权特征，故而检察权具有双重性。

* * * * 中国的检察权是一种独立于司法权和行政权之外的法律监督权。

（二）审判权、检察权独立原则

我国《刑事诉讼法》第5条规定："人民法院依照法律规定独立行使审判权，人民检察院依照法律规定独立行使检察权，不受行政机关、社会团体和个人的干涉。"

刑事诉讼法的这一规定包括两项基本内容：一是人民法院行使审判权、人民检察院行使检察权在法律规定的范围内是独立的，不受行政机关、社会团体和个人的干涉；二是人民法院、人民检察院行使审判权、检察权，必须严格遵守法律的规定。正确理解和执行这一原则，必须处理好如下几个方面的关系：①依法独立行使职权与中国共产党领导的关系。坚持党的领导是指坚持党的路线、方针和政策，而不是指党去代替司法机关办案。②依法独立行使职权与国家权力机关监督的关系。人民法院、人民检察院由各级权力机关产生，对其负责，受其监督。③依法独立行使职权与群众监督的关系。司法机关依法独立行使职权，对来自社会各方面强令服从式的非法干涉，理应坚决抵制。但这不等于司法机关不接受社会各界的监督。

---

① 傅慧：《宪法修改与检察权的权力归属——试论检察权的性质》，《理论界》2005年第6期。

（三）公检法三机关分工负责、互相配合、互相制约原则

我国《刑事诉讼法》第7条规定："人民法院、人民检察院和公安机关进行刑事诉讼，应当分工负责，互相配合，互相制约，以保证准确有效地执行法律。"这是解决刑事诉讼中公、检、法三机关相互关系的一个基本准则。

分工负责，是指在刑事诉讼中，公、检、法三机关要依照法律规定的职权，按照相互的分工，各负其责，各尽其职，不允许互相代替和超越职责权限。互相配合，是指公、检、法三机关在诉讼中要在各负其责的基础上，通力合作，互相支持，互通情况，各自为对方履行职责提供方便和条件，共同完成刑事诉讼的任务。互相制约，是指公、检、法三机关之间要各把关口，互相监督，互相控制和约束，互相防止对方在诉讼活动中可能发生的错误，对已发现的错误立即要求对方改正。

分工负责是前提，互相配合、互相制约是相辅相成、不可偏废的两方面。这一原则的目的就是保证准确有效地执行法律。

（四）犯罪嫌疑人、被告人有权获得辩护原则

我国《刑事诉讼法》第11条规定："被告人有权获得辩护，人民法院有义务保证被告人获得辩护。"

该原则主要包括以下两方面的含义：第一，被告人在刑事诉讼中享有不可剥夺的辩护权。辩护权是被告人享有的最基本、最重要的诉讼权利。在整个刑事诉讼过程中，犯罪嫌疑人、被告人有权自行辩护。在侦查阶段，犯罪嫌疑人在接受侦查机关第一次讯问或被采取强制措施之日起，有权委托辩护人；在侦查期间，只能委托律师作为辩护人。被告人有权随时委托辩护人。第二，人民法院、人民检察院和公安机关有义务保证犯罪嫌疑人、被告人获得辩护。犯罪嫌疑人、被告人因经济困难或者其他原因没有委托辩护人的，本人及其近亲属可以向法律援助机构提出申请。对符合法律援助条件的，法律援助机构应当指派律师为其提供辩护。犯罪嫌疑人、被告人是盲、聋、哑人，或者是尚未完全丧失辨认或者控制自己行为能力的精神病人，没有委托辩护人的，人民法院、人民检察院和公安机关应当通知法律援助机构指派律师为其提供辩护。犯罪嫌疑人、被告人可能被判处无期徒刑、死刑，没有委托辩护人的，人民法院、人民检察院和公安机关应当通知法律援助机构指派律师为其提供辩护。在法定的"应当"指定律师辩护而没有指定的情况下，将导致判决、裁定不具有法律效力的后果。

（五）未经人民法院判决，对任何人都不得确定有罪原则

我国《刑事诉讼法》第12条规定："未经人民法院依法判决，对任何人都不得确定有罪。"这一原则的含义是：①只有人民法院有权作出被告人有罪的判决。②其他任何机关、团体和个人都无权对某个人或单位作出有罪的决定。这包括公安机关和人民检察院在内。③未经人民法院依法判决有罪，且在判决发生法律效力之前，对任何人都不得作为罪犯对待。即使一个人在刑事诉讼中被公检法机关依法认定有罪而成为犯罪嫌疑人、被告人，被依法追究刑事责任，但在人民法院未作出确定有罪的生效判决之前，也不得将其作为罪犯

对待。④人民法院的一切判决都必须是依法作出的。不管是有罪判决还是无罪判决，都必须严格遵守刑法、刑事诉讼法等有关法律规定，必须符合有关法律规定的要求。

（六）依法不追究刑事责任的不追诉原则

这一原则的主要含义，是指对某种具有犯罪构成特征或者某个本属犯罪的行为，由于犯罪情节显著轻微，或者出现某种法律规定不予追究刑事责任的情形，就依法不追究刑事责任。已经追究的不论在哪个诉讼阶段，都应当撤销案件，或者不起诉，或者终止审理，或者宣告无罪。

根据我国《刑事诉讼法》第15条规定，有下列情形之一的，不追究刑事责任：①情节显著轻微、危害不大，不认为是犯罪的；②犯罪已过追诉时效期限的；③经特赦令免除刑罚的；④依照刑法告诉才处理的犯罪，没有告诉或者撤回告诉的；⑤犯罪嫌疑人、被告人死亡的；⑥其他法律规定免予追究刑事责任的。

三、刑事诉讼中的基本制度

刑事诉讼中的基本制度是指在刑事诉讼过程中的某个阶段或某几个阶段或者在刑事诉讼中的某个方面起着重要作用的制度。刑事诉讼中的基本制度与基本原则在本质、目的、任务等方面有共同之处，但两者在适用范围、具体内容等方面是有区别的，前者的主要作用在于指导性，后者的主要作用在于适用性。刑事诉讼中的基本制度包括：

（一）合议制度

合议制度是指人民法院审判刑事案件时实行集体审理和评议的审判制度，它是相对于独任制度而言的。其最大特点在于发挥集体的智慧和力量，来行使人民法院的审判权，实现人民法院的审判职能。人民法院审理刑事案件，一般由审判员组成合议庭或者由审判员、陪审员共同组成合议庭进行。

合议庭的组成在不同的审级有不同的要求，基层人民法院、中级人民法院审判第一审案件，应当由审判员3人或者由审判员和人民陪审员共3人组成合议庭进行，但是基层人民法院适用简易程序的案件可以由审判员一人独任审判；高级人民法院、最高人民法院审判第一审案件，应当由审判员3人至7人或者由审判员和人民陪审员3人至7人组成合议庭进行；人民法院审判上诉和抗诉案件，由审判员3人至5人组成合议庭进行。合议庭的成员人数应当是单数。人民陪审员在人民法院执行职务，同审判员有同等的权利。合议庭由院长或者庭长指定审判员1人担任审判长，院长或者庭长参加审判案件的时候，自己担任审判长。。

合议庭评议时，每个成员都有平等的发言权和表决权。若意见分歧，应当按多数人意见作出决定，但少数人的意见应当制作笔录。合议庭开庭审理并且评议后，应当作出判决。对于疑难、复杂、重大的案件，合议庭认为难以作出决定的，由合议庭提请院长决定提交审判委员会讨论决定。对于审判委员会的决定，合议庭应当执行。

（二）回避制度

回避制度是指同案件或者案件当事人有利害关系或者有其他关系的司法人员和其他有关诉讼参与人，不得参加本案诉讼活动的一项诉讼制度。设立回避制度的目的在于保证司法机关客观、公正地裁判案件，保障当事人能够正常地行使自己的诉讼权利。

我国《刑事诉讼法》第28条和第29条规定，审判人员、检察人员、侦查人员具有下列情形之一的，应当自行回避，当事人及其法定代理人也有权要求他们回避：①本案的当事人或者是当事人的近亲属的；②本人或者他的近亲属与本案有利害关系的；③担任过本案的证人、鉴定人、辩护人、诉讼代理人的；④与本案当事人有其他关系，可能影响公正处理案件的；⑤曾接受过当事人及其委托人的请客送礼，违反规定会见当事人及其委托人的。

应当回避的人员自己主动提出回避要求的，为自行回避；由当事人或者其法定代理人对有关人员提出回避要求的，为申请回避。申请回避或自行回避都必须说明理由，并由有权决定应否回避的人员或机构审查决定。审判人员的回避由法院院长决定，院长的回避由本院审判委员会决定。检察人员的回避由检察长决定，检察长的回避由本院检察委员会决定。公安机关侦查人员的回避由公安机关负责人决定，公安机关负责人的回避由同级人民检察院的检察委员会决定。其他应当回避的人员，即书记员、鉴定人和翻译人员的回避，应根据诉讼的不同阶段，分别由院长、检察长或公安机关负责人决定。

在对应否回避作出决定之前，诉讼程序应停止进行。但是，对侦查人员的回避作出决定前，侦查人员不停止对案件的侦查。对驳回申请回避的决定，当事人及其法定代理人可以申请复议一次。

（三）公开审判制度

公开审判制度是指人民法院对案件的审理和宣判依法公开进行的制度。所谓公开，包括两层含义：一是对群众公开，除了合议庭的评议秘密进行外，允许群众旁听案件的审理和宣告判决。二是对社会公开，允许新闻记者报道开庭审判的情况，将案情公之于众。对于依法应当公开审判的案件，人民法院在开庭前，应当将案件的案由、被告人姓名以及开庭的时间、地点，以适当的方式方法公之于众，使群众有可能前来旁听，记者采访报导。

根据《刑事诉讼法》第183条和274条的规定，有关国家秘密或者个人隐私的案件，不公开审理；审判的时候被告人不满十八周岁的案件，不公开审理，但是，经未成年被告人及其法定代理人同意，未成年被告人所在学校和未成年人保护组织可以派代表到场。对于涉及商业秘密的案件，当事人申请不公开审理的，可以不公开审理。对于不公开审理的案件，应当当庭宣布不公开审理的理由。无论是公开审理还是不公开审理的案件，判决一律公开。

（四）两审终审制度

两审终审制度是指一个案件经过两级人民法院的审判即告终结的制度。除最高人民法院以外的其他各级人民法院，按照第一审程序对案件审理后所作出的判决、裁定不能立即发生法律效力，只有在法定期限内，有上诉权的人没有提出上诉，或者同级人民检察院也没有提出抗诉，一审的判决、裁定才发生法律效力。如果在法定期限内，有上诉权的人提出上诉或者同级人民检察院提出抗诉，案件就应当由上一级人民法院按照第二审程序进行审理。二审审理后所作出的判决、裁定，是终审判决、裁定，除依法需要经过复核程序的死刑案件外，立即发生法律效力。

（五）刑事附带民事诉讼

我国刑事诉讼法规定，被害人由于被告人的犯罪行为而遭受物质损失的，在刑事诉讼过程中，有权提起附带民事诉讼。如果是国家财产、集体财产遭受损失的，人民检察院在提起公诉时，可以提起附带民事诉讼。

提起附带民事诉讼应具备以下条件：①提起附带民事诉讼的原告人、法定代理人符合法定条件；②有明确的被告人，有请求赔偿的具体要求和事实根据；③被害人的损失是由被告人的犯罪行为所造成的；④属于人民法院受理附带民事诉讼的范围。

附带民事诉讼，应当在刑事案件立案以后，第一审判决宣告之前提起。人民法院应当同刑事案件一并审判，只是为了防止刑事案件审判的过分迟延，才可以在刑事案件审判后，由同一审判组织继续审理附带民事诉讼。

第二节 刑事诉讼管辖

刑事诉讼管辖，是指公检法三机关直接受理刑事案件和法院系统内部在审理第一审刑事案件上的权限分工。刑事诉讼管辖实质上就是司法机关在受理刑事案件方面的权限划分。根据我国刑事诉讼法的规定，刑事诉讼管辖包括两方面内容：一是公、检、法三机关各自直接受理刑事案件的职权范围；二是人民法院审理第一审刑事案件的职权范围。前者称为职能管辖；后者称为审判管辖。正确划分刑事案件的管辖，对于保证公检法机关正确、及时地处理刑事案件，便利群众参加诉讼和保护当事人合法权益，具有重要意义。

一、职能管辖

刑事诉讼中的职能管辖，是指公检法三机关在刑事案件受理上的权限分工。这种分工的主要根据是公检法三机关承担的不同职能以及案件的具体情况，解决的是三机关之间的立案范围的划分，因此又称部门管辖或立案管辖。它主要是根据人民法院、人民检察院和公安机关在刑事诉讼中的职责分工以及刑事案件的性质、案情的轻重、复杂程度等不同情况确定的。

（一）公安机关直接受理的刑事案件

《刑事诉讼法》第18条第1款规定："刑事案件的侦查由公安机关进行，法律另有规定的除外"。在我国的侦查体系中，公安机关是主要的侦查机关。这里的"法律另有规定"主要指如下几种情形：①根据刑事诉讼法的规定应由人民检察院立案侦查的案件；②根据刑事诉讼法规定应由人民法院直接受理审判的刑事自诉案件；③由军队保卫部门立案侦查的军队内部发生的刑事案件；④由监狱立案侦查的罪犯在监狱内犯罪的案件；⑤国家安全机关依法立案侦查的危害国家安全的刑事案件；⑥由海关所属的走私犯罪侦查机关负责侦查的走私犯罪案件。

（二）人民检察院直接受理的刑事案件

人民检察院是国家法律监督机关，依法独立行使检察权。在刑事诉讼中，人民检察院依法立案侦查的刑事案件主要限于国家工作人员利用职务犯罪的案件。因此，《刑事诉讼法》第18条第2款规定："贪污贿赂犯罪，国家工作人员的渎职犯罪，国家机关工作人员利用职权实施的非法拘禁、刑讯逼供、报复陷害、非法搜查的侵犯公民人身权利的犯罪以及侵犯公民民主权利的犯罪，由人民检察院立案侦查。对于国家机关工作人员利用职权实施的其他重大的犯罪案件，需要由人民检察院直接受理的时候，经省级以上人民检察院决定，可以由人民检察院立案侦查。"

（三）人民法院直接受理的刑事案件

《刑事诉讼法》第18条第3款规定："自诉案件，由人民法院直接受理。"所谓自诉案件，是指被害人及其法定代理人或其近亲属，为追究被告人的刑事责任，直接向人民法院提起诉讼的案件。根据《刑事诉讼法》第204条的规定，自诉案件包括：①告诉才处理的案件。这类案件有：侮辱、诽谤案件（严重危害社会秩序和国家利益的除外）；暴力干涉他人婚姻自由案件（致使被害人死亡的除外）；虐待案件（致使被害人重伤、死亡的除外）；侵占他人财物案件。②被害人有证据证明的轻微刑事案件。这是指人民检察院没有提起公诉，被害人有证据证明的，不需要进行专门调查和采取有关强制性措施即可查明事实的案件。③被害人有证据证明对被告人侵犯自己人身权利、财产权利的行为应当依法追究刑事责任，而公安机关或者人民检察院不予追究被告人刑事责任的案件。这类案件就本质而言应属于公诉案件。

二、审判管辖

审判管辖是指人民法院审判第一审刑事犯罪案件的职权范围，也就是普通人民法院之间、普通人民法院与专门人民法院之间以及专门人民法院之间在审判第一审刑事案件时的权限分工。具体分为普通管辖和专门管辖，普通管辖又由级别管辖和地域管辖组成。

（一）级别管辖

级别管辖是指各级人民法院在审判第一审刑事案件上的权限分工。它所解决的是哪些案件应由哪一级人民法院进行第一审审判的问题。级别管辖的划分，是根据犯罪的性质、罪刑的轻重程度和可能判处刑罚的轻重、案件涉及面和影响的大小以及各级人民法院的职能来划分的。

基层人民法院管辖第一审普通刑事案件，但是依照本法由上级人民法院管辖的除外。中级人民法院管辖危害国家安全、恐怖活动案件；可能判处无期徒刑、死刑的普通刑事案件。高级人民法院管辖的第一审刑事案件，是全省（自治区、直辖市）性的重大刑事案件。最高人民法院管辖的第一审刑事案件，是全国性的重大刑事案件。

为适应审判实践中可能出现的某种特殊情况的需要，保证案件的正确、及时处理，刑事诉讼法对级别管辖还体现出一定的灵活性。上级人民法院在必要的时候，可以审判下级人民法院管辖的第一审刑事案件；下级人民法院认为案情重大、复杂需要由上级人民法院审判的第一审刑事案件，可以请求移送上一级人民法院审判。

（二）地域管辖

地域管辖是指不同地区而级别相同的人民法院之间关于第一审刑事案件受理范围的分工。级别管辖只解决由哪一级人民法院进行第一审审理的问题，地域管辖则进一步决定案件由同一级人民法院中哪一个人民法院进行第一审审理的问题。一个刑事案件，只有既确定了它的级别管辖，又确定了它的地域管辖，才能最后确定究竟由哪一个人民法院进行第一审审理。

刑事案件由犯罪地的人民法院管辖，如果由被告人居住地的人民法院审判更为适宜的，可以由被告人居住地的人民法院管辖。所谓犯罪地，一般是指实施构成犯罪的一切必要行为的地点，包括犯罪预备地、实施地、结果地和销赃地；不作为的犯罪，其犯罪地就是被告人应当作为的地点。所谓被告人居住地，一般指被告人的户籍所在地、居所地或长期工作学习的地方。

几个同级人民法院都有权管辖的案件，由最初受理的人民法院审判。在必要的时候，可以移送主要犯罪地的人民法院审判；上级人民法院可以指定下级人民法院审判管辖不明的案件，也可以指定下级人民法院将案件移送其他人民法院审判；有管辖权的人民法院因案件涉及本院院长需要回避等原因，不宜行使管辖权的，可以请求上一级人民法院管辖；上一级人民法院也可以指定与提出请求的人民法院同级的其他人民法院管辖。

（三）专门管辖

专门管辖是指各专门人民法院关于第一审刑事案件受理范围的分工；也指专门人民法院与普通人民法院之间关于第一审刑事案件受理范围的分工。目前我国已建立的专门人民法院有军事法院、铁路运输法院等。军事法院管辖的刑事案件主要是现役军人和军内在编职工触犯刑法的犯罪案件。铁路运输法院管辖的案件是铁路系统公安机关和检察机关负责侦破的刑事案件，主要有危害和破坏铁路运输和生产的犯罪案件，破坏铁路交通设施的案件，以及列车上发生的犯罪案件。

案例8—1　A国人史蒂芬受情报机关的指派，以游客的身份来到中国，在B市C区窃取、收买有关我国的军事情报，后被有关机关发现抓住，并将其送往C区公安机关。该案的职能管辖应当是国家安全机关，而不是公安机关。因为危害国家安全的刑事案件由国家安全机关依法立案侦查。如该案史蒂芬构成犯罪，由于史蒂芬是外国人，因此，审判管辖法院应是B市中级人民法院。

第三节　辩护与代理

一、辩护

辩护是指在刑事诉讼案件的审理中，犯罪嫌疑人、被告人及其辩护人针对指控进行反驳、申辩和辩解的诉讼行为。

我国刑事诉讼法将辩护分为三种：①自行辩护，指犯罪嫌疑人、被告人自己进行反驳、申辩和辩解的行为。自行辩护贯穿于整个刑事诉讼中，而且是犯罪嫌疑人、被告人受法律保护的一项基本权利。②委托辩护，指犯罪嫌疑人或被告人依法委托律师或其他公民协助其进行辩护。③指定辩护，指司法机关为被告人指定辩护人以协助其行使辩护权，维护其合法权益。我国的指定辩护只适用于审判阶段，被指定的辩护人只能是律师。

我国刑事诉讼法规定，辩护人包括以下几种：律师；人民团体或者犯罪嫌疑人、被告人所在单位推荐的人；犯罪嫌疑人、被告人的监护人、亲友。但是正在被执行刑罚或者依法被剥夺、限制人身自由的人，不得担任辩护人。辩护人的责任是根据事实和法律，提出犯罪嫌疑人、被告人无罪、罪轻或者减轻、免除其刑事责任的材料和意见，维护犯罪嫌疑人、被告人的诉讼权利和其他合法权益。

二、刑事代理

刑事代理，是指在刑事诉讼或者刑事附带民事诉讼中，代理人接受委托，在授权范围内以被代理人的名义参加刑事诉讼，为维护被代理人的合法权益所进行的诉讼活动。诉讼代理人进行诉讼活动的法律后果由被代理人承担。刑事诉讼中的代理人、又称刑事诉讼代理人，就是在刑事诉讼或者附带民事诉讼中，接受委托，代为参加诉讼的人。

刑事代理有以下三种：①公诉案件中被害人的代理；②自诉案件中自诉人的代理；③附带民事诉讼当事人的代理。另外，接受刑事申诉人的委托，进行的代理活动，也属于刑事代理。

根据我国《刑事诉讼法》第44条的规定，公诉案件的被害人及其法定代理人或者近亲属、附带民事诉讼的当事人及其法定代理人，自案件移送审查起诉之日起有权委托诉讼代理人。其中，被害人的近亲属，是以自己的名义为已死亡的被害人委托诉讼代理人。自诉案件的自诉人及其法定代理人，附带民事诉讼的当事人及其法定代理人，有权随时委托诉讼代理人。

根据我国《刑事诉讼法》第45条的规定，刑事诉讼代理人的范围，与辩护人的范围相同。

第四节　刑事诉讼证据

一、刑事诉讼证据的概念和意义

我国《刑事诉讼法》第48条规定："可以用于证明案件事实的材料，都是证据。"刑事诉讼中的证据，应有如下三个特征：①客观性，即证据必须是客观存在的事实。这是刑事证据的首要属性和最本质的特征。②关联性，即证据必须是同案件事实有联系。③合法性，即刑事诉讼中的证据还必须是依照法定程序收集和审查属实的并具有合法的形式。

证据在刑事诉讼中具有极其重要的作用，它是查明案情的唯一手段，是正确处理案件的基础，是刑事诉讼活动进行的依据，是迫使犯罪分子认罪伏法的有力武器，是使无罪的人不受刑事追究的保障，是进行社会主义法制教育的工具。

二、证据的种类

证据的种类，是指表现证据事实内容的各种外部形式。证据的种类具有法律约束力，不具备法定的外部表现形式的证据往往不能正常地进入诉讼。根据刑事诉讼法的规定证据有以下几种。

1. 物证

物证是指以其外部特征、物质属性或存在状况证明案件真实情况的物品和痕迹。物证包括物品和痕迹两类。作为物证的物品是指与案件事实有联系的客观实在物，如作案工具、赃款赃物等；作为物证的痕迹，包括两个物体相互作用所产生的印迹和物体运动时所产生的轨迹，前者如脚印、指纹、笔迹、枪弹痕迹等，后者如一连串的脚印、汽车刹车时产生的痕迹等。物证是指证明案件真实情况的一切物品和痕迹。

物证是以其外部特征、物质属性、存在状况等同案件事实产生关联性而发挥证明作用的。这是物证在证明力上的突出特点。因而，抓住每一证物的外部特征或它的物质属性，就能揭露和证实案件事实真相。

2. 书证

书证，是指以文字、符号、图画等记载的内容和表达的思想来证明案件事实的书面文件和其他物质性材料。书证的表现形式通常是文字、符号、图画、表格以及其他可识别标志等，如信件、图片、传单、证书、单据等。

书证与物证不同。书证是以其所记载的内容和所表达的思想起证明作用的，而物证则是以其外部特征、物质属性、存在状态或者存在场所起证明作用的。一个记载着文字、符号、图表的物品，如果是以其记载的内容而不是其外部特征来证明案件事实，该物品就是书证；如果是以其外部特征而不是以其记载的内容来证明案件事实，该物品就是物证；如果一个物品不仅能以所记载的内容证明案件事实，也能以其外部特征证明案件事实，该物品既可以作为书证使用，也可以作为物证使用。

3. 证人证言

证人证言，是指证人就自己所知道的案件情况向司法机关所作的陈述。证人证言一般是口头陈述，以证人证言笔录加以固定。经办案人员同意也可以由证人亲笔书写书面证词。

证人证言的内容一般是自己亲眼见到或者亲耳听到的情况，也可以是对他人所了解的案件情况进行转述，但是必须说明来源。证人证言是证人对案件有关情况的客观阐述，而不是推测或分析意见。证人一般与犯罪事实及案件处理结果没有利害关系，具有客观性，但是，证人证言是证人对其感知或者传闻的反映，可能受到证人的主观因素和客观条件的限制而影响其真实性。

4. 被害人陈述

被害人陈述，是指犯罪行为的直接受害者就其受侵害情况和所了解的其他与案件有关的情况，向司法机关所作的陈述。

被害人直接受到犯罪行为的侵害，特别是同犯罪人有过接触的被害人，一般对犯罪地点、犯罪经过、犯罪人的体貌特征有较多的了解，因而被害人陈述具有直接性。但是由于被害人对案件的处理结果有切身的利害关系，可能影响其陈述的真实性。

5. 犯罪嫌疑人、被告人供述和辩解

犯罪嫌疑人、被告人供述和辩解是指犯罪嫌疑人、被告人就有关案件的情况向侦查、检察和审判人员所作的陈述，通常也称为"口供"。它的主要内容包括犯罪嫌疑人、被告人承认自己有罪的供述和说明自己无罪、罪轻的辩解。

犯罪嫌疑人、被告人供述和辩解在证据证明力上具有真实、全面、具体的一面。但犯罪嫌疑人、被告人供述或辩解虚假的可能性较大。由于犯罪嫌疑人、被告人与案件的处理结果有直接的切身利益关系，其口供的内容必然受到其诉讼地位和复杂的心理活动的影响。因而，从总体上讲，口供往往有真有假。

6. 鉴定意见

鉴定意见是指司法机关指派或聘请鉴定人，对案件中的专门性问题进行分析判断后所作出的书面意见。在刑事诉讼中，需要鉴定的专门性问题有：医学鉴定、司法精神病学鉴定、刑事科学技术鉴定（主要是痕迹鉴定、文书鉴定等）、化学毒物鉴定、会计鉴定等。

鉴定意见是鉴定人从科学角度提出的分析判断意见，而且鉴定人必须与案件事实没有利害关系，因此，鉴定意见的客观性强，对于揭露、证实犯罪，认定案情具有重要意义。但是鉴定意见也会因各种因素而不正确，如用于鉴定的材料是否充分可靠、鉴定过程和方法是否严谨和科学、鉴定人能力和责任心状况等，因此，对鉴定意见同样需要审查判断。

7. 勘验、检查、辨认、侦查实验等笔录

勘验、检查、辨认、侦查实验等笔录，是指办案人员对与犯罪有关的场所、物品、人身及尸体进行勘验、检查、辨认、侦查实验等所作的书面记载，包括文字记录、绘图、照明、录像及模型等材料。

勘验等笔录是办案人员依照法定程序对有关对象进行勘验、检查后所作的记载，一般来说其客观性较强，对于证明案情具有其他证据所不可代替的作用。但是，勘检也会因各种主客观因素的影响而失真，如勘检对象是否被破坏或伪造、勘检方法是否正确和科学、侦查实验内容是否符合要求、勘检人员业务水平和工作态度等，因此，对勘验等笔录也必须经过审查核实。

8. 视听资料、电子数据

视听资料、电子数据，是指以录音、录像、电子计算机或其他高科技设备所储存的信息证明案件真实情况的资料。

视听资料、电子数据形象直观，客观实在，内容丰富，具有其他证据所难以比拟的特征和证明优势，但它也不是万能或绝对可靠的，对它也应注意认真加以审查判断：必须审查其来源和制作情况，防止伪造、变造、失真或篡改等可能出现的情况；必须审查其与案件有无客观联系，与同案其他证据有无矛盾等情形。

案例8—2 甲某被杀，在侦查中，侦查人员收集到以下证据：①甲某之妻乙某承认，是自己和其兄丙某用铜锤敲打甲的头将其杀死的；②丙某供述，事发之夜，按照乙的吩咐，躲在甲某的卧室，趁其熟睡，用事先准备好的铜锤将其打死；③邻居丁某讲，乙某因长期受甲某虐待，杀死甲的可能性极大；④对甲的死亡鉴定；⑤铜锤一把。上面的证据中，①和②是犯罪嫌疑人供述；③是证人证言；④是鉴定结论；⑤是物证。

三、运用证据的指导原则

审判、检察、侦查人员依照刑事诉讼法规定的程序收集证据，审查判断证据，用证据证明案件的真实情况，是认识客观事物，使主观同客观相统一的过程。因此，司法机关运用证据认定犯罪，必须有正确的指导思想。

（一）重证据，重调查研究，不轻信口供

对一切案件的判处都要重证据，重调查研究，不轻信口供。只有被告人供述，没有其他证据的，不能认定被告人有罪和处以刑罚；没有被告人供述，证据充分确实的，可以认定被告人有罪和处以刑罚。证据确实、充分，应当符合以下条件：

（1）定罪量刑的事实都有证据证明；

（2）据以定案的证据均经法定程序查证属实；

（3）综合全案证据，对所认定事实已排除合理怀疑。

（二）严禁刑讯逼供等方法收集证据

刑讯逼供是指在审讯活动中，国家工作人员对犯罪嫌疑人采取肉刑或变相肉刑逼取口供的残暴行为。《刑事诉讼法》第54条规定，采用刑讯逼供等非法方法收集的犯罪嫌疑人、被告人供述和采用暴力、威胁等非法方法收集的证人证言、被害人陈述，应当予以排除。收集物证、书证不符合法定程序，可能严重影响司法公正的，应当予以补正或者作出合理解释；不能补正或者作出合理解释的，对该证据应当予以排除。在侦查、审查起诉、审判时发现有应当排除的证据的，应当依法予以排除，不得作为起诉意见、起诉决定和判决的依据。

（三）忠于案件事实真相

我国《刑事诉讼法》第51条规定："公安机关提请批准逮捕书、人民检察院起诉书、人民法院判决书，必须忠实于事实真相。故意隐瞒事实真相的，应当追究责任。"所谓忠于事实真相，是指司法人员处理案件，必须实事求是，如实反映案件的真相情况。在刑事诉讼中，忠实于事实真相，是对司法人员的根本要求，是秉公执法，正确处理案件的前提。

（四）疑罪从无的处理原则

在司法实践中，有些案件由于事实的暴露程度、证据的毁灭程度以及犯罪手段的隐蔽程度等主、客观条件影响，在事实认定和证据的收集上可能达不到定案的要求，这是现实存在的。对于此类情况，司法实践和理论研究上称之为"疑罪"。我国《刑事诉讼法》第12条规定："未经人民法院依法判决，对任何人都不得确定有罪"；第171条规定："对于二次补充侦查的案件，人民检察院仍然认为证据不足，不符合起诉条件的，应当作出不起诉的决定"；第195条规定："经法庭审理，对证据不足，不能认定被告人有罪的，应当作出证据不足、指控的犯罪不能成立的无罪判决"。从而在立法上确立了疑罪从无的处理原则。

四、举证责任

举证责任是指司法机关应当收集证据、提供证据证明案件事实的责任。我国《刑事诉讼法》第50条规定："审判人员、检察人员、侦查人员必须依照法定程序，收集能够证实犯罪嫌疑人、被告人有罪或者无罪、犯罪情节轻重的各种证据。"

在公诉案件中，被告人有罪的举证责任由人民检察院承担。公诉人在法庭审判中，应当向合议庭提出证据，证实起诉书对被告人所控诉的犯罪事实。如果公诉人不举证，或者举证达不到证据确实充分的要求，法庭就可能对被告人作出无罪判决。

在自诉案件中，自诉人负有举证证明被告人有罪的责任，即自诉人在向人民法院提出控诉时，必须提出证据来支持自己的控诉。人民法院认为缺乏罪证，而自诉人又提不出补充证据时，人民法院应当说服自诉人撤回自诉，或者裁定驳回自诉。

第五节 刑事诉讼强制措施

一、刑事诉讼强制措施的概念和意义

刑事诉讼的强制措施是指人民法院、人民检察院和公安机关为了保证侦查和审判工作的顺利进行，依法对犯罪嫌疑人、被告人、现行犯或重大嫌疑分子的人身自由加以限制的方法和手段。它与刑罚、行政处罚、民事行政诉讼中的强制措施具有很大的区别。

刑事诉讼强制措施与刑罚的区别。①目的不同。使用强制措施的目的，主要是为了防止被告人、犯罪嫌疑人逃跑、串供、毁灭、伪造证据或继续犯罪，保证刑事诉讼的顺利进行；而适用刑罚的目的，主要是为了惩罚和改造罪犯，预防犯罪行为的发生。②对象不同。强制措施适用的对象是被告人、犯罪嫌疑人；而刑罚适用的对象是被判处有罪的犯罪人。③实施的机关不同。有权采取强制措施的机关是公安机关、人民检察院和人民法院；而有权适用刑罚的机关只能是人民法院。④稳定性不同。强制措施可能随着案情变化而变更或撤销，具有可变性；而刑罚具有相对的稳定性，一经确定，非经法定程序不得随意变动。⑤法律根据与后果不同。强制措施是根据刑事诉讼法采用的，对被采用强制措施的人适用无罪推定原则，如果不被人民法院判处刑罚，便不能认为他有前科劣迹；而刑罚是根据刑法作出的，在刑罚执行完毕后，他在社会上就被认为是有前科的人。

刑事诉讼强制措施与行政处罚的区别。①性质不同。强制措施是为了保证刑事诉讼的顺利进行，在诉讼程序上采用的强制性和防范性方法；而行政处罚是对违反行政法规的人所采用的一种处罚。②使用的机关不同。强制措施只能由公安机关、人民检察院和人民法院使用；而行政处罚只能由有关行政机关使用。③法律根据不同。强制措施要依据刑事诉讼法的有关法律规定；而行政处罚依据有关的行政法规或规章。④法律后果不同。强制措

施具有可变性，没有处罚的性质；而行政处罚决定具有行政处罚性和相对的稳定性，非经法定程序不得变更。

刑事诉讼中的强制措施与民事诉讼、行政诉讼中的强制措施的区别。①适用的对象不同。刑事诉讼强制措施只能适用于刑事诉讼中的被告人、犯罪嫌疑人，他们都处于被控告的地位，是诉讼当事人；民事诉讼、行政诉讼强制措施不仅适用于原、被告，而且适用于证人及其他诉讼参与人。②有权采用的机关不完全相同。刑事诉讼的强制措施从整体上讲可以由公、检、法三机关行使；而民事诉讼、行政诉讼强制措施只能由人民法院依法使用。③适用的条件不同。刑事诉讼法对各种强制措施规定了不同的适用条件，但只要被告人、犯罪嫌疑人有可能实施妨害刑事诉讼顺利进行或危害社会的行为，就可以根据不同情况对其采取强制措施；而民事诉讼、行政诉讼强制措施只有在某公民故意地实施了妨害民事诉讼或行政诉讼的行为之后，人民法院才能对其采用。④种类不同。刑事诉讼强制措施有五种，即拘传、取保候审、监视居住、拘留和逮捕；民事诉讼强制措施也有五种：拘传、训诫、责令退出法庭、罚款和拘留；行政诉讼强制措施有四种：训诫、责令具结悔过、罚款和拘留。

对犯罪嫌疑人、被告人、现行犯或重大嫌疑分子采取强制措施的意义在于：防止他们逃避侦查和审判；防止他们串供，毁灭和伪造证据，转移赃物，阻挠侦查和审判的顺利进行；防止他们行凶报复，重新犯罪，继续危害社会；防止他们畏罪自杀和其他意外事件的发生；对其他犯罪分子或准备进行犯罪的分子起到震慑和教育作用，有利于减少犯罪和保障社会安定。

二、刑事诉讼强制措施的种类

（一）拘传

拘传是指公安机关、人民检察院或者人民法院对于没有拘留、逮捕的犯罪嫌疑人、被告人强制到指定地点接受讯问的方法，是强制措施中最轻微的一种。我国《刑事诉讼法》第 64 条规定："人民法院、人民检察院和公安机关根据案件情况，对犯罪嫌疑人、被告人可以拘传"。拘传是查明案情，保证刑事诉讼顺利进行的重要手段。

对犯罪嫌疑人、被告人采用拘传措施时，必须经过人民法院、人民检察院及公安机关的批准，填写拘传票。执行拘传的人数必须是两人以上。在执行时，要向被拘传人出示拘传票，说明拘传理由。被拘传人接受询问后，根据案件情况需要采取其他强制措施的，应按照法律规定变更强制措施。拘传的持续时间最长不得超过 12 小时，不得以连续拘传的方式变相拘禁犯罪嫌疑人、被告人。

（二）取保候审

取保候审是指人民法院、人民检察院和公安机关依法责令犯罪嫌疑人、被告人提供保证人或者交纳保证金并出具保证书，保证其不逃避或者妨碍侦查、起诉、审判并随传随到的一种强制措施。

对于具有下列情况之一的犯罪嫌疑人、被告人可以适用取保候审：①可能判处管制、拘役或者独立适用附加刑的；②可能判处有期徒刑以上刑罚，采取取保候审不致发生社会危险性的；③患有严重疾病、生活不能自理，怀孕或者正在哺乳自己婴儿的妇女，采取取保候审不致发生社会危险性的；④羁押期限届满，案件尚未办结，需要采取取保候审的。

取保候审有提出保证人和交纳保证金两种形式。

提出保证人是指人民法院、人民检察院和公安机关责令被告人提供保证人，由保证人出具保证书，保证犯罪嫌疑人、被告人不逃避侦查和审判并随传随到的一种强制措施方式。保证人必须是与本案无牵连，有能力履行保证义务，有固定的住处和收入，必须是享有政治权利且人身自由未受到限制的人。保证人应当履行监督被保证人遵守刑事诉讼法规定的在取保候审期间的义务，一经发现被保证人可能发生或者已经发生违反取保候审期间义务的情形，应当及时向执行机关报告。保证人未履行保证义务的，对保证人处以罚款，构成犯罪的，依法追究刑事责任。

交纳保证金是指人民法院、人民检察院或者公安机关责令犯罪嫌疑人、被告人或由他提供的保证人交纳指定金额的保证金，作为犯罪嫌疑人、被告人不逃避侦查和审判并随传随到的一种担保方式。司法机关在适用取保候审时不得同时采用这两种方式。

取保候审由县级以上公安局局长、人民检察院检察长和人民法院院长审批，由公安机关执行。执行机关发现被取保候审的犯罪嫌疑人、被告人有违反法律规定的行为，应当及时通知决定机关。决定机关经查证属实的，应没收保证金，并区别情形，责令犯罪嫌疑人、被告人具结悔过，重新交纳保证金，提供保证人或监视居住或予以逮捕。犯罪嫌疑人、被告人在取保候审期间没有违反《刑事诉讼法》第 69 条规定的，取保候审结束时，应当通知保证人解除担保义务，并将保证金退还给犯罪嫌疑人、被告人。取保候审最长不超过 12 个月，在取保候审期间，不得中断对案件的侦查、起诉和审理。

（三）监视居住

监视居住是指人民法院、人民检察院和公安机关为防止犯罪嫌疑人、被告人逃避或妨碍侦查、起诉或审判的顺利进行，依法责令其在规定的期限内不得擅自离开住处或指定的居所，并对其行动加以监视的一种强制措施。

人民法院、人民检察院和公安机关对符合逮捕条件，有下列情形之一的犯罪嫌疑人、被告人，可以监视居住：①患有严重疾病、生活不能自理的；②怀孕或者正在哺乳自己婴儿的妇女；③系生活不能自理的人的唯一扶养人；④因为案件的特殊情况或者办理案件的需要，采取监视居住措施更为适宜的；⑤羁押期限届满，案件尚未办结，需要采取监视居住措施的。此外，对符合取保候审条件，但犯罪嫌疑人、被告人不能提出保证人，也不交纳保证金的，可以监视居住。

对于符合监视居住条件的犯罪嫌疑人、被告人，人民法院、人民检察院和公安机关都有权作出监视居住的决定。司法机关采取监视居住的强制措施，必须先作出决定，制作监视居住决定书。监视居住由公安机关依法执行。监视居住应当在犯罪嫌疑人、被告人的住处执行；无固定住处的，可以在指定的居所执行。对于涉嫌危害国家安全犯罪、恐怖活动犯罪、特别重大贿赂犯罪，在住处执行可能有碍侦查的，经上一级人民检察院或者公安机关批准，也可以在指定的居所执行。但是，不得在羁押场所、专门的办案场所执行。指定居所监视居住的，除无法通知的以外，应当在执行监视居住后 24 小时以内，通知被监视居住人的家属。监视居住最长期限不得超过 6 个月，在监视居住期间不得中断对案件的侦查、起诉和审理。对于不应当追究刑事责任或监视居住期限届满的，应当及时解除监视居住。

（四）拘留

刑事诉讼中的拘留是指公安机关对现行犯或重大嫌疑分子，在遇有法定的紧急情况时采取的暂时剥夺其人身自由的一种强制措施。

公安机关对于现行犯或重大嫌疑分子，如果有下列情形之一的，可以先行拘留：①正在预备犯罪、实行犯罪或者犯罪后即时被发觉的；②被害人或者在场亲眼看见的人指认他犯罪的；③在身边或者住处发现有犯罪证据的；④犯罪后企图自杀、逃跑或者在逃的；⑤有毁灭、伪造证据或者串供可能的；⑥不讲真实姓名、住址，身份不明的；⑦有流窜作案、多次作案、结伙作案重大嫌疑的。

对于符合拘留条件的犯罪嫌疑人、被告人，经县级以上公安机关负责人批准，签发拘留证，并由公安机关执行。执行拘留的人数不得少于 2 人，执行人员应出示拘留证。拘留后，应在 24 小时内通知被拘留人的家属，但是有碍侦查或无法通知的情形除外。公安机关对于拘留的人应在 24 小时内进行讯问，发现有不应拘留的情况，应及时报请原决定的负责人批准释放，并发给释放证明。

（五）逮捕

逮捕是指人民法院、人民检察院和公安机关，为防止犯罪嫌疑人或者被告人逃避或妨碍侦查、起诉和审判的进行，防止其发生社会危险性，依法采取的暂时剥夺其人身自由，予以羁押的强制措施。逮捕是所有强制措施中最严厉的一种。适用逮捕必须具备三个条件：①有证据证明有犯罪事实；②可能判处徒刑以上刑罚；③有逮捕必要，即采取取保候审、监视居住等方法尚不足以防止社会危险性的发生。

逮捕由人民检察院批准和人民法院决定，但由公安机关执行。公安机关对适用逮捕的条件进行审查后，作出提请逮捕的决定，并制作提请批准逮捕书，连同全部案卷材料和证据，一并移送同级人民检察院审查批准。人民检察院应在 7 日内作出相应的决定。对于符合逮捕条件，决定批准的，应制作批准逮捕决定书，并移交公安机关执行；对于不符合逮捕条件的，决定不批准。《刑事诉讼法》第 86 条规定，人民检察院审查批准逮捕，可以讯问犯罪嫌疑人。有下列情形之一的，人民检察院应当讯问犯罪嫌疑人：对是否符合逮捕条件有疑问的；犯罪嫌疑人要求向检察人员当面陈述的；侦查活动可能有重大违法行为的。人民检察院审查批准逮捕，可以询问证人等诉讼参与人，听取辩护律师的意见；辩护律师提出要求的，应当听取辩护律师的意见。公安机关对人民检察院不批准逮捕的决定，认为有错误的，可以要求复议，但必须将被拘留人立即释放，如果意见不被接受，可以向上一级人民检察院提请复核。

执行逮捕，一般由公安机关 2 个以上公安人员执行，并出示逮捕证。逮捕后，除有碍侦查或无法通知的情形外，公安机关应把逮捕的原因和羁押的场所在 24 小时内通知被逮捕人的家属或其所在单位，并在 24 小时内进行讯问。发现不应当逮捕的情况时，必须立即释放，并发给释放证明，发现采取逮捕措施不当的，应当及时撤销或变更。公安机关释放被逮捕人或者变更强制措施的，应及时通知原批准或决定的人民检察院或人民法院。

案例 8—3　某市鼓楼区南通路派出所，2012 年 4 月 7 日晚接到受害人报案，称其在南通路上遭到抢劫。公安干警紧急出动，当晚将犯罪嫌疑人刘某抓住，派出所长签发了拘留证，48 小时后，侦查人员对刘某进行了讯问，4 月 13 日，公安机关提请人民检察院对刘某批准逮捕。检察院在 5 日内作出不批准逮捕的决定，公安认为决定错误，并准备提请上一级检察院复核，并将刘某换一个拘留所继续关押。本案：①派出所长签发拘留证错误，应由县级以上公安机关负责人签发；②48 小时后讯问错误，应当在拘留以后的 24 小时内进行讯问；③直接提请上一级检察院复核错误，应当先要求同级检察院复议；④继续关人错误，应当在收到不批准逮捕的决定后，立即将刘某释放。

第六节　刑事诉讼程序

刑事诉讼程序一般分为立案、侦查、起诉、审判和执行等五个阶段。但是自诉案件在立案后即可进入审判阶段，不需要经过侦查和提起公诉。

一、立案

立案是指公安机关、人民检察院和人民法院对控告、检举或自首等材料进行审查后，认为确有犯罪事实并需要追究行为人的刑事责任，决定作为刑事案件进行侦查或者审判的一种诉讼活动。立案是刑事诉讼程序的开始阶段。

立案材料的来源主要有：①公安机关或者人民检察院直接发现的犯罪事实或者犯罪嫌疑人；②有关单位或个人和被害人的报案、控告和举报；③犯罪人的自首。立案必须具备两个条件：一是必须有犯罪事实存在；二是依法需要追究刑事责任。这两个条件必须同时具备，才能予以立案。

公安机关、人民检察院或者人民法院对于报案、控告、举报，都应当接受。对于不属于自己管辖的，应当移送主管机关处理，并且通知报案人、控告人、举报人；对于不属于自己管辖而又必须采取紧急措施的，应当先采取紧急措施，然后移送主管机关。报案人、控告人、举报人不愿公开自己姓名的，应当为其保密。公安机关、人民检察院或者人民法院应当保障报案人、控告人、举报人及其近亲属的安全。为了防止诬告、陷害的发生，接受报案、控告、举报时，司法机关应当向报案人、控告人、举报人说明诬告陷害应负的法律责任。

司法机关在接受报案、控告、举报、自首材料后，应当按照管辖范围，迅速进行审查。认为有犯罪事实需要追究刑事责任的，应当作出立案的决定；认为没有犯罪事实，或者犯罪事实显著轻微，不需要追究刑事责任的，不予立案，并将不立案的原因通知控告人。控告人如果不服，可以申请复议。人民检察院认为公安机关对应当立案侦查的案件而不立案侦查的，或者被害人认为公安机关对应当立案侦查的案件而不立案侦查，向人民检察院提出的，人民检察院应当要求公安机关说明不立案的理由。人民检察院认为公安机关不立案理由不能成立的，应当通知公安机关立案，公安机关接到通知后应当立案。对于自诉案件，被害人有权向人民法院直接起诉。被害人死亡或者丧失行为能力的，被害人的法定代理人、近亲属有权向人民法院起诉。人民法院应当依法受理。

> 案例8—4 被害人王某家中被盗，丢失人民币现金300元和一架价值1500元的数码相机以及价值3800元的金项链一条。王某报案后，公安机关因为没有任何线索，觉得案件的侦破可能会比较困难，所以一直没有立案。王某向检察院提出，要求检察院立案，检察院说该类案件应是公安管。本案的犯罪事实情况决定了需要追究刑事责任的，公安机关应当作出立案的决定。王某要求检察院立案是不合职能管辖规定的，但检察院接到王某的要求后，应当对公安机关进行监督，要求公安机关说明不立案的理由，认为其理由不成立的，通知其立案。

二、侦查

侦查是指公安机关、人民检察院在办理案件过程中，依照法律进行的专门调查工作和实施有关的强制性措施。侦查是公诉案件的必经程序。侦查活动必须遵守迅速及时、客观全面、遵守法治、保守侦查秘密、专门机关与群众相结合的原则。

我国刑事诉讼法规定的侦查行为共七项：

（1）讯问犯罪嫌疑人。为确保审讯工作的顺利进行，讯问犯罪嫌疑人必须依照法定程序进行。讯问前，应当认真审阅和研究全部案卷材料，以使讯问工件有目的、有计划地进行。讯问时，侦查人员不得少于两人，并应当出示人民检察院或者公安机关的证明文件。传唤、拘传持续的时间不得超过12小时；案情特别重大、复杂，需要采取拘留、逮捕措施的，传唤、拘传持续的时间不得超过24小时。传唤、拘传犯罪嫌疑人，应当保证犯罪嫌疑人的饮食和必要的休息时间。不得以连续传唤、拘传的形式变相拘禁犯罪嫌疑人。第一次讯问犯罪嫌疑人，应问明其自然情况，并讯问是否有犯罪行为，让他陈述有罪情节或作无罪辩解，然后向他提出问题。讯问聋、哑的犯罪嫌疑人，应当有通晓聋、哑手势的人参加；讯问犯罪嫌疑人时应当制作笔录，犯罪嫌疑人承认笔录没有错误后，应当签名或者盖章。侦查人员在讯问犯罪嫌疑人的时候，可以对讯问过程进行录音或者录像；对于可能判处无期徒刑、死刑的案件或者其他重大犯罪案件，应当对讯问过程进行录音或者录像。录音或者录像应当全程进行，保持完整性。

（2）询问证人和被害人。询问证人和被害人是指侦查人员依照法定程序对证人或被害人就案件情况以言词方式进行调查访问的一种活动。侦查人员询问证人和被害人，可以在现场进行，也可以到证人和被害人的所在单位或者住处进行，但是必须出示人民检察院或者公安机关的证明文件。在必要的时候，也可以通知证人和被害人到人民检察院或者公安机关提供证言。询问证人和被害人应当个别进行，并告知他应当如实地提供证据、证言和有意作伪证或者隐匿罪证要负的法律责任。

（3）勘验、检查。侦查人员对于与犯罪有关的场所、物品、人身、尸体应当进行勘验或者检查。在必要的时候，可以指派或者聘请具有专门知识的人，在侦查人员的主持下进行勘验、检查。侦查人员执行勘验、检查，必须持有人民检察院或者公安机关的证明文件。对于死因不明的尸体，公安机关有权决定解剖，并且通知死者家属到场。为了确定被害人、犯罪嫌疑人的某些特征、伤害情况或者生理状态，可以对人身进行检查，可以提取指纹信息,采集血液、尿液等生物样本。勘验、检查的情况应当写成笔录,由参加勘验、检查的人和见证人签名或者盖章。为了查明案情,在必要的时候,经公安局长批准,可以进行侦查实验。

(4)搜查。为了收集犯罪证据、查获犯罪人,侦查人员可以对犯罪嫌疑人以及可能隐藏罪犯或者犯罪证据的人的身体、物品、住处和其他有关的地方进行搜查。侦查人员进行搜查,必须向被搜查人出示搜查证。在执行逮捕、拘留时,遇有紧急情况,不用搜查证也可以进行搜查。搜查时应有被搜查人或者他的家属、邻居或者其他见证人在场。搜查妇女的身体,应当由女工作人员进行。搜查的情况应当写成笔录,由侦查人员和被搜查人或者他的家属、邻居或者其他见证人签名或者盖章。

(5)查封、扣押物证、书证。在勘验、检查中发现的可用以证明犯罪嫌疑人有罪或者无罪的各种物品和文件,应当查封、扣押;与案件无关的物品、文件,不得查封、扣押。对于查封、扣押的物品、文件,要妥善保管或者封存,不得使用或者损毁。对于查封、扣押的物品和文件,应当会同在场见证人和被查封、扣押物品持有人查点清楚,当场开列清单一式二份,一份交给持有人,另一份附卷备查。侦查人员认为需要扣押犯罪嫌疑人的邮件、电报时,经公安机关或者人民检察院批准,即可通知邮电机关将有关的邮件、电报检交扣押。人民检察院、公安机关根据侦查犯罪的需要,可以依照规定查询、冻结犯罪嫌疑人的存款、汇款、债券、股票、基金份额等财产,已被冻结的,不得重复冻结。对于扣押的物品、文件、邮件、电报或者冻结的存款、汇款、债券、股票、基金份额等财产,经查明确实与案件无关的,应当在三日内解除查封、扣押、冻结,予以退还。

(6)鉴定。为了查明案情,需要解决案件中某些专门性问题时,应当指派、聘请有专门知识的人进行鉴定。对人身伤害的医学鉴定有争议需要重新鉴定或者对精神病的医学鉴定,由省级人民政府指定的医院进行。鉴定人进行鉴定后,应当写出鉴定结论,并且由鉴定人签名,医院加盖公章。鉴定人故意虚假鉴定的,应当承担法律责任。侦查机关应当将用作证据的鉴定结论告知犯罪嫌疑人、被害人。如果犯罪嫌疑人、被害人提出申请,可以补充鉴定或者重新鉴定。

(7)技术侦查措施。公安机关、人民检察院根据侦查犯罪或追捕的需要,经过严格的批准手续,可以采取技术侦查措施。技术侦查措施适用于:危害国家安全犯罪、恐怖活动犯罪、黑社会性质的组织犯罪、重大毒品犯罪或者其他严重危害社会的犯罪案件;重大的贪污、贿赂犯罪案件以及利用职权实施的严重侵犯公民人身权利的重大犯罪案件;追捕被通缉或者批准、决定逮捕的在逃的犯罪嫌疑人、被告人案件。

采取技术侦查措施,必须严格按照批准的措施种类、适用对象和期限执行。侦查人员对采取技术侦查措施过程中知悉的国家秘密、商业秘密和个人隐私,应当保密;对采取技术侦查措施获取的与案件无关的材料,必须及时销毁。采取技术侦查措施获取的材料,只能用于对犯罪的侦查、起诉和审判,不得用于其他用途。

根据刑事诉讼法的规定,采取技术侦查措施收集的材料在刑事诉讼中可以作为证据使用。如果使用该证据可能危及有关人员的人身安全,或者可能产生其他严重后果的,应当采取不暴露有关人员身份、技术方法等保护措施,必要的时候,可以由审判人员在庭外对证据进行核实。

（8）通缉。应当逮捕的犯罪嫌疑人如果在逃，公安机关可以发布通缉令，采取有效措施，追捕归案。各级公安机关在自己管辖的地区以内，可以直接发布通缉令；超出自己管辖的地区，应当报请有权决定的上级机关发布。

公安机关侦查的案件，侦查终结后，应分别作出如下处理：对于犯罪事实清楚，证据确实充分，依法应当追究犯罪嫌疑人刑事责任的，应制作起诉意见书连同案卷材料、证据一并移送同级人民检察院审查决定；同时将案件移送情况告知犯罪嫌疑人及其辩护律师。在侦查终结前，如果发现不应当对犯罪嫌疑人追究刑事责任的，应当撤销案件；犯罪嫌疑人已被逮捕的，应当立即释放。

人民检察院侦查的案件，在侦查终结时，对应当起诉或者不起诉的，要由负责侦查业务的部门提出提起公诉或者不起诉的意见，并连同案卷材料、证据一并移送刑事检察部门审查；同时将案件移送情况告知犯罪嫌疑人及其辩护律师。须撤销案件的，应当报请检察长或检察委员会决定。

三、起诉

起诉是指法律规定的国家专门机关或者个人向人民法院提出诉讼请求，要求法院进行审判的活动。按提起的主体和实体内容的不同，起诉可分为公诉、自诉和刑事附带民事诉讼。人民检察院代表国家进行的起诉，称为公诉。被害人或者他的法定代理人进行的起诉，称为自诉。在刑事诉讼过程中，被害人因被告人的犯罪行为而遭受物质损失的，有权提起附带民事诉讼。如果是国家财产、集体财产遭受损失的，人民检察院在提起公诉的时候，可以提起附带民事诉讼。

人民检察院的公诉活动，包括审查起诉、提起公诉和不起诉等诉讼活动。

（一）审查起诉

审查起诉是指人民检察院对公安机关侦查终结、移送起诉的案件和自行侦查终结的案件，进行审查以决定是否向人民法院提起公诉、要求审判的一项诉讼活动。凡需要提起公诉的案件，一律由人民检察院审查决定。审查起诉是公诉案件的必经程序。

人民检察院审查案件时，必须查明：犯罪事实、情节是否清楚，证据是否确实、充分，犯罪性质和罪名的认定是否正确；有无遗漏罪行和其他应当追究刑事责任的人；是否属于不应追究刑事责任的；有无附带民事诉讼；侦查活动是否合法。审查这些问题，首先要认真阅读案卷材料，接着还要讯问犯罪嫌疑人，听取辩护人被害人及其诉讼代理人的意见，并记录在案。

人民检察院审查起诉，应在一个月内作出决定，重大、复杂的案件，可以延长半个月。对于需要补充侦查的，可以退回公安机关补充侦查，也可以自行侦查。对于补充侦查的案件，应当在一个月以内补充侦查完毕，补充侦查以二次为限。对于补充侦查的案件，人民检察院仍然认为证据不足，不符合起诉条件的，可以作出不起诉的决定。

（二）提起公诉

提起公诉是指人民检察院代表国家将犯罪嫌疑人提交人民法院审判的一种诉讼活动。提起公诉应具备以下三个条件：①认为犯罪嫌疑人的犯罪事实已经查清；②证据确实、充分；③依法应当追究犯罪嫌疑人的刑事责任。对于符合这三个条件的案件，人民检察院应当按照审判管辖的规定，向人民法院提起公诉。

（三）不起诉

不起诉是指人民检察院对于侦查终结移送起诉的案件，经审查认为不应或不必对犯罪嫌疑人定罪，从而决定不向人民法院起诉的一种诉讼活动。它具有由人民检察院在起诉阶段终结诉讼的法律效力。

我国的不起诉有三种：①法定不起诉。这是依法不追究刑事责任的不起诉。凡有《刑事诉讼法》第 15 条规定的情形之一的，应当作出不起诉决定。②酌量不起诉。是指依法不需要判处刑罚或者免除刑罚的不起诉。对于犯罪情节轻微，依照刑法规定不需要判处刑罚或者免除刑罚的，人民检察院可以作出不起诉决定。③存疑不起诉。是指证据不足的不起诉。对于补充侦查的案件，人民检察院仍然认为证据不足、不符合起诉条件的，可以作出不起诉的决定。

☺ 热点问题 8—2

我国现阶段是否应当移植辩诉交易？

＊ 辩诉交易违背了罪刑法定和罪刑相适应等刑事诉讼基本原则，因此，我国应珍视正当程序，拒绝辩诉交易。[1]

＊＊ 辩诉交易对于实现社会正义（包括司法公正）、提高诉讼效率节约司法资源、降低诉讼成本等诸多方面，都有着十分重要的意义，因此，我国应引进辩诉交易制度，但要对其进行必要、合理的法律规制。[2]

四、审判

审判是人民法院对案件进行审理和判决的诉讼活动。这是刑事诉讼的关键性阶段。我国刑事诉讼法对第一审程序、简易程序、第二审程序、死刑复核程序、审判监督程序、特殊情形案件处理程序，分别做了规定。

（一）第一审程序

第一审程序是指法律规定的人民法院初次审判案件所必须遵守的方法、方式和步骤，这是人民法院审理所有刑事案件所必经的程序，是整个审判活动中的基础性阶段。

1. 公诉案件的第一审程序

人民法院对提起公诉的案件进行审查后，对于起诉书中有明确的指控犯罪事实的，应

---

① 孙长永：《珍视正当程序，拒绝辩诉交易》，《政法论坛》2002 年第 6 期。

② 宋洋：《我国引进辩诉交易制度的可行性》，《中国刑事法杂志》2004 年第 4 期。

当决定开庭审判。

人民法院对决定开庭审判的案件，应当做好下列开庭准备的工作：①确定合议庭的组成人员；②将人民检察院的起诉书副本至迟在开庭 10 日前送达被告人及其辩护人；③将开庭的时间、地点在开庭 3 日前通知人民检察院；④传唤当事人，通知辩护人、诉讼代理人、证人、鉴定人和翻译人员；⑤对于公开审判的案件，应在开庭 3 日前先期公布案由、被告人姓名、开庭时间和地点；⑥在开庭以前，审判人员可以召集公诉人、当事人和辩护人、诉讼代理人，对回避、出庭证人名单、非法证据排除等与审判相关的问题，了解情况，听取意见。

第一审程序的法庭审判，包括相互联系的五个阶段，即：开庭、法庭调查、辩论、被告人最后陈述、评议和宣判。

开庭是法庭审判的开始。开庭时，由审判长宣布开庭，并查明当事人是否到庭，核对被告人身份事项。然后宣布案由，宣布合议庭组成人员、书记员、公诉人、辩护等人员的名单，告知当事人有关的诉讼权利和义务。

法庭调查是法庭审理的中心环节。首先由公诉人宣读起诉书，然后由被告人、被害人就起诉书指控的犯罪进行陈述，接着讯问被告人，当庭出示、核实证据。在法庭审理过程中，当事人和辩护人、诉讼代理人有权申请通知新的证人到庭，调取新的物证，申请重新鉴定或者勘验。

法庭调查后即进入辩论阶段。先由公诉人和被害人发言，再由被告人陈述和辩护，辩护人发表辩护词。双方可以互相辩论。辩论的目的在于澄清事实，明辨是非，分清责任，使法庭全面了解案情，从而作出公正判决。

法庭辩论结束后，由被告人最后陈述。最后陈述是被告人的诉讼权利，也是法庭审判的必经程序。

被告人最后陈述后，审判长宣布休庭进行评议。合议庭根据法庭调查的事实、证据和有关法律规定，对被告人作出有罪或无罪、犯的什么罪、适用什么刑罚或者免除刑罚的判决。宣告判决一律公开进行。

人民法院审理公诉案件，应当在受理后 2 个月以内宣判，至迟不得超过 3 个月。对于可能判处死刑的案件或者附带民事诉讼的案件，以及有刑事诉讼法规定可以延长情形的，经上一级人民法院批准，可以延长 3 个月；因特殊情况还需要延长的，报请最高人民法院批准。

2. 自诉案件的第一审程序

自诉案件是指不经公安机关和人民检察院而由被害人或其法定代理人、近亲属径直向人民法院起诉，人民法院直接受理的刑事案件。它是与公诉案件相对应的对犯罪进行追诉的形式，包括《刑事诉讼法》第 204 条规定的三类案件。

人民法院对于自诉案件进行审查后，按照下列情形分别处理：①犯罪事实清楚，有足够证据的案件，应当开庭审判；②缺乏罪证的自诉案件，如果自诉人提不出补充证据，应当说服自诉人撤回自诉，或者裁定驳回。

人民法院决定开庭审理的自诉案件第一审程序与公诉案件基本相同，其特殊之处有：①对告诉才处理的案件和被害人有证据证明的轻微刑事案件，可以适用简易程序，由审判员一人独任审理；②人民法院对自诉案件，可以进行调解，自诉人在宣告判决前，可以同被告人自行和解或者撤回告诉；③被告人在诉讼过程中可对自诉人提起反诉。

（二）简易程序

刑事诉讼简易程序是指基层人民法院适用简化的第一审刑事诉讼程序，审理犯罪事实清楚，证据充分，案情简单，处刑较轻的案件的程序。相对普通审判程序而言，简易程序是更为简便易行的诉讼程序。简易程序既可适用于公诉案件，也可适用于自诉案件。

对下列案件，可以适用简易程序：①案件事实清楚、证据充分的；②被告人承认自己所犯罪行，对指控的犯罪事实没有异议的；③被告人对适用简易程序没有异议的。但是，对有下列情形之一的案件，不适用简易程序：①被告人是盲、聋、哑人，或者是尚未完全丧失辨认或者控制自己行为能力的精神病人的；②有重大社会影响的；③共同犯罪案件中部分被告人不认罪或者对适用简易程序有异议的；④其他不宜适用简易程序审理的。适用简易程序审理案件，审判人员应当询问被告人对指控的犯罪事实的意见，告知被告人适用简易程序审理的法律规定，确认被告人是否同意适用简易程序审理。

适用简易程序审理公诉案件，人民检察院应当派员出席法庭。人民检察院派员出席法庭的，经审判人员许可，被告人及其辩护人可以同公诉人互相辩论。被告人可以就起诉书指控的犯罪进行陈述和辩护。

适用简易程序审理自诉案件，宣读起诉书后，经审判人员许可，被告人及其辩护人可以同自诉人及其诉讼代理人互相辩论。

简易程序不受第一审普通程序中关于送达期限、讯问被告、询问证人、鉴定人、出示证据、法庭辩论程序规定的限制。但是，在判决宣告前应当听取被告人的最后陈述意见。

适用简易程序审理案件，人民法院应当在受理后20日审结；对可能判处的有期徒刑超过三年的，可以延长至一个半月。

人民法院在审理过程中，发现不宜适用简易程序的，应当按照第一审普通程序重新审理。

（三）第二审程序

第二审程序又称上诉审程序，是第二审人民法院按照刑事诉讼法的有关规定，根据当事人的上诉或人民检察院的抗诉，就第一审人民法院审理结案的但尚未发生法律效力的判决或裁定所认定的事实和适用的法律进行重新审理时应当遵循的步骤和方式、方法。它是刑事诉讼的一个独立的诉讼阶段。

第二审程序并非一切刑事案件的必经程序，只有依法提出上诉或抗诉，才能发生第二审程序。被告人、自诉人和他们的法定代理人，不服地方各级人民法院第一审的判决、裁定，有权用书状或者口头向上一级人民法院上诉。被告人的辩护人和近亲属，经被告人同意，可以提出上诉。附带民事诉讼的当事人和他们的法定代理人，可以对地方各级人民法院第一审的判决、裁定中的附带民事诉讼部分，提出上诉。上诉是公民行使其诉讼权利的重要表现。抗诉是指地方各级人民检察院认为本级人民法院第一审的判决或裁定确有错误，在法定期限内依法定程序请求上一级人民法院对该案重新审理和裁判的诉讼活动，是人民检察院代表国家行使监督权的表现形式。

不服判决的上诉和抗诉的期限为10日，不服裁定的上诉和抗诉的期限为5日，从接到判决书、裁定书的第二日起算。被害人及其法定代理人不服地方各级人民法院第一审的判决的，自收到判决书后 5 日内，有权请求人民检察院提出抗诉。人民检察院自收到请求后 5 日以内，应当作出是否抗诉的决定并且答复请求人。

第二审人民法院对上诉或抗诉的案件经过审理后，认为原判决认定事实和适用法律正确、量刑适当的，应当裁定驳回上诉或者抗诉，维持原判；原判决认定事实没有错误，但适用法律有错误，或者量刑不当的，应当改判；原判决事实不清楚或者证据不足的，可以在查清事实后改判，也可以裁定撤销原判，发回重审；发现第一审人民法院违反法定诉讼程序，可能影响正确判决的，也应当撤销原判，发回重审。

人民法院对被告人的上诉权，不得以任何借口加以剥夺。我国实行上诉不加刑的原则。上诉不加刑是指第二审人民法院审理被告人或其他诉讼参与人为被告人利益而提出的上诉案件，不得以任何理由加重原判决对被告人的刑罚。但是人民检察院提出抗诉或者自诉人提出上诉的，不在上诉不加刑之限。

第二审人民法院审理上诉、抗诉案件，除法律另有规定外，应在二个月内审结。

（四）死刑复核程序

死刑复核程序是人民法院根据刑事诉讼法对判处死刑的判决和裁定进行审查，决定是否核准的一种特别审判程序，既包括对判处死刑立即执行案件的复核程序，也包括对判处死刑缓期二年执行案件的复核程序。死刑复核程序是每个死刑案件的必经程序，是保证死刑正确适用的重要审判制度。

死刑由最高人民法院核准。中级人民法院或高级人民法院判处死刑的第一审案件，被告人不上诉的，以及高级人民法院判处死刑的第二审案件，均应报请最高人民法院核准。中级人民法院判处死刑缓期二年执行的案件，由高级人民法院核准生效。高级人民法院判处死刑缓期二年执行的案件未提出上诉、抗诉的，以及高级人民法院判处死刑缓期两年执行的第二审案件，宣判后即发生法律效力。

最高人民法院复核死刑案件，高级人民法院复核死刑缓期执行的案件，应当由审判员三人组成合议庭进行。最高人民法院复核死刑案件，应当作出核准或者不核准死刑的裁定。对于不核准死刑的，最高人民法院可以发回重新审判或者予以改判。最高人民法院复核死刑案件，应当讯问被告人，辩护律师提出要求的，应当听取辩护律师的意见。在复核死刑案件过程中，最高人民检察院可以向最高人民法院提出意见。最高人民法院应当将死刑复核结果通报最高人民检察院。

（五）审判监督程序

审判监督程序又称再审程序，是指人民法院、人民检察院对人民法院已经生效的裁判，发现确有错误，依照法定程序予以纠正的审判程序。审判监督程序是刑事诉讼法中一种独立的特别程序，但它不是每个案件必须经过的审判程序。

各级人民法院院长对本院已经发生法律效力的判决和裁定，如果发现在认定事实和适用法律上确有错误，必须提交审判委员会处理。最高人民法院对各级人民法院和上级人民法院对下级人民法院已经发生法律效力的判决和裁定，如果发现确有错误，有权提审或者指令下级人民法院再审。最高人民检察院对各级人民法院和上级人民检察院对下级人民法院已经发生法律效力的判决和裁定，如果发现确有错误，有权按照审判监督程序提出抗诉。

人民检察院抗诉的案件，接受抗诉的人民法院应当组成合议庭重新审理，对于原判决事实不清楚或者证据不足的，可以指令下级人民法院再审。上级人民法院指令下级人民法院再审的，应当指令原审人民法院以外的下级人民法院审理；由原审人民法院审理更为适宜的，也可以指令原审人民法院审理。

再审的案件，原来是第一审的案件，按第一审程序审判，对所作的判决、裁定，可以上诉、抗诉；原来是第二审的案件，按第二审程序审判，所作的判决、裁定是终审的判决、裁定，不得上诉、抗诉。提审的案件，按第二审程序审判，所作的判决、裁定是终审的判决、裁定，也不得上诉和抗诉。

当事人及其法定代理人、近亲属，对已经发生法律效力的判决、裁定，可以向人民法院或者人民检察院提出申诉，但是不能停止判决、裁定的执行。当事人及其法定代理人、近亲属的申诉符合下列情形之一的，人民法院应当重新审判：①有新的证据证明原判决、裁定认定的事实确有错误，可能影响定罪量刑的；②据以定罪量刑的证据不确实、不充分、依法应当予以排除，或者证明案件事实的主要证据之间存在矛盾的；③原判决、裁定适用法律确有错误的；④违反法律规定的诉讼程序，可能影响公正审判的；⑤审判人员在审理该案件的时候，有贪污受贿，徇私舞弊，枉法裁判行为的。

人民法院按照审判监督程序重新审判的案件，应当另行组成合议庭进行，并应当在作出提审、再审决定之日起三个月以内审结，需要延长期限的，不得超过六个月。

五、执行

（一）执行的概念

刑事诉讼中的执行，是指人民法院、人民检察院、公安机关、监狱及其有关单位和组织，为实现已经发生法律效力的判决和裁定所确定的内容而依法进行的活动。这是刑事诉讼程序的最后一个阶段。

下列判决和裁定是发生法律效力的判决和裁定：已过法定期限没有上诉、抗诉的判决和裁定；终审判决和裁定；高级人民法院核准的死刑缓期二年执行判决；最高人民法院核准的死刑判决。

（二）对各种判决、裁定的执行

（1）死刑判决的执行。最高人民法院判处和核准的，或者高级人民法院根据授权核准的死刑立即执行的判决，应当分别由最高人民法院院长或者高级人民法院院长签发执行死刑的命令。下级人民法院接到最高人民法院执行死刑的命令后，应当在七日内交付执行。但是，如果在执行前发现判决可能有错误，或者在执行前罪犯揭发重大犯罪事实或者有其他重大立功表现可能需要改判，或者罪犯正在怀孕的，应当立即停止执行，并报告核准死刑的法院处理。

（2）死缓、无期徒刑、有期徒刑和拘役判决的执行。对于被判处死刑缓期二年执行、无期徒刑、有期徒刑的罪犯，由公安机关依法将罪犯送交监狱执行刑罚。对于被判处有期徒刑的罪犯，被交付执行刑罚前，剩余刑期在三个月以下的，由看守所代为执行。对于被判处拘役的罪犯，由公安机关执行。对未成年犯，应在未成年犯管教所执行刑罚。被判处有期徒刑和拘役的罪犯，执行期满，应当由执行机关发给释放证明书。

（3）管制、宣告缓刑、假释或者暂予监外执行的执行

对被判处管制、宣告缓刑、假释或者暂予监外执行的罪犯，依法实行社区矫正，由社区矫正机构负责执行。

（4）剥夺政治权利的执行

对被判处剥夺政治权利的罪犯，由公安机关执行。执行期满，应当由执行机关书面通知本人及其所在单位、居住地基层组织。

（5）罚金、没收财产的执行

对被判处罚金的罪犯，期满不缴纳的，人民法院应当强制缴纳；如果由于遭遇不能抗拒的灾祸缴纳确实有困难的，可以裁定减少或者免除。对被判处没收财产的，无论附加适用或者独立适用，都由人民法院执行；在必要的时候，可以会同公安机关执行。

（6）无罪和免予刑事处罚判决的执行。第一审人民法院判决被告人无罪，免除刑事处罚的，如果被告人在押，在宣判后应当立即释放。

（三）执行的变更程序

（1）死缓的变更。被判处死缓的罪犯，在执行期间，如果没有故意犯罪，死刑缓刑期满，应当予以减刑的，由执行机关提出书面意见，报请当地高级人民法院裁定。如果缓刑期间故意犯罪，查证属实，应当执行死刑的，由高级人民法院报请最高人民法院核准。

（2）暂予监外执行。对于被判处有期徒刑或者拘役的罪犯有严重疾病需要保外就医的，或者怀孕或正在哺乳自己婴儿的妇女，可以暂予监外执行，由居住地公安机关执行。暂予监外执行的情形消失后，罪犯刑期未满的，应当及时收监。

（3）减刑、假释。对被判处无期徒刑、有期徒刑、拘役、管制的罪犯，在执行期间确有忏悔或者立功表现，应当依法予以减刑、假释的，由执行机关提出建议书，报请人民法院审核裁定。

（4）对新罪和申诉的处理。罪犯在服刑期间又犯新罪的，或者发现了判决时所没有认定的罪行，监狱和劳动改造机关应当移送人民检察院处理。监狱对罪犯提出的申诉，认为原判决可能有错误的，应当转呈人民检察院或者人民法院处理。

六、刑事诉讼特别程序

（一）未成年人刑事案件诉讼程序

针对未成年人刑事案件的特点，为了切实保障未成年人的刑事诉讼权利和其他合法权益，有效贯彻对犯罪的未成年人实行教育、感化、挽救的方针和坚持教育为主、惩罚为辅的原则，新刑诉法专门设置了未成年人犯罪案件特别诉讼程序。

1. 未成年犯罪嫌疑人、被告人诉讼权利保护制度

刑事诉讼法规定，人民法院、人民检察院和公安机关办理未成年人刑事案件，应当保

障未成年人行使其诉讼权利，保障未成年人得到法律帮助，并由熟悉未成年人身心特点的审判人员、检察人员、侦查人员承办。

未成年犯罪嫌疑人、被告人没有委托辩护人的，人民法院、人民检察院、公安机关应当通知法律援助机构指派律师为其提供辩护。对于未成年人刑事案件，在讯问和审判时，应当通知未成年犯罪嫌疑人、被告人的法定代理人到场。无法通知、法定代理人不能到场或者法定代理人是共犯的，也可以通知未成年犯罪嫌疑人、被告人的其他成年亲属，所在学校、单位、居住地基层组织或者未成年人保护组织的代表到场，并将有关情况记录在案。到场的法定代理人可以代为行使未成年犯罪嫌疑人、被告人的诉讼权利。到场的法定代理人或者其他人员认为办案人员在讯问、审判中侵犯未成年人合法权益的，可以提出意见。讯问笔录、法庭笔录应当交给到场的法定代理人或者其他人员阅读或者向他宣读。讯问女性未成年犯罪嫌疑人，应当有女工作人员在场。审判未成年人刑事案件，未成年被告人最后陈述后，其法定代理人可以进行补充陈述。

2. 未成年犯罪嫌疑人、被告人的社会情况调查制度

刑事诉讼法规定，公安机关、人民检察院、人民法院办理未成年人刑事案件，根据情况可以对未成年犯罪嫌疑人、被告人的成长经历、犯罪原因、监护教育等情况进行调查。对未成年犯罪嫌疑人、被告人社会情况的调查，有利于司法人员在办理案件中对未成年犯罪嫌疑人、被告人进行更有效、更有针对性的教育和适用更为妥当的刑罚。

3. 关于严格限制适用逮捕措施

《刑事诉讼法》第 269 条规定："对未成年犯罪嫌疑人、被告人应当严格限制适用逮捕措施。人民检察院审查批准逮捕和人民法院决定逮捕，应当讯问未成年犯罪嫌疑人、被告人，听取辩护律师的意见。"逮捕是我国刑事强制措施中最为严厉的措施，也是较长时间剥夺人身自由的措施，对于未成年人适用尤其要慎重。这一规定，体现了对未成年人权利的特别保护。

4. 附条件不起诉制度

刑事诉讼法规定，对于未成年人涉嫌侵犯人身权利、民主权利，侵犯财产，妨害社会管理秩序犯罪，可能判处一年有期徒刑以下的刑罚，符合起诉条件，但有悔罪表现的，人民检察院可作出附条件不起诉的决定。在附条件不起诉的考验期内，由人民检察院对被附条件不起诉的未成年犯罪嫌疑人进行监督考察。未成年犯罪嫌疑人的监护人，应当对未成年犯罪嫌疑人加强管教，配合人民检察院做好监督考察工作。

附条件不起诉的考验期为六个月以上一年以下，从人民检察院作出附条件不起诉的决定之日起计算。被附条件不起诉的未成年犯罪嫌疑人，应当遵守下列规定：遵守法律法规，服从监督；按照考察机关的规定报告自己的活动情况；离开所居住的市、县或者迁居，应当报经考察机关批准；按照考察机关的要求接受矫治和教育。

被附条件不起诉的未成年犯罪嫌疑人，在考验期内如有下列情形之一的，人民检察院应当撤销附条件不起诉的决定，提起公诉：

（1）实施新的犯罪或者发现决定附条件不起诉以前还有其他犯罪需要追诉的；

（2）违反治安管理规定或者考察机关有关附条件不起诉的监督管理规定，情节严重的。

被附条件不起诉的未成年犯罪嫌疑人，在考验期内没有上述情形，考验期满的，人民

检察院应当作出不起诉的决定。

5. 关于不公开审理和犯罪记录封存制度

《刑事诉讼法》第 274 条规定:"审判的时候被告人不满十八周岁的案件,不公开审理。但是,经未成年被告人及其法定代理人同意,未成年被告人所在学校和未成年人保护组织可以派代表到场。"

《刑事诉讼法》第 275 条规定:"犯罪的时候不满十八周岁,被判处五年有期徒刑以下刑罚的,应当对相关犯罪记录予以封存。犯罪记录被封存的,不得向任何单位和个人提供,但司法机关为办案需要或者有关单位根据国家规定进行查询的除外。依法进行查询的单位,应当对被封存的犯罪记录的情况予以保密。

不公开审理和犯罪记录封存制度的建立,有利于未成年罪犯在重新回归社会时可以较为顺利地为社会接纳,有利于他们在认识自己错误后,重新开始新的生活,做守法公民,也有利于减少他们的重新犯罪。

(二)当事人和解的公诉案件诉讼程序

当事人和解的公诉案件诉讼程序是指对于加害人自愿认罪的公诉案件,加害人与被害人在平等、自愿的基础上达成和解,办案机关在当事人达成和解协议的基础上,综合案件情况,特别是犯罪的危害性、加害人悔过、赔偿情况及被害人态度,对加害人进行处理的诉讼程序。犯罪嫌疑人、被告人在五年以内曾经故意犯罪的,不适用当事人和解的公诉案件诉讼程序。

当事人和解的公诉案件范围包括两类:一是因民间纠纷引起,涉嫌侵犯公民人身权利、民主权利以及侵犯财产的犯罪案件,可能判处三年有期徒刑以下刑罚的;二是除渎职犯罪以外的可能判处七年有期徒刑以下刑罚的过失犯罪案件。

符合当事人和解的公诉案件,双方当事人和解的,公安机关、人民检察院、人民法院应当听取当事人和其他有关人员的意见,对和解的自愿性、合法性进行审查,并主持制作和解协议书。对于达成和解协议的案件,公安机关可以向人民检察院提出从宽处理的建议。人民检察院可以向人民法院提出从宽处罚的建议;对于犯罪情节轻微,不需要判处刑罚的,可以作出不起诉的决定。人民法院可以依法对被告人从宽处罚。

(三)犯罪嫌疑人、被告人逃匿、死亡案件违法所得的没收程序

为严厉惩治腐败犯罪、恐怖活动犯罪,同时也是为了对犯罪所得及时采取冻结追缴措施,我国刑事诉讼法设置了犯罪嫌疑人、被告人逃匿、死亡案件违法所得的没收程序。

1. 违法所得没收程序的适用范围及申请

我国刑事诉讼法规定,对于贪污贿赂犯罪、恐怖活动犯罪等重大犯罪案件,犯罪嫌疑人、被告人逃匿,在通缉一年后不能到案,或者犯罪嫌疑人、被告人死亡,依照刑法规定应当追缴其违法所得及其他涉案财产的,按照刑事诉讼法规定的违法所得没收程序处理。

适用违法所得没收程序处理的案件由人民检察院向人民法院提出没收违法所得的申请。公安机关在刑事诉讼过程中如发现有应当没收违法所得的案件情形,应当写出没收违法所得的意见书并移送人民检察院审查处理。人民检察院的没收违法所得的申请应当提供

与犯罪事实、违法所得相关的证据材料，并列明财产的种类、数量、所在地及查封、扣押、冻结的情况。人民法院在必要的时候，可以查封、扣押、冻结申请没收的财产。

2. 没收违法所得案件的审理

没收违法所得的申请，由犯罪地或者犯罪嫌疑人、被告人居住地的中级人民法院组成合议庭进行审理。人民法院受理没收违法所得的申请后，应当发出公告。公告期间为六个月。犯罪嫌疑人、被告人的近亲属和其他利害关系人有权申请参加诉讼，也可以委托诉讼代理人参加诉讼。人民法院在公告期满后对没收违法所得的申请进行审理。利害关系人参加诉讼的，人民法院应当开庭审理。

人民法院经审理，对经查证属于违法所得及其他涉案财产，除依法返还被害人的以外，应当裁定予以没收；对不属于应当追缴的财产的，应当裁定驳回申请，解除查封、扣押、冻结措施。在审理过程中，在逃的犯罪嫌疑人、被告人自动投案或者被抓获的，人民法院应当终止审理。

对于人民法院通过没收违法所得程序规定作出的裁定，犯罪嫌疑人、被告人的近亲属和其他利害关系人或者人民检察院可以提出上诉、抗诉。没收犯罪嫌疑人、被告人财产确有错误的，应当予以返还、赔偿。

（四）依法不负刑事责任的精神病人的强制医疗程序

根据我国《刑法》的规定，由于精神病人在不能辨认或者不能控制自己行为的时候造成危害结果，经法定程序鉴定确认的，不负刑事责任，但是应当责令他的家属或者监护人严加看管和医疗；在必要的时候，由政府强制医疗。为保障公众安全，维护社会秩序，同时也是为了维护精神病人的合法权益，我国刑事诉讼法规定了对不负刑事责任精神病人的强制医疗程序。

1. 不负刑事责任精神病人的强制医疗程序的适用范围及申请

我国刑事诉讼法规定，实施暴力行为，危害公共安全或者严重危害公民人身安全，经法定程序鉴定依法不负刑事责任的精神病人，有继续危害社会可能的，可以予以强制医疗。对精神病人强制医疗的，由人民法院决定。

公安机关发现精神病人符合强制医疗条件的，应当写出强制医疗意见书，移送人民检察院。对于公安机关移送的或者在审查起诉过程中发现的精神病人符合强制医疗条件的，人民检察院应当向人民法院提出强制医疗的申请。对实施暴力行为的精神病人，在人民法院决定强制医疗前，公安机关可以采取临时的保护性约束措施。

2. 不负刑事责任精神病人的强制医疗程序的审理

人民法院受理强制医疗的申请后，应当组成合议庭进行审理。人民法院审理强制医疗案件，应当通知被申请人或者被告人的法定代理人到场。被申请人或者被告人没有委托诉讼代理人的，人民法院应当通知法律援助机构指派律师为其提供法律帮助。人民法院经审理，对于被申请人或者被告人符合强制医疗条件的，应当在一个月以内作出强制医疗的决定。

被决定强制医疗的人、被害人及其法定代理人、近亲属对强制医疗决定不服的，可以向上一级人民法院申请复议。

3. 强制医疗的解除和监督

在精神病人被强制医疗过程中，强制医疗机构应当定期对被强制医疗的人进行诊断评估。对于已不具有人身危险性，不需要继续强制医疗的，应当及时提出解除意见，报决定强制医疗的人民法院批准。被强制医疗的人及其近亲属也有权申请解除强制医疗。

人民检察院对强制医疗的决定和执行实行监督。

＊　　　＊　　　＊

重要概念

刑事诉讼　审判管辖　取保候审　立案　侦查　提起公诉　第一审程序　审判监督程序

思考题

1. 如何正确理解犯罪嫌疑人、被告人有权获得辩护原则？
2. 什么是逮捕？适用逮捕应具备什么条件？
3. 我国的刑事诉讼程序包括哪几个阶段？
4. 什么是上诉不加刑原则？

案例分析

1. 郭某在国外期间，加入国外某情报组织。回国后，郭某利用职务之便向国外情报机关提供我国有关重要情报，给国家造成严重损失。此案由A市B区公安机关立案、侦查终结后，由B区人民检察院向B区人民法院提起公诉。B区人民法院经审理认定郭某间谍罪事实清楚，证据确实充分，且犯罪情节严重，故依法判处其无期徒刑。郭某不服，向该市中级人民法院提出上诉。中级法院经审理认为一审法院认定事实正确，但量刑畸轻，改判郭某死刑，并报最高级人民法院核准，拟待最高人民法院院长签发执行死刑命令后，用注射的方法将郭某执行死刑。问：本案中有哪些方面违背了刑事诉讼法的规定？

2. 吴兵因为盗窃罪被人民检察院依法提起公诉，人民法院受理该案后，经审查认为符合适用简易程序的条件，于是决定对该案适用简易程序，并通知了提起公诉的人民检察院，并要求检察院移送全案的卷宗和证据材料。人民检察院不同意适用简易程序，但由于人民法院已经作出了决定，人民检察院没有办法，于是将案卷和证据材料移送人民法院。人民法院决定开庭审理该案时，由于适用简易程序，没有向吴兵送达起诉书副本并告知该案适用简易程序，在庭审中未让被告人吴兵最后陈述。问司法机关的行为合法吗？

第九章　民事诉讼法

💡 **教学要求**

通过本章的学习，你应当能够理解我国民事诉讼法的基本原则；掌握民事诉讼当事人的特征及分类；了解民事诉讼一审程序；掌握民事诉讼证据的有关规则；具备分析哪些案件属于民事诉讼的主管范围以及如何进行民事诉讼的能力。

第一节　民事诉讼法概述

一、民事诉讼和民事诉讼法

民事诉讼，是指代表国家行使审判权的人民法院在当事人及其他诉讼参与人的参加下，依法审理和解决民事纠纷案件的活动以及在这些活动中所产生的各种法律关系的总称。民事诉讼法是由国家制定或认可，用以调整人民法院和当事人及其他诉讼参与人在民事诉讼中的行为以及由此而产生的权利义务关系的法律规范的总称。

民事诉讼法有狭义和广义之分。狭义的民事诉讼法是指由国家最高权力机关制定颁布的民事诉讼法典，在我国就是指 1991 年 4 月 9 日第七届全国人民代表大会第四次会议通过，2012 年 8 月 31 日第十一届全国人民代表大会常务委员会第二十八次会议通过修改并实施的《中华人民共和国民事诉讼法》。该法典系由国家立法机关制定，具有法律的形式，故又称形式意义上的民事诉讼法。广义的民事诉讼法则既包括民事诉讼法典，也包括其他法律中有关民事诉讼程序、制度和原则的规定，以及有关部门法院发布的关于指导民事审判工作的司法解释等。后者的内容虽未包含在民事诉讼法典之中，有的甚至还不具有法律形式，但他们对民事诉讼活动的进行具有指导作用，也是各级人民法院审理民事案件所必须遵循的、具有约束力的规范性文件，在实质上也起到了民事诉讼法的作用，故称之为实质意义上的民事诉讼法。

二、民事诉讼法的指导思想、任务和效力

民事诉讼法的指导思想也就是民事诉讼法的立法依据。根据《民事诉讼法》第 1 条的规定，《中华人民共和国民事诉讼法》是以宪法为根据，结合我国民事审判工作的经验和实际情况而制定的。宪法是国家的根本大法，是制定各种法律的根据，民事诉讼法也不例外；我国的民事审判工作在长期的实践中已经积累了丰富的经验，对于民事诉讼法的制定和实施具有重要的参考价值；为了适应当前改革开放的实际情况，民事诉讼法也适时增加和修改了相关的制度，如小额诉讼、特别管辖、调解制度、证据制度等。

根据我国《民事诉讼法》第 2 条规定，民事诉讼法有四项任务，一个目的。四项任务是：保护当事人行使诉讼权利；保证人民法院正确审理案件；确认民事权利义务关系，制裁

民事违法行为，保护当事人的合法权益；教育公民自觉地遵守法律。民事诉讼法的四项任务，是为了达到一个目的，即维护社会秩序、经济秩序，保障社会主义建设事业顺利进行。

民事诉讼法的效力，是指民事诉讼法适用所及之效力范围。它包括对什么人、什么事发生效力，在什么时间、什么空间发生效力。

对人的效力。即民事诉讼法对哪些人具有拘束力。我国《民事诉讼法》第 4 条规定："凡在中华人民共和国领域内进行民事诉讼，必须遵守本法。"据此，我国民事诉讼法对人的适用范围是：我国公民、法人和其他组织；在我国进行民事诉讼的外国人、无国籍人以及外国企业和组织。

对事的效力。即哪些案件适用民事诉讼法的规定进行审理。我国《民事诉讼法》第 3 条规定："人民法院受理公民之间、法人之间、其他组织之间以及他们相互之间因财产关系和人身关系提起的民事诉讼，适用本法的规定。"

对空间的效力。即民事诉讼法的空间适用范围。凡在中华人民共和国领域内进行民事诉讼，均适用我国的诉讼法，这是主权国家程序法适用的属地主义原则。中华人民共和国的领域，包括领土、领海、领空及领土伸延的范围。

对时间的效力。即民事诉讼法在什么时间内具有拘束力。法律适用的时间效力，原则上是从公布施行之日起发生效力，至明令废止失去效力。《中华人民共和国民事诉讼法》于 1991 年 4 月 9 日公布施行。该法何时失效，取决于立法机关的决定。

三、民事诉讼法律关系

民事诉讼法律关系，是由民事诉讼法律调整所形成的人民法院和当事人及其他诉讼参与人之间，在诉讼中的诉讼权利义务关系。民事诉讼法律关系由主体、内容和客体三要素所构成。民事诉讼法律关系的主体，是指按照民事诉讼法的规定，诉讼权利义务的享有者和承担者，包括人民法院，当事人及其诉讼代理人、证人、鉴定人、勘验人和翻译人员；民事诉讼法律关系的内容，是指民事诉讼法律关系主体之间的诉讼权利和诉讼义务；民事诉讼法律关系的客体，是指民事诉讼权利义务所指向的对象。因民事诉讼法律关系主体的权利义务不同，其客体也就有所不同。人民法院与当事人之间诉讼法律关系的客体，是案件的客观事实及当事人的实体权利请求；人民法院与证人、鉴定人、勘验人和翻译人员的诉讼法律关系的客体，则只能是案件的客观事实。

民事诉讼法律关系同其他法律关系一样，是基于一定法律事实发生、变更、消灭的。凡是能够引起民事诉讼法律关系发生、变更或消灭的事实，都是诉讼上的法律事实，它分为两类：一是事件；一是行为。

四、民事诉讼法的基本原则

民事诉讼法的基本原则是指在民事诉讼的整个过程或主要阶段起指导作用的准则。它集中体现了我国民事诉讼法的精神实质，为人民法院的审判活动和当事人及其他诉讼参与人的诉讼活动指明了方向，提出了概括的要求，对于民事诉讼具有普遍的指导意义。

我国民事诉讼法特有的原则包括诉讼权利平等原则、调解原则、辩论原则、诚实信用原则、处分原则、社会支持起诉原则。

（一）诉讼权利平等原则

这一原则应包括两方面的含义：一方面是指民事诉讼中双方当事人的诉讼权利完全平等，原告和被告享有对等的诉讼权利，不允许一方拥有比另一方更多的权利。另一方面是指人民法院必须切实保障和便利当事人能够平等地行使诉讼权利和承担诉讼义务。

根据民事诉讼法第8条的规定，诉讼权利平等原则包括以下内容：①双方当事人的诉讼地位完全平等；②双方当事人有平等行使诉讼权利的手段，人民法院平等地保障双方当事人行使诉讼权利；③对当事人在适用法律上一律平等。

（二）调解原则

人民法院在审理民事案件过程中，应当在当事人自愿、弄清事实、分清是非的基础上合法进行调解。调解达成的协议内容，不得违反法律规定。当事人不愿调解，调解未能达成协议，或调解书送达前一方反悔的，人民法院应及时判决。除离婚案件外，调解不是民事诉讼的必要程序。

☺ **热点问题 9—1**

法院调解制度应当废除吗？
＊ 法院调解制度不宜废除，但应在基本上不改现有模式框架基础上进行改革予以完善。①
＊＊ 法院调解制度不宜废除，但应实行调审分离，即将调解过程与审判过程分离开来。②
＊＊＊ 法院调解制度应该废除，并主张将法院调解制度从立法意义上予以废除。③
＊＊＊＊ 法院调解制度应该废除，代之以诉讼和解制度或以诉讼和解重塑法院调解。④

（三）辩论原则

民事诉讼中的辩论原则是指双方当事人在人民法院的主持下，有权就案件的事实和争议的问题，各自陈述自己的主张和根据，互相进行辩驳和论证。《民事诉讼法》第12条规定："人民法院审理民事案件时，当事人有权进行辩论。"

辩论原则的基本内容包括：①辩论权贯穿于诉讼的全过程，不限于开庭审理阶段，更不局限于法庭辩论阶段；②当事人行使辩论权的范围包括对案件的实体方面、对如何适用法律和诉讼程序上争议的问题；③辩论的形式包括口头和书面两种形式，前者又称为言词辩论。

（四）诚实信用原则

民事诉讼法第13条规定，民事诉讼应当遵循诚实信用原则。诚实信用原则在民事诉讼中的基本内容和要求包括三个方面：一方面是对民事诉讼当事人的要求，具体为：①当

---

① 刘峥：《重构法院调解制度的法理分析》，《法学杂志》2001年第4期。
② 李浩：《调解的比较优势与法院调解制度的改革》，《南京师大学报》（社科版）2002年第4期。
③ 赵学良：《从法院调解到诉讼和解》，《法学研究》1998年第2期。
④ 田平安：《民事诉讼程序改革热点问题研究》，中国检察出版社2001年版，第82-94页。

事人真实陈述的义务；②当事人负有促进诉讼的义务；③当事人不得以欺骗方法形成不正当诉讼状态的义务；④当事人不得滥用诉讼权利；⑤不得实施诉讼突袭行为的义务；等等。另一方面是对其他诉讼参与人的要求，具体为：①诉讼代理人不得在诉讼中滥用和超越代理权，对委托人和法院要诚实；②证人要本着客观原则，不得作虚假证词；③鉴定人要本着职业道德，坚守职业操守，科学地作出鉴定意见；④翻译人员不得故意作与诉讼文件陈述或书写原意不符的翻译。还有一方面就是对法官的要求，要求法官不得滥用审判权；在判断证据时，应当实事求是，不得对当事人提出的证据任意加以取舍和否定，公平地对待双方当事人；不得实施突袭性裁判。

（五）处分原则

当事人在法律规定的范围内和在不损害国家、集体和他人合法利益的条件下，可以自由处分自己的民事权利和诉讼权利。当事人的处分行为，对诉讼的发生、变更、消灭，有着直接的影响。

我国民事诉讼中的处分原则包括以下具体内容：①处分权的享有者只限于民事诉讼当事人，其他诉讼参与人不享有处分权；②当事人行使处分权的对象包括自己依法享有的民事权利和诉讼权利；③当事人行使处分权不能超出法律许可的范围，不得损害国家、社会、集体和其他公民个人的利益。

（六）支持起诉原则

支持起诉原则是指对于损害国家、集体或者个人民事权益的行为，国家机关、社会团体、企业事业单位可以支持受损害的单位或者个人向人民法院起诉。

适用支持起诉原则，必须符合以下条件：①必须是由于侵权行为而产生的纠纷；②有权支持起诉的，只限于机关、企业、事业单位，个人无权支持；③必须是受害人尚未起诉时进行，并且一般仅限于为诉讼外的一些行为，不能以当事人的名义直接参加诉讼；④社会支持起诉的案件只限于侵权案件和追索抚养费、赡养费、扶养费等案件。

第二节 民事诉讼管辖

一、民事诉讼管辖的概念

民事诉讼管辖，是指确定各级人民法院之间和各同级人民法院之间受理第一审民事纠纷案件的分工和权限。就当事人而言，管辖实际上是民事纠纷发生后，当事人应当向哪一级、哪一个人民法院起诉的问题；就法院而言，是对具体民事案件如何行使审判权的问题，只有当某个民事案件属于法院管辖权范围内，该法院才有权受理，拥有管辖权。

正确确定一审人民法院的管辖权，不论在理论上还是在实践中都有重要意义。首先，有利于各个人民法院明确自己的管辖范围，使其正确行使审判权，合法、及时地审理民事案件。其次，有利于当事人行使诉权，及时起诉，避免因管辖不明致使当事人投诉无门，合法权益得不到及时保护。再次，有利于维护国家主权。对于涉外民事案件，人民法院依照我国法律规定行使管辖权，保护当事人的合法权益，实际上与维护国家主权密切相关。

最后，有利于正确确定各级人民法院审理案件的分工，发挥行使审判权的积极性。

二、管辖的种类

我国民事诉讼法根据有利公正审理和保护当事人合法民事权益、便利当事人依法行使诉讼权利、便利人民法院依法审理和执行的原则所确定的管辖，包括级别管辖、地域管辖、协议管辖、移送管辖和指定管辖。

（一）级别管辖

级别管辖是指确定各级人民法院之间受理第一审民事案件的分工和权限。级别管辖的特点在于，它是从人民法院系统的纵向方面来划分第一审民事案件的管辖法院。划分级别管辖的标准包括案件影响的大小、案件的性质、各级人民法院工作的繁重程度等。

我国《民事诉讼法》规定，基层人民法院管辖除应由上级人民法院作为第一审民事案件以外的一切民事案件；中级人民法院管辖重大的涉外案件、本辖区内有重大影响的案件和最高人民法院确定由其管辖的案件；高级人民法院管辖本辖区内有重大影响的第一审民事案件；最高人民法院管辖的第一审民事案件是在全国有重大影响的案件，以及最高人民法院认为应当由本院审理的案件。

（二）地域管辖

地域管辖是指同级人民法院之间在各自区域内受理第一审民事案件的分工和权限。级别管辖是地域管辖的前提，地域管辖是级别管辖的条件，一个具体的案件首先被确定由哪一级人民法院管辖之后，才产生同级不同地人民法院管辖的问题。地域管辖又分一般地域管辖、特殊地域管辖和专属管辖。

一般地域管辖是指以当事人住所所在地为标准来确定管辖的。我国民事案件的一般地域管辖，实行"原告就被告"的原则，即对公民提起的民事诉讼，应由被告住所地人民法院管辖，被告住所地与经常居住地不一致的，由经常居住地人民法院管辖；对法人或者其他组织提起的民事诉讼，由被告住所地人民法院管辖。但对上述原则，民事诉讼法作了几种例外性规定：对不在我国领域内居住的人提起的有关身份关系的诉讼，对下落不明或者宣告失踪的人提起的有关身份关系的诉讼，对被采取强制性教育措施的人提起的诉讼 对被劳动教养的人提起的诉讼，对被监禁的人提起的诉讼，均由原告住所地人民法院管辖，其住所地与经常居住地不一致的，由经常居住地人民法院管辖。

特殊地域管辖是指不以或不专以当事人住所所在地为标准来确定的管辖，是相对于一般地域管辖而言的。我国民事诉讼法规定：因合同纠纷提起的诉讼，由被告住所地或者合同履行地人民法院管辖；因保险合同纠纷提起的诉讼，由被告住所地或者标的物所在地人民法院管辖；因票据纠纷提起的诉讼，由票据支付地或者被告住所地人民法院管辖；因公司设立、确认股东资格、分配利润、解散等纠纷提起的诉讼，由公司住所地人民法院管辖；因铁路、公路、水上、航空运输和联合运输合同纠纷提起的诉讼，由运输始发地、目的地或者被告住所地人民法院管辖；因侵权行为提起的诉讼，由侵权行为地或者被告住所地人民法院管辖；因铁路、公路、水上、航空事故请求损害赔偿提起的诉讼，由事故发生地或者车辆、船舶最先到达地、航空器最先降落地或者被告住所地人民法院管辖；因船舶碰撞或者其他海事损害事故请求损害赔偿提起的诉讼，由碰撞发生地、碰撞船舶最先到达地、加害船舶被扣留地或者被告住所地人民法院管辖；因海难救助费用提起的诉讼，由救助地或者被救助船舶最先到达地人民法院管辖；因共同海损提起的诉讼，由船舶最先到达地、共同海损理算地或者航程终止地的人民法院管辖。

专属管辖是指某些民事案件依照法律规定必须由特定的人民法院管辖。我国民事案件专属管辖，主要包括下列情况：因不动产纠纷提起的诉讼，由不动产所在地人民法院管辖；因港口作业中发生纠纷提起的诉讼，由港口所在地人民法院管辖；因继承遗产纠纷提起的诉讼，由被继承人死亡时住所地或者主要遗产所在地人民法院管辖。此外，依照特别程序审理的案件的管辖也应属专属管辖。

> 案例9—1　北京市民李功德有子、女三人，并在哈尔滨市有房屋5间，一直由其长子李昌居住。李昌在哈尔滨市某区工作，次子李文革在北京市某区工作，女儿李娟在天津居住。李功德一直随李文革生活，并于2012年8月在北京去世。李功德去世后，李文革对5间房产主张权利被李昌拒绝。李文革为此于2012年12月向北京某区法院起诉。诉讼期间，李娟向法院提出争议之房屋应有自己的份额。本案中北京市某区法院和哈尔滨市某区法院都有管辖权，这是一起因继承遗产纠纷提起的诉讼案件，属于专属管辖。

（三）协议管辖

协议管辖是指当事人可就第一审民事案件，在争议发生前或发生后，通过协议，选择在某一法院进行诉讼而产生的管辖。民事诉讼法规定，合同或者其他财产权益纠纷的当事人可以书面协议选择被告住所地、合同履行地、合同签订地、原告住所地、标的物所在地等与争议有实际联系的地点的人民法院管辖，但不得违反法律对级别管辖和专属管辖的规定。

两个以上人民法院都有管辖权的诉讼，原告可以向其中一个人民法院起诉；原告向两个以上有管辖权的人民法院起诉的，由最先立案的人民法院管辖。

（四）移送管辖、管辖权的转移和指定管辖

移送管辖是指人民法院受理案件后，发现受理的案件不属于本院管辖，而将案件移送给有管辖权的人民法院审理。受移送的人民法院应当受理。受移送的人民法院认为受移送的案件依照规定不属于本院管辖的，应当报请上级人民法院指定管辖，不得再自行移送。

管辖权的转移是指民事诉讼法所规定的上级人民法院有权审理下级人民法院管辖的第一审民事案件，确有必要将本院管辖的第一审民事案件交下级人民法院审理的，在报请其上级人民法院批准后可以把本院管辖的第一审民事案件交下级人民法院审理的情况。下级人民法院对它所管辖的第一审民事案件，认为需要由上级人民法院审理的，可以报请上级人民法院审理。

指定管辖是指有管辖权的人民法院由于特殊原因，不能对某个具体案件行使管辖权的，由上级人民法院指定其辖区某个下级法院予以管辖。指定管辖主要适用于以下两种情况：①由于特殊原因（如地震、火灾等不可抗力），对案件有管辖权的法院不能行使管辖

权；②由于不同地区的同级人民法院对某一案件的管辖权发生争议，而争议双方无法通过协商解决的。通过报请它们的共同上级人民法院指定管辖的。

三、管辖权异议

管辖权异议是指当事人对受理案件的法院管辖案件提出不同意见的行为，即当事人认为受理案件的法院对案件并无管辖权，因而提出异议。我国民事诉讼法第 127 条规定，人民法院受理案件后，当事人对管辖权有异议的，应当在提交答辩状期间提出。人民法院对当事人提出的异议，应当进行认真审查，人民法院认为异议有理由的，应当裁定将案件移送有管辖权的法院，异议不成立的，裁定驳回。当事人对人民法院就管辖异议作出的裁定，可以依法提起上诉。但是，当事人未提出管辖异议，并应诉答辩的，视为受诉人民法院有管辖权，但违反级别管辖和专属管辖规定的除外。

第三节　民事诉讼参加人

民事诉讼参加人是指参加民事诉讼的当事人和诉讼代理人。当事人包括原告、被告、共同诉讼人、第三人。诉讼代理人包括法定代理人、委托代理人和指定代理人。

一、当事人

（一）当事人概述

民事诉讼的当事人是指因民事权利义务关系发生纠纷，以自己的名义进行诉讼，并受人民法院裁判拘束的利害关系人。民事诉讼当事人的基本特点表现为：就要求解决争议的法律关系而言，当事人与其有直接的法律上的利害关系，他或是该法律关系的权利享有者，或是义务关系的承担者，或是两者兼而有之；就参加的诉讼而言，当事人应以自己的名义参加，并由自己承担诉讼结果；就法院所作的裁判而言，当事人应受其直接的约束。

当事人有广义和狭义之分，狭义的当事人只包括原告和被告，广义的当事人还包括共同诉讼人、诉讼代表人和第三人。当事人独立地享有民事诉讼权利，承担民事诉讼义务的能力，称之为诉讼权利能力。这是进行民事诉讼活动所必须具备的前提条件。我国《民事诉讼法》第 48 条第 1 款规定，公民、法人和其他组织可以作为民事诉讼的当事人。当事人诉讼权利能力的产生和消灭，在公民、法人和其他组织之间是不同的。公民的诉讼权利能力始于出生，终于死亡；法人和其他组织的诉讼权利能力从成立时产生，到解散或被撤销时消灭。

诉讼行为能力是指以自己的行为实现诉讼权利和履行诉讼义务的能力。公民的诉讼行为能力与民法中规定的有完全民事行为能力的人相一致。无行为能力和限制行为能力者，不具有诉讼行为能力，其诉讼行为要由其代理人进行。法人和其他组织的诉讼行为能力，从它成立时即具有，到解散或被撤销时消灭。但法人和其他组织的诉讼行为能力具有特殊性，我国《民事诉讼法》第 48 条第 2 款规定，法人由其法定代表人进行诉讼，其他组织由其主要负责人进行诉讼。法定代表人参加诉讼时，是以当事人的身份出现的，并不须经过特别授权，就可以单独、直接对外进行诉讼活动，其法律后果由该单位承担。尽管这样，法定代表人仍不是当事人，他只不过是法定职务的执行者，他所代表的单位才是当事人。

当事人享有广泛的诉讼权利：请求提起诉讼的权利，委托代理人的权利，申请回避的权利，收集提供证据的权利，进行辩论的权利，查阅、复制本案有关材料和法律文书的权利，请求调解的权利，自行和解的权利，提起反诉、上诉的权利，申请强制执行的权利等。当事人在享有诉讼权利的同时，也要承担诉讼义务，其主要义务有：依法行使诉讼权利，遵守诉讼秩序，履行发生法律效力的判决书、裁定书和调解书等。

（二）原告和被告

民事诉讼中的原告是指因民事权益受到侵害或者民事权益发生争议，以自己的名义请求人民法院保护其民事权益而提起诉讼的一方。此外，根据民事诉讼法第 55 条的规定，对污染环境、侵害众多消费者合法权益等损害社会公共利益的行为，法律规定的机关和有关组织可以作为原告向人民法院提起诉讼。被告是因侵害他方民事权益或者民事权益发生争议，被起诉方指控并被人民法院传唤应诉的一方。原告和被告的诉讼地位是平等的，双方均享有同等的诉讼权利。在诉讼过程中，如果被告提出反诉而被人民法院受理，则原来诉讼中的被告变为原告，而原告变为被告。在诉讼中，如果出现有独立请求权的第三人参加，原诉讼的原告和被告的地位也会相应地发生变化。

狭义的当事人在诉讼的不同阶段有着不同的称谓。在第一审程序中称原告和被告；在第二审程序中称上诉人和被上诉人；在审判监督程序中，如适用第一审程序称原审原告和原审被告，如适用第二审程序称原上诉人和原被上诉人；在执行程序中，称申请执行人和被申请执行人。

（三）共同诉讼人

共同诉讼是指当事人一方或双方为二人以上的诉讼。共同诉讼中人数为二人以上的一方当事人称为共同诉讼人。其中，原告为二人以上的称为共同原告；被告为二人以上的称为共同被告。共同诉讼人根据其在诉讼中所处的地位而享有原告或被告的诉讼权利。

共同诉讼分为必要的共同诉讼和普通的共同诉讼。必要的共同诉讼是指当事人一方或双方为二人以上，其诉讼标的是共同的诉讼，由于诉讼标的是共同的，表明在权利义务上有着共同利害关系，人民法院必须合并审理。普通的共同诉讼是指当事人一方或双方为二人以上，诉讼标的是同一种类，经当事人同意，法院认为可以合并审理的一种共同诉讼。普通的共同诉讼必须具备以下条件：必须符合简化诉讼程序、节省时间及费用的合并审理目的；必须适用同一种诉讼程序；必须是共同被告在同一法院管辖范围内。

（四）诉讼代表人

如果具有共同诉讼标的或诉讼标的属于同一种类的一方当事人人数众多的共同诉讼，须推选出代表，由代表人为维护本方当事人利益而进行诉讼活动。人数众多一般是指十人以上，可以选出代表人二人至五人参加诉讼，每一名代表可以委托一人至二人为委托代理人。诉讼代表人具有以下特征：①诉讼代表人必须是人数众多一方当事人的成员；②诉讼代表人能够代表被代表全体当事人的共同利益，可能影响其公正履行代表职责的人，不能被推选为代表人；③诉讼代表人必须具备诉讼行为能力。诉讼代表人的诉讼行为对其所代表的全体当事人发生效力，但是，代表人变更、放弃诉讼请求或者承认对方当事人的诉讼请求，进行和解，必须经被代表的当事人同意。

代表人诉讼分为起诉时人数确定的代表人诉讼和起诉时人数不确定的代表人诉讼。

（五）第三人

民事诉讼中的第三人。是指在已经进行的诉讼中，对当事人的诉讼标的有独立的请求权，或虽没有独立的请求权，但案件的处理结果同自己有法律上的利害关系，因而参加到诉讼中来的人。第三人具有如下特征：①必须是为了维护自己的民事权益，以自己的名义参加诉讼；②必须是他人的诉讼已经开始，但法院尚未作出判决或裁定；③必须对他人的诉讼标的有独立请求权或案件的处理结果同自己有法律上的利害关系。

第三人可分为有独立请求权的第三人和无独立请求权的第三人。有独立请求权的第三人。是指自己对其他当事人之间的诉讼标的有部分或全部的独立请求权，以独立的实体权利人资格向法院提出诉讼请求而参加诉讼的人。实际上，这是提起了一个不同于原诉的新的诉讼，把原诉的双方当事人都当作被告，而把自己当作原告，这样就形成了两个诉讼的合并审理。无独立请求权的第三人。是指对当事人之间的诉讼标的无独立的实体权利，只是为了维护自己的民事权益，参加到当事人一方进行诉讼。他可能站在原告一方，也可能站在被告一方，但他自己既非原告，也非被告。无独立请求权的第三人，在诉讼过程中具有独立的诉讼地位，享有提供证据参加辩论、陈述意见等权利，对人民法院判决其承担民事责任的判决不服的，有权提出上诉，但无权对案件提出管辖权异议，无权放弃、变更诉讼请求或者申请撤诉。

根据民事诉讼法第 56 条第 3 款的规定，第三人因不能归责于本人的事由未参加诉讼，但有证据证明发生法律效力的判决、裁定、调解书的部分或者全部内容错误，损害其民事权益的，可以自知道或者应当知道其民事权益受到损害之日起六个月内，向作出该判决、裁定、调解书的人民法院提起诉讼。人民法院经审理，诉讼请求成立的，应当改变或者撤销原判决、裁定、调解书；诉讼请求不成立的，驳回诉讼请求。

二、诉讼代理人

诉讼代理人是指根据法律规定、法院指定或者当事人的委托，代理当事人为诉讼行为的人。代理人对以被代理人名义进行的诉讼活动，不承担法律后果，其法律后果由被代理人承担。代理人是民事诉讼参加人而不是诉讼当事人。民事诉讼代理人包括法定代理人、指定代理人、委托代理人。

1. 法定代理人

法定代理人是指根据法律规定，代理无诉讼行为能力的当事人进行民事诉讼活动的人。法定代理人是基于亲权或监护权而产生的。无诉讼行为能力人由他的监护人作为法定代理人，包括父母、配偶、子女、其他近亲属以及负有监护责任的单位、居民或村民委员会等。法定代理人之间互相推诿代理责任的，由人民法院指定。法定代理人的诉讼地位相当于当事人。

2. 指定代理人

指定代理人是指无诉讼行为能力的人在没有法定代理人，或虽有法院代理人，但不能行使代理权的情况下，经人民法院指定代理当事人进行诉讼的人。指定代理人的产生是基于人民法院的委任，而非基于当事人的意思表示。指定代理人与法定代理人具有相同的诉讼地位。

3. 委托代理人

委托代理人是指受当事人、法定代理人、法定代表人的委托，代理诉讼行为的人。按照《民事诉讼法》的规定，当事人、法定代理人、法定代表人可以委托一至二人作为诉讼代理人。在我国，下列人员可以被委托为诉讼代理人：律师、基层法律服务工作者；当事人的近亲属或者工作人员；当事人所在社区、单位以及有关社会团体推荐的公民。委托代理权来源于被代理人的授权，委托代理成立，须向受理案件的法院递交授权委托书。除法律规定外，代理事项和权限由被代理人决定。委托代理人在委托人授权范围内代为诉讼，行使委托人的诉讼权利并承担诉讼义务。

第四节　民事诉讼证据

一、民事诉讼证据的概念和种类

证据是指客观上确实存在的与案件有关的并且能够证明案件的真实情况的事实。证据必须经过查证属实，才能作为认定案件事实的根据。

民事诉讼的证据包括以下八种：

（1）当事人陈述。是指当事人就案件的事实向人民法院所作的陈述。

（2）书证。是指用文字、符号、图形记载或表示的能够证明案件事实的书面材料。

（3）物证。是指用物品的外形、结构、特征、质量等来证明案件真实情况的证据。

（4）视听资料。是指以图像和声音形式证明案件真实情况的证据。

（5）电子数据。是以数字化的信息编码的形式出现的，能准确地储存并反映有关案件情况的证据。

（6）证人证言。是指证人就自己知道的案件事实向人民法院所作的口头或书面的陈述。凡是知道案件情况的单位和个人，都有义务作证。

（7）鉴定意见。是指鉴定人运用专门知识或技能或方法对案件中需要解决的专门性问题进行分析后所发表的意见。

（8）勘验笔录。是指在人民法院主持下对与案件有关的物品或者场所进行勘验检查后作出的书面记录。

二、民事诉讼证明

（一）待证事实

民事诉讼中的证明，是法院和当事人运用证据确定案件事实的活动。但是，在具体的诉讼中，并非所有的案件事实都需要借助证据来认定。待证事实，是指需要证明主体依法借助证据查明的案件事实，也称证明对象。

一般而言，民事诉讼中的待证事实通常包括以下几方面：①民事实体法事实。民事实体法事实是引起民事法律关系发生、变更或消灭的事实；②程序法事实。程序法事实是指能够引起民事诉讼法律关系发生、变更或消灭的事实；③外国法律和地方性法规、习惯。由于法官一般只熟悉本国的法律，对于外国法律以及存在适用于某一地方的地方性法规、习惯，审理案件的法官并不一定知悉。所以，在当事人主张适用外国法、地方性法规或习惯时，它们也就成为证明的对象；④证据事实。当证据事实是否真实本身存在疑问时，证据事实也就成为证明对象，也需要通过其他证据来证明。

根据最高人民法院有关司法解释，下列事实无需证明：①一方当事人对另一方当事人陈述的案件事实和提出的诉讼请求，明确表示承认；②众所周知的事实和自然规律及定理；③根据法律规定或已知事实，能推定出另一事实；④已为人民法院发生法律效力的裁判所确定的事实；⑤已为有效公证书所证明的事实。

(二) 举证责任

民事诉讼中的举证责任，也称证明责任，是指当作为裁判基础的法律要件事实在诉讼中处于真伪不明状态时，当事人一方因法院不能认定这一事实而承受的不利裁判的危险。

在民事诉讼中，当事人对自己提出的主张，有责任及时提供证据。也即适用"谁主张，谁举证"和"及时提供证据"的原则。根据民事诉讼法的规定，除非当事人及其诉讼代理人因客观原因不能自行收集的证据、或者人民法院认为审理案件需要的证据，才由人民法院调查收集并提供之外；原告对其请求所根据的事实，有责任提供证据；被告对其答辩所根据的事实，也有责任提供证据；有独立请求权的第三人的举证责任，与原告相同；无独立请求权的第三人对维护自己合法权益所根据的事实，也应承担举证责任。为了保证诉讼的有效顺利进行，人民法院根据当事人的主张和案件审理情况，确定当事人应当提供的证据及其期限。当事人在该期限内提供证据确有困难的，可以向人民法院申请延长期限，人民法院根据当事人的申请适当延长。当事人逾期提供证据的，人民法院应当责令其说明理由；拒不说明理由或者理由不成立的，人民法院根据不同情形可以不予采纳该证据，或者采纳该证据但予以训诫、罚款。

但是，对于下列侵权诉讼案件，原告提出侵权事实，被告否认的，依法由被告负举证责任：①因产品制造方法发明专利引起的专利侵权诉讼；②高度危险作业致人损害的侵权诉讼；③因环境污染引起的损坏赔偿的诉讼；④建筑物或者其他设施以及建筑物上的搁置物、悬挂物发生倒塌、脱落、坠落致人损坏的诉讼；⑤饲养动物致人损伤的诉讼；⑥因缺陷产品致人损伤的诉讼；⑦因共同危险行为致人损伤的诉讼；⑧因医疗行为引起的侵权诉讼；⑨有关法律规定由被告承担举证责任的。

(三) 证明过程

诉讼证明活动是一个动态的过程，它包括举证、质证、认证和对案件事实的认定四个阶段。

举证是当事人向人民法院提供用于证明案件事实的证据的活动。当事人应当在人民法院指定的或认可的举证期限内向人民法院提交证据材料，承担举证责任的当事人不提交证据的，将承担不利于自己的后果。

质证是指诉讼当事人、诉讼代理人在法庭的主持下，对所提供的证据进行宣读、展示、辨认、质疑、说明、辩驳等活动。当事人向法庭提交的证据以及人民法院依职权调查收集的证据都应当在法庭上出示，由当事人质证。

认证是指法庭对经过质证的各种证据材料作出判断和决定，确认其能否作为认定案件事实根据的活动。法庭对于证据的认定主要是从证据的客观性、关联性和合法性三方面加以审查、判断、认定。

对案件事实的认定是指审判人员在法庭评议阶段，综合本案全部证据的证明力，对当事人争议的事实存在与否作出判断的活动。

三、证据保全

证据保全是指在证据可能灭失或以后难以取得的情况下，人民法院根据诉讼当事人或者其他利害关系人的请求或者主动依职权采取措施，对证据加以固定和保护的制度。根据我国民事诉讼法的规定，证据保全制度的适用条件是：证据可能灭失，如证人年高体弱可能死亡，作为证据的物品将腐烂变质等；或是证据在将来难以取得，如证人有可能出国留学或定居。有权对证据进行保全的法院为证据所在地、被申请人住所地或者对案件有管辖权的人民法院。

第五节　财产保全和先予执行

一、财产保全

（一）财产保全的概念和种类

财产保全是指为及时、有效地保护利害关系人或当事人的合法权益，为保证将来生效裁判的顺利执行或者避免造成当事人其他损害的，由人民法院作出的限制有关财产处分或转移的强制性措施。我国民事诉讼法中规定的财产保全有诉讼财产保全和诉前财产保全两种。

诉讼财产保全是指人民法院在诉讼开始后，对于可能因当事人一方的行为或者其他原因，使将来作出的判决不能执行或者难以执行的案件，可以根据对方当事人的申请，也可主动依职权作出财产保全的裁定。在采取此种保全措施时，可以责令申请人提供担保，申请人不提供担保的，驳回申请。

诉前财产保全是指利害关系人因情况紧急，不立即申请财产保全将会使其合法权益受到难以弥补的损害的，在起诉前向人民法院申请采取财产保全措施。在受理诉前财产保全时，人民法院必须责令申请人提供担保，不提供担保的驳回申请。此外，申请人还必须于人民法院采取诉前保全措施后的三十日内依法提起诉讼或者申请仲裁，逾期不起诉的，人民法院应当解除保全。

（二）财产保全的范围和措施

财产保全限于请求的范围，或者与本案有关的财物。保全财产的价值相当于权利请求或诉讼请求的价值或金额，不能大于权利请求或诉讼请求的价值或金额。

人民法院对需要保全的财物应当视案件的不同情况采取查封、扣押、冻结或者法律规定的其他方法。财产已被查封、冻结的，其他单位和其他人民法院不得重复查封、冻结。人民法院对抵押物、留置物可以采取财产保全措施，但抵押权人或留置权人有优先受偿权。被保全人的财产不能满足保全要求，但对第三人有到期债权的，人民法院可依申请人的申请裁定该第三人不得对被申请清偿，第三人要求清偿的，可以向人民法院提存财物或价款。

在人民法院采取保全措施后，如果被申请人提供担保，人民法院应当解除财产保全。申请财产保全有错误的，申请人应当赔偿被申请人因财产保全遭受的财产损失。当事人对财产保全的裁定不服的，可以申请复议一次，复议期间不停止裁定的执行。

> 案例 9—2　刘某与高某于 2008 年 5 月订立一份价值 153 万元的船舶买卖合同。合同履行过程中，高某仅付 95 万元即设法将船舶挂靠于他人名下运行。2009 年，该船遇风浪沉没。此前该船曾于 2008 年 12 月向保险公司投保，保险金额 168 万元。船舶沉没后，高某向保险公司索赔，保险公司开始进行理赔。刘某闻悉后，向法院提出申请，请求保全高某 80 万元的财产，包括保险公司将付的保险赔款，刘某并向法院提供担保。本案中刘某可以向法院申请财产保全，但必须提供担保，因为刘某申请的是诉前财产保全。

二、先予执行

先予执行是指人民法院在审理民事案件的过程中，因当事人一方生产或生活上的迫切需要，在作出判决前，裁定一方当事人给付另一方当事人一定的财物，或者立即实施或停止某种行为，并立即执行的措施。人民法院裁定先予执行，应当符合三个条件：①当事人之间权利义务关系明确；②不先予执行将严重影响申请人的生活或者生产经营；③被申请人有履行能力。

根据我国民事诉讼法的规定，人民法院对下列案件可根据当事人的申请裁定先予执行：①追索赡养费、扶养费、抚育费、抚恤金、医疗费用的案件；②追索劳动报酬的案件；③因情况紧急需要先予执行的案件。

人民法院根据案件的具体情况，可以责令申请人提供担保，申请人不提供担保的，驳回申请。申请人败诉的，应当赔偿被申请人因先予执行遭受的财产损失。当事人对先予执行的裁定不服的，可以申请复议一次。复议期间不停止裁定的执行。

第六节　对妨碍民事诉讼的强制措施

一、对妨碍民事诉讼的强制措施的概念和种类

对妨碍民事诉讼的强制措施，是指在民事诉讼中，人民法院为了排除诉讼过程中的妨

害，确保民事审判和执行活动的顺利进行，依法对有妨害民事诉讼行为的人所采取的强制手段。妨害民事诉讼的行为是指诉讼参与人或其他人在诉讼进行期间故意实施妨害正常秩序的行为。妨害民事诉讼的行为应具备以下构成要件：①必须是实际实施了妨害诉讼的行为；②必须是在诉讼期间实施的行为，诉讼期间包括从起诉到执行终结；③必须是在主观上具有故意的行为。

对妨碍民事诉讼的强制措施适用于民事诉讼的整个过程，它既包括民事案件的审判阶段，也包括民事案件的执行阶段。其对象既包括参与本案诉讼活动的当事人、其他诉讼参与人，也包括案外人。

根据我国民事诉讼法的规定，对妨害民事诉讼的强制措施包括以下五种：

（1）拘传。拘传是指人民法院对经过两次传票传唤，无正当理由拒不到庭又必须到庭的被告或其法定代理人，强制其到庭参加诉讼的措施。

（2）训诫。训诫是指人民法院对有妨害民事诉讼行为情节较轻的人，以口头形式予以批评、教育，并责令其改正不得再犯的措施。

（3）责令退出法庭。责令退出法庭是指人民法院在庭审中，对违反法庭规则、扰乱法庭秩序的行为人，强制命令其退出法庭的措施。

（4）罚款。罚款是指人民法院对妨害民事诉讼行为的公民、法人或其他组织强制其交纳一定数额的金钱的措施。根据民事诉讼法第115条的规定，对个人的罚款金额，为人民币十万元以下；对单位的罚款金额，为人民币五万元以上一百万元以下。

（5）拘留。民事诉讼中的拘留是指人民法院对实施了情节严重的妨害民事诉讼行为人予以强行关押，在一定的期限内限制其人身自由的一种强制措施。这是最严厉的强制措施。拘留的最长期间不得超过15日；被拘留的人，由人民法院交公安机关看管。在拘留期间，被拘留人承认并改正错误的，人民法院可以决定提前解除拘留。

二、对妨害民事诉讼强制措施的适用

人民法院对必须到庭的被告，经两次传票传唤，无正当理由拒不到庭的，可以拘传。

人民法院对违反法庭规则的人，可以予以训诫，责令退出法庭或者予以罚款、拘留。

人民法院对哄闹、冲击法庭、侮辱、诽谤、威胁、殴打审判人员，严重扰乱法庭秩序的人，依法追究刑事责任；情节较轻的，予以罚款、拘留。

诉讼参与人或者其他人有下列行为之一的，人民法院可以根据情节轻重予以罚款、拘留；构成犯罪的，依法追究刑事责任：①伪造、毁灭重要证据，妨碍人民法院审理案件的；②以暴力、威胁、贿买方法阻止证人作证或者指使、贿买、胁迫他人作伪证的；③隐藏、转移、变卖、毁损已被查封、扣押的财产，或者已被清点并责令其保管的财产，转移已被冻结的财产的；④对司法工作人员、诉讼参加人、证人、翻译人员、鉴定人、勘验人、协助执行的人，进行侮辱、诽谤、诬陷、殴打或者打击报复的；⑤以暴力、威胁或者其他方法阻碍司法工作人员执行职务的；⑥拒不履行人民法院已经发生法律效力的判决、裁定的。人民法院对有以上行为之一的单位，可以对其主要负责人或者直接责任人员予以罚款、拘留；构成犯罪的，依法追究刑事责任。

当事人之间恶意串通，企图通过诉讼、调解等方式侵害他人合法权益的，人民法院应当驳回其请求,并根据情节轻重予以罚款、拘留;构成犯罪的,依法追究刑事责任。被执行人与他人恶意串通,通过诉讼、仲裁、调解等方式逃避履行法律文书确定的义务的,人民法院应当根据情节轻重予以罚款、拘留;构成犯罪的,依法追究刑事责任。

有义务协助调查、执行的单位有下列行为之一的,人民法院除责令其履行协助义务外,并可以予以罚款:①有关单位拒绝或者妨碍人民法院调查取证的;②有关单位接到人民法院协助执行通知书后,拒不协助查询、扣押、冻结、划拨、变价财产的;③有关单位接到人民法院协助执行通知书后,拒不协助扣留被执行人的收入、办理有关财产权证照转移手续、转交有关票证、证照或者其他财产的;④其他拒绝协助执行的。人民法院对有以上行为之一的单位,可以对其主要负责人或者直接责任人员予以罚款;对仍不履行协助义务的,可以予以拘留;并向监察机关或者有关机关提出予以纪律处分的司法建议。

适用上述强制措施必须符合法律规定的条件,强制措施的采用要与行为对民事诉讼的妨害程度相适应,并应遵守法律规定的程序。拘传、罚款、拘留必须经院长批准。拘传应当发拘传票。罚款、拘留应当用决定书。对决定不服的,可以向上一级人民法院申请复议一次。复议期间不停止执行。

> 案例9—3 公民赵长富以其妻任某生性懒惰,作风不检为由,诉至法院要求解除婚姻关系。经过调解,双方达成离婚协议。协议内容记入笔录,由双方当事人、审判人员、书记员签名后存卷。次日,任某的母亲及哥哥以法院处理不公为由对承办案件的审判人员无理纠缠。审判人员为了息讼,拿出卷宗,准备向其出示协议笔录。任某的母亲抢过卷宗,欲行撕毁。任某的哥哥趁势把审判人员推倒在地,并破口大骂。任某的母亲毁灭重要证据,任某的哥哥殴打审判人员,构成妨碍民事诉讼的行为,人民法院可以对他们适用妨碍民事诉讼强制措施。

第七节 民事诉讼程序

民事诉讼程序包括审判程序和执行程序。审判程序是人民法院对当事人之间的民商事、经济纠纷案件,通过审理认定争议事实并适用法律进行处理,从而作出裁判的诉讼程序。民事审判程序按审级可分为一审程序、二审程序和审判监督程序,一审程序又有普通程序和简易程序之分,此外,民事审判程序还有特别程序和其他审判程序。

一、第一审普通程序

第一审普通程序是人民法院审理第一审民事案件通常所适用的程序,具有体系完整、内容详细、适用范围广泛的特点,是民事诉讼中的基础程序,民事诉讼法的基本原则和制度在普通程序中得以最充分的体现。第一审普通程序可分为起诉和受理、审理前的准备、开庭审理等阶段。

(一)起诉和受理

起诉是指公民、法人和其他组织认为自己的民事权益受到侵害或与他人发生争议,以自己的名义请求人民法院通过审判予以法律保护的诉讼行为。起诉必须符合以下四个条件：①原告是与本案有直接利害关系的公民、法人和其他组织；②有明确的被告；③有具体的诉讼请求和事实、理由；④属于人民法院受理民事诉讼的范围和受诉人民法院管辖。

原告起诉的方式有两种：书面形式和口头形式。一般情况下，起诉应当向人民法院递交起诉状，并按照被告人数提交副本。书写起诉状确有困难的，才可以口头起诉，由人民法院记入笔录，并告知对方当事人。起诉状应当写明当事人的基本情况；诉讼请求和所根据的事实与理由；证据和证据来源、证人姓名和住所。当事人起诉到人民法院的民事纠纷，适宜调解的，先行调解，但当事人拒绝调解的除外。

人民法院对于下列起诉，应当分别情形，予以处理：依照行政诉讼法的规定，属于行政诉讼受案范围的，告知原告提起行政诉讼；依照法律规定，双方当事人达成书面仲裁协议申请仲裁、不得向人民法院起诉的，告知原告向仲裁机构申请仲裁；依照法律规定，应当由其他机关处理的争议，告知原告向有关机关申请解决；对不属于本院管辖的案件，告知原告向有管辖权的人民法院起诉；对判决、裁定已经发生法律效力的案件，当事人又起诉的，告知原告申请再审，但人民法院准许撤诉的裁定除外；依照法律规定，在一定期限内不得起诉的案件（如女方在怀孕期间和分娩后一年内，男方不得提起离婚诉讼），在不得起诉的期限内起诉的，不予受理；判决不准离婚和调解和好的离婚案件，判决、调解维持收养关系的案件，没有新情况、新理由，原告在六个月内又起诉的，不予受理。

受理是指人民法院对当事人的起诉经审查后，认为符合法定条件的，决定立案审理，从而引起诉讼程序开始的诉讼行为。起诉是当事人的诉讼行为，受理是人民法院的诉讼行为，任何一个具体民事诉讼程序的开始，都是这两个诉讼行为的结合。

人民法院应当保障当事人依照法律规定享有的起诉权利，对收到的起诉状或者口头起诉，经审查，认为符合起诉条件的，应当在七日内立案，并通知当事人；认为不符合起诉条件的，应当在七日内裁定不予受理。原告对裁定不服的，可以提起上诉。

（二）审理前的准备

为了保证开庭审理的顺利进行，审理前的准备工作主要有以下各项。

人民法院应当在立案之日起5日内将起诉状副本发送被告。被告在收到起诉状副本之日起15日内提出答辩状。被告提出答辩状的，人民法院应当在收到之日起5日内将答辩状副本发送原告；经合法送达而被告不提出答辩状的，不影响人民法院审理。被告在答辩的同时，有权提出反诉。

人民法院对决定受理的案件，应当在受理案件通知书和应诉通知书中向当事人告知有关的诉讼权利和诉讼义务，或者口头告知。

合议庭的组成人员确定后，人民法院应当在3日内告知当事人，当事人认为合议庭组成人员中有依法回避的，可以行使申请回避的权利。

在开庭审判前，审判人员必须认真审核诉讼材料，调查收集必要的证据。人民法院在必要时可以委托外地人民法院调查。

人民法院发现必须共同进行诉讼的当事人没有参加诉讼的，应当通知其参加诉讼。追加的当事人是共同诉讼的原告时，如其明确表示放弃实体权利的，可不追加；如果既不参加诉讼，又不放弃实体权利的，仍追加为原告。追加的当事人是共同诉讼的被告时，则一经人民法院通知，必须参加诉讼。

人民法院对受理的案件，分别情形，予以处理：①当事人没有争议，符合督促程序规定条件的，可以转入督促程序；②开庭前可以调解的，采取调解方式及时解决纠纷；③根据案件情况，确定适用简易程序或者普通程序；④需要开庭审理的，通过要求当事人交换证据等方式，明确争议焦点。

（三）开庭审理

开庭审理是指人民法院在当事人和其他诉讼参与人的参加下，依照法定程序对案件事实进行全面审查和认定，并依此做出裁判的诉讼过程。这是第一审普通程序的中心环节，是当事人行使诉权进行诉讼活动和人民法院行使审判权进行审判活动的最集中体现。

开庭审理可以分为公开开庭审理和不公开开庭审理。不公开开庭审理主要是对涉及国家秘密的案件、个人隐私案件、当事人申请不公开审理的商业秘密案件和离婚案件，可以不公开审理。人民法院对公开审理或者不公开审理的案件，一律公开宣告判决。

开庭审理分为庭审准备、宣布开庭、法庭调查、法庭辩论、评议宣判等阶段。

人民法院的庭审准备工作主要有两项：一是依法告知当事人和其他诉讼参与人出庭。人民法院在开庭三日前发出通知，对当事人应当用传票传唤；对诉讼代理人、证人、鉴定人、勘验人、翻译人员，应当用通知书通知其到庭。当事人及其他诉讼参与人在外地的，应当留有必要的在途时间。二是发布开庭审理公告，对公开审理的案件，人民法院应当在开庭审理三日前公告当事人姓名、案由、开庭时间和地点。

宣布开庭是案件进入庭审调查前的必经阶段。此阶段主要由书记员和审判长进行，其规则如下：先由书记员查明当事人和其他诉讼参与人是否到庭，宣布法庭纪律。再由审判长审核当事人，宣布案由和审判人员及书记员名单，告知当事人有关诉讼权利和义务，询问当事人是否申请回避。

法庭调查是对案件进行实体审理的主要阶段，是开庭审理的中心环节。这一阶段的主要任务是审查核实证据，查明案件事实。法庭调查按照下列程序进行：当事人陈述；告知证人其应享有权利和承担的义务，证人作证，宣读未到庭的证人证言；出示书证、物证、视听资料和电子数据；宣读鉴定意见；宣读勘验笔录。当事人对庭审中出示的证据当庭对质进行审查核实，当事人经法庭许可，可以向证人、鉴定人、勘验人发问。在法庭调查阶段，当事人可以在法庭上提出新的证据，也可以要求法院重新调查证据。当事人要求重新进行调查、鉴定或者勘验的，是否准许，由人民法院决定。审判人员在调查过程中认为案情已经查清，即可终结调查，转入法庭辩论。

法庭辩论是当事人及其诉讼代理人就案件事实和适用法律向法庭阐明观点的活动。法庭辩论是在法庭调查的基础上进行的。在法庭辩论中当事人提出与案件有关的新的事实和证据，应当停止法庭辩论，恢复法庭调查。法庭辩论按照下列顺序进行：原告及其代理人发言；被告及其诉讼代理人答辩；第三人及其诉讼代理人发言或答辩；互相辩论。法庭辩论终结，由审判长按照原告、被告、第三人的先后顺序征询各方最后意见。

评议宣判是开庭审理的最后阶段。这一阶段的主要任务是合议庭根据法庭调查和法庭辩论查明的案件事实和证据，正确适用法律，对案件作出结论，制作和宣告判决。法庭辩论终结后，审判长应宣布休庭，合议庭成员进行评议，评议应坚持民主集中制，实行少数服从多数的原则。合议庭评议后，依法作出判决。人民法院宣告判决，可以当庭宣判，也可定期宣判。宣告判决时，必须告知当事人上诉权利、上诉期限和上诉法院；宣告离婚判决，必须告知当事人在判决发生法律效力前不得另行结婚。

人民法院适用第一审普通程序审理的案件，应当在立案之日起 6 个月内审结。有特殊情况需要延长的，由本院院长批准，可以延长 6 个月；还需要延长的报请上级人民法院批准。

（四）审理中的几种特殊情况

1. 撤诉

撤诉是指在诉讼过程中，当事人将已经成立之诉撤销。撤诉是当事人拥有的一项重要诉讼权利，当事人行使撤诉权利应依法进行，不得损害国家、集体和他人的合法权益。撤诉可以分为申请撤诉和按撤诉处理两种。申请撤诉是指原告在一审判决宣告前，将已经提出之诉撤销。申请撤诉必须是原告向受诉人民法院提出，并且是在诉讼程序开始之后到法院宣判之前提出。申请撤诉是否准许由人民法院裁定。有独立请求权的第三人参加诉讼后，原告申请撤诉，法院准许其撤诉后，有独立请求权的第三人作为另案原告，原审原告、被告为另案被告，诉讼另行进行。原告、无诉讼行为能力的原告的法定代理人、有独立请求权的第三人经传票传唤，无正当理由拒不到庭，或者未经法庭许可中途退庭的，人民法院可按撤诉处理。

2. 缺席判决

缺席判决是指开庭审理案件时，只有一方当事人到庭，人民法院在当事人一方无故不出庭的情况下作出的判决。当事人一方不出庭，法院可以对另一方当事人进行调查、审核证据，并对不出庭当事人提供诉讼材料进行审查后，依法作出判决。根据我国民事诉讼法的规定，人民法院可以作出缺席判决的情形有：①原告经传票传唤，无正当理由拒不到庭，或者未经法庭许可中途退庭，被告反诉的；②被告经传票传唤，无正当理由拒不到庭，或者未经法庭许可中途退庭的；③原告申请撤诉，人民法院裁定不予准许，原告经传票传唤，无正当理由拒不到庭的。

3. 延期审理

延期审理是指人民法院开庭审理后，因发生特定情形而使开庭推迟审理。有下列情形之一的，人民法院可以延期审理：①必须到庭的当事人和其他诉讼参与人有正当理由没有到庭的；②当事人临时提出回避申请；③需要通知新的证人到庭，调取新的证据，重新鉴定、勘验、或者需要补充调查；④其他应当延期审理的情形。延期审理并没有改变已进行的诉讼行为，其行为对延期后的重新审理仍然有效。

4. 诉讼中止

在诉讼进行中，由于存在或者发生某种特殊情形，而暂时中断诉讼程序的，叫诉讼中止有下列情形之一的，应当中止诉讼：一方当事人死亡，需要等待继承人表明是否参加诉讼；一方当事人丧失诉讼行为能力，尚未确定法定代理人；作为一方当事人的法人或者其他组织终止，尚未确定权利义务承受人；一方当事人因不可抗拒的事由，不能参加诉讼；本案必须以另一案的审理结果为依据，而另一案尚未审结；其他应当中止诉讼的情形。中止诉讼的原因清除后，即应恢复诉讼。

5. 诉讼终结

在诉讼进行中，由于存在或者发生某种情形，使得诉讼程序不可能进行，或者继续进行已无实际意义，而终结诉讼程序的，叫诉讼终结。有下列情形之一的，终结诉讼：原告死亡，没有继承人，或者继承人放弃诉讼权利；被告死亡，没有遗产，也没有应当承担义务的人；离婚案件一方当事人死亡；追索赡养费、扶养费、抚育费以及解除收养关系案件的一方当事人死亡。

> 案例 9—4　张某借刘某 10000 元钱，并向刘某出具了借条，但在约定的还款日期过后，张某仍然未还钱，刘某向法院起诉。在审理中，当事人双方对借款事实没有异议，对是否还款事实有异议，但张某没有提出证据，诉讼中途，张某借口上厕所，一去未回，至今下落不明。法院有人认为应中止诉讼，有人认为应缺席判决，还有人认为应延期审理。根据我国民事诉讼法的规定，本案不符合中止诉讼和延期审理的情形，应当缺席判决。因为，本案事实清楚，被告张某属于未经法庭许可中途退庭的情形，法院可以缺席判决。

二、简易程序

简易程序，是指基层人民法院和它派出的法庭审理简单的第一审民事案件所适用的程序。简易程序是与第一审普通程序并存的一种独立的诉讼程序，有其自身的特点和特定的适用范围；同时简易程序与第一审普通程序又有一定的联系，简易程序没有规定的内容，可以适用第一审普通程序的有关规定。

（一）简易程序的适用范围

只有基层人民法院和它派出的法庭可以适用简易程序审理第一审案件。所谓派出的法庭，包括固定的人民法庭和人民法院依法巡回审理就地办案时临时组织的审判组织。

适用简易程序的案件只能是事实清楚、权利义务关系明确、争议不大的简单的民事案件。所谓事实清楚，是指当事人双方对争议的事实陈述基本一致，并能提供可靠的证据，无须人民法院调查收集证据即可判明事实、分清是非；所谓权利义务关系明确，是指谁是责任的承担者，谁是权利的享有者，关系明确；所谓争议不大，是指当事人对案件的是非、责任以及诉讼标的的争执无原则分歧。对于不符合上述条件的案件，如果当事人双方约定适用简易程序，基层人民法院和它派出的法庭也可以适用简易程序审理。人民法院在审理过程中，如果发现案件不宜适用简易程序的，应当裁定转为普通程序审理。

（二）简易程序的特点

（1）起诉方式简便。原告可以口头起诉，没有任何附加条件，基层人民法院或其派出法庭可将起诉内容口头告知被告，被告也可以口头答辩。

（2）受理案件的程序简便。双方当事人可同时向基层人民法院或者其派出法庭请求解决纠纷。基层人民法院或者其派出法庭可以当即审理，也可以另定日期审理。

（3）传唤方式简便。基层人民法院或者其派出法庭适用简易程序审理民事案件，可以用简便方式随时传唤当事人、证人。不受普通程序关于开庭前 3 日通知当事人和其他诉讼参与人规定的限制。

（4）实行独任制。简单的民事案件由审判员一人独任审理，书记员担任记录，但审判员不得自审自记。

（5）审理程序简便。适用简易程序审理案件，也应开庭审理。但是，审判人员可视具体情况，简化案件审理的方式和步骤，不受普通程序中关于法庭调查、法庭辩论等规定的限制。

（6）审理期限较短。法院适用简易程序审理案件，应当在立案之日起 3 个月内审结，不得延长。

（三）小额诉讼简易程序的特殊规定

根据民事诉讼法第 162 条的规定，基层人民法院和它派出的法庭审理标的额为各省、自治区、直辖市上年度就业人员年平均工资百分之三十以下的事实清楚、权利义务关系明确、争议不大的简单的民事案件，不仅适用简易程序审理，而且实行一审终审。

三、第二审程序

第二审程序又称上诉审程序，是指当事人不服第一审人民法院未生效的裁判，在法定期限内向上一级人民法院提起上诉，上一级人民法院对案件进行审理所适用的程序。第二审程序是民事诉讼程序的重要组成部分，但并非民事诉讼的必经程序。

（一）上诉的条件

民事诉讼当事人行使上诉权，向上一级人民法院提起上诉，必须符合一定的条件，否则上诉不能成立，第二审程序也不能开始。上诉的条件是：①上诉必须由享有上诉权或者依法可以行使上诉权的人提起，必须是第一审程序中的原告、被告、共同诉讼人、诉讼代表人、有独立请求权的第三人和判决其承担民事责任的无独立请求权的第三人，才有权依法提起上诉。双方当事人和第三人都提出上诉的，均为上诉人。②提起上诉的客体必须是依法允许上诉的判决或者裁定，包括地方各级人民法院适用普通程序、简易程序作出的判决，以及人民法院所作的不予受理、对管辖权有异议、驳回起诉的裁定。除此之外的判决、裁定，均不得上诉。③必须在法定期间内提起上诉。当事人不服人民法院第一审判决的，上诉期限为 15 日；不服人民法院第一审裁定的，上诉期限为 10 日。④上诉必须递交上诉状，当事人口头表示上诉而未在法定上诉期间内递交上诉状的，视为未提出上诉。

（二）上诉的提起和受理

上诉状应当通过原审人民法院提出，并按照对方当事人或者代表人的人数提交副本；当事人直接向第二审人民法院上诉的，第二审人民法院应当在 5 日内将上诉状移交原审人民法院。

原审人民法院收到上诉状后，对于符合法定上诉条件的，在 5 日内将上诉状副本送达对方当事人，告知其在收到之日起 15 日内向本院提交答辩状，并在收到答辩状之日起 5 日内将副本送达上诉人。

原审人民法院收到上诉状、答辩状，应当在 5 日内连同全部案卷和证据，报送第二审人民法院。被上诉人逾期不提出答辩状的，不影响第二审人民法院的审理。

对不符合上诉条件的上诉，由原审人民法院裁定驳回。

（三）上诉案件的审理和裁判

第二审人民法院审理上诉案件一律采取合议制，开庭审理。第二审人民法院经过阅卷、调查和询问当事人，对没有提出新的事实、证据或者理由，合议庭认为不需要开庭审理的，可以不开庭审理。审理时应当对上诉请求的有关事实和适用法律进行审查。审理中可以进行调解，达成协议的应当制作调解书，调解书送达后，原审人民法院的判决即视为撤销。合议庭认为不需要开庭审理的也可以径行判决、裁定。

第二审人民法院对上诉案件经过审理，按照下列情形分别处理：①原判决、裁定认定事实清楚，适用法律正确的，以判决、裁定方式驳回上诉，维持原判决、裁定；②原判决、裁定认定事实错误或者适用法律错误的，以判决、裁定方式依法改判、撤销或者变更；③原判决认定基本事实不清的，裁定撤销原判决，发回原审人民法院重审，或者查清事实后改判；④原判决遗漏当事人或者违法缺席判决等严重违反法定程序的，裁定撤销原判决，发回原审人民法院重审。当事人对发回重审案件的判决、裁定，可以上诉，但第二审人民法院不得再次发回重审。第二审人民法院判决宣告前，上诉人申请撤回上诉的，是否准许，由第二审人民法院裁定。第二审人民法院的判决、裁定，是终审的判决、裁定。

人民法院审理对判决的上诉案件，应当在第二审立案之日起 3 个月内审结。有特殊情况需要延长的，由本院院长批准。人民法院审理对裁定的上诉案件，应当在第二审立案之日起 30 日内作出终审裁定。

四、审判监督程序

审判监督程序又称再审程序，是指人民法院对已经生效的裁判，发现确有错误，依照法定程序提出并进行再审的程序。再审程序的提起可以分为两种：一是基于有审判监督权的法定机构和人员提起。有审判监督权的法定机构是指人民法院有权行使监督权和人民检察院有权行使抗诉权而提起再审程序；二是指当事人行使申请再审权而申请再审。

各级人民法院院长对本院已经发生法律效力的判决、裁定、调解书，发现确有错误，认为需要再审的，应当提交审判委员会讨论决定。上级人民法院对下级人民法院已经发生法律效力的判决、裁定、调解书，最高人民法院对地方各级人民法院已经发生法律效力的判决、裁定、调解书，发现确有错误，有权提审或者指令下级人民法院再审。

最高人民检察院对各级人民法院已经发生法律效力的判决、裁定，上级人民检察院对下级人民法院已经发生法律效力的判决、裁定，发现确有违法错误的，或者发现调解书损害国家利益、社会公共利益的，应当提出抗诉。地方各级人民检察院对同级人民法院已经发生法律效力的判决、裁定，发现确有违法错误的，或者发现调解书损害国家利益、社会公共利益的，可以向同级人民法院提出检察建议，并报上级人民检察院备案；也可以提请上级人民检察院向同级人民法院提出抗诉。人民检察院按照审判监督程序提出抗诉的案件，应当制作抗诉书。对于人民检察院提出的抗诉案件，人民法院应当再审，再审时应当通知人民检察院派员出席法庭。各级人民检察院对审判监督程序以外的其他审判程序中审判人员的违法行为，有权向同级人民法院提出检察建议。

当事人对已经发生法律效力的判决、裁定，除解除婚姻关系的判决外，认为有错误的，可以向上一级人民法院申请再审；当事人一方人数众多或者当事人双方为公民的案件，也可以向原审人民法院申请再审。当事人申请再审的，不停止判决、裁定的执行。当事人申请再审，应当在判决、裁定发生法律效力后 6 个月内提出。但对于有下列四种情形之一申请再审的，当事人自知道或者应当知道之日起六个月内提出：①有新的证据，足以推翻原判决、裁定的；②原判决、裁定认定事实的主要证据是伪造的；③据以作出原判决、裁定的法律文书被撤销或者变更的；④审判人员审理该案件时有贪污受贿，徇私舞弊，枉法裁判行为的。当事人对已经发生法律效力的调解书，除解除婚姻关系的调解书外，提出证据证明调解违反自愿原则或者调解协议的内容违反法律的，也可以申请再审，人民法院经审查属实的，应当再审。

当事人的申请符合下列情形之一的，人民法院应当再审：① 有新的证据，足以推翻原判决、裁定的；② 原判决、裁定认定的基本事实缺乏证据证明的；③ 原判决、裁定认定事实的主要证据是伪造的；④ 原判决、裁定认定事实的主要证据未经质证的；⑤ 对审理案件需要的证据，当事人因客观原因不能自行收集，书面申请人民法院调查收集，人民法院未调查收集的；⑥ 原判决、裁定适用法律确有错误的；⑦审判组织的组成不合法或者依法应当回避的审判人员没有回避的；⑧无诉讼行为能力人未经法定代理人代为诉讼或者应当参加诉讼的当事人，因不能归责于本人或者其诉讼代理人的事由，未参加诉讼的；⑨违反法律规定，剥夺当事人辩论权利的；⑩未经传票传唤，缺席判决的；⑪原判决、裁定遗漏或者超出诉讼请求的；⑫据以作出原判决、裁定的法律文书被撤销或者变更的；⑬审判人员审理该案件时有贪污受贿，徇私舞弊，枉法裁判行为的。

此外，根据民事诉讼法第 209 条的规定，对于有下列情形之一的，当事人可以向人民检察院申请检察建议或者抗诉：①人民法院驳回再审申请的；②人民法院逾期未对再审申请作出裁定的；③再审判决、裁定有明显错误的。人民检察院对当事人的申请应当在三个月内进行审查，作出提出或者不予提出检察建议或者抗诉的决定。当事人不得再次向人民检察院申请检察建议或者抗诉。

人民法院按照审判监督程序再审的案件，发生法律效力的判决、裁定是由第一审法院作出的，按照第一审程序审理，所作的判决、裁定，当事人可以上诉；发生法律效力的判决、裁定是由第二审法院作出的，按照第二审程序审理，所作的判决、裁定，是发生法律效力的判决、裁定；上级人民法院按照审判监督程序提审的，按照第二审程序审理，所作的判决、裁定是发生法律效力的判决、裁定。

☺ 热点问题 9—2

谁能够提起民事再审程序？

＊ 提起民事再审程序的主体只有法院和检察院两个。①

---

① 章武生：《论民事再审程序的改革》，《法律科学》2002 年第 1 期。

＊＊当事人申请再审是提起民事再审程序的主要方面,同时仍应保留法院和检察院提起民事再审程序。①

＊＊＊废除法院、检察院提起民事再审的权力。②

＊＊＊＊取消法院依职权提起民事再审,完善或限制检察院提起民事再审,建立当事人申请再审之诉。③

五、特别程序

特别程序是指人民法院审理选民资格案件、宣告失踪或者宣告死亡案件、认定公民无民事行为能力或者限制民事行为能力案件、认定财产无主案件、确认调解协议案件和实现担保物权案件所适用的法定程序。

依照特别程序审理的案件,实行一审终审制。对选民资格案件或者重大、疑难案件的审理实行合议制,其他案件由审判员一人独任审理。

人民法院在适用特别程序审理案件的过程中,发现本案属于民事权益争议的,应当裁定终结特别程序,并告知利害关系人可以另行起诉。

人民法院审理选民资格案件,必须在选举日前审结。其他的适用特别程序审理的案件,应当在立案之日起 30 日内或者公告期满后 30 日内审结。有特殊情况需要延长的,由本院院长批准。

六、其他审判程序

(一)督促程序

督促程序是指人民法院根据债权人要求债务人给付一定数量的金钱或有价证券的申请,由人民法院向债务人发出支付令,催促债务人限期履行义务的特殊程序。这是一种迅速简便的督促债务人还债的程序。对于以给付金钱、有价证券为内容的债务,当债务人不履行债务时,人民法院只根据债权人的申请,审查其提出申请的程序是否合法,不传唤询问被申请人,不对债权债务关系进行实质性审查,即向债务人发出附条件的支付令,在法定期间内,如被申请人不提出异议,支付令即发生效力。

债权人请求债务人给付金钱或有价证券,符合下列条件的,可向有管辖权的基层人民法院申请支付令:①债权人与债务人没有其他债务纠纷的;②支付令能够送达债务人的。

人民法院受理申请后,经审查债权人提供的事实、证据,对债权任务关系明确、合法的,应当在受理之日起 15 日内向债务人发出支付令,债务人应自收到支付令之日起 15 日内清偿债务,或者向人民法院提出书面异议。如在规定期间不提出异议又不履行支付令的,债权人可以向法院申请执行。如果债务人提出书面异议,人民法院经审查,异议成立的,应当裁定终结督促程序,支付令自行失效,支付令失效的,转入诉讼程序,但申请支

① 荣晓红:《从民事再审程序两个理论问题谈我国民事再审程序的重构》,《湘潭大学学报》(哲社版)2005 年第 4 期。

② 景汉朝、卢子娟:《论民事审判监督程序之重构》,《法学研究》1999 年第 1 期。

③ 李浩:《民事再审程序改造论》,《法学研究》2000 年第 5 期。

付令的一方当事人不同意提起诉讼的除外。

案例 9—5 林某向人民法院申请支付令，请求债务人张某给付如下物品：①3 万元人民币；②3000 股某上市公司的股票；③价值 50 万的齐白石字画一幅；④分别有"春、夏、秋、冬"自然图案的雨花石四块。人民法院在审查后发出的支付令中要求债务人张某清偿的只有 3 万元人民币和 3000 股某上市公司的股票。本案人民法院发出的支付令是正确的。因为人民法院只能根据债权人要求债务人给付一定数量的金钱或有价证券的申请向债务人发出支付令。

（二）公示催告程序

公示催告程序是指人民法院接受可以背书转让的票据的持有人因票据被盗、遗失或者灭失而提出主张票据权利的申请，通知支付人停止支付，并发出公告催促利害关系人申报权利所适用的法定程序。

公示催告程序的管辖权属于票据支付地的基层人民法院。人民法院决定受理申请，应当同时通知支付人停止支付，并在 3 日内发出公告，催促利害关系人申报权利。公示催告的期间，由人民法院根据情况决定，但不得少于 60 日。支付人收到人民法院停止支付的通知，应当停止支付，至公示催告程序终结。公示催告期间，转让票据权利的行为无效。

利害关系人应当在公示催告期间向人民法院申报。人民法院收到利害关系人的申报后，应当裁定终结公示催告程序，并通知申请人和支付人。申请人或者申报人可以向人民法院起诉。没有人申报的，人民法院应当根据申请人的申请，作出判决，宣告票据无效。判决应当公告，并通知支付人。自判决公告之日起，申请人有权向支付人请求支付。利害关系人因正当理由不能在判决前向人民法院申报的，自知道或者应当知道判决公告之日起一年内，可以向作出判决的人民法院起诉。

七、执行程序

（一）执行和执行程序的概念

执行是指人民法院的执行组织依照法律规定的程序，对发生法律效力的法律文书确定的给付内容，运用国家的强制力依法采取执行措施，强制义务人履行义务的行为。执行必须具备三个条件：①执行以生效法律文书为根据；②执行根据必须具有给付内容；③执行必须以负有义务的一方当事人无故拒不履行义务为前提。

执行程序，则是指我国民事诉讼法中所规定的用以调整人民法院执行活动，及其在活动中与当事人及有关单位和个人之间所发生的关系的法律规范的总和。执行程序，是保证具有法律效力的法律文书得以实施的程序，是我国民事诉讼程序的另一重要组成部分，是审判程序的继续和完成，是保证审判程序的任务顺利实现的有力手段。同时，执行程序也有其相对的独立性，它不是每一个具体民事诉讼程序的必经阶段，只有当事人不自觉履行法律文书所确定的义务时，才适用执行程序。

（二）执行根据

执行根据是指当事人申请执行和人民法院采取执行措施所依据的法律文书。根据《民事诉讼法》的有关规定，作为执行根据的法律文书有两类：一类是发生法律效力的民事判决、裁定，以及刑事判决、裁定中的财产部分；另一类是其他应当由人民法院执行的法律文书，如调解书、仲裁机构的生效裁决、公证机关依法赋予强制执行效力的债权文书等。前一类由第一审人民法院或者与第一审人民法院同级的被执行的财产所在地人民法院执行。后一类由被执行人住所地或者被执行的财产所在地人民法院执行。申请执行的期间为2年。申请执行时效的中止、中断，适用法律有关诉讼时效中止、中断的规定。

（三）执行措施

执行措施，是指人民法院依法强制执行所采取的具体办法。它是人民法院用以做好执行工作，保证生效法律文书得以实现的有力手段。根据民事诉讼法的规定，被执行人未按执行通知履行法律文书确定义务的，人民法院可以采取以下执行措施：①，责令被执行人报告当前以及收到执行通知之日前一年的财产情况。被执行人拒绝报告或者虚假报告的，人民法院可以根据情节轻重对被执行人或者其法定代理人、有关单位的主要负责人或者直接责任人员予以罚款、拘留；②人民法院有权向有关单位查询被执行人的存款、债券、股票、基金份额等财产情况。人民法院有权根据不同情形扣押、冻结、划拨、变价被执行人的财产。人民法院查询、扣押、冻结、划拨、变价的财产不得超出被执行人应当履行义务的范围；③扣留、提取被执行人应当履行义务部分的收入，但应当保留被执行人及其所扶养家属的生活必需费用；④查封、扣押、冻结、拍卖、变卖被执行人应当履行义务部分的财产，但应当保留被执行人及其所扶养家属的生活必需品；⑤对隐匿财产的被执行人及其住所或者财产隐匿地进行搜查；⑥强制被执行人交付法律文书指定交付的财物或者票证；⑦强制迁出房屋或者强制退出土地；⑧强制被执行人履行法律文书指定的行为，或者委托有关单位或者其他人完成，费用由被执行人承担；⑨被执行人未按判决、裁定和其他法律文书指定的期间履行给付金钱义务的，应当加倍支付迟延履行期间的债务利息。被执行人未按判决、裁定和其他法律文书指定的期间履行其他义务的，应当支付迟延履行金；⑩在人民法院采取以上的执行措施后，被执行人仍不能偿还债务的，应当继续履行义务。债权人发现被执行人有其他财产的，可以随时请求人民法院执行；⑪被执行人不履行法律文书确定的义务的，人民法院可以对其采取或者通知有关单位协助采取限制出境，在征信系统记录、通过媒体公布不履行义务信息以及法律规定的其他措施。

（四）执行中止和执行终结

有下列情形之一的，人民法院应当裁定中止执行：①申请人表示可以延期执行的；②案外人对执行标的提出确有理由的异议的；③作为一方当事人的公民死亡，需要等待继承人继承权利或者承担义务的；④作为一方当事人的法人或者其他组织终止，尚未确定权利义务承受人的；⑤人民法院认为应当中止执行的其他情形。中止的情形消失后，恢复执行。

有下列情形之一的，人民法院裁定终结执行：①申请人撤销申请的；②据以执行的法律文书被撤销的；③作为被执行人的公民死亡，无遗产可供执行，又无义务承担人的；④追索赡养费、扶养费、抚育费案件的权利人死亡的；⑤作为被执行人的公民因生活困难无力偿还借款，无收入来源，又丧失劳动能力的；⑥人民法院认为应当终结执行的其他情形。中止和终结执行的裁定，送达当事人后立即生效。

＊　　　　＊　　　　＊

📖 重要概念

法院调解　当事人　民事诉讼证据　财产保全　先予执行　简易程序　执行程序

❓ 思考题

1. 我国民事诉讼一般地域管辖所实行的原则和对此原则的例外性规定。
2. 什么是民事诉讼中的第三人？第三人有哪几种？
3. 民事起诉必须符合哪些条件？
4. 人民法院审理哪些案件适用特别程序？
5. 人民法院应当裁定中止执行和终结执行的情形各有哪些？

⚖️ 案例分析

1. 2005 年，村民陈某与郭某合伙承包村委会的鱼塘，承包期为五年，约定每年上交承包金 3000 元，同时言明承包人应为下游农田提供用水便利，不得妨碍下游村民农田用水。合同签订后，两人购买价值 1 万元的鱼苗放养。2007 年，时逢大旱，下游村民张甲及张乙要求两承包人开渠放水。两承包人见鱼塘水已不多，现在放水则所放养的鱼无法存活，为此提出可否等待二天，如天不下雨再行协商。张甲因急于用水，即于夜间偷偷放水，致使塘中的鱼因缺水部分死亡，损失约 2 万元。纠纷为此交由村委会调处。村委会认为两承包人未按合同约定向下游村民供水，已构成违约，决定解除承包合同，并与村民洪某订立了承包合同，将鱼塘交由洪某承包。陈某及郭某不服，寻求法律帮助，要求提起诉讼。问：作为律师，你认为诉讼应如何提起，各有关主体的诉讼地位如何？诉讼请求应如何提出？简述理由。

2. 2009 年 12 月甲和乙因借款发生纠纷，为此甲向人民法院起诉。人民法院经过审理，于 2010 年 4 月 16 日送达并宣判，限被告乙在判决生效后偿还甲 5000 元。在送达、宣判时，乙表示不上诉，但又在 5 月 2 日通过邮局向法院寄了上诉状。一审法院于 5 月 6 日收取上诉状，认为上诉期已过，何况宣判时乙表示不上诉，因此乙的上诉无效，一审判决发生法律效力。问：人民法院的认识是否正确？为什么？

第十章　行政诉讼法

💡 **教学要求**

通过本章的讲授和学习，你应该能够掌握我国行政诉讼制度的宗旨和原则，理解并掌握行政诉讼受案范围、行政诉讼管辖以及诉讼当事人制度，了解行政诉讼程序和行政诉讼证据规则要求，拥有评价行政诉讼案件的知识，具有一定的分析、处理一个具体行政纠纷能否提起行政诉讼以及怎样进行行政诉讼的能力。

第一节　行政诉讼法概述

一、行政诉讼与行政诉讼法

行政诉讼是指公民、法人和其他社会组织认为具有国家行政职权的机关和组织①的具体行政行为②侵犯其合法权益时，依法向人民法院提起诉讼，由人民法院进行审理并作出裁判的活动。与其他诉讼制度相比较，行政诉讼具有以下特征：第一，行政诉讼是解决一定范围内的行政争议的活动。行政争议是行政主体在行使行政职权的过程中与行政相对人和其他法律利害关系人发生的权利和义务纠纷。行政诉讼就是解决行政争议的诉讼。第二，行政诉讼的核心是审查具体行政行为的合法性。第三，行政诉讼中原告、被告具有恒定性。在行政诉讼中，只有在行政管理中受具体行政行为拘束或法律上权益受具体行政行为影响的公民、法人和其他组织能够成为原告、享有起诉权，作出行政行为的行政主体只能作为被告应诉。

行政诉讼法是指规定人民法院、当事人、其他诉讼参与人及法律监督机关进行行政诉讼活动，以及在诉讼活动中相互关系的法律规范的总称。行政诉讼法的法律渊源主要有1989 年七届人大二次会议通过的《中华人民共和国行政诉讼法》（后面简称《行政诉讼法》），1999 年最高人民法院审判委员会第 1088 次会议通过的《最高人民法院关于执行〈中华人民共和国行政诉讼法〉若干问题的解释》和 2002 年最高人民法院审判委员会第

---

① 由于拥有国家行政职权的机关不仅包括行政机关，而且包括法律、法规授权的组织。本章以下内容中用"行政主体"来表示"具有国家行政职权的机关和组织"。

② 《中华人民共和国行政诉讼法》第 2 条规定："公民、法人或者其他组织认为行政机关和行政机关工作人员的具体行政行为侵犯其合法权益，有权依照本法向人民法院提起诉讼。"《最高人民法院关于执行〈中华人民共和国行政诉讼法〉若干问题的解释》第一条规定："公民、法人或者其他组织对具有国家行政职权的机关和组织及其工作人员的行政行为不服，依法提起诉讼的，属于人民法院行政诉讼的受案范围。"鉴于法律和司法解释规定的差别以及行政行为包括具体行政行为和抽象行政行为，笔者认为，就目前我国司法实践的客观情况看，行政诉讼所涉及的行政行为主要还是具体行政行为，而且，行政立法行为在我国的宪政体制下不能成为司法审查的对象，所以，在本章中仍然用"具体行政行为"而不用"行政行为"来表达。但本章中的"具体行政行为"不局限于学理上的内涵和外延，实际是指一切可诉的行政行为，笔者特此说明。

1224 次会议通过的《最高人民法院关于行政诉讼证据若干问题的规定》。

二、行政诉讼法的宗旨

我国《行政诉讼法》第 1 条规定："为保证人民法院正确、及时审理行政案件，保护公民、法人和其他组织的合法权益，维护和监督行政机关依法行使行政职权，根据宪法制定本法。"可见我国行政诉讼法的宗旨主要有三方面。

1. 保证人民法院正确、及时审理行政案件

行政诉讼法是人民法院审理行政案件的法律规则和操作程序。它从诉讼程序上保证人民法院在行政案件的审理过程中不仅要做到认定事实清楚、正确，适用法律恰当；而且每个审理环节都应符合法定的时间要求，在正确办案的前提下提高办案效率。

2. 保护公民、法人和其他组织的合法权益

保护公民、法人和其他组织的合法权益，是我国行政诉讼制度最根本的目的，因而也是我国行政诉讼法最根本的任务。我国行政诉讼法的许多具体规定，如受案范围、举证责任、原被告的诉讼角色和诉讼地位等内容，都比较充分地体现了行政诉讼法保护公民、法人和其他组织合法权益的任务。

3. 维护和监督行政主体依法行使行政职权

依法行政是现代民主政治的一个重要特征。由于拥有行政职权的行政主体掌握着强大的国家行政管理权力，这种权力应用得当，会保证国家机器正常运转，造福社会和人民；应用不当，则将给国家和社会带来巨大的损失。因此，在赋予行政主体行政管理职权的同时，必须对行政主体和行政主体工作人员的行政行为进行必要的监督和制约，行政诉讼正是人民法院通过公开审理行政案件来实现对行政主体的具体行政行为的维护和监督。

☺ 热点问题 10—1

关于行政诉讼法的宗旨，学术界有不同看法：

＊ 行政诉讼既保护公民、法人和其他组织的合法权益，又保障行政机关依法行使职权，二者是统一的；[1] 行政诉讼法明确规定"维护"的目的和功能，从客观的视角全面确认了行政诉讼的价值功能，这种立法指导思想是值得肯定的。[2]

＊＊ 中国行政诉讼的唯一目的是保护公民、法人和其他组织的合法权益。……双重或多重目的存在会冲淡主要目的的意义，并且在目的冲突时带来极大混乱。[3]

三、行政诉讼法的主要原则

行政诉讼法的原则是指人民法院、行政诉讼当事人及其他诉讼参与人在行政诉讼活动中必须遵循的具有指导意义的基本行为准则。我国行政诉讼法规定的行政诉讼的主要原则有：

---

[1] 张步洪、王万华：《行政诉讼法律解释与判例述评》，中国法制出版社 2000 年版，第 6～7 页。
[2] 胡建森：《行政诉讼法学》，法律出版社 2004 年版，第 23 页。
[3] 马怀德：《行政诉讼原理》，法律出版社 2003 年版，第 70～72 页。

1. 人民法院对行政案件独立行使审判权原则

这一原则表明人民法院依法对行政案件独立行使审判权，不受行政机关、社会团体和个人的干涉。这样才能使行政案件得到正确、合法、及时的处理。当然，人民法院依法独立行使审判权，并不排除其必须接受国家权力机关、检察机关、上级审判机关及其他方面的监督。

2. 当事人在行政诉讼中法律地位平等原则

我国《行政诉讼法》第7条规定："当事人在行政诉讼中的法律地位平等。"这一原则表明，当事人在行政诉讼中法律地位平等是行政诉讼正常运作的重要前提。因为，在提起诉讼前，当事人一方是享有行政管理权的行政主体，另一方则是被管理人，双方的地位不平等。如果在进入诉讼程序后仍然是管理者与被管理者的关系，行政诉讼就根本无法进行。

坚持这一原则，不仅有利于人民法院更好地维护公民、法人和其他组织的合法权益，而且有助于消除我国官贵民贱的封建特权思想，确定行政法治观念。

3. 合法性审查原则

我国《行政诉讼法》第5条规定："人民法院审理行政案件，对具体行政行为是否合法进行审查。"这一原则表明，人民法院审理行政案件，主要是就（具体）行政行为的合法性进行审查，而不是对具体行政行为是否适当进行评判。只有当行政机关作出的行政处罚显失公正的情况下，人民法院才可以行使有限的司法变更权。人民法院审查具体行政行为合法性的依据是法律、行政法规、地方性法规以及自治条例和单行条例。地方性法规仅适用于本行政区域内发生的行政案件；自治条例和单行条例适用于人民法院审理民族自治地方的行政案件。

4. 行政诉讼不适用调解原则

我国《行政诉讼法》第50条规定："人民法院审理行政案件，不适用调解。"这就是说，调解不能作为行政案件的审理手段和结案方式。如果行政案件可以调解结案，则意味着行政机关可以拿行政权力与相对人讨价还价，这必将削弱法律、法规的严肃性。但是，由于行政损害赔偿诉讼具有民事侵权赔偿诉讼性质，因此，人民法院在审理时可以适用调解。

☺ 热点问题 10—2

关于行政诉讼不适用调解原则，学术界有不同看法：

* 由于法律往往赋予行政机关广泛的自由裁量权，在裁量余地内行政机关选择一个原告可接受的幅度，这也并非是对国家利益的"出卖"，否则，自由裁量权的赋予本身就有允许行政机关"倒卖"国家利益之嫌。[1] 因而法院调解甚至和解的可能性是存在的。

** 由于行政机关作出具体行政行为，是其行使法定职权的表现，这种法定职权不得放弃或者让步，否则构成失职。因此，在行政诉讼中适用调解，会造成行政机关法定职权的性质和调解的前提之间的矛盾。[2]

此外，行政诉讼法的原则还包括：有权使用本民族语言、文字进行行政诉讼的原则；诉讼期间不停止具体行政行为执行的原则；人民检察院对行政诉讼实行法律监督的原则等。

---

[1] 胡玉鸿：《对等权利与行政诉讼》，载《法学评论》2004 年第 1 期。

[2] 张正钊：《行政法与行政诉讼法》，中国人民大学出版社 1999 年版，第 344 页。

第二节　行政诉讼制度

一、行政诉讼的受案范围

行政诉讼的受案范围，是指人民法院对行政案件的主管范围。行政诉讼是以行政行为为诉讼对象的活动，但并非一切行政行为都具有可诉性，行政行为的可诉性由法律加以规定。

（一）人民法院受理的行政案件

根据我国《行政诉讼法》第11条的规定，人民法院受理公民、法人和其他组织对下列具体行政行为不服提起诉讼的案件。

1. 不服行政处罚的案件

行政诉讼法规定，人民法院受理公民、法人或者其他组织对拘留、罚款、吊销许可证和执照、责令停产停业、没收财产等行政处罚不服引起的行政案件。行政处罚是行政主体依照法定职权对违反行政法规但尚未构成犯罪的公民、法人或者其他组织所给予的一种行政制裁。行政处罚是行政主体重要的行政处理决定，也是行政相对人与行政机关争议的重点。

我国法律、法规规定的行政处罚种类较多，行政诉讼法列举了部分行政处罚种类，这些行政处罚种类比较常见，行政主体也容易发生适用不当或滥用处罚的问题。除了这些列举的处罚种类外，根据行政诉讼法规定的精神，公民、法人和其他组织对其他行政处罚不服的，也可以提起行政诉讼。

2. 不服行政强制措施的案件

行政诉讼法规定，人民法院受理公民、法人或者其他组织对限制人身或者对财产的查封、扣押、冻结等行政强制措施不服提起的行政诉讼案件。行政强制措施是行政主体为了预防或制止违法行为、危害社会的状态，以及为查明案件或事实情况，根据需要依法对行政相对人的人身或财产采取的应急性、暂时性的行政强制行为。由于行政强制措施直接影响到相对人的人身及财产权益，行政主体必须在法律规定的职权范围内，依照法定程序行使强制权。行政相对人不服行政主体对其实施的强制措施，有权向人民法院提起行政诉讼。

3. 认为行政主体侵犯法定经营自主权的案件

经营自主权是经营者在法定范围内所拥有的调配使用自己的人力、物力、财力，自行组织生产经营的权利。经营者如认为行政主体侵犯其法定经营自主权范围内的各种权利，即干预、截留、限制或取消其在生产经营活动中人、财、物以及产、供、销等方面权利的，特别是侵犯其对财产的占有、使用和处分权的，都可以提起行政诉讼。

4. 认为符合法定条件申请颁发许可证和执照，行政主体拒绝颁发或不予答复的案件

许可证和执照是行政机关根据公民、法人或者其他组织的申请，许可其从事某种职业、进行某种活动的凭证。如果行政相对人申请行政主体颁发某种许可证和执照符合法定条件，但行政主体拒绝或不予答复这两种行为就是侵犯了行政相对人的合法权益，相对人有权向人民法院提起行政诉讼。

5. 申请行政主体履行保护人身权、财产权的法定职责，行政主体拒绝履行或不予答复的案件

我国宪法确立的一切国家机关及其工作人员必须全心全意为人民服务的基本宗旨，以及有关法律、法规规定的行政主体保护公民、法人和其他组织人身权、财产权的法定职责，是由我国国家性质和行政主体的基本职能决定的。保护行政相对人的人身权、财产权是行政主体应尽的职责和义务，如果行政主体负有法定职责不履行，导致行政相对人的人身权和财产权受到损害，行政相对人有权提起行政诉讼。

6. 认为行政主体没有依法发给抚恤金的案件

抚恤金是国家规定对某些特定人员发放的为保证其生活使用的专门款项。国家规定的抚恤金包括伤、残抚恤金和死亡人员遗属抚恤金。抚恤金的享有者依法获得抚恤金，既是公民享受社会保障救助的权利，也是其享有的一种荣誉，它涉及公民的人身权和财产权。如果行政主体没有依法发给抚恤金，不仅是一种失职行为，而且也是对行政相对人的人身权和财产权的侵犯。行政相对人如认为行政主体没有依法发给抚恤金的有权提起行政诉讼。

7. 认为行政主体违法要求履行义务的案件

公民、法人和其他组织在享有法定权利的同时，也必须履行法定的义务。相对人的法定义务主要是靠其自觉履行的，但也有的义务是通过行政主体采取组织、协调、指挥甚至命令、强制等方式实现的。行政主体不管采用何种方式，都必须依据行政法律、法规的规定进行，不能滥用职权和超越权力要求行政相对人履行义务，否则，就属于违法要求履行义务的情形，行政相对人有权提起行政诉讼。

8. 认为行政主体侵犯其他人身权、财产权的案件

这类案件是指除上述案件之外的其他涉及人身权、财产权的行政案件。如侵犯公民的荣誉权、名誉权、监护权、发明权、继承权等，公民、法人和其他组织也可以向人民法院提起行政诉讼。

除上述受案范围之外，我国《行政诉讼法》第11条第2款还规定，人民法院受理法律、法规规定可以提起诉讼的其他行政案件。该款规定实际上为行政诉讼受案范围的扩展留下了法律上许可的空间，也意味着我国行政诉讼的受案范围具有不断扩大的可能性。

> 案例10—1　某市政府计划为单位修行政大楼，鉴于资金短缺，决定要求该单位每位工作人员捐款1000元，违者要给予降职等纪律处分。该单位职工梁某不服该决定，向人民法院提起诉讼，要求人民法院撤销该决定，人民法院认为不属于受案范围，不予受理。该决定虽然针对的是本单位的公务员，但本身不属于政府的内部管理行为，实际上是违法要求履行义务的行为。因此，法院不受理该诉讼是不符合法律规定的。

（二）人民法院不予受理的案件

为了保障行政主体有效地行使职权，同时也是考虑到司法的可行性，我国《行政诉讼法》第12条以及若干解释第1条规定了人民法院不受理公民、法人或其他组织对下列事项提起的诉讼：

　　1. 国防、外交等国家行为

　　国家行为是指有权代表国家的特定国家机关，根据宪法、法律规定的权限，以国家的名义实施的国家政治统治行为。在我国，国务院、中央军事委员会、国防部、外交部等工作部门，依法有权代表国家，以国家的名义实施国防、外交等国家行为。

　　国防、外交等国家行为不能被提起行政诉讼，这是世界各国法律制度的通例。因为国家行为不是单纯的具体行政行为，它是关系到国家的整体利益和民族的根本利益的行为，即使这种行为影响了特定行政相对人的利益，由于国家行为的政治意义，因而也不适宜于用公开的司法程序来处理。通常用行政补偿方式来解决。

　　2. 抽象行政行为

　　抽象行政行为是指行政主体对不特定的对象作出的能反复适用的具有普遍约束力的行为。具体指行政主体制定行政法规、规章或者制定、发布规范性文件的行为。根据宪法和有关法律的规定，这些行政行为人民法院无权对其进行审查、确认。而且这些行政行为是针对较大范围和较广泛的对象实施的，如果它侵犯了行政相对人的利益，实践中也不宜通过个别对象以单独的诉讼方式来解决大多数对象合法权益受侵犯的问题。根本的解决方式是通过权力机关或上级行政主体撤销或改变该抽象行政行为。因此，对该类行政行为不能提起行政诉讼。

　　3. 行政主体对其工作人员的奖惩、任免等内部行政行为

　　行政主体所实施的内部行政行为所引起的行政纠纷是行政内部纠纷，这些纠纷更多地涉及行政政策、行政内部纪律和内部规章制度。根据有关法律、法规的规定，这类纠纷应由行政主体自行处理、解决。因此，人民法院无权受理并审理这类行政行为引起的纠纷。

　　4. 法律规定由行政主体最终裁决的行政行为

　　在有些行政法律中明确规定，对某些行政纠纷由享有最终裁决权的行政主体裁决，当事人不得对引起行政纠纷的行政行为和裁决行为提起诉讼。由于法律已经作了这样的规定，因此行政相对人对这类行政行为不能提起行政诉讼。

　　5. 公安、国家安全等机关依照刑事诉讼法的明确授权实施的行为

　　公安、国家安全等机关依照刑事诉讼法的明确授权实施的行为是刑事司法行为。刑事司法行为是为了防止犯罪嫌疑人逃避侦查、起诉和审判以及为了调查犯罪事实而实施，其目的是为了保障刑事诉讼活动的顺利进行，而不是进行行政管理。因此，刑事司法行为所引起的不是行政法律关系，从而决定了该行为不属于人民法院行政诉讼受案范围。

　　6. 调解行为以及法律规定的仲裁行为

　　行政调解行为虽然也是行政主体的活动，但行政调解仍然必须遵循双方当事人自愿原则，因而本质上行政调解行为不是具体的行政管理行为，双方当事人若对调解协议不满意，应将原始的民事争议提请人民法院裁判。

　　行政仲裁行为是行政主体以第三人的身份对平等主体间的民事纠纷进行裁断的法律制度。在目前，法律规定的行政仲裁行为特指劳动仲裁委员会依据《劳动法》的规定对劳动争议的仲裁行为，由于《劳动法》规定了劳动争议仲裁仅是诉讼的前置程序，并不是一裁终局，当事人对于仲裁结果不服，依法可以向人民法院提起民事诉讼。

7. 不具有强制力的行政指导行为

由于行政指导行为不具有强制性，相对人对行政指导是否服从具有可选择性，是否服从行政指导、是否按照行政主体的意志行为完全取决于相对人自由意志的判断和选择，即使不选择服从也不会招致不利的后果。因此，不具有强制力的行政指导行为本身并不会直接侵犯相对人的合法权益，因其引发的争议也就不属于行政诉讼的受案范围。

8. 驳回当事人对行政行为提起申诉的重复处理行为

重复处理行为，是指行政主体在法定救济程序以外作出的没有改变原有行政法律关系、没有对当事人的权利义务产生新的影响的行为。行政主体对当事人提出的不服重复处理行为申诉请求的驳回，实际上是告知当事人前一个行政行为的正确性，是对前一个行政行为所确定的权利义务状态的维持，并没有改变既存的法律关系，所以，重复处理行为不可诉。

9. 对公民、法人或者其他组织权利义务不产生实际影响的行为

如果行政行为没有对特定对象的权利、义务产生实际影响，这表明该行政行为事实上等同于没有作出。将此类行为排除在行政诉讼受案范围之外，是符合行政诉讼立法宗旨的。

> 案例10—2　吴某是某县税务机关的公务员，平时爱打麻将。某日在家聚赌时被公安机关抓获。公安机关根据《治安管理处罚条例》的规定，处以吴某10日拘留。县税务局也给吴某以开除公职的处分。吴某对公安机关的处罚和税务局的处分不服，准备提起诉讼。本案税务局对吴某的处分不具有可诉性，因为该行为属于内部行政管理行为；吴某对公安处罚可以提起诉讼，因为吴某此时的身份是普通公民，因此可以诉讼。

二、行政诉讼管辖

(一) 行政诉讼管辖概述

行政诉讼管辖是指人民法院内部之间受理第一审行政案件的分工和权限。它主要解决不同地域、不同级别以及同一级别人民法院受理第一审行政案件的权限分工。

行政诉讼法在确定行政诉讼管辖时主要遵循了以下三个原则：

(1) 便于当事人诉讼原则。这项原则是指确定行政诉讼管辖要方便当事人参加诉讼活动，方便原告、被告进行诉讼。这样才能更好地保障原、被告充分地行使诉讼权利。

(2) 便于人民法院公正、有效地行使审判权原则。为了公正、有效地行使审判权，管辖要便于人民法院查明事实，合法、及时地审理案件，人民法院的判决和裁定便于执行。

(3) 人民法院合理分工原则。该项原则确立的目的主要是为了均衡各人民法院对行政审判工作的负担，保证案件及时审理，提高办案质量。这就要求确定行政诉讼管辖时，既要考虑同级人民法院的合理分工，又要考虑上下级人民法院之间以及普通人民法院和专门人民法院之间的权限划分。我国《行政诉讼法》第3条第2款规定："人民法院设行政审判庭，审理行政案件。"《行政诉讼法解释》第6条第2款规定："专门人民法院、人民法庭不审理行政案件，也不审查和执行行政机关申请执行其具体行政行为的案件。"

（二）级别管辖

级别管辖是指不同级人民法院管辖第一审行政案件的分工和权限。它是依据行政案件的性质、影响和复杂性来划分的。根据行政诉讼法的规定：

基层人民法院管辖发生在辖区内，除法律规定由中级人民法院、高级人民法院和最高人民法院受理的第一审行政案件外的其余所有行政案件。

中级人民法院管辖的第一审行政案件有：有关专利权的行政案件、海关处理的案件；对国务院各部门或者省、自治区、直辖市人民政府所作的具体行政行为提起诉讼的案件；被告为县级以上人民政府，但以县级人民政府名义办理不动产物权登记的案件可以除外；社会影响重大的共同诉讼、集团诉讼案件；重大涉外或者涉及香港特别行政区、澳门特别行政区、台湾地区的案件；其他重大、复杂的案件。当事人以案件重大复杂为由或者认为有管辖权的基层人民法院不宜行使管辖权，直接向中级人民法院起诉，中级人民法院应当根据不同情况在 7 日内分别作出以下处理：①指定本辖区其他基层人民法院管辖；②决定自己审理；③书面告知当事人向有管辖权的基层人民法院起诉。

高级人民法院管辖本辖区内重大、复杂的第一审行政案件。

最高人民法院管辖全国范围内重大、复杂的第一审行政案件。

😊 热点问题 10—3

关于管辖法院的级别及设置问题，理论界有两种不同看法：

＊ 在我国应当设立行政法院，建立行政法院，改革行政审判体制既可弥补行政诉讼专业性的不足，也有利于提升行政审判机关的独立地位。[①]

＊＊ 为了解决司法的独立性问题，有学者提出，由基层法院管辖初审行政诉讼案件往往会受到同级政府的行政压力和地方保护主义的影响，会产生不敢受案不愿受案的现象。因此，应当通过提高目前案件的审级来解决。[②]

（三）地域管辖

地域管辖是指同级人民法院之间受理第一审行政案件的分工和权限。地域管辖是以辖区为标准来确定同级人民法院受理第一审行政案件的权限的。地域管辖可分为一般地域管辖、特殊地域管辖和共同管辖三种。

（1）一般地域管辖。这是以当事人所在地为标准来确定行政案件的管辖。行政诉讼法规定：行政案件由最初作出具体行政行为的行政机关所在地人民法院管辖。经复议的案件，复议机关维持原具体行政行为的，由作出原具体行政行为的行政机关所在地人民法院管辖；复议机关改变原具体行政行为的，也可以由复议机关所在地人民法院管辖。

（2）特殊地域管辖。这是对一般地域管辖的例外，是以诉讼标的物所在地来确定管辖的。我国行政诉讼法规定：对限制人身自由的行政强制措施不服提起诉讼，由被告或原告所

---

① 杨建顺：《行政诉讼法修改的视点和方向》，《人民法院报》2005 年 6 月 20 日 B1 版。又见马怀德主编《行政诉讼原理》，法律出版社 2003 年版，第 346～353 页。

② 张树义：《寻找行政诉讼制度发展的良性循环》，中国政法大学出版社 2000 年版，第 68～69 页。

在地人民法院管辖。原告所在地，包括原告的住所地、经常居住地和被限制人身自由所在地，原告可以自主选择管辖法院；因不动产提起的行政诉讼，由不动产所在地人民法院管辖。

（3）共同管辖。是指两个以上的法院对同一案件都有管辖权的情况下，原告可以选择其中一个法院起诉。原告向两个以上有管辖权的人民法院起诉的，由最先收到起诉状的人民法院管辖。

> 案例10—3　甲、乙两村因一块土地所有权产生纠纷，向县人民政府申请解决，县人民政府裁决该块土地所有权属于乙村，甲村不服向市人民政府申请复议，市政府维持了县政府的裁决。甲村仍不服，准备向市政府所在地的区人民法院提起行政诉讼。本案由于涉及不动产诉讼，属于特殊地域管辖问题，因此甲村向市政府所在地的区人民法院提起行政诉讼不符合《行政诉讼法》第19条的规定。该案管辖法院应当是县人民法院，当然如果以被告为县级以上人民政府，且基层人民法院不适宜审理的案件向市中级人民法院提起诉讼也可以。

（四）裁定管辖

裁定管辖是指不是根据法律规定而是由人民法院作出裁定或决定，确定行政诉讼管辖法院的一种制度。裁定管辖包括：移送管辖、指定管辖和管辖权转移。

（1）移送管辖。是指人民法院发现受理的行政案件不属于自己管辖时，应当移送有管辖权的人民法院。移送管辖的程序是，由受理案件的法院合议庭提出意见，经院长批准后，以该法院的名义将案件移送给有管辖权的法院。

（2）指定管辖。是指人民法院由于特殊原因不能行使管辖权的，由上级人民法院指定管辖。

（3）管辖权的转移。是指经上级人民法院决定或同意，对第一审行政案件有管辖权的下级人民法院将该案件移交给上级人民法院审理，或者有管辖权的上级人民法院将该案件交给下级人民法院审理。

三、行政诉讼证明

（一）举证责任

在行政诉讼中，被告对作出的具体行政行为以及认为原告起诉超过法定期限承担举证责任，被告在承担举证责任时应遵循以下规则：第一，被告对被诉具体行政行为的举证期限是在收到起诉状副本之日起10日内。被告因不可抗力或者客观上不能控制的其他正当事由，不能在法定的举证期限内提供证据的，应当在收到起诉状副本之日起10日内向人民法院提出延期提供证据的书面申请。人民法院准许延期提供的，被告应当在正当事由消除后10日内提供证据；第二，被告向人民法院举证的范围不仅包括被告作出具体行政行为时的事实依据，还包括被诉具体行政行为所依据的规范性文件即法律依据；第三，被告在法定期限内或者人民法院准许延期的举证期限内不提供或无正当理由逾期提供证据、依据的，视为被诉具体行政行为没有相应的证据。

行政诉讼中被告对具体行政行为承担举证责任，但并不排除原告对法律规定的下列事项承担举证责任：第一，证明起诉符合法定条件的；第二，在起诉被告不作为的案件中，证明其提出申请的事实；第三，在一并提起的行政赔偿诉讼中，证明因受被诉具体行政行为侵害而造成损失的事实；第四，其他应由原告承担举证责任的事项。原告的举证期限应当在开庭审理前或者人民法院指定的交换证据之日提供证据，因正当事由申请延期提供证据的，经人民法院准许，可以在法庭调查中提供。逾期提供证据的，视为放弃举证权利。

（二）行政诉讼证据的收集、采信

行政诉讼证据的收集，主要是指人民法院及诉讼当事人，为使行政诉讼顺利进行，而对与案件事实有关的行政诉讼证据进行调查、收集的活动。根据行政诉讼法的规定，被告用来证明其作出具体行政行为合法的证据应当是在具体行政行为作出之前收集的，被告及其诉讼代理人在作出具体行政行为后，不能自行收集用来证明具体行政行为合法的证据。除非被告在作出具体行政行为时已经收集证据，但因不可抗力等正当事由不能提供的，或者原告、第三人在诉讼过程中，提出了其在被告实施行政行为过程中没有提出的反驳理由或者证据的情况下，被告经人民法院准许后可以收集补充相关的证据。人民法院主动收集调取证据依法只能在下列两种情况下进行：第一，原告或者第三人及其诉讼代理人提供了证据线索，但无法自行收集而申请人民法院调取的；第二，当事人应当提供而无法提供原件或者原物的。

行政诉讼证据必须经当庭质证才能作为定案证据是行政诉讼证据的基本采信规则。根据此规则，下列证据法院将不予采信：第一，被告及其诉讼代理人在作出具体行政行为后自行收集的证据；第二，被告严重违反法定程序收集的其他证据；第三，复议机关在复议过程中收集和补充的用来证明原具体行政行为的证据；第四，被告在二审过程中向法庭提交的在一审中没有提交的证据。经过庭审质证的证据，法庭能够当庭认定的，应当当庭认定；不能当庭认定的，应当在合议庭合议时认定；对于所有证据，人民法院应当在裁判文书中阐明证据是否采纳的理由。

第三节　行政诉讼参加人

行政诉讼参加人是指作为行政诉讼主体，起诉、应诉以及参加到行政诉讼活动中来的人。根据行政诉讼法的规定，行政诉讼参加人包括行政诉讼当事人和行政诉讼代理人。

一、行政诉讼当事人

行政诉讼当事人是指因具体行政行为的合法性发生争议，以自己的名义起诉、应诉并受人民法院裁判约束的利害关系人。在行政诉讼中，当事人具有重要的地位，在任何诉讼阶段都不可缺少。当事人有狭义和广义之分，狭义的当事人仅指原告和被告，广义的当事人除原、被告外，还包括第三人。

（一）原告

行政诉讼原告是指对行政主体的具体行政行为不服，以自己的名义向人民法院起诉，请求法律保护而引起行政诉讼程序发生的人。根据行政诉讼法的规定，行政诉讼原告包括：认为行政主体具体行政行为侵犯其合法权益或与具体行政行为有法律上利害关系而依法提起诉讼的公民、法人和其他组织，与具体行政行为有法律上利害关系的公民、法人和其他组织包括：被诉的具体行政行为涉及其相邻权或者公平竞争权的；与被诉的行政复议决定有法律上利害关系或者在复议程序中被追加为第三人的；要求主管行政机关依法追究加害人法律责任的；与撤销或者变更具体行政行为有法律上利害关系的。有权提起诉讼的公民死亡，其近亲属可以提起诉讼，有权提起诉讼的法人或者其他组织终止，承受其权利的法人或者其他组织可以提起诉讼。

此外，合伙企业向人民法院提起诉讼的，应当以核准登记的字号为原告，由执行合伙企业事务的合伙人作诉讼代表人；其他合伙组织提起诉讼的，合伙人为共同原告。联营企业、中外合资或者合作企业的联营、合资、合作各方，认为联营、合资、合作企业权益或者自己一方合法权益受具体行政行为侵害的，均可以自己的名义提起诉讼。农村土地承包人等土地使用权人对行政机关处分其使用的农村集体所有土地的行为不服，可以自己的名义提起诉讼。非国有企业被行政机关注销、撤销、合并、强令兼并、出售、分立或者改变企业隶属关系的，该企业或者其法定代表人可以提起诉讼。股份制企业的股东大会、股东代表大会、董事会等认为行政机关作出的具体行政行为侵犯企业经营自主权的，可以企业名义提起诉讼。

☺ 热点问题 10—4

理论界关于行政公益诉讼问题的讨论中，对谁具有担任公益性行政诉讼原告的资格观点也不一样。

＊ 公益性行政诉讼原告的资格应当赋予一般公众[①]。

＊＊ 公益性行政诉讼原告的资格应当赋予专门的法律监督机关检察院[②]。

（二）被告

行政诉讼被告是指被原告指控其具体行政行为侵犯原告的合法权益，经人民法院通知其应诉的行政主体。根据行政诉讼法的规定，公民、法人或其他组织直接向人民法院起诉的，作出具体行政行为的行政主体是被告；经过复议的案件，复议机关维持原具体行政行为的，作出原具体行政行为的行政主体是被告。复议机关改变原具体行政行为的，复议机关是被告；两个以上的行政主体作出同一具体行政行为的，共同作出具体行政行为的行政主体是共同被告；当事人不服经上级行政主体批准的具体行政行为，向人民法院提起诉讼的，应当以在对外发生法律效力的文书上署名的行政主体为被告；行政主体组建并赋予行政管理职能但不具有独立承担法律责任能力的机构，以自己的名义作出具体行政行为，应

---

① 龚雄艳：《关于增设公益性行政诉讼原告之管见》，载《河南省政法管理干部学院学报》，2004 年第 6 期。
② 王学辉：《行政诉讼制度比较研究》，中国检察出版社 2004 年 1 月版，第 328 页。

当以组建该机构的行政主体为被告；行政主体的内设机构或者派出机构在没有法律、法规或者规章的情况下，以自己的名义作出具体行政行为，应当以该行政主体为被告；由法律、法规授权的组织所作的具体行政行为，该组织是被告；由行政主体委托的组织所作的具体行政行为，委托的行政主体是被告；行政主体被撤销的，继续行使其职权的行政主体是被告；法律、法规或者规章授权行使行政职权的行政主体内设机构、派出机构或者其他组织，超出法定授权范围实施行政行为，应当以实施该行为的机构或者组织为被告；行政主体在没有法律、法规或者规章规定的情况下，授权其内设机构、派出机构或者其他组织行使行政职权的，应当视为委托，当事人不服提起诉讼的，应当以该行政主体为被告；复议机关在法定的期间内不作复议决定，当事人对原具体行政行为不服提起诉讼的，应当以作出原具体行政行为的行政主体为被告；当事人对复议机关不作为不服提起诉讼的，应当以复议机关为被告。

（三）共同诉讼人

共同诉讼是当事人一方或双方为两人以上的诉讼。原告或被告为两人以上的称为共同原告或共同被告。共同原告和共同被告总称为共同诉讼人。其中，当事人一方或双方为两人以上，诉讼标的是同一具体行政行为的诉讼为必要的共同诉讼，必要的共同诉讼中的共同原告和共同被告统称为必要的共同诉讼人；当事人一方或双方为两人以上，诉讼标的是同样的具体行政行为的诉讼是普通的共同诉讼，普通诉讼中的共同原告和共同被告统称为普通共同诉讼人。

（四）第三人

行政诉讼第三人是同被提起诉讼的具体行政行为有利害关系，申请参加或者由人民法院通知其参加到行政诉讼中来的其他公民、法人或者其他组织。根据行政诉讼实践及其有关法律规定，第三人主要有以下情形：行政主体的同一具体行政行为涉及两个以上利害关系人，其中一部分利害关系人对具体行政行为不服提起诉讼，没有起诉的其他利害关系人可以作为第三人参加诉讼；应当追加被告而原告不同意追加的行政主体应作为第三人参加诉讼；在行政管理中，具体行政行为由行政机关和非行政机关共同署名作出，非行政机关可以作为第三人参加诉讼。

二、行政诉讼代理人

行政诉讼代理人是指在代理权限内，以当事人的名义进行行政诉讼活动的人。按照代理权产生的依据不同，可将行政诉讼代理人分为法定代理人、指定代理人和委托代理人三类：

（1）法定代理人。是指根据法律规定而享有代理权，代理无诉讼行为能力人进行行政诉讼活动的人。法定代理人是基于法律的直接规定而产生，法定代理为全权代理，法定代理人的诉讼行为被视为当事人的行为。

（2）指定代理人。是指基于法院指定而享有代理权、代替无诉讼行为能力人进行行政诉讼的人。行政诉讼法第 28 条规定："没有诉讼行为能力的公民，由其法定代理人代为诉讼。法定代理人互相推诿代理责任的，由人民法院指定其中一人代为诉讼。"

（3）委托代理人。是指受当事人、法定代理人的委托，代理进行行政诉讼活动的人。委托代理人在委托人的授权范围内所为的诉讼行为视为委托人的诉讼行为，对委托人发生法律效力。

案例 10—4　甲单位不服乙规划部门作出的拆除房屋建筑的处理决定，向人民法院起诉并申请停止执行拆除。人民法院认为拆除建筑会造成财产损失，而且该建筑不影响周围居民的采光和交通等利益，便裁定暂缓执行。审理过程中，丙单位认为拆除房屋会影响其所租赁的甲的房屋进行的服装经营，也申请参加了诉讼。本案中，甲不服乙规划部门的处理决定向人民法院提起诉讼，甲是行政诉讼的原告，乙是行政诉讼的被告；在案件的审理过程中，丙申请参加诉讼，人民法院应当列丙为行政诉讼第三人参加行政诉讼。

第四节　行政诉讼程序

一、起诉与受理

起诉和受理是行政诉讼的启动程序，行政诉讼实行"不告不理"的原则。原告起诉且为人民法院受理，行政案件才进入诉讼审理程序。

（一）起诉

行政诉讼中的起诉是指公民、法人和其他组织认为行政主体及其工作人员的具体行政行为侵犯了自己的合法权益，依法诉请人民法院对该具体行政行为予以合法性审查以保护自己合法权益的诉讼行为。起诉必须符合法定的条件，按照法定的程序和方式进行。

1. 起诉的条件

根据行政诉讼法的规定，原告起诉成立必须具备五个条件：①原告是认为具体行政行为侵犯了其合法权益的行政相对人；②行政相对人提起诉讼必须有明确的被告；③必须有具体的诉讼请求和事实依据；④行政争议属于人民法院受案范围和受诉人民法院管辖；⑤行政相对人提起诉讼必须在法定的期限内提起。

2. 起诉的程序和方式

起诉的程序主要涉及起诉前是否必须经过行政复议。根据行政诉讼法的规定，我国法院在处理起诉与行政复议的关系上实行的是以当事人自由选择为一般原则，以复议前置为另外。也就是说，对属于人民法院受案范围的行政案件，公民、法人和其他组织可以先向上一级行政主体或者法律、法规规定的行政主体申请复议，对复议不服的再向人民法院提起诉讼；也可以不经复议而直接向人民法院起诉。但法律、法规规定应当先复议的，必须先行复议，不服行政复议的才能再行起诉。

关于起诉的方式，根据行政诉讼法规定之精神，在行政诉讼中，原则上只能以书面的方式提起诉讼，原告向人民法院起诉的，应当向法院提交起诉状，并按照被告的人数提交起诉状副本。

（二）受理

行政诉讼中的受理，是指人民法院对原告的起诉经过审查确认符合法定要求后，决定立案审理该行政案件的诉讼行为。受理是人民法院行使审判权的重要标志。为了保护公民、法人和其他组织提起诉讼的权利，避免和防止对有的该受理的案件不予受理，行政诉讼法规定，人民法院接到起诉状，经审查，应当在七日内立案或作出裁定不予受理。原告对裁定不服的可以提起上诉。

二、一审程序

第一审程序是特定的人民法院第一次对行政案件进行审理的程序，它包括以下活动：

（一）审理前的准备

审理前的准备是指人民法院在案件受理后至开庭审理前，为保证审判工作的顺利进行和案件得到正确及时的审理而由审判人员进行的各项准备活动。主要包括：组成合议庭；通知被告应诉和发送诉讼文书；审查诉讼文书和调查收集证据；审查具体行政行为是否具有停止执行的条件；审查是否有先行给付的情况；审查有无不公开审理的情况存在；等等。

（二）开庭审理和判决

开庭审理是指在审判人员主持下，在当事人和其他诉讼参与人的参加下，依法定程序对行政案件所涉具体行政行为是否合法进行审理的诉讼活动。主要包括宣布开庭、法庭调查、法庭辩论几个阶段。

行政判决是人民法院对行政案件经过审理，依据法律、法规，在参照规章的基础上，对审理终结的行政案件作出的实体裁判。根据行政诉讼法的规定，一审判决共有六种形式：维持判决、撤销判决、履行判决、变更判决，驳回诉讼请求判决和确认判决。对于具体行政行为证据确凿，适用法律、法规正确，符合法定程序的，判决维持。对于具体行政行为有下列情形之一的，判决撤销或者部分撤销，并可以判决被告重新作出具体行政行为：①主要证据不足的；②适用法律、法规错误的；③违反法定程序的；④超越职权的；⑤滥用职权的。对于被告不履行或者拖延履行法定职责的，判决其在一定期限内履行。对于行政处罚显失公正的，可以判决变更。对于有下列情形之一的，人民法院应当判决驳回原告的诉讼请求：①起诉被告不作为理由不能成立的；②被诉具体行政行为合法但存在合理性问题的；③被诉具体行政行为合法，但因法律、政策变化需要变更或者废止的；④其他应当判决驳回诉讼请求的情形。对于人民法院认为被诉具体行政行为合法，但不适宜判决维持或者驳回诉讼请求的，可以作出确认其合法或者有效的判决；而对于被告不履行法定职责，但判决责令其履行法定职责已无实际意义的，或者被诉具体行政行为违法，但不具有可撤销内容的有下列情形之一的，或者被诉具体行政行为依法不成立或者无效的，人民法院应当作出确认被诉具体行政行为违法或者无效的判决。对于被诉具体行政行为违法，但撤销该具体行政行为将会给国家利益或者公共利益造成重大损失的，人民法院应当作出确认被诉具体行政行为违法的判决，并责令被诉行政机关采取相应的补救措施；造成损害的，依法判决承担赔偿责任。

（三）审理中的主要制度

1. 撤诉和缺席判决

根据行政诉讼法的规定，撤诉有自愿申请撤诉和视为申请撤诉两种。自愿申请撤诉是在判决裁定宣告前的诉讼期间内，原告自愿撤回起诉，经人民法院准许而终结诉讼的制度。因当事人申请撤诉而终结诉讼的案件，如当事人在法定期限内以同一事实和理由重新起诉的，人民法院不予受理。视为申请撤诉是指原告经人民法院两次合法传唤，无正当理由拒不到庭或者未经法庭许可中途退庭的，视为申请撤诉。

缺席判决是人民法院在开庭审理时，在一方当事人或双方当事人未到庭陈述、辩论的情况下，合议庭经过审理所作的判决。根据行政诉讼法的规定，缺席判决适用于下述几种情况：被告经人民法院合法传唤，无正当理由拒不到庭的，可以缺席判决；原告申请撤诉，人民法院裁定不准许撤诉，或经合法传唤，无正当理由拒不到庭的，可以缺席判决。缺席判决只能在案件事实已经全部查清的情况下才能依法作出。

2. 妨碍行政诉讼行为的强制措施

对妨碍行政诉讼行为的强制措施，是指人民法院在审理行政案件的过程中，对有妨碍行政诉讼秩序行为的人所采取的强制手段。行政诉讼法规定的行政诉讼强制措施有：训诫、责令具结悔过、罚款和拘留四种。

3. 案件的移送和司法建议

案件的移送是人民法院在审理行政案件时，发现行政主体工作人员有违反政纪或者犯罪行为，将案件全部或者部分移送给有关部门处理的措施。我国《行政诉讼法》第56条规定："人民法院在审理行政案件中，认为行政机关的主管人员、直接责任人员违反政纪的，应当将有关材料移送该行政机关或者其上一级行政机关或者监察、人事机关；认为有犯罪行为的，应当将有关材料移送公安、检察机关。"

司法建议是人民法院针对案件审理中出现诉讼参加人或者其他人的具体问题，特别是行政主体及其工作人员执法工作中的具体问题，向有关单位提出的建议。司法建议与解决案件审理中的裁判文书不同，它是为了扩大办案社会效果，促进行政主体和公民自觉地遵守宪法和法律的一种措施。

案例10—5　某甲不服县工商局对其作出的罚款500元的行政处罚，向县人民法院提起行政诉讼。县法院经过开庭审理，判决县工商局重新作出具体行政行为，县工商局撤销了对甲的处罚。若干天后，县工商局又以同一事实和理由作出与原来相同的处罚决定，甲不服，又起诉到法院。根据《行政诉讼法》第54条、55条以及65条的规定，该案法院应当作出撤销县工商局具体行政行为的判决，并向县工商局的上级机关提出司法建议。

三、二审程序

二审程序是指上级人民法院对下级人民法院就第一审行政案件所作的判决、裁定，在发生法律效力以前，基于当事人的上诉，依据事实和法律，对案件进行审理的程序。

　　根据我国《行政诉讼法》的规定，行政诉讼当事人不服人民法院第一审判决的，应当在判决书送达之日起 15 日内向上一级人民法院提起上诉；行政诉讼当事人不服人民法院第一审裁定的，应当在裁定书送达之日起 10 日内向上一级人民法院提起上诉。逾期不提起上诉的，人民法院的第一审判决或者裁定发生法律效力。人民法院审理上诉案件，应当按照下列情形分别处理：原审判决认定事实清楚，适用法律法规正确，符合法定程序的，判决驳回上诉，维持原判；原审判决认定事实清楚，但适用法律法规错误的，依法改判；原审判决认定事实不清，证据不足，或者由于违反法定程序可能影响案件正确判决的，裁定撤销原判，发回原审人民法院重审，也可以查清事实后改判，当事人对重审案件的判决、裁定，可以上诉。

四、审判监督程序

　　审判监督程序也称再审程序，是人民法院依法对已经发生法律效力的判决、裁定发现确有错误，而对该案件进行再审的程序。发现错误的途径主要有：一是当事人的申诉。当事人对已经发生法律效力的判决、裁定，认为确有错误的，可以向原审人民法院或上级人民法院提出申诉；如果当事人申请再审，应当在判决、裁定发生法律效力后两年内提出。二是人民群众的来信反映。三是人民法院的复查。四是人民检察院的监督检查。

　　根据行政诉讼法的规定，各级人民法院院长对本院已经发生法律效力的判决、裁定，发现违反法律、法规规定，认为需要再审的，应当提交本院审判委员会决定是否再审；上级人民法院对下级人民法院已经发生法律效力的判决、裁定，发现违反法律、法规规定的，有权提审或指令下级人民法院再审；人民检察院对人民法院已经发生法律效力的判决、裁定，发现违反法律、法规规定的，有权按审判监督程序提出抗诉。人民法院按照审判监督程序再审的案件，发生法律效力的判决、裁定是由第一审法院作出的，按照第一审程序审理，所作的判决、裁定，当事人可以上诉；发生法律效力的判决、裁定是第二审法院作出的，按照第二审程序审理，所作出的判决、裁定，是发生法律效力的判决、裁定，当事人不得上诉。

五、执行程序

　　行政诉讼执行是指人民法院及行政主体依照法定程序，依法强制当事人履行生效的行政裁判文书或者行政法律文书所确定的义务的行为。完成这些活动的程序即为执行程序。

　　生效的行政裁判文书，由第一审人民法院执行。行政主体申请人民法院强制执行确定其具体行政行为的生效法律文书的，由被执行人所在地的基层人民法院受理执行，基层人民法院认为需要中级人民法院执行的，可以报请中级人民法院决定。

　　公民、法人或者其他组织拒绝履行行政判决、裁定的，行政主体拥有相应强制执行权的，可以依法强制执行；行政相对人对具体行政行为在法定期限内不提起诉讼又不履行，法律、法规规定应当由行政主体依法强制执行的，或者法律规定由行政主体作出最终裁决的具体行政行为，也由行政主体强制执行。

　　当事人向人民法院申请执行生效行政判决、裁定的期限为三个月，自法律文书规定期间的最后一日起计算；法律文书中没有规定履行期间的，从该法律文书生效之日起计算。行政主体申请人民法院强制执行其具体行政行为的期限则是自起诉期限届满之日起三个月。

对行政相对人强制执行的措施与民事诉讼强制执行措施相同。如果行政主体拒绝履行生效的判决、裁定，负责执行的法院可以采取以下强制执行措施：对应当归还的罚款或者应当给付的赔偿金，通知银行从该行政主体的账户内划拨；在规定期限内不履行的，从期满之日起，对该行政主体处以罚款，并可向该行政主体的上一级行政主体或者监察、人事机关提出司法建议；拒不履行判决、裁定，情节严重构成犯罪的，依法追究主管人员和直接责任人员的刑事责任。

＊　　　　＊　　　　＊

📖 重要概念

行政诉讼　合法性审查　行政诉讼受案范围　行政诉讼原告　行政诉讼第三人　举证责任　履行判决　变更判决　确认判决　不停止具体行政行为执行　诉讼时效

❓ 思考题

1. 行政诉讼的特点是什么？
2. 人民法院受理并审理哪些行政案件？
3. 试述我国行政诉讼的管辖制度。
4. 试述行政诉讼一审程序。

⚖️ 案例分析

1. 某县红花村村民谢某自 1985 年外出，杳无音信，其宅基地一直荒芜。1995 年，县土地局作出一项决定，收回谢某的宅基地及房产，并转归李某使用。2009 年 11 月，谢某回到红花村，得知其宅基地及房产被土地局收回后，于 11 月 25 日向县法院提起行政诉讼，要求撤销县土地局 1995 年的决定，并返还其宅基地和房产。由于此案涉及时间较长，调查取证困难，直到 12 月 10 日县法院仍未作出是否受理的决定。问：

(1) 谢某是否具备起诉条件？县法院在决定是否受理该案时是否有错？

(2) 谢某提起诉讼是否超过诉讼时效？

2. 2002 年 6 月 17 日，原告张发荣 13 岁的女儿张丽丽（小学 6 年级学生）上学途中失踪。经多方寻找，原告在报纸上刊登寻人启事后仍下落不明，经张发荣申请，法院公告仍无下落的情况下，于 2007 年 11 月 3 日，法院依法宣告死亡，并注销了张丽丽的户口。2008 年 4 月 17 日，原告张发荣收到女儿张丽丽寄来的一封信。信中讲 6 年前在上学途中被人贩子拐走，转买到山东省某县某乡某村，卖给一家姓赵的作养女。赵家对张丽丽防范很严，多次出逃都被捉回并遭毒打。几年来，赵家昼夜提防，不准出屋，不准写信，上厕所都有人跟随。今年春节前，赵家强迫张丽丽同赵家傻儿子成亲。成亲后，赵家认为生米已成熟饭，稍微放松了对张丽丽的防范。张丽丽利用赵家人去县城办年货，家里无人时写了封信，托好友带到县城代邮。信尾还有请父母快来相救等内容。经与女儿的笔迹比对，张发荣认定此信是女儿亲笔所书，遂到当地公安派出所报案。派出所认为事关重大，须请示分局。张发荣又找到区公安分局。分局了解情况后，答复说，张丽丽失踪长达 6 年，已经由法院宣告死亡，现发现张丽丽下落，也应先由法院撤销张丽丽的死亡宣告，否则，公安机关不予协助执行。张发荣不服区公安分局的答复，以拒绝履行法定职责为由向区法院提起行政诉讼，要求法院依法判决被告履行法定职责，早日解救被拐卖的女儿。法院受理此案后，经审理查明：原告张发荣的女儿确系 6 年前失踪。经鉴定，来信系张丽丽亲手所写。问：

（1）本案中公安机关的行为是什么性质的行为？

（2）被告以先由法院撤销被解救人张丽丽的死亡宣告作为履行职责的先决条件，是否正确？

（3）人民法院应当如何判决？

（4）如果在第一审程序中，被告公安机关开始着手解救被拐妇女，原告张发荣申请撤诉，人民法院应当如何处理？

第十一章 国际公法

💡 **教学要求**

通过本课程的学习，学生应当能够了解国际公法学的一般理论，掌握国际公法涉及的主要法律部门的基础知识，初步了解国际公法的主要法律制度和原则，并具备运用国际公法基本原理和具体的规则分析和解决国际公法实践问题的初步能力。

第一节 国际法概述

一、国际法的概念和特征

国际公法，也就是国际法，简单说来，就是国家之间交往的法律。它是在国家交往过程中逐步形成的，为参与交往国家普遍认同的一系列规则、原则和制度的总称。

国际法的形成经过了一个相当漫长的历史过程，在这个过程中逐步形成了我们今天所接触到的国际法的体系。这一体系与国内法相比具有非常明显的特征，主要表现在这样几个方面：

（1）国际法的主体主要是国家。现代国际法中，除了国家以外，一些国际组织以及民族解放组织也被认为具有有限的国际法主体资格，甚至一些学者认为个人也具有国际法上主体的资格。

（2）国际法主要调整国家之间的法律关系。这也是国际法的一个重要的特征，国际法调整的法律关系主要是国家与国家之间形成的法律关系。

（3）国际法的形成是各个国家之间相互协调妥协的结果，因此，国际法虽然是国家之间的法律，但不是国家之上的法律。国际法并不超越国家的主权，也因此任何国家都没有独立进行国际法立法的权力。

（4）国际法不存在超越主权的强制力，也不存在超越主权的强制机关。正因为国际法不是超越国家的法律，所以，国际法也就不存在超国家的强制力。国际法的效力实现主要依靠参与国际法的国家之间的意思协调，通过条约来约束参与国家的行为。当国际法的效力不能实现或者遭到破坏时，通常是通过参与国家的集体安全机制来对国际法的效力进行保障。

二、国际法的渊源

所谓法律的渊源，主要是指法律规则和原则的效力来源，一般是指效力的形式渊源，也就是法律的具体表现形式。根据《国际法院规约》的规定，国际法的渊源主要有条约、习惯、一般法律原则、国际法院的判例和各国公认之权威法学家学说。一般来说，人们将国际条约和国际习惯看成国际法的主要渊源，将一般法律原则、国际法院的判例和各国公认之权威法学家学说视为国际法的次要渊源。

（1）国际条约。条约是两个或两个以上的国际法主体依据国际法确立其相互间权利和义务而缔结的书面协议。在现代以前，习惯是国际法的首要渊源，但是在现代国际法中，条约是国际法的首要渊源。

（2）国际习惯。国际习惯是指在国家交往过程中经过法律认同的主体重复类似行为。国际习惯由国际惯例和法律确信组成，国际惯例主要是一些没有经过法律认同的重复类似行为，作为国际习惯的基础而存在，这些惯例经过一定的法律确信程序就上升为国际习惯，成为国际法上的法律渊源。

三、国际法的基本原则

法律的基本原则是指构成法律规则依据的基础性规范。国际法的基本原则是指得到公认的、具有普遍意义、构成国际法规则基础的一些原则。在国际法上，法律原则具有强行法的意义，国际法的其他规则、原则和制度都必须以基本原则为基础，不得违反基本原则的规定和精神，基本原则是不能够被任意修改、选用或者废弃的，任何上述行为都构成对国际法的严重违反。

国际法的基本原则在学理上可以有广义和狭义之分。狭义的基本原则主要是指由《联合国宪章》所规定的国际法的基本原则，主要有 7 条：

（1）会员国主权平等原则；

（2）善意履行宪章所规定的义务原则；

（3）和平解决国际争端原则；

（4）禁止使用武力和以武力相威胁原则；

（5）集体安全协助原则；

（6）不干涉内政原则；

（7）确保非会员国遵守宪章原则。

《联合国宪章》所规定的国际法的基本原则为确保国际社会的和平、稳定和发展奠定了法律基础，成为现代国际法的规则、原则和制度的根本性基础。在此以后，又有一些国际法的文件规定了国际法的基本原则，在宪章所确立的基本原则的基础上进一步阐发了宪章的精神。其中最重要的发展就是由我国提出的和平共处五项原则。

（1）互相尊重领土主权和领土完整原则。国家的主权一个国家的象征。主权的独立和完整是国际社会和平发展的前提，也是国际法基本原则的出发点。

（2）互不侵犯原则。现代国际法认为国家的主权是平等的，因此，任何以侵犯国家主权独立和完整为结果的国际行为都是违背国际法基本精神的。任何国家都不得以武力或者以武力相威胁的方式对别国的主权构成任何形式的威胁和实际侵犯。

（3）互不干涉内政原则。国际法上独立的主权包括两个部分：一方面表现为国家可以以平等独立的身份参与国际交往，享受国际法上的权利和承担国际法上的义务；另一方面，还表示一个国家具有排他性的对内政治统治权，表现为一个国家政治体制的选择，立法、司法和行政权力的独立运用等。因此，任何一个国家都不得对一个独立国家内部的政治行为进行干涉。

（4）平等互利原则。这一原则主要是指在国际交往中，国际之间应当不分强弱、大小、政体，一律平等，在平等的基础上互惠互利，共同发展。

（5）和平共处原则。和平共处是现代国际社会存在和发展的前提，这个原则的含义在于国家交往中的国家不应当因为社会制度、文化传统、意识形态和价值观念的不同而在国家交往中产生法律地位的差异，应当和平相处、共同发展，运用和平的方式解决国家交往过程中的一切争端。

四、国际法与国内法的关系

国际法与国内法的关系牵涉国际法的性质、渊源、国际法的效力根据、国际法的主体等等在国际法上带有根本性的问题，并与之紧密联系。这一问题存在三种观点，一种是坚持国际法与国内法相互独立的二元论的观点；一种是认为国际法优于国内法的一元论观点，还有就是认为国内法优于国际法的一元论观点。

1. 二元论的观点

这一观点认为，国际法与国内法是两个不同的概念，构成两个不同的法律体系。国际公法和国内法不只是法律的不同部分或分支，而是不同的法律体系。它们是两个领域，虽然有密切关系，但绝不是彼此隶属的。

2. 国内法优于国际法的一元论观点

这种观点是一元论产生初期的一种思想，现在赞同的学者已经不是很多。这种观点认为应当肯定国际法是法律，只是由于一切法律都是出自于国家的意志，国际法的效力在于国家的意志的自我限制。

3. 国际法优于国内法的一元论观点

这种观点是一元论理论的主要观点，通常说的一元论就是指这种观点。一元论的主要观点是世界上只有一个普遍性的法律秩序，各国法律体系是从属于它而成为受委托的分支；国际法决定各国法律体系的属人、属时和属地效力范围，从而使各国法律体系有共处的可能。

需要说明的是，上述三种观点只是国际法与国内法相互关系的三种典型的观点，在学术界真正完全坚持这样的观点的学者越来越少了，许多学者走上了与它们相联系的一些改进的观点。我国学者大多也持有类似观点，基本上赞同二元论的指导思想，但是提倡国际法与国内法协调发展。

第二节　国际法的主体

一、国际法主体的概念

国际法主体是指独立参加国际关系并直接在国际法上享受权利和承担义务，并具有独立进行国际求偿能力者。在现代国际法上，能够具备上述条件，成为国际法主体的实体主要有：国家、争取独立的民族以及一些国际组织，个人是否具有国际法上的主体资格尚属争论。

国家作为国际法上最重要的主体，是国际法上最典型的法律人格者。它的存在必须满足一定的条件，一般说来，这些条件我们称为国家的构成要件。

（1）有一定面积的固定领土。国家的存在必须以一定的固定领土为物质要件，拥有固定的领土是国家存在的物质前提，没有领土的国家是不被承认的，不具有独立的国际法主体资格。一定面积的领土也是衡量和确定国家主权行使的空间范围的重要依据。

（2）有相对固定的居民。一定的居民是形成一定社会的物质要件，国家的存在以生活的存在为前提，所以，有相对固定的居民也是国家存在的物质要件之一。相对固定的居民也是确定国家主权行使范围的重要条件。

（3）一定的政权组织机构。一定的政权组织是国家在国内行使政治统治，对外代表国家参与国际关系的基础。政府是国家的代言人，政权是主权的政治体现，没有政权就不能够形成对一个地区以及这个地区的固定居民的有效管理。因此，国家应当具备一定的政治组织机构。

（4）主权。作为国家构成要件的主权是指国家对内实施政治统治，对外进行平等的国际交往，参与国际关系的能力。它的存在是一个国家成为国际法上的独立人格者的合法性前提，主权就是独立，主权国家就是独立国家。

☺ 热点问题 11—1

个人能否成为国际法上的主体？

＊ 国家是国际法的基本主体，国际组织和某些争取独立的民族也是国际法的主体，而个人或公司（法人）一般不是国际法主体。①

＊＊ 国家是主要但不是唯一的国际法的主体。在国家以外的团体直接享有国际法上某些权利、权力和义务的限度内，这些团体可以被视为有国际人格的国际法主体。……国家可以将个人或其他人格者视为是直接被赋予国际权利和义务的，而且在这个限度内使他们成为国际法的主体。②

＊＊＊ 在特定的场合，个人在国际上以法律人格者出现。同时，将个人归类为国际法的主体是毫无帮助的，因为这似乎暗示并不存在的能力的存在……③

二、国家的基本权利和义务

国际法上国家的权利可以分为基本权利和派生权利。其中，基本权利是指国家所固有的权利，它与国家主权紧密相连，各国之间的基本权利是一致的、无差别的。一般来说，国家的基本权利有这样几个：

（1）独立权。是指国家拥有自主处理国内的事务，不受其他任何国家或组织的控制和干涉的权利。在国际法上，国家的独立权是国际法上不干涉内政原则的基础。

（2）平等权。国际法上的平等权是指在法律人格上，任何国家都具有相同的法律地位，国际法上的权利和义务对于每一个国家而言都是同等的。这是独立权存在的必然结果，从国际法上来说，独立权是平等权的前提和基础。

（3）自卫权。在国际法上，自卫权是指一个国家在遭到外国武力攻击时可以采取相应的武力措施进行反击，以保障主权独立和领土完整的权利。自卫权也被称为自保权，现代

---

① 曹建明等：《国际公法学》，法律出版社 1998 年版，第 72 页。

② 〔英〕詹宁斯、瓦茨修订：《奥本海国际法》第 9 版，第 1 卷，第 1 分册，王铁崖等译，中国大百科全书出版社 1995 年版，第 10 页。

③ 〔英〕布朗利：《国际公法原理》第 5 版，曾令良等译，法律出版社 2002 年版，第 74 页。

自卫权是以传统的自保权的发展为依据的。传统自保权包括国家可以以自保为理由使用武力，但是，现代国际法明确禁止使用武力或以武力相威胁，所以，自保权仅仅限于自卫权，从这个意义上讲，自卫权就是自保权。

（4）管辖权。一般认为，国际法上的国家管辖权是指国家对其领土及其国民行使主权的具体表现。它包括这样几种主要的形式：第一，属人管辖。也就是国家根据被管辖者的国籍进行管辖；第二，属地管辖。是指国家依据其领土的范围进行管辖，这里所说的领土不仅包括陆地领土，还应当包括领水、领海和领空；第三，保护性管辖。这种管辖方式是指国家对在外国作出对本国或者本国国民的犯罪行为的外国人进行的一种管辖形式；第四，普遍性管辖。所谓普遍性管辖，主要是属人管辖权利延伸，是指一个国家对于严重危害国际和平、安全以及严重侵害人类共同利益的行为，可以不受属人管辖的限制进行管辖。

三、国家和政府的承认

国际法上的承认包括广义的承认和狭义的承认。国家和政府的承认是狭义的承认，是指一个既存的国家对一个新的国家或者一个新的政府的出现给予某种形式的接受的政治和法律后果。从承认的行为上而言，它是一种单方面的行为也是一种单方面的权利，新的国家和新的政府没有权利要求一个既存国家对其采取承认行为，同样，一个既存国家也有权利选择对一个新国家或者一个新政府承认与否。

国际法上的承认会形成一定的政治和法律后果，主要是指一个新的国家或者新政府一旦获得承认，就为承认国和被承认国之间建立外交关系奠定了一定的合法性基础，双方可以签订条约、相互派遣外交代表、设立外交机构等等，因此，承认的同时也就产生了一定的政治后果。这种因为承认而产生的法律和政治后果对于承认国和被承认国而言都是十分重要的。

承认一般有明示承认和默示承认两种主要方式。在当代国际法中，默示承认已经为大多数国家所接受，在国际关系中比较常见。在现代国际法上，还有一种被普遍接受的承认现象，就是"不承认主义"，对于违反国际法基本原则而形成的新的国家或者新的政府，国际社会有义务采取不承认的行为，这是上世纪 30 年代以来逐步形成的一种国际通行的原则。

四、国家和政府的继承

国际法上的继承是指由于国际法主体的变更，使得该主体的权利和义务转移到另一个国际法主体的法律关系的转移。从继承的主体来看，国际法上的继承有国家的继承、政府的继承和国际组织的继承等主要形式。

国家继承是指当一个国家在国际关系上对其领土范围那所享有的国家权利和承担的国际义务被另一个国家所取代时所产生的一种法律关系的转移。

在国际法上，国家继承涉及的范围比较广泛，主要有条约的继承、财产的继承、债务的继承以及档案的继承，但是由于新国家的形成状况比较复杂，有国家的合并、国家的分离、国家的分裂等情况，每一种情况都将涉及上述内容的继承。

政府的继承包括正常更迭的政府对上一届政府国际权利和义务的继承，不过在国际法的角度，比较复杂的是非法律程序的政府更迭，也就是新政府运用非法律手段推翻旧政府的情况下的政府继承问题。政府的继承同样包括条约的继承、财产的继承、债务的继承以及档案的继承，一般说来，新的政府可以当然地继承旧政府的国际权利，但是对于国际义务，则一般由新政府进行选择性继承。

国际组织的继承出现在第二次世界大战以后，国际组织的发展非常迅速，产生了许多新的国际组织替代原有的旧的国际组织的现象，在这种现象中就产生了前后两个国际组织对于国际组织的权利和义务的继承问题。一般而言，国际组织的继承主要是依据国际组织的协议进行，通过新的国际组织的规章来确定对旧的国际组织的权利和义务的继承关系。

> 案例 11—1 清朝末年为了镇压南方各省的革命斗争，筹集资金修筑湖南湖北境内的粤汉铁路和湖北境内的川汉铁路，发行了一笔债券，该债券主要由英国、法国、美国和德国等国认购。1979 年 11 月，美国公民杰克逊等人在州地区法院起诉，状告中华人民共和国政府，要求偿还该债券。中国政府拒绝接收传票并提出严正交涉，1982 年 9 月，美国法院缺席判决判处中国政府偿还原告 41313038 美元，外加利息和诉讼费。中国政府以国家主权豁免和恶债不继承原则与美国政府进行交涉，最终由美国联邦地区法院于 1984 年 4 月撤销了州地区法院的缺席判决。[①]

五、国际法上的法律责任

所谓国际法上的法律责任，主要是指国际法主体的行为违反了国际法的规则、原则或制度，依照国际法的规定所应当承担的法律责任。因为国家是国际法最广泛和最重要的主体，所以，有关国家的行为涉及的国际法上的法律责任是国际法律责任最主要的部分。从法律上来说，构成国家法律责任的行为有两大类，一类是国家的作为；一类是国家的不作为。构成国家法律责任的前提是因为国家的具体行为造成对国际法精神或者国际法规范的破坏，实际上，国际违法行为就是对国际法律规则的违反，就是对国际法效力的破坏。因此，国家承担国际法上的法律责任目的在于恢复被破坏的法律效力，重塑法律规则的威信。个人能否作为国际法的责任主体一直存在争论，大部分学者认为个人不能作为国际法上的责任主体，但是现代国际法的一些学者认为在特定情况下，个人也可以成为国际法责任的主体。

第三节 国际法上的居民和领土

一、国际法上的居民

（一）国籍概述

简单说来，国籍就是一个人成为或者属于某一个国家的公民或国民的法律资格。一个

---

① 陈致中：《国际法案例》，法律出版社 1998 年版，第 32～35 页。

人具有某一个国家的国籍，意味着他（她）与这个国家具有了法律上的必然联系，享有这个国家法律上的权利并承担着法律上的义务，始终受这个国家法律的保护。同时，在国际法上，具有国籍是确认一个人是否享有外交保护的法律依据。

国籍分为原始国籍和继受国籍两种。原始国籍是指一个人因为出生而获得的国籍，也就是先天取得国籍。一般来说，这种国籍的取得有两种主要的方式。第一种方式是以父母的国籍来确定出生子女的国籍，在国际法上称为"血统主义"；另一种是依照一个人出生的国家来确定其国籍，称为"出生地主义"。目前，多数国家对于原始国籍采取两种形式相结合的原则，有人称为"混合主义"。

继受国籍的情况比较复杂，从广泛的意义上而言，任何因出生以外的原因获得的国籍都可以称为是继受国籍。在国际法上，继受国籍主要有这样集中情况：

（1）因婚姻关系而获得国籍；

（2）因收养关系而获得国籍；

（3）因认领而获得国籍；

（4）因申请入籍（归化）而获得国籍。

国籍的丧失是指一个人丧失某一个国家的原有国籍。从个人意愿来说，国籍的丧失有自愿丧失与非自愿丧失两种情况。现代国际法一般不主张一个国家可以任意剥夺一个人的国籍，但是，因为法律上的情势而丧失原有的国籍则是普遍的做法。一个人可以因为取得新的国籍、婚姻、选择、放弃等情势丧失原来国家的国籍而取得新的国家的国籍。同时，在非自愿丧失国籍的情况中，可以因为背叛国家、在外国军队服役、协助外国人侵犯本国的利益、双重国籍、非法离境以及某些政治罪行等原因引起国籍的丧失。一般情况下，丧失国籍对于一个人而言是非常严重的后果，会造成一系列的法律问题，他（她）会因此丧失这个国家法律对其的保护，失去原有的一切法律规定的国民或公民权利。如果这个人因此成为无国籍人，那么从国际法的角度来说，将会引起更多的国际法的问题。

（二）国籍冲突

所谓国籍冲突，是指一个人拥有两个或两个以上的国籍或者没有任何国家的国籍的情况。国籍冲突的意义在于国籍冲突会引起一个人法律权利和义务上的冲突，必须通过国际法的方法予以解决。国籍冲突有两种情况，即多重国籍和无国籍。

多重国籍是指一个人拥有两个或者两个以上国家国籍的情况。在这种情况下，这个人将同时享有多个国家法律规定的权利，但是同时也必须承担多个国家法律所规定的义务。一般来说，目前解决这一问题的方法主要是通过设计多重国籍的国家之间签订双边协议一揽子解决多重国籍问题中的权利和义务冲突问题。

无国籍问题是国际法上一个比较重要的问题，也是国际社会比较关注的问题，其直接原因是无国籍人的权利比较难以保障。无国籍人从法律上而言是不享有任何国家法律规定的权利的，同时也不会受到任何国家法律的保护，因此，这些人在国际法上属于弱势群体。二战以后，国际社会形成了几个普遍性的国际公约。目前，许多国家都在国内法上规定了无国籍人的法律地位以及法律保护的规则或者原则，使这个问题有了法律上的依据。

（三）外国人的法律地位

国际法上的外国人具有特定的含义，主要是指居留在一国境内，但是不具有该国国籍的非无国籍人。这个含义中并不包括按照国际法的规定享有外交特权或者豁免权的人。

按照国际法上的通行原则，外国人应当受到其本国的属人管辖，同时又受到居留国的属地管辖，不过，这时其决定作用的主要是属地管辖。因此，有关外国人的地位问题主要由其居留国的国内法规定。在国际法的实践上，规定外国人享有何种权利和承担何种义务是一国主权范围内的事情，但是应当符合国际法的精神和通行原则，同时还受到国际法上对等待遇的制约。一般来说，外国人在外国享有的待遇有这样几种：

（1）国民待遇。这种待遇在一定范围内给予外国人与本国国民对等的待遇，不过这种待遇一般不包括本国国民所享有的政治权利，如选举权、被选举权、担任公职的权利等，也不承担本国国民应当承担的具有政治意义的义务，如兵役义务等。

（2）最惠国待遇。这种待遇是指给予外国人不低于任何现有或者将要给予第三国国民在本国境内时的权利。这种待遇并不以第三国国民处于本国境内为条件，通俗来说，也就是将获得外国人在本国境内的最多的权利和最少的义务。

（3）差别待遇。这种待遇的给予是将外国人的待遇与本国人或者与其他国家的外国人进行比较而产生的，它可以高于或者低于本国国民的待遇，也可以高于或者低于其他第三国国民在本国境内时的待遇，因此称为差别待遇。在国际法的实践中，一般认为差别待遇的标准不得与国际法的基本精神相抵触，也不得以此标准对抗该国在国际法上的义务。

（四）庇护和引渡

庇护和引渡是国际法上的重要问题，也是国际法实践中经常性的问题。庇护是指一个国家将在其境内的，遭受外国追诉并前来请求避难的外国人给予保护，并拒绝将其引渡给另一个国家的行为。从法理上看，庇护行为显然是一个国家属地管辖权的延伸，是国家运用属地管辖权对处于其境内的特定的外国人进行保护的行为。

从现代国际法的实践来看，庇护的对象主要是因为政治原因受到其国籍国追诉而前来请求避难的政治犯，也就是通常所说的请求"政治避难"的外国人。一个普遍认同的原则是，对于犯有联合国宪章以及国际法文件所规定的国际罪行的人，各国都不应当对其实行庇护。对于刑事犯罪而受到追诉的外国人，一般也不应当给予庇护。

由此可见，庇护与引渡是十分密切的两个行为，从某种角度来说它们是相反的行为。引渡是一个国家将在其境内，被其他国家追诉、通缉或者判刑的刑事罪犯，根据罪犯国籍国的请求移交给请求国审判或者处罚的行为。在国际法的实践上，构成引渡需要一些实质性条件，其中最主要的就是请求国和引渡国之间应当签订有关引渡协议，按照协议的规定进行引渡。引渡还有一些公认的原则，比较重要的有政治犯不引渡原则、本国人不引渡原则、双重审查原则、相同原则和罪行特定原则等。

案例 11—2 A 国人在 A 国是著名的持不同政见者，并且在国内多次组织游行示威，反对政府，A 国政府欲以煽动反对政府罪为名将其缉拿，但是该人逃往 B 国。B 国与 A 国签订有相互间的引渡协议，但是 B 国没有这个罪名。于是 A 国就以聚众暴力干涉公务罪、聚众损毁国家财产罪为理由请求 B 国将其引渡回 A 国，B 国经过审查接受了 A 国的引渡请求，将该人引渡回 A 国，A 国随即以煽动反对政府罪将其判处死刑。在该案中，A 国违背了国际法上引渡的罪刑特定原则。

☺ 热点问题 11—2

外国人的待遇是否应当制定和适用国际标准？

＊ 以拉美国家为代表的前殖民地、半殖民地国家，坚决反对国际标准的理论及其适用。认为所谓国际标准的主张，与国际法基本原则相悖。[1]

＊＊ 外国人待遇的国际标准不仅应当建立/适用、可能建立/适用，而且客观上已经且一直在不断建立/适用之中。[2]

二、国际法上的领土

（一）国际法上领土概念及构成

在国际法上，领土是构成国家的物质基础，是国家最重要的构成要件。所谓领土，主要是指一个国家主权所控制的地球特定部分。由此领土自然产生的领土主权是国家主权的核心部分，国家在其领土范围内具有排他性的控制权。

领土的构成包括领陆、领水、领陆和领水下的底土以及领陆和领水上的空气空间，也就是领空组成。领陆是指一个国家边界以内的全部陆地，包括岛屿。这是国家领土的最主要的部分，在国际法上，一个国家必须要有一定面积的陆地领土。领水包括内水和领海。内水有广义和狭义之分，广义的内水包括一个国家边界以内的全部水域以及海岸线与领海基线之间的水域；狭义的内水就是海岸线与领海基线之间的水域。领海是指从领海基线向海域延伸一定距离（目前，国际法的实践中普遍接受 12 海里的标准）所得到的一片广大的水域，包括水面、海水、海床以及海底底土。领空是指领陆和领水上的一定高度的空气空间。

（二）领土的取得与变更

一般来说，领土的取得与变更主要有这样几种情况：先占、添附、时效、割让和征服。

先占是指一个国家有意识地取得原本不属于任何国家控制的土地的主权的行为。在国际法上，先占必须满足这样几个条件方可生效：①先占者必须是主权国家；②先占的土地必须是占领时不属于任何国家主权控制下的土地；③先占者必须在占领地实行实际的控制和管理；④先占者对于占领地必须有意识地持续保有。

添附是指一个国家的领土由于自然力或者人力的作用而发生增加的行为。因此，添附

---

[1] 王铁崖：《国际法》，法律出版社 1981 年版，第 258 页。

[2] 曾令良、余敏友：《全球化时代的国际法：基础、结构与挑战》，武汉大学出版社 2005 年版，第 246 页。

有两种形式：一种是自然添附，如海上火山爆发形成火山岛，海水或者河水的冲积平原的形成等；一种是人工添附，如人工填海等。

时效是指一个国家对另一个国家的领土实施长期的占领以后，由于被占领国没有抗议或者曾经抗议但是现在不再抗议，致使该国对他国领土的占领不再受到干扰，并且这种占领行为逐渐获得国际社会的认同的一种领土取得行为。通过时效的方式获得领土的条件是比较严格的，其中最重要的是长期和不受干扰。

割让是指一个国家其对一部分领土的主权转让给另一个国家的行为。割让也有自愿和非自愿两种情况。但是不论是何种情况，割让的行为一般都基于割让协议的签订和生效。需要注意的是，割让领土实际上是割让领土上的主权，而不是割让领土本身，一般而言，割让应当至少包括一定面积的领陆，不能纯粹割让内水或者领海的一部分。

征服是指一个国家运用武力占取他国领土的一部分或者全部，并将被占领的领土加以兼并的一种领土取得行为。征服的生效应当有两个构成：一是部分或者全部占领；一是有意识地兼并。在现代国际法以前，征服曾经是领土取得的主要的方式，但是，随着现代国际法禁止使用武力和以武力相威胁的原则的出现和实施，征服已经不再是领土取得的合法方式了。

（三）领土主权的限制

一般来说，国家在其领土范围内享有排他性的主权，国家主权的行使不受任何其他国家或者国际组织的控制和干涉。但是，在国际法的实践上，国家主权在某些情况下会受到一定的限制。这种限制主要有共管、租借、势力范围和国际地役四种主要情况。

共管是指两个或者两个以上的主权国家共同对某一个特点的领土行使主权。这种状态现在并不多见，但是，共管在国际法上还是具有较大的意义。在现代国际法的实践中，共管常常是解决两国边界冲突重要的方式，可以暂时冻结两国因为边界问题而形成的冲突，有利于边界问题的和平解决。

租借是指一个国家根据条约将其一部分领土租借给另一个国家的行为。租借同样是一个国家领土主权的暂时让渡，一般是附期限的行为。

势力范围是指根据条约将一国土地的一部分专门保留给已经有效占领了相邻土地的国家，以便该国日后加以占领的土地。一般来说，势力范围由于以实际有效占领他国土地为前提，所以是殖民时代的产物，在现代国际法中，这种行为是不合法的。

国际地役是指根据条约一个国家的一部分领土在一定范围内应当为另一个国家的某种利益服务。应当注意的是，国际地役是对国家主权的限制，并不是对国家领土的其他权利的限制。它的形成来源于古老的民法中的地役权概念。

第四节 外交关系与条约法

一、外交关系概述

外交关系属于国家对外关系的范畴。从广义上讲，外交是国家与国家之间为了实现各自的对外利益，通过相互派遣代表和设立办事机构、通过领导人之间的互访、参加和举行国际会议等方式进行国际交往所形成的关系。而狭义的外交关系则是指国家互相在对方的领土内设立常驻使团并通过它进行交往的关系。

从历史的角度看，外交活动产生比较早，但是，通过一定的规则规范外交活动，并最终形成国际性的法律规则则是在近代以来的国际法发展中逐步形成和完善的。现代国际法强调外交活动和外交关系的重要性，强调各国在外交关系中坚持平等和独立原则。并通过各国间的外交活动体现国家之间的关系，通过外交活动增进各国间的交流和合作。因此，外交活动以及由此形成的外交关系是现代国家交往的主要方式。

外交关系的形式在国际法的实践中是多种多样的，主要的形式由正式的外交关系、半正式外交关系、非正式外交关系和民间外交关系。其中正式外交关系以相互派驻常驻外交使节为主要特征；半正式的外交关系一般是指两个国家之间尚未建立正式的外交关系，但是已经进行了外交谈判，相互间设立某种形式的联络机构；非正式的外交关系是指两个国家并没有建立任何形式的外交关系，但是处于进行外交联系的过程中。民间外交关系是指两个国家的个人或者民间团体相互进行访问或接触，就国际问题和两国关系的问题以及一些具体的事务进行交流、协商并达成协议或协定而形成的外交关系。

领事是一个国家经过另一个国家的同意，派驻在该国的一定地点，以便在该国一定区域内执行领事职务的人员。一般来说，在现代国际法上，领事的工作不同于外交使节，他们的工作主要涉及经济文化方面的国家间事务。也正因为如此，所以，领事并不是一个国家的外交代表，也不享有外交豁免权。按照学术界的观点和国际法的实践，领事分为职业领事和名誉领事两类。前者是派遣国的国民，受派遣国的薪俸，又可以分为总领事、领事、副领事和领事代理人四种。我们一般所说的领事大多是职业领事。

二、外交特权与外交豁免

在国际法的实践中，对外交特权的关注是有历史渊源的，现代国际法上强调对外交特权的尊重以及外交豁免权的行使。

所谓外交特权与豁免，是指按照国际法或有关协议，在国家间互惠的基础上，主要是为使该国的外交代表机关及其人员在驻在国能够有效地执行职务，而由驻在国给予的特别权利与豁免。自古以来，各国公认外交代表具有特殊的地位，中国自古就有"两军交战，不斩来使"的说法，这是一种公认的惯例。发展到后来，这种特殊的地位就变成两个国家之间为了增进双方的关系，给双方的代表以工作上的便利而授予的特殊权利和豁免。

在现代国际法中，外交特权和豁免是不得侵犯的，这种特权和豁免主要包括对外交代表的人身、财产、行为的豁免以及对使馆或外交机构的管辖豁免等。从理论上说，授予外交代表以特权和豁免本质上是对对方国家的尊敬，是对对方国家主权独立，不受他国管辖的认可。因此，如前所述，外交代表的特权和豁免是相互的、双向的权利。

案例11—3 2001年，阿根廷一家上诉法院作出判决，由于俄罗斯驻布宜诺斯艾利斯大使馆长期未缴纳水费和下水道维修费，可以将大使馆拍卖，以缴纳这部分费用。这一判决后来为阿根廷最高法院维持原判。俄罗斯大使馆提出抗议，认为大使馆应当享有外交豁免，不能用于拍卖。但是，按照《维也纳外交关系公约》第23条的规定，俄罗斯大使馆这笔费用是应当缴纳的，不能享有豁免缴纳的权利。这里存在一个使馆拖欠的费用与大使馆本身在外交豁免问题上的不同的地位。

三、条约的概念、名称与结构

条约是国际法上非常重要的概念之一，也可以说是现代国际法的核心概念之一。对条约的定义有两种角度，一种角度就是从法律的角度，也就是从《维也纳条约法公约》对条约的定义的角度来阐述；另一种角度也是学者们运用较多的是从条约的本质性的特点出发，对条约进行定义，以概括条约的性质和本质特点。我们仅仅从第二种角度进行阐述。

条约是两个或者两个以上的国际法主体为了对各自的权利和义务进行规定、修改或者废除而达成的书面协议。其本质是国际法主体之间以权利和义务为内容的意思表达一致。

按照《维也纳条约法公约》的规定，条约的名称是不受限制的，但是形式必须是书面的。在国际法的实践中，通用的条约名称主要有公约、专约、协定、议定书、宣言、换文、最后决议书或者总决议书等。一战以后，随着国际组织的出现，条约的名称出现了盟约和宪章等。还有一些名称也可以视为条约，如附加议定书、附加条款、联合公报、临时协定等。

条约的结构在《维也纳条约法公约》中并没有特别的规定，但是，按照国际法实践中的通行惯例，条约的结构通常有这样几个部分组成：

（1）序言。主要载明缔结条约的宗旨、目的和依据；

（2）主文。也称为正文。这是条约的主体部分，也是条约的实质性内容。一般都规定参与缔结各方的权利和义务，一般在正文的开始部分会对条约涉及的名词作概念上的界定，以便于解释条约的具体条款。

（3）结尾。也称为最后条款部分。主要规定条约的生效办法，加入的程序，有效期，文字，文本的保管，批准签字的日期、地点以及代表签字等事项。有时还可以有附加议定书或者附加条款。

四、条约的缔结与保留

一般而言，条约的缔结应当遵循一定的程序，主要是为了获得条约的合法性要件。通常认为，条约从各方有一定的意向到条约的缔结、再到条约的生效、履行主要有以下一些程序：

（1）派遣谈判人员；

（2）谈判以及议定条约约文；

（3）认证和签署条约；

（4）批准；

（5）加入；

（6）生效；

（7）登记与公布；

（8）适用与履行。[①]

在条约问题中还有一个问题就是条约的保留问题，这个问题在条约的运动过程中是很常见的。在国际法的实践中，除非条约中明确禁止保留的部分，其他部分都可以保留，保留的

---

① 沈克勤：《国际法》，学生书局 1980 年版，第 367 页。

目的主要在于摒弃或者修改条约中对提出保留国家适用时的法律效果。一般有以下含义：

（1）保留应当在表示接受条约约束时作出；

（2）保留可以采取任何措辞或者名称，其性质属于单方面的声明；

（3）保留的效果是排除条约中某规定对提出保留的缔约方的约束力。①

😊 热点问题 11—3

一国对条约的保留是否必须获得条约缔约国的一致同意方能生效？

＊ 一个缔约国的保留，必须得到所有其他缔约国的明示或默视同意，才能成立。②

＊＊ 一个国家在加入公约时提出并坚持一项保留，该保留受到一个或几个缔约国反对，但不是受其他国家反对，如果该保留符合公约的宗旨和目的，该国可以被认为是公约的当事国……③

第五节　国际组织与联合国

一、国际组织概述

国际组织在现代国际生活中扮演着日益重要的角色，尤其是二战以后，由于殖民地国家的独立，区域政治和经济合作在深度和广度上的发展，使得国际组织无论在数量还是在范围上都达到了空前发展的规模。以至于在国际法上，我们已经不能不正视国际组织在国际法发展中的作用问题，以及国际组织的权利和义务，包括国际组织的主体地位等问题。

所谓国际组织，在学术上有广义和狭义之分。广义的国际组织是指两个以上国家的政府、民间团体或者个人基于某种目的，以一定协议形式而创设的各种机构。广义的国际组织包括政府间国际组织和非政府间国际组织。狭义的国际组织主要就是指政府间的国际组织。一般认为，政府间组织是由两个以上的国家组成的一种国家联盟或者国家联合体，是由其成员国政府通过符合国际法的协议而创立的，并且具有常设的体系或机构，其宗旨是依靠成员国之间的合作来谋求符合共同利益的目标。

一般认为，国际组织的特征主要由这样几个方面：

（1）国际组织是主权国家之间的组织，而不是主权国家之上的组织。即使像联合国这样的国际组织，其仍然不可能将其意志强加在主权国家之上。同时，在现代国际法的实践中，一些非独立国家也可以被一些国际组织接纳为成员，但是并不影响国家作为国际组织的主要的成员。

（2）国际组织的成立是以主权国家之间的协议为基础的。

（3）国际组织一般都设有常设机构，负责该组织的日常事务。

（4）国际组织具有法律上的独立性，其行为是以国际组织的名义作出的。

---

① 王铁崖：《国际法》，法律出版社 1995 年版，第 418 页。

② 李浩培：《条约法概论》，法律出版社 1987 年版，第 200 页。

③ 此系国际法院 1951 年就《防止及惩办灭种罪公约》的咨询意见书中提出的咨询结论之一。转引自陈致中：《国际法案例》，法律出版社 1998 年版，第 356 页。

二、联合国

联合国是现代国际社会最广大的国际组织，也是人类历史上最大规模的国际组织。从二战以后至今，联合国在其宪章的指导下，对国际安全、国际合作与发展、保障人权以及国际法的发展等方面都作出了前所未有的贡献。其规模和威信也在不断增加，目前，全球193 个国家中，已经有 192 个国家是联合国成员国，它已经成为真正的国际大家庭。

联合国创立于 1945 年，初始成员有 51 个。联合国的核心文件就是《联合国宪章》，其中指明了联合国的目的和宗旨，主要是：维护国际和平安全；发展各国间的平等独立的外交关系；促进各国之间的经济、社会、文化等方面的合作。

联合国的最高权力机构是联合国大会，其下设有六个机构，分别是：安全理事会、经济及社会理事会、托管理事会、国际法院和联合国秘书处。

联合国大会（简称"联大"）由全体成员国组成，每一个成员国的代表人数不得超过5 人，每个成员国均拥有 1 个投票权，显示了联合国尊重主权独立和平等的初衷。联大一般是一个审议和提议机构，每年举行一次常会，主要讨论和决定重大的国际问题。按照程序，常会之外如果有重大问题需要召开特别大会，应当由一定数量的国家提出，审议通过以后可以举行联大特别大会。

安全理事会（简称"安理会"）是联合国中政治权力最大的机构，主要负责审议和讨论决定涉及国际安全、调查和协调地区冲突、战争及局部冲突的评估和解决、是否派驻维和部队并对将要派遣地区的安全情况进行评估和讨论等事宜。应当说，从上个世纪 90 年代开始，由于地区冲突的不断升级，国际恐怖主义的泛滥等重大国际安全问题的出现，使得安理会的任务和责任变得越来越重要，其在国际上的地位和威信也越来越高。安理会由15 个联合国成员国组成，其中中国、美国、俄罗斯、英国和法国为常任理事国，其他成员为非常任理事国。在安理会的议事程序中，对于程序性事项，如会议的时间、地点等，只要在 15 个成员国中获得 9 票的赞成票就可以通过；而对于实质性事项，则需要启动所谓的"大国一致原则"，即需要常任理事国一致通过（赞成或者弃权），同时还应当有 4 个非常任理事国的赞成方可以通过。

经济及社会理事会（简称"经社理事会"）主要负责协调联合国以及专门机构的经济和社会工作方面的问题，其职能范围比较广泛，也是联合国一个重要的机构。我们比较熟悉的教科文组织、粮农组织、难民署等专门机构都是经社理事会下的专门机构。

托管理事会本来是联合国设立的专门负责托管事宜的一个机构，从事在联合国框架内执行国际托管制度进行领土的托管工作，不过，由于目前国际上已经没有用于托管的领土，因此，该机构实际上已经不再发挥作用。

秘书处是联合国的主要日常工作机构，为联合国的成员国和联合国机关服务并执行联合国的有关政策和计划。除了大量的联合国工作人员以外，秘书处的最高长官就是联合国秘书长。秘书长人选由安理会向联大提出，并经由联大到会代表进行投票，必须获得投票成员中的多数赞成方可任命，任期 5 年，可以连选连任。联合国秘书长有权随时向联大会议主席提供意见或者法律依据；有权协调成员国和国际组织之间的关系；有权代表联合国出面调查和调停国际冲突和国际争端等等。

国际法院是联合国的主要司法机关，由来自不同国家的 15 名法官组成，除了受理当事国提起的诉讼外，还接受联合国机构提请的法律咨询。

案例 11—4 1948 年，联合国派遣调解人贝纳多特到巴勒斯坦调解巴勒斯坦纠纷。1948 年 9 月 17 日，贝纳多特在耶路撒冷被以色列极端分子杀害。事后，以色列没有立即对此事进行侦查和处理。联合国大会于 1948 年 12 月 3 日通过第 258 号决议，请求国际法院对联合国的国际法主体资格及其相关权利提供咨询意见。国际法院的咨询意见认为联合国具有国际法主体享有的求偿权，并肯定联合国有为其工作人员的遇害提出求偿的权利。事后，以色列就此事赔偿联合国 54628 美元。[①]该案件显示了国际法院对于国际组织，尤其是联合国作为国际法上的主体的一种积极态度。

第六节　国际争端的和平解决

一、国际争端的概念与特征

国际争端是指在国际法的主体之间，由于在法律的权利和义务上的观点不能够产生一致，或者基于某种政治利益之间的冲突而形成的特定权利上的矛盾或者对立。

国际争端既不同于一般的法律上的权利冲突，也不同于国家之间的经济纠纷，这里的国际争端主要是法律权利或政治利益上的冲突。首先，国际争端的主体主要是主权国家；其次，国际之间不存在一个超国家的权力机关或裁判者——高于国家的立法机关和司法机关——来制定法律和裁判争端；其三，国际争端往往涉及国家与人民的重大利益，比其他争端都复杂和难以解决；其四，国际争端的起因往往比较复杂，既有政治的因素，也有法律的因素，还可能有事实的因素；其五，国际争端的解决受到国际关系力量对比的制约，同样的争端在不同的情况下解决的方法和结果可能有所不同；最后，国际争端的解决方法和程序是随着历史的发展和变化而发展和变化的。[②]

二、和平解决国际争端的政治方法

在现代国际法诞生以前，国际争端的解决方法往往以武力的手段来进行。二战以后，联合国在其宪章中首次全面禁止使用武力和以武力相威胁，解决国际争端的方法开始由武力解决向和平解决的道路上迈进。在现代国际法的实践中，和平解决国际争端的方法主要有两个路径，一是政治解决的方法；另一个就是法律解决的方法。

国际争端的政治解决方法，也有人称为外交方法或者外交途径。这种方法是指在国际法的程序框架以外，由第三方在发生争端的国际法主体之间运用政治手段，通过外交途径协调争端各方的意见和利益，以达到解决或者平息争端的目的。在实践中，政治方法的主要形式有谈判、协商、调查、斡旋、调停、和解等。由于联合国在国际社会中的地位的日益提高，使得作为全球最大的国际组织，其在政治解决国际争端方法所起的作用是非常巨

---

① 陈致中：《国际法案例》，法律出版社 1998 年版，第 12～15 页。

② 王铁崖：《国际法》，法律出版社 1995 年版，第 568 页。

大的，因此，有些学者强调了由联合国出面进行解决国际争端的重要性。[1]

三、和平解决国际争端的法律方法

（一）国际争端和平解决概述

和平解决国际争端的法律方法主要是指依据国际法的有关规定，通过国际法律机构，一般是仲裁机构和司法机构，解决国际争端的方法。法律方法与政治方法有本质上的不同，它是通过法律的途径，而不是通过政治的途径解决国际法主体间争端的一种方法，是现代国际法发展的产物。在一战以前，国际社会没有专门的司法机构，只有仲裁机构，所以，国际争端的法律解决是非常有限的。一战以后成立的常设国际法院和常设仲裁法庭给国际争端的法律解决提供了极大的便利，同时也增加了国际争端和平解决的途径和选择。

和平解决国际争端的法律方法的特点主要有这样几个：

（1）对于法律争端或者混合型争端，国际社会提供法律方法解决；

（2）仲裁和司法解决具有相对固定的组织和程序规则，适用法律规范裁决或判决；

（3）仲裁裁决和司法判决对争端当事人具有法律约束力，且具有终局性，不得上诉。[2]

从一战以后的常设国际法院和常设仲裁法庭到二战以后的国际法院和常设法庭，国际争端解决机构经过了长期的发展，对国际社会的和平稳定，对国际争端的和平解决起到了重要的作用。其中，国际法院对国际争端的法律解决所起的作用是巨大的。

（二）国际法院及其管辖和程序

现在的国际法院是联合国的一个重要的机构，总部设在荷兰的海牙。国际法院由15名来自世界各地的法官组成，他们都是联合国经过严格的遴选程序选拔任命的，法官任期9年，可以连选连任。新中国成立以后我国共有2人担任国际法院的法官，一个是倪征燠先生，曾经担任国际法院的法官；一个史久镛，他曾经担任国际法院的法官、副院长，现在是国际法院的法官、国际法院的院长。

根据《国际法院规约》的规定，在国际法院享有诉权的只能是国家，其他实体不能在国际法院提起诉讼。国际法院虽然是联合国的重要机构，但是，在国际法院成为当事国并不以联合国会员国为先决条件。作为诉讼主体的国家可以是联合国会员国，也可以是联合国非会员国，但是是诉讼当事国一方，还可以不属于上述两类但是经过安理会批准成为当事国的国家。但是，应当看到，现在全世界绝大多数国家都已经是联合国的会员国，因此基本都符合了成为国际法院诉讼主体的资格。

在管辖权方面，国际法院的管辖权根据《国际法院规约》确立，分为诉讼管辖和咨询管辖两类，其中诉讼管辖是国际法院主要的的工作，咨询管辖主要是就有关国际法的问题接受联合国及其机构的咨询，提出咨询意见。诉讼管辖是由法院依照国际法的规则审理当

---

[1] 〔英〕斯塔克：《国际法导论》，赵维田译，法律出版社1984年版，第390页。

[2] 慕亚平：《当代国际法论》，法律出版社1998年版，第215页。

事国在自愿基础上一致同意提交国际法院审理的一切案件，并作出终局性的判决。

国际法院的诉讼管辖一般有这样几种情况：

（1）自愿管辖。是指当事国在争端发生以后，双方一致同意将争端交由国际法院审理判决，并签订特别的协议，国际法院根据该协议而享有该案件的管辖权；

（2）协定管辖。是指当事国事先签订协议，规定一旦发生某种争端，双方自愿将争端提交国际法院进行审理解决，当争端发生以后，国际法院依照该协议而享有对该案件的管辖权。

（3）任意强制管辖。是指根据《国际法院规约》的条款规定，某些案件并不需要当事国签订特别的协议，而可以依据当事国提交的案件自然享有管辖权。这些案件包括条约的解释、国际法上的问题、违反国际法规定的义务而应当予以赔偿的性质以及范围等。

国际法院的判决是终局性的，当事国的案件一旦受到国际法院的管辖并由国际法院审理作出判决，这个判决就是终局性的判决，对当事国具有强制力，当事国不得上诉。

*　　　　　*　　　　　*

📖 重要概念

国际法　国际习惯　主权　自卫权　普遍性管辖　承认　继承　国籍冲突　引渡庇护　先占　国际地役　外交豁免　条约　国际组织

思考题

1. 国际法与国内法相比有哪些特征？
2. 试述国家的基本权利。
3. 试述和平共处五项原则的基本内容。
4. 试述领土的取得和变更方式。
5. 试述联合国及其基本组成机构。
6. 试述国际争端和平解决的方法。

案例分析

2003 年 3 月开始，以美国和英国为首的部队，以伊拉克和基地组织有实质性的密切联系；萨达姆在伊拉克国内实行专制恐怖政治，伊拉克人民需要获得解放；以伊拉克拥有大规模杀伤性武器，实质性违反了联合国安理会 2451 号决议等"证据"为理由，在没有安理会授权的情况下对伊拉克发动了战争。经过近一个月的战斗，多国部队推翻了伊拉克萨达姆政权，但是至今也未能找到伊拉克拥有大规模杀伤性武器的证据，并且现有证据已经证明萨达姆与基地组织并无实质性联系。于是，实质上美英联军针对伊拉克的行为演变成为以推翻伊拉克旧政权为目的的战争行为。

请分析美国和英国的上述做法违背了国际法的那些规定。

第十二章　国际私法

💡 **教学要求**

　　通过本课程的学习，学生应当能够了解国际私法的基本概念和一般理论，初步了解国际私法在处理涉外民商事纠纷的过程中的一般原则和主要规则，并具备运用国际私法基本原理和具体规则分析和解决涉外民商事实践问题的初步能力。

第一节　国际私法概述

一、国际私法的概念与调整对象

　　国际私法是以直接规范和间接规范相结合来调整平等主体之间的涉外民事和商事法律关系，并解决涉外民商事法律冲突的法律部门。它以涉外民商事关系为调整对象，并以解决涉外民商事法律冲突为中心任务。在国际私法的规范中，冲突规范为最基本的规范，其他还有外国人的民事法律地位规范、国际统一实体规范以及国际民事诉讼程序和国际商事仲裁规范。

　　国际私法以含有涉外因素的民商事关系作为调整对象。在社会民事生活中，凡是民商事关系有下列三种外国因素之一的，均构成涉外民事关系：

　　（1）民事关系的主体一方或双方是外国自然人或法人；

　　（2）民事关系的客体是位于外国的物或其他财产或需要在外国完成的行为；

　　（3）民事法律关系据以确立、变更或消灭的法律事实发生在外国。

二、国际私法的渊源

　　一般来说，国际私法的渊源主要有以下几个。

　　1. 国内立法

　　国内立法是国际私法的主要渊源。国际私法的各种规范包括冲突规范、外国人民事法律地位的规范以及国际民事诉讼与仲裁规范都可见于各国的国内立法中。

　　2. 国内判例

　　虽然对于判例能否成为国际私法的渊源在学术界仍然存在不同的意见，但是，在英美法系国家，法院对涉外案件的具有约束力的判决，可以成为国际私法的渊源。从国际私法的实践来说，司法判例是国际私法的一个重要的渊源。在我国现行的法律体制下，判例还不是法律的渊源，只能对具体的案件有指导意义。不过，判例在我国的国际私法实践中也并不是没有意义的，一般由最高人民法院针对一些案件提出的解答、批复、答复等都可以认为是对判例的运用。

　　3. 国际条约

　　国际条约是两个或者两个以上的国际法主体为了对各自的权利和义务进行规定、修改或者废除而达成的书面协议。其本质是国际法主体之间以权利和义务为内容的意思表达一致。作为国际私法渊源的国际条约，必须是主权国家在平等互利的基础上相互协商达成的协议。无论是多边的还是双边的国际条约，只有对依法定的程序参加的当事国才具有法律效力。

4.国际惯例

国际惯例主要是一些没有经过法律认同的重复类似行为，作为国际习惯的基础而存在，这些惯例经过一定的法律确信程序就上升为国际习惯，成为国际法上的法律渊源。国际惯例一般认为有两种类型，一种称为强制性惯例；一种称为任意性惯例。作为国际私法渊源的国际惯例主要是指国际贸易惯例，它要发生法律效力必须具备两个条件：①具有确定的内容，在长期的实践中持续有效；②经过当事国或当事人明示或者默视承认。

三、国际私法的基本原则

国际私法的基本原则是指制定和实施国际私法规范进行涉外民事活动和处理涉外民事法律纠纷必须遵循的原则。国际私法的具体规范和制度必须受国际私法基本原则的指导和制约。国际私法的基本原则主要有以下几个。

1.尊重国家主权的原则

这是当代国际私法基本原则的核心和灵魂，是涉外民商事纠纷得以顺利解决的基础性原则。它主要体现在下述几个方面：外国人必须尊重所在国家的主权和独立，遵守所在国家的法律制度；尊重相互之间的外交特权和豁免权；外国法的适用不得损害本国的主权、安全和社会公共秩序；一个国家有权决定在该国起诉的国际民事诉讼案件的受理与不受理等。

2.平等互利原则

国际私法上的平等互利原则首先是在国际私法的实践中的对等。根据平等互利原则，国家在相互赋予对方公民以民事权利，相互适用对方法律，司法互助以及相互承认和执行对方法院的判决和仲裁裁决等方面，都有权要求对方对等互惠。同时，平等互利原则也要求在法律上和经济上实行不歧视待遇。尊重国家主权和平等互利两项原则是相辅相成、相互联系的，并且是贯穿于国际私法各项制度中的。

3.保护当事人合法权益的原则

国际私法的根本目的就是保护涉外民事法律关系中当事人的一切合法权益。它的整个制度就是为此目的而建立和发展起来的。国际私法的一些原则和制度正是为合理地保护当事人的正当权益而设定的，如保护弱方当事人利益原则、意思自治原则、最密切联系原则等都是该项原则的直接体现。因此，必须依据这些原则和制度合理适用法律，以达到预定的目的。

第二节　冲　突　规　范

一、冲突规范的概念和特点

冲突规范是指由国内法或者国际条约规定的，指明某一涉外民商事法律关系应适用何种法律的规范，① 又称为"法律适用规范"或者"法律选择规范"。

冲突规范具有以下几个方面的特征：

（1）冲突规范是一种间接规范，因此不是一种能够独立适用的法律规范。冲突规范并不直接规定涉外民事法律关系当事人的权利和义务，不能直接构成当事人作为或不作为的准则，它必须与经过它援引的某一个特定的国家的实体法律规范结合，才能发挥作为法律规范调整当事人的权利、义务的作用，因而对涉外民事法律关系仅仅起到间接调整的作用。

（2）冲突规范是一种法律选择规范，它既不同于实体规范，也不同于程序规范的特殊类型的法律适用规范，它是指明某种法律关系应当如何适用法律的法律适用规范，主要目的在于指导当事人或者法院选择和适用法律。

（3）从冲突规范的结构看，冲突规范具有非常特殊的法律规范结构。一般法律规范的结构包括假定、处理、制裁三个部分，而冲突规范则由"范围"和"系属"两大部分构成，前者指该冲突规范所调整的法律关系的类型，后者指调整这一法律关系所适用的某一种法律。

二、冲突规范的结构和种类

（一）冲突规范的结构

冲突规范由两个部分构成：一是范围，又称为连结对象、起作用的事实、问题的分类等。它是指冲突规范所要调整的某种法律关系；二是系属，是指该法律关系应当适用哪一个国家的法律。其中系属又包含两个部分：一是连结点，即如何适用法律的标志；二是准据法，即冲突规范所援引的某一特定国家的实体法。例如，在"不动产继承"这样一个冲突规范，"不动产继承"就是该冲突规范的范围，而"不动产所在地法"就是连结点，通过这一连结点所指引的具体的某一个国家的实体法就是准据法。

在冲突规范中，"连结点"是一个非常重要的概念，它是冲突规范中据以连结涉外民事法律关系与其适用的某国法律的基础，起到了桥梁和媒介作用。冲突规范特征涉外民事法律冲突的方法，实际上就是一种连结点的选择方法。由于在冲突规范中，凡是双边冲突规范都必须借助这些连结点来指引准据法，从而形成许多以这些连结点来表示的"系属公式"。常用的系属公式有当事人的属人法（包括当事人的本国法、当事人的住所地法以及法人的本国法等）；行为地法（包括合同缔结地法、合同履行地法、侵权行为地法、婚姻举行地法、遗嘱做成地法等）；物之所在地法；法院地法；当事人自主选择地法；对当事人更为有利的法律；与案件有最密切联系的法律等等。

（二）冲突规范的类型

根据冲突规范关于系属和连结点的不同数量和不同性质，可以把它们分为可以独立适用的四种类型：单边冲突规范、双边冲突规范、重叠性冲突规范和选择性冲突规范。

---

① 韩德培：《国际私法》，高等教育出版社、北京大学出版社 2000 年 8 月版，第 93 页。

1. 单边冲突规范

这是直接规定某种涉外民事法律关系只适用内国法或者只适用外国法的冲突规范。这种冲突规范的系属中只有一个"连结点"，它一般是以一个特定根据的国名作为标志或者直接指明适用内国法或某一个具体的外国法。

2. 双边冲突规范

这是一种只规定一个待认定额连结点，比如对于什么问题适用什么对方的法律的冲突规范，根据连结点的所在确定应当适用的法律，在这种情况下，当然可以认为可能适用的是内国法，也可能适用了外国法。

3. 重叠适用冲突规范

这是一种规定解决某一种法律关系或者法律问题必须同时而且重叠地适用两个根据的法律的冲突规范。例如 1902 年在海牙订立的《关于离婚与别居的法律冲突和管辖权中途公约》中规定："离婚之请求，非依夫妇本国法及法院地法均有离婚之原因者，不得为之。"一般在重叠适用的冲突规范中，有一个规范是法院地法，这是与维护法院地国家的公共秩序的目的相联系的。

4. 选择适用冲突规范

这是一种规定当事人有权在冲突规范所指定的几个法律中自主选择一个加以适用的冲突规范。它又包括无条件选择适用冲突规范和有条件选择性冲突规范两种不同的层次。

三、准据法的概念及其确定

（一）准据法的概念及其特征

准据法是经过冲突规范指定用来具体确定涉外民事法律关系当事人的权利和义务的具体的实体法。虽然准据法本身并不属于冲突规范的范畴，但是由于冲突规范的直接作用只是选择法律，而不直接调整涉外民事法律关系，只有和它所指定的准据法结合在一起才能发挥作用。因此，冲突规范调整涉外民事法律关系的作用离不开准据法。

准据法作为国际私法上的特殊法律范畴，主要有这样一些特点：

（1）准据法必须是通过冲突规范所指定的实体法；

（2）准据法必须是能够具体确定涉外民事法律关系当事人的权利和义务的实体法；

（3）准据法一般不被看成是冲突规范的内在部分，它必须结合具体的案件事实才能确定是否适用。

（4）准据法在国际私法中不是一个国家法的宏观概念，而是针对具体案件的具体实体法律规范。在具体的案件中，不能依据像"国际法"、或者"中国法"这样的法律来确定双方当事人的权利和义务。

（二）准据法的确定

准据法的确定涉及诸多的法律问题，其中首先需要解决的是识别问题。由于识别过程和结果的差异性，使得识别问题是国际私法中的一个基本问题，也是法院在处理涉外民商事纠纷时所要解决的第一个问题。

识别是指依据一定的法律观念，对有关的事实构成的性质作出"定性"或者"分类"，把它归入特定的法律范畴，从而确定应该援引哪一种冲突规范的法律认识过程。识别由于是对有关事实作出的判断，因此，就存在一个依照什么样的标准来判别一个事实的性质或者分类的问题，这个问题上依照不同的标准显然会形成不同的结论，这就形成了识别冲突。

究竟应该按照何种法律去识别，国际私法上的主要观点有：①法院地法说。也就是以法院地法为根据对冲突规范进行识别，这是使用最普遍的识别标准；②准据法说。也就是以用来解释诉讼问题的准据法作为进行识别的依据；③认为应当通过比较的方法，分析与需要识别的法律事实有关的各国的法律，寻找一个各国都能够接受的"一般法律原则"，作为识别的标准；④个案识别说。这种观点主张对于识别问题应当根据冲突规范的目的，考虑是依法院地法还是依准据法；⑤折衷说。法院在最后选择准据法以前应当进行一种临时的或者初步的识别；对任何有可能得到适用的法律的规定，法院应当从上下文的联系上考虑那些规定，从它们的一致结论折衷决定应当适用的冲突规范和准据法；⑥功能定性说。主张应当按照各个制度在法律生活中的功能来定性，这种主张具有西方社会法学派的色彩。①

一般来说，各国法院在实践中主要应当依据法院地法的观点进行，只有在必要时，才应兼顾其他有关国家的法律。这是与国家的主权独立以及一个古老的法律格言——领土的一切属于领土——来考虑的。

四、外国法的适用

根据冲突规范解决涉外民事法律争议时，有时可能要适用外国法。为了能够使案件的处理公平合理，尽可能维护当事人的合法权益，同时又不致于使国内的利益或者主权受到严重的损害，在实践中就逐步形成了一系列与适用冲突规范有关的国际私法制度，对冲突规范加以控制。这些制度主要有：反致与转致、公共秩序保留、法律规避和外国法的内容的查明。

1. 反致与转致

反致是国际私法上一个重要的概念，包括广义和狭义两种含义。广义的反致包括反致（狭义）、转致、间接反致和外国法院说。反致与转致使在一个国家法院依照本国的冲突规范适用外国法时，不是援引外国的实体法，而是援引其冲突果腹那以后，确定法律适用的制度。

反致是指法院审理某一个涉外民事案件时，依照本国的冲突规范应当适用某一外国法，而该外国法中的冲突规范却指定该涉外民事案件应当适用法院地的法律，法院据此而适用了法院地法。

转致是指甲国法院对某一涉外民事案件的解决，依照本国冲突规范援引了乙国的法律，而乙国的冲突规范却规定应当适用丙国的法律，甲国法院因此而适用了丙国的实体法。

我国目前还没有关于反致和转致的明确规定，从最高人民法院的一些司法解释来看，是排斥这一制度的。

---

① 韩德培：《国际私法》，高等教育出版社、北京大学出版社 2000 年 8 月版，第 93 页。

案例 12—1 一个住所在日本的美国人，未留遗嘱死亡，遗有动产在纽约州。为此动产的继承而在日本诉讼，依日本法律规定，继承本应适用被继承人的本国法（纽约州的法律），而纽约州的冲突法规定，动产继承适用被继承人的住所地法。于是，日本法院依照日本关于动产继承的法律规定作出了判决，这就是反致。

案例 12—2 甲国公民 A（男）与乙国公民 B（女）在乙国结婚，因工作关系移居丙国，数年后，A 在丙国死亡，其前妻之子女在丙国法院提起了要求继承 A 在丙国的遗产的诉讼，并认为 A 与 B 之间的夫妻关系不成立，否认 B 的继承权，关于 A 与 B 之间夫妻关系的成立，依丙国国际私法的规定应适用乙国法律，但是依乙国法律应适用丈夫本国法的甲国法律，最终丙国法院适用了甲国法作出判决，丙国法院的行为就属于转致。

2. 法律规避

法律规避是指涉外民事法律关系当事人故意制造一种连结点，以避开本来应当适用的法律规范，而使对自己有利的某个国家的法律得以适用的行为。其构成的要件有：①必须有当事人规避的故意；②被规避的法律本来应当适用的强制性规范，而不是任意性规范；③当事人是通过有意改变或者制造某种连结因素来实现规避的；④必须是既遂的。

多数国家立法都禁止法律规避。在我国，当事人规避我国强制性或者禁止性法律规范的行为，不发生适用外国法的效力。

3. 先决问题

先决问题，又称为附带问题，是指法院在处理涉外民商事纠纷时，如果必须以先解决另外一个问题为条件，则可以将原来的问题称为"本问题"，先要解决的问题称为"先决问题"或者"附带问题"。构成国际私法上的先决问题必须满足以下条件：①主要问题依法院地国的冲突规范必须以外国法作为准据法；②需要首先解决的问题具有相对独立性，可以作为一个单独的争议向法院提起诉讼，并且有自己的冲突规范可以援引；③在确定先决问题的准据法时，法院地国的冲突规范和实体规范与主要问题准据法所属国的冲突规范和实体规范均不相同，从而会导致不同的判决结果。

4. 外国法的查明

外国法的查明是指对某一涉外民事法律关系只有本国冲突规范，指出某一外国法为准据法时，确定该外国法对此类涉外民事法律关系有哪些具体规定。

外国法内容的确定方法大致有三类：迪纳故事人举证证明；法官依职权查明，无须当事人举证；法官依职权查明，当事人也有协助义务。根据我国法律规定，外国法的查明可以通过以下途径进行：①由当事人提供；②由与我国签订有司法协助协定的对方的中央机关提供；③由我国驻该国使领馆提供；④由该国驻我国使馆提供；⑤由中外法律专家提供。

5. 公共秩序保留

公共秩序保留是指法院地国根据本国的冲突规范适用外国法的时候，如果其适用的过程或者结果将违反法院地国的重大利益或者与该国的道德和法律的基本原则相抵触时，限制、排除该外国法适用的制度。这是一国限制外国法适用的最直接、最有效的方法。

公共秩序的保留既具有排除冲突规范所指定的外国法只有的否定的或防范的作用，也具有直接适用本国法中强制性规范的肯定的作用。

我国民法通则规定，在依照该法适用外国法时，不得违背中华人民共和国的社会公共利益。同时，我国民事诉讼法也规定，凡是违反中华人民共和国法律的基本原则或者国家主权、安定，社会公共利益的外国判决或裁决，均不得予以承认或执行。

第三节　涉外民事法律关系的法律适用

一、涉外物权关系的法律适用

（一）物权的法律冲突与物之所在地法

物权是权利人在法律规定的范围内按照自己的意志支配自有物或者依照授权支配他人的物，直接享有物的效益的排他性的财产权。当物权关系具有涉外因素时，又称为涉外物权。

物权制度是各国民法制度中的基本制度，有关物权的内容、物权的客体范围和种类、物权的取得和消灭、物权的转移、物权的保护方法等，各国都以法律的形式加以规定。但是，由于各国的社会制度和法律传统不同，在其法律中表现出来的物权制度之间存在很大的差异性。各国在物权立法上的差异，必然产生物权的法律冲突。

物之所在地法原则是对物权法律冲突依照物之所在地法解决的概括性的表述，它反映了物权与特定法律之间的规律性关系。物之所在地法一般应当理解为物权关系客体所在地的法律。目前，物之所在地法已经成为解决物权法律冲突的最普遍接受的原则。世界各国均以物之所在地法作为不动产物权的准据法，无一例外。对于动产物权，虽然国际上仍然有不少国家还没有明确规定也适用物之所在地法，也没有类似的实践，但是动产物权适用物之所在地法是一种发展趋势。但是动产物权适用物之所在地法在以下情况中当属例外：①运输中的物品；②运输器械，包括船舶、航空器、汽车等；③有价证券，主要有债券、股票、提单、票据等。

（二）我国关于涉外物权的法律适用

对于不动产物权，我国民法通则中规定："不动产的所有权，适用不动产所在地的法律。"其中不动产包括土地、附着于土地上的建筑物以及其他定着物、建筑物的固定附属设备。最高人民法院《关于贯彻执行〈中华人民共和国民法通则〉若干问题的意见（试行）》中规定："不动产所有权、买卖、租赁、抵押、使用等民事关系，均应适用不动产所在地法律。"同时指出："土地、附着于土地上的建筑物及其定着物、建筑物的固定附属设备为不动产。"这些物显然应当适用物之所在地法。

对于运输器械，我国海商法规定：船舶所有权的取得、转让和消灭，适用船旗国的法律；船舶抵押权适用船旗国的法律；船舶在光船租赁以前或者光船租赁期间，设立船舶抵押权的，适用原来船舶登记国的法律；船舶优先权，适用受理案件的法院所在地的法律。我国民用航空法规定：民用航空器的取得、转让和消灭，适用民用航空器国籍登记国法律；民用航空器的抵押权适用民用航空器国籍登记国法律；民用航空器优先权适用管辖案件的法院所在地法律。我国船舶和航空器所有权和抵押权主要适用国旗法，而对于船舶和航空器优先权则主要适用法院所在地法律。

对涉外票据，我国的票据法规定：汇票、本票在出票时的记载事项，适用出票地法律；支票出票时的记载事项，适用出票地法律，经过当事人协议，也可以适用付款地法律；票据的背书、承兑、付款和保证行为，适用行为的法律；票据追索权的行使期限，适用出票地法律；票据的提示期限，有关拒绝证明的方式、出具拒绝证明的期限，适用付款地法律；票据丧失时，失票人请求保全票据权利的程序，适用付款地法律。由此看出，我国对于涉外票据主要适用有关行为的行为地法。

> 案例 12—3　1997 年 10 月，香港 A 公司向大连海事法院起诉，根据其对我国 B 公司货轮"明星号"享有的贷款抵押权求偿。经法院调查，"明星号"是我国 B 公司从希腊租用的一艘在巴拿马登记并悬挂巴拿马国旗的光船。在大连海事法院在处理该案时，根据《中华人民共和国海商法》第 271 条，"船舶抵押权适用船旗国法律。船舶在光船租赁以前或者光船租赁期间，设立船舶抵押权的，适用原船舶登记国法律。"的规定，在该案件中适用巴拿马法。

二、涉外债权关系的法律适用

（一）涉外合同之债的法律适用

合同之债是涉外债权关系的主要方面。由于各国关于合同之债的实体法规定并非同出一源，并且都是具有国内和国外的效力，致使合同之债总是处于不同的法律支配状态下，适用不同国家的实体法，会得出不同的结论，直接影响当事人的权利和义务。因此，确定合同准据法对于当事人的权利和义务至为重要。

我国对涉外合同之债的法律适用的实践主要有这样几个方面：

（1）意思自治原则。这是我国涉外合同法律适用的首要原则，其要义在于允许合同双方当事人在法律允许的范围内协议选择合同准据法。我国的法律规定，涉外合同的当事人可以选择处理合同争议所适用的法律，法律另有规定的除外。属于我国人民法院专属管辖的案件除外。

（2）最密切联系原则。这是我国涉外合同法律适用的补充原则。其要义在于是从质和量两个方面进行综合分析、权衡与案件相关的各种客观要素，并适用与案件有最密切联系的国家的法律。合同当事人可以选择处理合同争议所适用的法律。当事人没有选择的，适用与合同有最密切联系的国家的法律。

我国法律同时也规定，中华人民共和国缔结或者参加的国际条约同中华人民共和国民事法律有不同规定的，适用国际条约的规定，但是，中华人民共和国声明保留的条款除外。

《民法通则》规定：中华人民共和国法律和中华人民共和国缔结或者参加的国际条约没有规定时，可以适用国际惯例。

😊 热点问题 12—1

在法律选择中应当允许当事人的绝对的意思自治吗？

    * 以合同当事人合意选择的法律为准据法的原则，可以说是已得到全世界普遍承认的一个国际私法原则。①

    ** 全盘否定意思自治的适当性和必要性的观点已被实践完全抛弃了。同样……坚持认为："当事人对于合同准据法，应有合意选择的绝对自由"的观点在今天已得不到很多的支持……应该对当事人选择法律的权利有所限制。②

（二）涉外侵权行为之债的法律适用

    国际私法上的侵权行为之债，是指因为侵权人不法侵害他人人身或者财产权益而引发的当事人之间具有涉外因素的权利和义务关系。侵权行为之债是典型的法定之债。根据各国的立法和司法实践，通常依照下面的原则确定侵权行为之债的准据法：侵权行为地法原则、选择适用侵权行为地法或者当事人共同属人法、重叠适用侵权行为地法和法院地法、重叠适用侵权行为地法、法院地法和当事人共同属人法。进入 20 世纪中期以后，涉外侵权行为之债的法律适用有一些新的发展，主要表现在：侵权行为自体法，是对侵权行为地法、法院地法和当事人共同属人法的综合考量，而不仅仅是重叠适用；当事人意思自治，如瑞士法律就规定："当事人可以在侵害事件发生以后任何时候约定适用法院地法。"对受害人有利的法律，例如匈牙利法律规定："如果损害发生地法对受害人更有利，以该法作为准据法。"

    我国的《民法通则》规定："侵权行为的损害赔偿，适用侵权行为地法律。当事人双方国籍相同或者在同一个国家有住所的，也可以适用当事人本国法律或者住所地法律。中华人民共和国法律不认为在中华人民共和国以外发生的行为是侵权行为的，不作为侵权行为处理。"因此，我国的有关涉外侵权行为的法律适用是侵权行为地法原则，当侵权行为发生地和侵权结果地发生不一致时，人民法院可以选择适用。

> 案例12—4 1993 年 8 月 10 日晨，一俄罗斯货船"列宁格勒号"停泊在我国渤海海域，等候进入天津港卸货。突然，海面上刮起八级大风。此时，另一俄罗斯货船"莫斯科号"迎面驶来，与"列宁格勒号"相撞。两艘货船及其所载货物都受到不同程度的损失，双方就由此而引起的损害赔偿问题发生争议，协商未果。"列宁格勒号"所属的轮船公司将此案交由天津海事法院审理，要求法院判决"莫斯科号"由于操作不当而给"列宁格勒号"造成的经济损失。该起案件依据国际法上的属地原则或属地优越权，天津海事法院有管辖权。法院依据《中华人民共和国海商法》中关于"同一国籍的船舶，不论碰撞发生于何地，碰撞船舶之间的损害赔偿适用船旗国法律"的规定，适用了俄罗斯法律。

三、涉外婚姻关系的法律适用

（一）涉外婚姻的法律适用

    结婚是男女双方成立夫妻关系的一种法律行为，它的有效成立，必须符合法律规定的

---

    ① 李浩培：《李浩培文选》，法律出版社 2000 年版，第 202 页。

    ② 肖永平、胡永庆："法律选择中的当事人意思自治"，载于中国国际法学会主编：《中国国际法年刊：1996》，法律出版社 1997 年版，第 232 页。

实质要件和形式要件。各国主要通过下面的方式确定准据法，以解决结婚实质要件和形式要件的法律冲突：婚姻缔结地法原则、当事人属人法原则、婚姻缔结地法和当事人属人法相结合原则。

我国民法通则规定：中华人民共和国公民和外国人结婚适用婚姻缔结地法。婚姻缔结地法原则是我国目前解决结婚法律冲突的唯一原则，根据这个原则，婚姻符合缔结地的法律规定则为有效婚姻，否则无效。

（二）涉外离婚的法律适用

离婚是夫妻双方解除婚姻关系的一种法律行为。目前，绝大多数国家均规定了有限制的离婚制度，但仍然有少数国家采用禁止离婚的制度，当事人只能请求别居，不得离婚。关于离婚准据法的确定，各国的做法不尽相同，但是有一种共性值得注意，即离婚准据法的确定常常受到管辖制度的影响，导致法律适用的表面规定于适用法律的最终结果并不一致。离婚只有法院地法是大多数国家的采取的原则，有些国家也采用当事人属人法、重叠适用法院地法和当事人属人法有利于实现离婚的法律。我国民法通则规定：中华人民共和国公民和外国人离婚适用受理案件的法院所在地的法律。法院地法原则是我国目前解决涉外离婚法律冲突的唯一的原则。

> 案例12—5　甲与乙系大学同班同学，1997年甲大学毕业后赴加拿大留学并定居加拿大，2003年取得加拿大国籍。1998年乙赴美国留学，2003年成为美国加州永久居民，1995年甲乙同游欧洲，并随后在意大利按当地法律结婚。2006年乙回到中国，不再与甲来往。一年后，向中国法院提出与甲离婚。中国法院在认定甲乙的婚姻是否有效时，应适用婚姻缔结地法律，也就是意大利法律。

四、涉外继承关系的法律适用

涉外继承是指被继承人死亡时，继承人因法律规定或者遗嘱指定取得死者遗留的遗产而形成的具有涉外因素的权利义务关系。在涉外继承领域，各国存在着一些不同的制度，其中对法律适用影响最大的是同一制和区别制。

同一制又称为单一制，是指在确定涉外继承的准据法时，将遗产看成一个整体，不区分动产和不动产，适用同一个冲突规范所指向的实体法。一般是被继承人的属人法（本国法或者住所地法）。

区别制又称为分割制，是指在确定涉外继承的准据法时，将遗产中的动产和不动产相区分，分别适用不同的冲突规范所指向的实体法。一般是动产适用被继承人的属人法，不动产适用物之所在地法。我国目前也采用区别制。

我国的继承法规定：中国公民继承在中华人民共和国境外的遗产，或者继承在中华人民共和国境内的外国人的遗产，动产适用被继承人住所地法律，不动产适用不动产所在地法律。外国人继承在中华人民共和国境内的遗产，或者继承在中华人民共和国境外的中国公民的遗产，动产适用被继承人住所地法律，不动产适用不动产所在地法律。中华人民共和国于外国订有条约、协定的，按条约、协定办理。民法通则规定：遗产的法定继承，动产适用被继承人死亡时的住所地法律，不动产适用不动产所在地法律。所以，我国涉外继承的准据法的确定，是采用区别制，不动产继承适用不动产所在地法律，动产继承适用被继承人死亡时住所地的法律，并遵守国际条约原则。此外，在我国境内死亡的外国人遗留在我国境内的财产如果无人继承又无人受遗赠的，依照我国的法律处理，两国缔结或者参加的国际条约另有规定的除外。我国在无人继承财产的准据法确定上采用单一制的原则，并以遗产所在地作为无人继承财产的准据法，但是如果我国缔结或者参加的国际条约中有不同规定的，按照条约办理。

第四节　国际民事诉讼和国际民商事仲裁

一、国际民事诉讼的概念和原则

国际民事诉讼，如果从一个国家的角度出发，也可以称为涉外民事诉讼，它主要是指在诉讼主体中至少有一方是外国公民、法人或者其他组织的民事诉讼。但是即使在诉讼当事人全是内国人的情况下，如果争讼涉及位于外国的标的或在外国发生的法律事实，因而在送达、取证或执行判决方面，必须适用涉外民事诉讼程序特别规定的，也应当属于国际民事诉讼的范畴。此外，一般认为，国际民商事仲裁也应当包括在广义的国际民事诉讼的范畴中。我国的民事诉讼法中就采取了这样的观点。

国际民事诉讼法是指规定国际民事诉讼程序的各种法律规范的总称。这些特别的程序规则涉及国际民事诉讼的法院管辖权问题、外国人的民事诉讼地位问题、送达期间、财产保全问题、仲裁问题、司法协助以及外国诉讼程序在国内的效力，包括外国判决和裁决的承认和执行问题。

现代国际民事诉讼法的基本原则主要包括国家主权的原则、国民待遇的原则、平等互惠原则以及尊重国际条约和国际惯例的原则。我国国际民事诉讼法的渊源，主要由1991年的民事诉讼法规定，此外我国还缔结或参加了一系列国际民事诉讼和国际商事仲裁的国际条约。

二、外国人的民事诉讼地位

对于外国人的民事诉讼法律地位，目前普遍的实践是实行国民待遇制度，也就是说规定外国人享有与本国人相同的民事诉讼权利，承担同等的民事诉讼义务。而且在适用国民待遇时，甚至不以条约或互惠的存在为前提，而仅仅用对等互惠原则加以限制。在确定外国人的诉讼能力时，一般国家都采取以属人法来确定外国人的民事诉讼行为能力。在民事诉讼代理方面，一般都规定外国人有权委托诉讼代理人代理其诉讼，但是必须委托所在国本国律师进行诉讼代理。

我国民事诉讼法规定：外国人、无国籍人、外国企业和组织在人民法院应诉，同中华人民共和国公民、法人和其他组织有同等的诉讼权利和义务；但是外国法院对中华人民共和国公民、法人和其他组织的民事诉讼权利加以限制的，中华人民共和国人民法院对该国的公民、法人和其他组织的民事诉讼权利实行对等原则。对于享有外交特权与豁免的外国人、外国企业或国际组织提起的民事诉讼，应当依照我国有关法律和我国缔结或参加的国际条约的规定办理。

三、国际民事诉讼的管辖

国际民事诉讼的管辖权是指一个国家的法院或者其他有关司法机构受理、审理涉外民商事案件的权限，其意义就在于对于某一个特定的国际民商事案件究竟是哪一个国家的法院具有管辖权。国际民事诉讼的管辖的确定，一般有属地管辖原则、属人管辖原则、专属管辖原则和协议管辖原则。

我国涉外民事诉讼案件的管辖权的确定，也是充分考虑了以上四项基本原则，其基本内容有：

级别管辖。一般涉外案件的第一审法院是基层人民法院，只有重大涉外案件才由中级人民法院作第一审法院。

地域管辖。对于不在我国领域内居住的人提起的有关身份关系的诉讼，由原告住所地或者经常居住地的人民法院管辖。对于在中国境内有住所、营业所或者设有常驻代表机构，以及在中国境内由非争议财产的外国人，我国法院均有管辖权。对于在中国领域内没有住所的被告，涉及其他或者财产权益纠纷的诉讼，我国法院可以依据多种连结因素，行使管辖权。

专属管辖。专属管辖的目的主要是为了保护我国国家和国民的根本利益，按照有关法律的规定，目前我国专属管辖的范围主要有：①因不动产纠纷提起的诉讼，应当由不动产所在地人民法院专属管辖；②因港口作业中发生的纠纷提起的诉讼，应当由港口所在地人民法院专属管辖；③因继承遗产纠纷提起的诉讼，应当由被继承人死亡时住所地或者主要遗产所在地的人民法院专属管辖；④因在我国履行的中外合资经营企业合同、中外合作经营合同、中外合作勘探开发自然资源合同等发生纠纷提起的诉讼，应当由人民法院专属管辖。

协议管辖。我国民事诉讼法规定："涉外合同或者涉外财产权益纠纷的当事人，可以用书面协议选择争议有实际联系的地点的法院管辖。选择中华人民共和国人民法院管辖的，不得违反本法关于级别管辖和专属管辖的规定。"

推定管辖。我国民事诉讼法规定："涉外民事诉讼的被告对人民法院管辖不提出异议，并应诉答辩的，视为承认该人民法院为有管辖权的法院。"

此外，依照最高人民法院的司法解释，凡是我国法院和外国法院都有管辖权的案件，一方当事人向外国法院提起诉讼，另一方当事人向中国法院提起诉讼的，我国法院可以受理，判决以后，外国法院或者当事人请求人民法院承认和执行外国法院的判决的，不予准许。

四、国际司法协助

国际司法协助是指在国际民事诉讼领域一国法院接受另一国法院的请求，代为履行某些诉讼行为，如送达诉讼文书、传讯证人、提供证据，以及承认和执行外国法院判决和外国仲裁裁决等。由于一国法院的管辖权原则上在国外不发生效力，因此，要在国外进行上述诉讼行为，只能通过法院间的相互委托和协助才能够完成。司法协助由有关国内立法、双边私法协助协定以及有关国际公约加以规定，通常是互惠的。在有司法协助的情况下，一国法院可以直接委托被请求国的法院；在无条约规定的情况下，司法协助的提出和履行只能够通过外交或领事途径。我国民事诉讼法规定了我国人民法院与外国法院进行相互司法协助的原则、途径、程序以及其他有关事项。

五、国际民商事仲裁

国际民商事仲裁是指营业地在不同国家的当事人就其在经济、贸易、运输和海事中发生的争议，达成书面的协议，自愿将争议提交给某国国际民商事仲裁机构进行公断的解决争议的方式。

我国民事诉讼法规定，涉外经济、贸易和海事中发生纠纷时，当事人可以依照合同中订立的仲裁条款或者事后达成的书面仲裁协议，将纠纷提交给国际民商事仲裁机构仲裁。仲裁条款或者事后达成的仲裁协议，可以统称为仲裁协议。仲裁协议具有排除法院管辖权的效力。所以，民事诉讼法规定，如果当事人在合同中没有订立仲裁条款，或者事后也没有达成仲裁协议，才可以向人民法院起诉。在合同中订立的仲裁条款具有独立于合同的效力，因而合同无效，只要仲裁条款有效，双方当事人仍然应当受仲裁条款的约束。

国际民商事仲裁机构，可以分为临时仲裁机构和常设仲裁机构。我国在中国国际贸易促进会内设有中国国际经济贸易仲裁委员会和中国海事仲裁委员会。各个常设仲裁机构一般都有自己的仲裁程序，注意内容包括仲裁申请的提出和受理，仲裁员的选定和仲裁法庭的组成，仲裁的调解和审理，仲裁裁决的执行，仲裁费用的分担和给付等。

仲裁裁决作出以后，即对当事人有约束力。当事人应当在规定的期限内自动履行裁决，否则依法强制执行。对于我国涉外仲裁机构作出的裁决，一方当事人不履行的，对方当事人可以向被申请人住所地或财产所在地的中级人民法院申请执行。但是被申请人能够证明仲裁裁决违反法定程序或者该裁决的执行违背社会公共利益的，人民法院经过审查核实，可以裁定不予执行。

六、判决或裁决的相互承认和执行

我国民事诉讼法规定，人民法院作出的发生法律效力的判决、裁定，如果被执行人或者其财产不在中国，并拒绝执行该判决或裁决的，既可以由当事人直接向有管辖权的外国法院申请承认和执行，也可以由人民法院依照有关国际条约或者互惠原则，请求外国法院承认和执行。外国法院作出的判决或裁定，需要我国人民法院承认和执行的，也可以依上述两种途径，申请和请求我国人民法院承认和执行。对此，人民法院应当依照双方缔结或共同参加的条约或互惠原则进行审查，认为不违反我国法律的基本原则或国家主权、安全、社会公共利益的，裁定承认其效力，需要执行的，发出执行令，依照我国有关法律执行，否则不予承认和执行。

对于我国涉外仲裁机构作出的发生法律效力的仲裁裁决，当事人要求执行的，如果被执行人或其财产不在我国境内，应当由当事人直接向有管辖权的外国法院申请承认和执行。国外仲裁机构作出的生效仲裁裁决需要在我国承认和执行的，也应当由当事人直接向被执行人住所地或财产所在地中级人民法院提出申请。对此，人民法院应当依照双方缔结或共同参加的条约或互惠原则进行办理。

案例 12—6　中国人甲（男）与中国人乙（女）于1994年结婚。2000 年，甲、乙先后赴法国留学，后双方分居。2010年甲在法国法院提起离婚诉讼。2011年法国法院判决解除甲、乙之间的婚姻关系。甲回国后向我国法院申请，要求承认法国法院的判决。我国法院经过审查，认为中法之间存在有关条约，该申请对我国主权和社会公共利益没有影响，法国的判决已经生效，而且该判决属于民事纠纷的判决，综合考虑决定承认法国的判决效力。

＊　　＊　　＊

📖 重要概念

冲突规范　先决问题　最密切联系原则　公共秩序保留　婚姻形式要件　反致　转致　国民待遇法定继承的同一制　国家及其财产豁免权　国际民商事仲裁　国际司法协助

思考题

1. 试论国际私法中的识别的作用和依据。
2. 试述国际私法上的转致与反致。
3. 外国人法律地位一般有哪几种制度？
4. 试述我国法律关于涉外侵权行为的准据法规定。
5. 简要说明冲突规范及其类型。
6. 简要说明我国关于承认和执行外国仲裁裁决的法律制度。

案例分析

华人甲某多年前移居美国，经过多年生活，已取得美国国籍。并且在纽约有 1 处住所，1996 年甲某回到他的故乡中国上海探亲，并于探亲期间突发疾病，随即病故于上海，逝世前未留遗嘱。甲在上海遗有一栋别墅和 200 万元的存款，在纽约留下一栋住房、两家商店及若干存款和汽车、珠宝等。甲某在纽约没有任何亲属，其在上海的亲属向上海市人民法院提出财产继承请求。

请分析上海市人民法院审理本案将会运用什么法律处理本案财产继承问题？

第十三章　WTO 法律制度

💡 **教学要求**

　　通过本章的讲授和学习，你应该能够理解 WTO 的宗旨和法律地位；了解 WTO 的基本法律架构和争端解决机制；掌握 WTO 的基本原则。

第一节　WTO 的基本法律问题

一、WTO 的建立

　　20 世纪中后期，世界经济贸易关系迅猛发展，GATT 由于其先天不足和后天缺陷，在调整日益复杂的经贸关系和不断出现的新问题时逐渐力不从心，成为贸易自由化进程的障碍。特别是 20 世纪 70 年代末 80 年代初以来，贸易保护主义的重新抬头使国际经济和贸易环境有渐趋恶化的可能。GATT 的原则和规则不断遭到侵蚀，以其为基础的多边贸易体制亟待改进与发展。

　　有鉴于此，新的多边贸易体制被提上了关贸总协定的议事日程。自 1986 年 9 月 15 日始，长达七年半的乌拉圭回合谈判展开，直到 1994 年 4 月 15 日，104 个谈判代表方（包括中国）在马拉喀什部长级会议上共同签署了《建立世界贸易组织协定》。1995 年 1 月 1 日，世界贸易组织在日内瓦正式成立。世界贸易组织的成立，从根本上改变了原 GATT 在法律上不是正式国际组织的尴尬局面，标志着关贸总协定临时性多边贸易体系的正式结束，强化了监督和执行条约的组织基础。以 WTO 的协议为核心的近 30 个协议组成的宏大的国际贸易法典使得国际贸易规则日益强化，构成了当代国际贸易领域里的一种最有效的法律制度。

二、WTO 的宗旨

　　WTO 协议在序言中就明确了世界贸易组织的宗旨，包括以下几个方面：

　　（1）提高人类的生活水平。这一点在协议中开宗明义就已指出，成员方"认识到在发展贸易和经济关系方面应当按照提高生活水平，保证充分就业和大幅度稳步提高实际收入和有效需求"。这一宗旨强调扩大贸易的终极目的，就是为了改善人类的生活水平，而这些则要通过扩大流通，增加就业机会，提高生活水平来实现。

　　（2）扩大商品生产、商品贸易以及服务贸易。在 GATT 时代，商品贸易是带动全球经济的"引擎"。而在世界经济全球化进程迅速发展的今天，服务贸易对于经济推动的作用越来越大，已经成为世界经济的重要组成部分。因此，WTO 成员方"认识到服务贸易对世界经济增长和发展具有日益增长的重要性"。《服务贸易总协定》的制定标志着世界服务贸易体制正逐步趋于完善。

（3）关注可持续发展、世界资源、自然环境等问题。WTO协议在序言中强调"按可持续发展的目标使世界资源获得最佳利用，力求兼顾保护与维护环境"。可持续发展是联合国近年提出的发展新观念，将其写入WTO的宗旨，是一个重大进步。这说明世贸组织并不一味追求资源的充分利用，而是考虑到资源利用与环境保护之间的关系，强调合理利用。只有这样，才能防止由于过度追求生产与贸易的发展，造成环境的污染和生态的破坏。

（4）保证发展中国家贸易和经济的发展。WTO协议中单列一段特别指出"还认识到，需做出积极努力以保证发展中国家，尤其是最不发达国家，在国际贸易增长中获得与其经济发展需要相适应的份额"。这是发展中国家经过共同的努力，终于在世贸组织的章程中得到的反映。也说明了WTO对发展中国家的日趋重视。

（5）建立一体化的多边贸易体制。WTO在其宗旨中提出要建立一个"完整的、更具有活力和永久性的多边贸易体系"，在这一宗旨的指导下，多边贸易体制的范围扩展到与贸易有关的投资措施、服务贸易、知识产权等新领域；长期游离于多边贸易体制之外的农产品、纺织品和服装终于被纳入了多边体制的范围。世界贸易组织的建立，标志着一个完整的、更具有活力的、永久性的多边贸易体制的诞生。

三、WTO 的法律地位

WTO是根据《维也纳条约法公约》正式批准生效成立的国际组织，有独立的国际法人资格，是一个常设性、永久性存在的国际组织。WTO的法律人格，是指其作为法律关系的主体独立享有权利、承担义务的一种资格。关于世贸组织的法律人格，建立WTO协议第8条第1款明确规定："世界贸易组织具有法律人格，每个成员都要赋予世界贸易组织以行使其职能所必需的法律能力。"

WTO的法律地位在建立世贸组织协议第8条第2、3、4款中明确规定：①世界贸易组织每个成员方向世界贸易组织提供其履行职责时所必需的特权和豁免权。为使世贸组织能充分行使其各项职能，必须赋予世贸组织在房舍、档案、文件、通讯、财产和资产等方面的特权和豁免权。②世界贸易组织官员和各成员方代表在其独立执行与世贸组织相关的职能时，享有每个成员方提供的所必需的特权和豁免权。这主要涉及到世贸组织官员和成员代表在履行其职责时所实施的行为，没有这种特权和豁免权，就无法保障他们能有效地履行世贸组织赋予他的各项职能。③每个成员给予世贸组织、成员代表方的特权与豁免权等同于联合国大会于1947年11月21日通过的《专门机构特权与豁免权公约》所规定的特权与豁免权。

世贸组织要充分履行其职能，顺利开展其业务活动，就必须与其他国际组织进行积极的合作。正是出于此种考虑，《建立世界贸易组织马拉喀什协议》第5条明确规定，世贸组织在其职能范围内与其他政府间国际组织和非政府间国际组织进行磋商与合作。就目前来看，与世贸组织关系最密切的主要有国际货币基金组织和联合国贸易与发展会议两个机构。

第二节　WTO 的基本法律架构

WTO的法律制度是一个以《建立世界贸易组织马拉喀什协议》为正文，其他协议、谅解等作为附件而组成的一个相当庞大的法律体系，该法律体系的框架在 1947 年签署的关贸总协定的基础上，经过历次多边贸易谈判，修改、增加、补充了一系列协议、议定书，特别是经乌拉圭回合达成"一揽子协议"而最终产生。其基本框架和内容集中体现在《乌拉圭回合多边贸易谈判的最后文本》，主要由以下七大部分组成：

一、组织法律制度

有关 WTO 组织法律制度的文件主要是《建立世界贸易组织马拉喀什协议》，简称 WTO 协议。这是 WTO 的宪章性纲领文件，称得上是 WTO 的基本法。此外，乌拉圭回合其他各项协定中涉及 WTO 组织结构或组织机构的条款，也属于 WTO 组织法律制度的范畴。《WTO 协议》的主要内容包括：WTO 的宗旨、原则、范围、职能、机构、地位、成员资格、决策、WTO 与其他组织的关系、预算与会费以及 WTO 协议的修正、接受、生效和保存。

二、关税与货物贸易法律制度

关税制度在整个世贸组织多边贸易协议中的地位举足轻重，世贸组织的货物贸易制度建立在关税制度的基础之上，没有关税制度，就没有世界贸易组织。WTO 调整关税与货物贸易的规范性文件主要是作为 WTO 协议附件 1A 包括的货物贸易协定。其中 GATT 是 WTO 法律体系的基础，此外还包括《农产品协定》、《卫生与动植物检疫措施协定》、《纺织品与服装协定》、《技术性贸易壁垒协定》、《与贸易有关的投资措施协定》、《关于实施关贸总协定 1994 第 7 条的协定》（即《反倾销协定》）、《关于实施关贸总协定 1994 第 7 条的协定》（即《海关估价协定》）、《装运前检验协定》、《原产地规则协定》、《进口许可程序协定》、《补贴与反补贴措施协定》、《保障措施协定》等规范性文件。

三、服务贸易法律制度

现代经济是服务的经济，从 1986 年开始，服务贸易成为乌拉圭回合重要的谈判议题，各国经过长期的协调和协商，终于在 1991 年达成了 WTO 协议的附件 1B《服务贸易总协定》（GATS）草案，并于 1991 年 12 月获得通过。《服务贸易总协定》是迄今为止服务贸易领域第一个较系统的国际法律文件。它的产生扩大了世贸组织多边贸易法制的调整范围，是国际服务贸易法的重要里程碑。WTO 的服务贸易法律制度主要就由该协定和一系列与服务贸易有关的决定构成。这些决定主要包括：《关于〈服务贸易总协定〉中机构安排的决定》、《关于〈服务贸易总协定〉中部分争端解决程序的决定》、《关于服务贸易与环境的决定》、《关于自然人流动问题谈判的决定》、《关于金融服务的决定》、《关于海运服务谈判的决定》、《关于基础电信谈判的决定》、《关于专业服务的决定》、《关于加入〈政府采购协定〉的决定》、《关于金融服务承诺的谅解》等。

四、与贸易有关的知识产权保护法律制度

在 1986 年以前，全球性的知识产权国际保护问题基本上都是在世界知识产权组织的范围内进行的。1991 年 12 月，在乌拉圭回合多边贸易谈判中，初步达成了《与贸易（包

括假冒商品贸易在内）有关知识产权协议》（AgreementonTrade-RelatedAspectsofIntel-lectualProperty 英文简称 TRIPs 协议）又称《与贸易有关的知识产权协议》。这是知识产权的国际保护新拓展出来的重要领域，这一协定反映了时代的要求，它的达成标志着在知识产权国际保护方面一个新的国际标准已经形成。

WTO 组织的与贸易有关的知识产权保护的有关法律制度主要体现在《WTO 协定》的附件《与贸易有关的知识产权协议》（TRIPs）。该协议除了序言之外，共分为七个部分，有 73 个条文，其重要内容包括：明确了知识产权的效力、范围、取得、保护及相关程序，并规定了对版权、商标、地理标志、工业设计、专业、集成电路设计、未公开信息等七类知识产权保护的国际标准，确立了保护的基本原则以及争端的防止与解决。与现有的有关知识产权保护的公约相比，TRIPs 不失为是知识产权国际保护的一个重要发展。TRIPs 规定较为详尽，保护的范围极为广泛，几乎涉及包括商业秘密在内的所有知识产权内容，在保护期限和有关使用的规定方面也有突破，协议规定的实施程序系统而详细，并且由于协议将知识产权争端纳入 WTO 的争端解决机制，交叉报复措施作为一种强制手段是其他有关公约无法比拟的，从而大大提高了知识产权国际保护的水平。根据 TRIPs 序言和有关规定的内容来看，TRIPs 的既定目标是通过建立 WTO 与其他世界知识产权组织、有关国际组织间的相互支持关系，保护知识产权，促进技术革新、技术转让和社会发展，促进国际贸易。

五、争端解决机制的法律制度

WTO 关于争端解决的法律制度，集中体现在《关于争端解决的规则与程序的谅解》（DSU），该文件中所规定的规则和程序，就是世界贸易组织争端解决机制的主要内容。其所规定的争端解决程序，被称为世界贸易组织争端解决机制的普通程序，而《关于服务贸易总协定中某些争端处理程序的决定》，则是 WTO 关于服务贸易争端处理的特别程序。

WTO 争端解决机制的适用范围，可从三个方面理解：一是机制适用于哪些协议即哪些协议发生的争议可由争端解决机制处理，这些协议主要包括：①建立 WTO 协议；②多边贸易协议，包括 GATT1994，GATs 和 TRIPs 协议；③诸边（复边）贸易协议，包括民航协议、政府采购协议、国际奶制品协议和国际牛肉协议。二是机制适用于哪些成员之间发生的争议，原则上讲，只要是世界贸易组织成员，他们之间发生的贸易争端都应交由争端解决机制解决。三是机制适用于何时发生的争议，关于争端解决机制适用于何时发生的贸易争议，DSU 第 3 条第 11 款规定，"本谅解只适用于在建立 WTO 协议生效之日或之后，根据各有关协议之磋商条款提出的新的磋商请求"，而在建立 WTO 协议生效之前，根据 GATT1947 提出的争端磋商请求，则应继续适用在建立 WTO 协议生效前仍在有效的解决争端的有关规则和程序。因此，世界贸易组织的多边贸易协议不具有追溯力。

六、贸易政策审议机制的法律制度

关于贸易政策审议机制的法律制度主要体现在《贸易政策审议机制》（TPRM）之中。所谓贸易政策审议机制是指 WTO 定期对其成员方的贸易政策、立法程序和实际做法及其对多边贸易机制的影响进行审议并提出相应意见或建议的机制。其目的在于通过更多地了解 WTO 成员方的贸易政策和做法，审议各成员方对多边贸易协定或复边贸易协定的规则、纪律及其所承担的义务的执行情况，实现其更大的透明度而使多边贸易体制更加平稳地运作，促进 WTO 的所有成员遵守其在多边贸易协定（包括其接受的复边贸易协定）项下的规则、纪律和承诺；同时通过贸易政策审议机制得以定期审议成员方的贸易政策和做法的各个方面及其对整个 WTO 多边贸易体制的影响，鼓励并促进各成员方贸易政策和做法的透明度，并通过透明度促进 WTO 成员方遵守 WTO 规则，改进与 WTO 要求不一致的贸易政策和实际做法。但是，这种审议机制不作为各成员方履行各协定具体义务、争端解决程序或对成员方强加新的政策性承诺的依据。

《贸易政策审议机制》从七个方面规定了 WTO 贸易政策审议机制的目标、国内透明度、机构、审议范围以及程序等有关法律制度。根据《贸易政策审议机制》的规定，WTO 各成员方应根据贸易政策审议机构规定的格式定期向贸易政策审议机构提交报告，全面而如实地反映其所进行的贸易立法和实施的贸易政策与实践。

七、复边贸易协定

复边贸易协定是指那些既不属于双边贸易协定，又因为接受者数量达不到世界贸易组织"多边"的要求，不属于多边贸易协定的若干缔约方接受的贸易协定。它们不属于乌拉圭回合"一揽子协议"的范畴，但属于 WTO 法律体系的组成部分。其成员只能是 WTO 的成员，但不是所有的成员都接受了这部分协议，即它们只对接受它的缔约方有约束力，其生效与接受依其自身的规定。无论是 GATT 的缔约方，还是其他缔约方，要成为 WTO 的成员，都无须以接受复边贸易协定为条件。目前 WTO 的复边贸易协定有四个：《民用航空器贸易协定》、《政府采购协定》、《国际奶制品协定》、《国际牛肉协定》。

案例 13—1　1999 年 2 月 16 日，美国根据 WTO《关于争端解决规则与程序的谅解》第 4 条规定，要求与韩国就有关韩国政府的采购措施问题进行磋商。美国认为，在韩国 Inchon 国际机场的建设过程中，负责为该项目采购的韩国单位的采购行为违反了 WTO《政府采购协定》（GPA）第 22 条的规定。同时，欧盟和日本也分别提出要求参加磋商。但韩国没有接受欧盟和日本的请求，仅同意与美国就有关问题进行磋商。专家组于 1999 年 8 月 30 日成立，并分别于 10 月 19 日和 11 月 11 日举行了双方的听证会，欧盟和日本则保留作为第三方参与本案的权利。此案中，虽然专家组经过调查审理后最终认定美国所提出的非法之诉不能成立，但韩国政府表示与争议有关的采购单位不久将被私有化。

第三节　WTO 的基本原则

一、最惠国待遇原则

最惠国待遇是国际贸易体制的基石，现代国际贸易的飞速发展离不开最惠国待遇原则，因此，在 WTO 中，该原则是贯穿其管辖的所有多边贸易协议的基本思想。最惠国待遇虽然起源于国际贸易，但经过漫长的历史演化，早已超出了这一范围而扩展到广泛的领域。

联合国国际法委员会在 1978 年制定了"最惠国条款最后草案"，该草案第 5 条对最惠国待遇的定义是："给惠国给予受惠国或者与该（受惠）国有确定关系的人或物的优惠，不低于该给惠国给予第三国或者与该第三国有同样关系的人或物的待遇。"这是一个通用的概念，实际上，针对 WTO 而言，在不同的法律部门，可以对最惠国待遇给以不同的定义。一般说来，最惠国待遇主要有以下法律特征：

（1）最惠国待遇是一种条约法上的制度，离开了条约的支持，就没有最惠国待遇的存在。强调其是条约法上的制度，其含义是指它只对有关缔约方有约束力，如果有关国家间没有在相关条约中订立最惠国条款，他们之间就不会产生最惠国关系。

（2）各国相互间给予最惠国待遇，其目的是为消除各缔约国之间在贸易等有关方面存在的歧视，使一个国家的所有贸易伙伴在内国处于平等的地位，享有平等的权利，承担平等的义务，使其具有同等的贸易机会和条件。

（3）现代最惠国待遇，特别是在世贸组织的多边贸易体制中，具有"自动性"，用 WTO 的话来说，就是立即的和无条件的。"立即的"是指在有关条约生效后，受惠国即可享有有关待遇，而不能有任何拖延。"无条件的"是指缔约一方给予第三方的一切优惠、特权、豁免等，应无补偿的给予缔约另一方。

（4）在最惠国待遇中，存在一种依托关系，即需要有第三方作为参照对象。因为两个缔约国之间签订的最惠国待遇条款本身并没有直接赋予缔约一方可以享受什么优惠待遇，它只是将缔约一方在与第三国签订的其他条约中所提供的优惠待遇，适用于他们之间签订的条约，从而使缔约另一方可以享受缔约一方给予第三国的优惠。

二、国民待遇原则

国民待遇原则是最惠国待遇原则的有益补充，被广泛地应用于国际经济贸易条约和协定，也是 WTO 的基本原则之一。所谓国民待遇，通常是指贸易条约或协定中缔约国一方保证缔约国另一方的公民、企业和船舶在本国境内享受与本国公民、企业和船舶同等的待遇。在实现 WTO 各成员平等待遇的基础上，一成员方的商品或服务进入另一成员方的领土后，也应当享受与该方商品或服务的相同待遇。

国民待遇主要是调节进口产品与国内产品在国内市场上的关系，要求成员方对进口产品给予不低于本国同类产品的待遇，即要求各国在本国产品与进口产品之间不要通过给进口产品以较低的待遇来进行歧视，从而通过国内税或其他限制措施来抵消关税减让给进口产品带来好处。这是为了保证外国进口产品在进口国市场上取得与该进口国本国产品同等的地位、条件和待遇，防止进口国利用国内有关法律来作为贸易保护的手段。

国民待遇有两种形式：无条件的国民待遇与互惠的国民待遇。前者是指一国不附带任何条件地将本国法律赋予给本国人的各种权利同样给予在本国境内的外国人；后者是指一国给予外国人的国民待遇，以该外国给予本国人国民待遇为条件。现在许多国家放弃了无条件的国民待遇，而实行互惠的国民待遇，世贸组织的多边贸易制度就是如此。

三、非歧视原则

该原则又叫做无差别待遇原则，是针对歧视性待遇而形成的一项缔约原则，其主要内容是指在 WTO 下，各成员方不能在其贸易伙伴之间制造歧视，每个成员方都必须平等地对待其他成员方，对任一成员方不得采取任何对其他成员方所不适用的优惠和限制措施；同时，也不能在自己和外国产品、服务或国民之间制造歧视。

非歧视原则是 WTO 最基本的原则，主要体现在最惠国待遇和国民待遇上。也就是说，最惠国待遇和国民待遇是非歧视原则的具体体现，他们被广泛地应用于国际经济贸易条约和协定，它要求缔约双方在实施某种优惠和限制措施时，不要对缔约对方实施歧视待遇，即要求将该原则无条件地适用于所有成员方。如果成员方根据合法的理由而采取某种限制措施或禁止措施，这种限制或禁止措施必须同样适用于其他成员方，而不是仅仅针对某些成员方。其目的就是要使所有成员方具有同等且平等的贸易机会和条件，进行公平贸易竞争，促进国际贸易的发展。

四、一般禁止数量限制原则

数量限制是国际贸易中一种常见的非关税措施，它是指一国政府制定法律、法规，通过影响在特定时期内（通常为一年）的进出口数量来管制对外贸易的一种措施。数量限制作为一种行之有效的非关税壁垒，可以直接起到限制进口、保护国内产品、工业的目的，因而与世贸组织所追求的实现国际贸易的自由化的目标是相违背的。

一般禁止数量限制原则的含义是：为了逐步促进贸易的自由化，在一般情况下，不允许国家对其进出口的商品数量进行限制。禁止数量限制原则是 GATT 的一项基本原则，世贸组织一般禁止数量限制原则即是对关贸总协定规定的该原则的继承与发展。

当然，该原则也不是绝对的，它允许缔约方在某些特定情况下实施数量限制，目的是使之能够应付经济发展中出现的紧急问题。同时对这些例外规定了较严格的条件，表明协议要将这些例外情势下的限制置于严格国际管制之下的良好愿望。一般说来，该例外来自三方面的需要：保护国内农业；保障国际收支平衡；促进发展中国家的经济发展，即允许发展中国家为保护对外金融地位和保证储备水平，以满足实施经济发展计划的需要而采取的进口数量限制。

五、市场准入原则

在世贸组织的多边贸易体制下，市场准入是指一成员方允许另一成员方的货物、服务和资本参与本国市场的经营活动。准入一词体现了成员通过实施各种法律和规章制度对其市场对外开放程度的一种宏观的掌握与控制。市场准入原则旨在通过减少和取消关税、数量限制和其他非关税壁垒，以及通过各国对开放本国特定市场所作出的具体承诺，切实改善各缔约方市场准入的条件，使各国在一定的期限内逐步放宽市场开放的领域，加深开放市场的程度，从而达到促进世界贸易的增长，保证各国的商品、服务及资本可以在世界市场上公平自由竞争的目的。

市场准入原则作为最惠国原则、国民待遇原则、关税减让原则的载体，与世贸组织的其他法律制度有着密切的联系，它的有效执行与实施取决于世贸组织法律框架中各项多边贸易协议所确立的各项纪律与义务的履行情况。同时，市场准入原则又促使和监督这些相关原则、制度的进一步加强、完善以及变成具体化的承诺而加以有效的实施。

市场准入原则指导下的市场准入是一个渐进的过程，该原则的最大特点之一是它体现了一个时间的过渡和国别的差异，因此，在市场准入原则的实施中，对于开放市场所作的时间安排至关重要，不可能要求各成员方在同一时间、同一项目下作同样的开放程度，而要由各成员政府根据本国的实际情况确定市场准入的规模、程度和时间，特别是对于服务贸易市场的开放。

> 案例 13—2 1983 年 1 月 5 日，美国向 GATT 申诉，要求解决日本限制皮革进口的问题。美国政府提出：日本的数量限制违反了 GATT 第 11 条第 1 款；不公布配额数量和配额持有者名单，违反了 GATT 第 10 条第 1 款和第 13 条第 3 款；通过国内行会办理数量限制许可证，违反了 GATT 第 10 条第 3 款。这些措施损害了美国的利益。1983 年 7 月 12 日，专家组成立。1984 年 3 月，专家组作出报告认为，数量限制违反了 GATT 第 11 条第 1 款。专家组报告通过以后，日本取消了一部分数量限制，同时以社会政策为理由保留了一部分数量限制。日美之间进行了谈判，在此基础上达成新的协议，日本对从美国进口的皮革不再承担关税约束义务。1986 年 4 月 1 日，日本取消了数量限制，代之以 GATT 允许的关税配额。本案中日本先前的进口限额及许可证制度违背了一般取消数量限制原则。

六、透明度原则

透明度原则的基本含义是指，一成员必须公布正式实施的有关进出口贸易的政策、法律及规章，以及成员政府或政府机构与另一成员政府或政府机构签订的影响国际贸易政策的现行协定的义务。

透明度原则是世贸组织多边贸易协议的基本原则之一，作为一项普遍性义务，透明度原则适用于世贸组织法律框架中的所有协议。透明度义务的核心内容是规定了成员政府的公布与通知义务，从而有利于世贸组织和其成员行使监督权，为多边贸易协议确立的义务得以正当、充分的履行创造了条件。世贸组织触及到国际贸易的方方面面，涉及有关成员的法律、规章也非常庞杂，如果没有透明度义务，就无法保证各成员方的有关法律制度与世贸组织法律的一致性。所以该原则的主要目的是为了防止因贸易政策法规等不明晰而导致贸易壁垒或贸易歧视，从而保证 WTO 诸项基本原则的实施，实现贸易自由化。

七、公平竞争原则

从 GATT 到 WTO，几十年来所致力于的一个目标，就是建立公开、公平和无扭曲的贸易规则体制。在这里，公平竞争原则和透明度原则一样十分重要。所谓公平竞争原则又叫公平贸易原则，是 GATT 及 WTO 规则主要针对出口贸易而规定的一项基本原则。

这一原则的主要含义是，WTO 成员方及其出口经营者都不应采取不公正的贸易方式进行国际贸易竞争或扭曲国际贸易竞争。为建立和维护公平竞争的国际贸易环境，WTO 特别强调各成员方不得实行补贴的贸易策略，出口商不得以倾销的方式在他国销售其商品。如果倾销或补贴的商品给某一进口成员方的相应工业造成损害或损害的威胁，该进口成员可以酌情采取适当的反倾销和反补贴措施。

八、一般例外

世贸组织多边规则的法律框架是由若干规则和一些东拼西凑的例外所构成的，有关例外的条款及其文字是原则规定的二倍以上。所以，人们又把"例外规定"称为世界贸易组织的灵活适用原则。即在坚持原则的同时，承认各缔约方的差异，在一定条件下给予例外的待遇，总协定中的各项义务几乎都可以通过例外得到暂停、修改、甚至取消。一项自由贸易原则的后面，紧接着就是一项准许贸易限制的例外条款。这是因为缔约各方的经济发展水平参差不齐，经济制度也存在差异，只有保持一定的灵活性和实用性，才能使缔约各方最大限度地承担义务。

一般例外的地位，就像国内法中的公共利益一样，任何权利和义务都不得与公共利益相背，否则均为非法。多边协议中的任何规定也不得与一般例外相冲突，否则均为无效。因此，在世贸组织中，任何成员都可以一般例外为由，背离多边贸易协议中的义务，而且其他成员不得要求补偿或修改、撤回自己作出的减让。

第四节　WTO 的争端解决机制

一、WTO 的争端解决机制

在乌拉圭回合谈判中，各缔约方达成了《争端解决规则及程序的谅解》，该《谅解》在继承《GATT1947 关于争端解决的基本原则》的基础上，对前者的组织机制、程序与规则作了多方面的重要突破、发展与完善，从而为 WTO 配置了一套严格的有充分法律依据的争端解决机制。根据该《谅解》的规定，《谅解》中的各项规则和程序应适用于有关协定的磋商与争端解决规定所提出的各项争端，还应适用于各成员间有关他们在《WTO 协议》规定和《谅解》规定下的权利和义务的磋商和争端解决，此类磋商和争端可单独进行，也可与任何其他协定结合进行。具体地说，争端解决机制适用于以下协议的争端：《WTO 协议》、多边贸易协定和诸边贸易协定。《谅解》还规定，争端解决机制的首要目标是保证撤销被认为与任何适用协议的规定不一致的有关措施。提供补偿的办法只能在立即撤销措施不可行时方可采取，且应作为在撤销与适用协议不一致的措施前采取的临时措施。争端解决的程序包括磋商程序，斡旋、调解和调停程序，专家组程序，上诉审议的程序，执行程序和仲裁程序。

WTO 争端解决机制主要有以下三个特点：①统一性。WTO 对 GATT 在争端解决机制上的发展体现在法律上和机构上的统一。《谅解》规定，WTO 成员在寻求纠正违反适用协议所规定的义务或抵消或减损适用协议所规定的利益时，或阻碍任何适用协议目标的实现时，他们必须诉诸并遵守《谅解》的规则和程序并将所有的争端都提交争端解决机构解决。②强制性。WTO 争端解决机构的管辖权是各成员方通过签署和批准 WTO 协议，一次性授予的，非经条约的修改程序或者退出 WTO，各成员方不得撤回 WTO 争端解决机制的管辖权。③全面性。《谅解》强调所有涉及适用协议的争端的解决都必须符合WTO 法，而且必须通知争端解决机构。这实际上是为了排除多边贸易体制中的单边争端解决方式，保证 WTO 法的统一性和完整性。

二、争端解决机构的强制管辖权

根据国际法中主权原则，任何组织都不得强迫任何国家违反其本身意志来进行诉讼，即一般国际性司法机构只有在争端当事国自愿的前提下才有管辖权，否则就没有管辖权。管辖权的不确定性大大降低了法律的权威性与可预见性，也严重阻碍了国际司法机构作用的发挥。

原关贸总协定也因其管辖权的缺陷问题使其在处理贸易争端时力不从心。而《谅解》则对管辖权问题作出了明确规定，而且是强制性的。即除非争端当事方协议以仲裁等其他方法妥善解决他们之间的争端外，只要任一当事方因争端不能协商解决而提出建立专家组或提出上诉，对方必须接受，并且接受争端解决机构对裁决或建议执行情况的监督。强制管辖制度否定了国际组织成员方的司法管辖选择权，增强了国际组织争端解决机构的效力与威慑性，从而为各成员方通过法律手段公平、公正地解决争端提供了有力的保障。世贸组织争端解决机制不仅具有相当大的强制性，而且具有绝对的优先排他性，这是世贸组织争端解决机制的独特之处，也是对传统国际法规则的重大突破。

WTO争端解决机制表明，这是迄今各国在最大限度范围进行国际合作的组织机构，即愿意接受该组织在调处各成员之间贸易或与贸易有关的争端方面，拥有类似国内法意义上的强制管辖、裁决和制裁等一系列权力。当然，某成员对争端解决不满，可以退出WTO，这也是国家主权的体现。因此，WTO争端解决机制没有、也不可能否定国家主权的存在，而是主权者之间最大限度的国际合作的产物。

三、用尽当地救济规则

（一）用尽当地救济规则的含义

用尽当地救济规则，是指当外国人与东道国政府或企业、个人发生争议时，应将争议提交东道国的行政或司法机关按照东道国的程序法和实体法予以解决。在未用尽东道国法律规定的所有救济手段之前，不得寻求国际程序解决，该外国人的本国政府也不能行使外交保护权，追究东道国的国际责任。它包括两方面的内容：一是必须用尽当地所有可适用的行政和司法救济程序；二是必须充分、正当地使用国内法中所有可适用的诉讼程序上的手段，包括传讯证人、提供证据等，如不符合所在国诉讼程序上所要求的必要条件，即属未用尽当地救济。

（二）用尽当地救济规则的例外

用尽当地救济规则所依据的主要原则是国家的属地管辖权原则、国家对自然资源的永久主权原则和拉美国家提出的卡尔沃主义。但在实践中，各国比较灵活地适用"用尽"规则，其例外有两种情况：①司法拒绝。司法机关的国际不当行为，广义上是拒绝裁判。国家有义务对外国人给予司法保护，如果一个国家的法院违反这一义务拒绝向外国人提供司法救济，或明显司法不公，不按法律程序，拖延或简单处理，或拒绝履行判决等行为构成国际不当行为，该国就要对此承担责任。若司法机关对外国人采取司法拒绝态度，该外国人所在国有权行使外交保护权。②当地救济规则已被放弃。当地救济如被确定已为东道国所放弃，当地救济可以不适用。问题在于，除明示放弃外，是否还包括默示放弃，即是否存在推定放弃。主要包括两种情况：其一，如果两国间约定将现有争端提交仲裁，是否仅此可以推定东道国已放弃了用尽当地救济规则？有学者认为，在外交保护场合，放弃当地救济规则构成对东道国主权的放弃，是一个严肃的行为，除非东道国自己明确表示或接受，不应进行推定。其二，如果东道国同外国投资者订有国际仲裁条款或协议，而未提及用尽当地救济规则，是否可认为东道国已默示放弃用尽当地救济的要求？许多学者都予以肯定的回答，没有太多的争议。

（三）入世后我国对用尽当地救济规则的态度

中国现今已经加入 WTO 组织，对用尽当地救济规则也应当持一种合理的态度。WTO 规则要求成员方建立相应的司法、仲裁、行政的法庭或程序，可见 WTO 鼓励成员方的国内救济程序。从目前 DSB 专家组或上诉机构处理的争端来看，没有一件是因为成员方法院的裁判引起的，包括英美法国家。在英美判例法国家，判例会影响国家贸易政策的制定，判例同时也就是法律，如果该判例与 WTO 有关协定不符，同样会被有关成员方向 DSB 提起诉讼。在我国，即便是最高法院的裁判，也不具有普遍的约束力，而只有指导的意义。因此，在通常情况下，法院的裁判不会导致我国政府在 DSB 被诉。但是具有普遍约束力的最高法院司法解释仍然可能成为被诉的对象，就司法机关而言，清理、修改司法解释已是当务之急。目前，国内司法机关在处理涉及 WTO 协定有关的案件时，尤其应注意以下几点：①应遵循 WTO 法的基本原则，如国民待遇原则，最惠国待遇原则和透明度原则；②对于国内司法机关与 DSB 都有管辖权的案件，如反倾销和反补贴案件。如果当事人在国内提出救济的同时，由其本国政府向 DSB 提出救济，应当坚持用尽当地救济规则，即使用完我国法律规定的所有法律程序，包括诉讼程序和审判监督程序；但在某些特殊情况下，法院可对此类案件裁定中止审理，待 DSB 作出最终的建议或裁决后，再行裁判，以免被动；③对涉及国家安全和重大经济利益或国内幼稚产业保护的，应利用发展中国家的特殊待遇，充分行使管辖权，用尽当地救济。这种救济一般不包括民事诉讼程序，只包括行政诉讼程序如对海关等具体行政行为引起的争议，可通过当地行政、司法救济。这对国内司法机关提出了相当高的要求，即同时要维护国家主权、经济利益和遵守国际义务的形象。

＊　　　　＊　　　　＊

📖 重要概念

争端解决机制　贸易政策审议机制　复边贸易协定　最惠国待遇原则　国民待遇原则　透明度原则　用尽当地救济规则　强制管辖权

思考题

1. 世界贸易组织的宗旨包括哪些方面？
2. 试述世界贸易组织的法律地位。
3. WTO 争端解决机制的主要特点是什么？

案例分析

1. 1996 年 10 月 8 日，印度等四国共同向 WTO 争端解决机制（DSB）提出要求与美国磋商，解决美国禁止进口这些国家捕捞的虾的问题。1996 年 11 月 19 日，各方进行了磋商，但未能达成一致意见。DSB 决定成立专家组。专家组在 1998 年 4 月 6 日作出报告并散发给 WTO 各成员方。1998 年 7 月美国上诉，印度等国先后提交了被上诉材料。1998 年 10 月 12 日，上诉机构作出报告。同年 11 月 6 日，DSB 通过了上诉机构报告和修改后的专家组报告。此后，纠纷双方就执行问题进行了磋商，双方宣布达成协议。请根据以上材料简述 WTO 争端解决机构的基本程序规则。

2. 1996 年 12 月 16 日，WTO 争端解决机构专家组就菲律宾诉巴西对进口椰子干征收反补贴科违反 GATT 及《农产品协定》案作出如下报告：（1）GATT1994 第 6 条不构成本争端的适用法。因而，菲律宾根据该条的要求的实质性和根据 GATT1994 第 1 条和第 2 条的从与 GATT1994 第 6 条不符的要求中引申的要求的实质性，专家组不能审查。（2）《农产品协定》不构成本争端的适用法，因而，菲律宾根据该协定的实质性要求，专家组不能审查。（3）菲律宾的有关巴西没有进行磋商的要求不属于本专家组的权限范围，因而其实质性不受专家组审查。问：如何理解 WTO 争端解决机制下的法律适用？